REISEN HEUTE

Jean Hureau

Provence und Côte d'Azur in Farbe

Übersetzung:
Werner von Grünau

mit 86 Seiten Farbfotos
7 Karten und Tourenvorschlägen

éditions j.a.

Provence

und Côte d'Azur in Farbe
von Jean Hureau

Inhaltsverzeichnis

6 Überblick

- 8 *Der Boden und seine Menschen*
- 8 Drei Schlüssel zur Provence
- 9 Die Provence, Einheitlichkeit und Vielseitigkeit
- 12 Die Provence der Avantgarde
- 13 Die »Côte d'Azur«, Boulevard der Welt
- 16 Alle Sportarten
- 17 Tolle Nächte
- 17 Ein universales Museum
- 24 *Geschichte einer Provinz*
- 24 Die großen Abschnitte
- 24 Die »große Provence«
- 24 Französische Hochzeiten
- 25 Königliche Provence
- 25 Gestern und vorgestern
- 28 Provincia gallica
- 29 Pax turistica
- 32 Monaco der Träume
- 33 Immer Giono

34 Städte und Landschaften

- 36 Aigues-Mortes
- 38 Aix-en Provence
- 47 Antibes
- 52 Apt
- 53 Arles
- 58 Avignon
- 61 Bandol
- 64 Barcelonnette
- 64 Baux (Les)
- 66 Bormes-Le Lavandou
- 68 Buis-les-Baronnies
- 69 Cagnes-sur-Mer
- 70 Camargue
- 76 Cannes
- 81 Carpentras
- 85 Cassis
- 88 Castellane
- 89 Cavaillon
- 90 Ciotat (La)
- 91 Digne-les-Bains
- 92 Donzère-Mondragon
- 93 Draguignan
- 96 Embrun
- 97 Entrevaux
- 98 Fontaine-de-Vaucluse
- 101 Forcalquier
- 104 Fos
- 104 Foux-d'Allos (La)
- 105 Fréjus-Saint-Raphaël
- 109 Gordes
- 112 Grasse
- 118 Gréolières
- 118 Gréoux-les-Bains
- 119 Grignan
- 119 Hyères
- 120 Hyères (Die Inseln)
- 124 Levens
- 125 Lourmarin
- 127 Manosque
- 127 Marseille
- 134 Martigues
- 136 Menton
- 138 Monaco
- 144 Montélimar
- 145 Moustiers-Sainte-Marie
- 146 Nice (Nizza)
- 154 Nîmes
- 156 Nyons
- 157 Oppède-le-Vieux
- 160 Orange
- 161 Port-Grimaud
- 162 Roussillon
- 164 Sainte-Baume (La)
- 166 Saintes-Maries-de-la-Mer
- 169 Saint-Étienne-de-Tinée
- 171 Saint-Gilles-du-Gard

Reise durch die Provence

172	Saint-Martin-Vésubie	222	
176	Saint-Maximin	224	*Die Provence im Auto*
178	Saint-Paul	224	Autobahnen
179	Saint-Paul-Trois-Châteaux	224	Napoleon und Hannibal
180	Saint-Rémy-de-Provence	224	Wunderschöne »wilde« Straßen
181	Saint-Tropez	225	Gesperrte Pässe
186	Salon	225	Die »Tore« nach Italien
187	Sénanque	226	Auto-Reisezüge mit Liegewagen
189	Sisteron		
190	Sospel	226	Straßenkarten
190	Tarascon	227	*Die Provence in 7 Karten*
192	Tende	227	Die Straßen zum Mittelmeer
197	Théus	228	Ausflüge
199	Thoronet (Le)	230	Landschaften, Touristenzentren, große Verkehrswege
200	Toulon		
203	Turbie (La)	234	8 Tage zu Ostern
204	Utelle	239	Allgemeine Übersicht in 12 Tagen
204	Vaison-la-Romaine		
206	Valberg	242	»Fast« die ganze Provence in 30 Tagen
208	Valréas		
208	Vénasque	246	Die Provence des Rhonegebietes in 12 Tagen
209	Vence		
210	Ventoux (Mont)	247	Die Seealpen in 12 Tagen
211	Verdon (Grand Canyon du)	233	*Empfang und Aufenthalt*
216	Villefranche-sur-Mer	233	Information
220	Villeneuve-lès-Avignon	233	Das Alltagsleben
221	Viviers	235	Wo wohnt man?
		236	Camping und Caravan
		237	Tourismus für die Gesundheit
		238	Ferien im Schnee
		240	*Sport und Unterhaltung*
		240	Unterwassertauchen
		240	Fischen im Süßwasser
		240	Bergsteigen und Höhlenforschung
		241	Fußwanderungen
		241	Ferien zu Pferd
		241	Kalender der Festivals
		243	*Andenken*
		244	*Die Küche*
		245	Die Weine
		248	*Einige gute Restaurants*
		252	Hinweise, Alphabetisches Gesamtverzeichnis

Seite 2-3:
Das Meer, das Gebirge, die Stadt mit langer
Vergangenheit und die Jachten von heute...
Menton ist eins der Symbole der maritimen Provence.
(Photo Fronval)

Überblick

Der Boden und seine Menschen

Zwei fast nackte Körper, ausgestreckt auf dem Sand an der Grenze von Schatten und Sonnenschein, die Augen in Höhe des blauen Horizonts und Finger, die mit einem Apfel (Kienapfel) spielen ... so könnte eine moderne Version des Paradieses aussehen. Schon Petrarca hat auf der Suche nach dem Glück erklärt: »Ich verlange nichts weiter als diese Kiefer gegen den Himmel ...«
Stimmen diese Bilder noch mit dem überein, was man von den Verstopfungen auf der N. 7, den überfüllten Campingplätzen und Hotels, den viel zu teuren Appartements und diesen Stränden weiß, auf denen man sich bei seinen Nachbarn entschuldigen muß, wenn man sich umdrehen möchte?
Die erste Antwort auf diese Frage beruht auf der Tatsache, daß es diesen häufig verschrienen Stränden, die dennoch jedes Jahr mit Begeisterung aufgesucht werden, in den Augen vieler Menschen nicht an Verlockungen fehlt: Ihre erstklassige Ausstattung, die angebotenen, oft sehr originellen Veranstaltungen, das für jeden, der sich braun brennen lassen will, ideale Klima, die Bekanntschaften, die die große Menge geradezu sucht, sind auf das Pluskonto der Annehmlichkeiten des Gebietes Provence – Côte d'Azur zu setzen. Ein Irrtum wäre es, sich nach einigen Hektar Sand, sechs Wochen lang im Jahr übervölkert, ein gültiges Bild zu machen, das Symbol, das Wahrzeichen eines unendlich weiten, reichen und verschiedenartigen Gebietes. Leider verfällt man zuweilen diesem Irrtum.
Die dreiundachtzig Beschreibungen (vierhundertachtzehn Ortsangaben) aus dieser »Provence und Côte d'Azur für Sie« genügen allein durch ihre Zahl als Beweis dafür, daß hier die Provence in ihrer ganzen Fülle heraufbeschworen wird.

Drei Schlüssel zur Provence

Die Provence gehört zu jenen Gebieten mit genauen natürlichen Grenzen: im Süden das Meer; im Westen die Rhone; im Osten der Gipfelkamm der Alpen; im Norden eine Reihe von häufig tief eingeschnittenen, abgeschlossenen Tälern: Ubayette, Ubaye, mittlere Durance bis Sisteron, Jabron und Aygues. In dem zuletzt genannten Sektor fühlt man sich versucht, der Provence des Tourismus noch einige Bezirke des Departements Drôme und die gute Stadt Montélimar anzugliedern; man könnte auch das Tal der Drôme und den Tunnel des Rousset, der den Zugang bildet, als »provenzalisch« erklären, da dieses Tal zweifellos eins der »Einfallstore« in den Süden darstellt (man kann dort ohne Übergang aus den Wäldern um Vercors zu den Weinbergen von Die gelangen).
Für Menschen, die irgendwo zwischen dem Pol und dem 45. Breitengrad leben, ist der »Süden« der Wunsch nach einer Zusicherung guten Wetters, das Bedürfnis des Auges, lebhaften Farben zu begegnen: Blumen, Himmel, Meer... das Vergnügen, leichte Kleidung zu tragen. Er ist die Erinnerung an ein Bild von Cézanne oder Renoir, von Bonnard oder Dufy. Er ist die Sonne! Die Sonne ist der Schlüssel Nummer »eins«. Dabei ist er der am wenigsten zuverlässige, wenn man im November reist, vor allem jedoch im Februar oder März. Diese Monate sind rauh, zuweilen sehr rauh: In Marseille und in Nizza regnet es mehr als in Paris und in Brest, aber das schlechte Wetter konzentriert sich auf eine verhältnismäßig kurze Periode des Jahres.

Sonne, Olivenbäume, Lächeln

Der zweite Schlüssel zur Provence ist der Ölbaum. Dort, wo er zum erstenmal sein wirres Haupt erhebt, wie von tausend silbernen Schuppen schimmernd, dieser »Baum der Weisheit, des Überflusses und des Ruhms«, dort beginnt die Provence. Die Düfte steigen aus der Heide auf wie ein »Saft, der aus einer Ernte von Harzen und aus dem Stampfen der Sonne auf den Gräsern hervorgegangen ist«, wie Giono sagte.
Das Lächeln ist der dritte Schlüssel. Das Lächeln der Blumen, der hellen Häuser und der würzigen Duft ausströmenden Gärten; das Lächeln der rosa Dörfer mit den Dächern aus runden Ziegeln, mit den viereckigen Glockentürmen, überragt von einem Aufbau aus Schmiedeeisen, der wie ein Stück der Goldschmiedekunst gearbeitet ist; das Lächeln der Bäuerin, die ihren Honig, ihre Pfirsiche und ihren Lavendel auf einem improvisierten Stand im Schatten eines dichten Feigenbaums am Rand der Straße feilbietet, und das des Fischers, der einem, nachdem er sein letztes Netz eingezogen hat, eine Partie Pétanque vorschlägt, ohne einen zu kennen; das Lächeln, das mit dem »Akzent« zur Melodie wird, mit diesem

Vorhergehende Seite: Wogen von alten, dichtgedrängten Ziegeldächern um den romanischen Glockenturm, Ölbaumpflanzungen und Lavendelfelder am Fuß der Steilwände aus grauem Kalkstein... Moustiers ist eins der Symbole für das Hinterland der Provence.

Akzent, der auch noch die alltäglichste Unterhaltung verschönt und das leidenschaftlichste Gespräch mildert ...

Die Provence, Einheitlichkeit und Vielseitigkeit

Der Breitengrad, das Klima, die Vegetation, die Bräuche und die Erinnerung an eine gewisse historische und sprachliche Gemeinsamkeit erlauben es, eine echte provenzalische Persönlichkeit zu zeichnen. Aber diesen Faktoren der Verschmelzung und der Einheitlichkeit stehen Elemente unterschiedlicher Entwicklung gegenüber, die ebensosehr auf die Geographie wie auf die Wirtschaft zurückzuführen sind.

Das Kernstück der Provence ist eine Zone des Übergangs zwischen den glazialen Alpen und dem Mittelmeer in der einen Richtung, zwischen dem urbanisierten, industrialisierten Tal der Rhone und den Einsamkeiten der Hochalpen in der anderen.

Sehen wir vom Tal der Rhone und ihrem Delta ab, so setzt sich dieses Gebiet aus Kalksteinmassiven zusammen, die sich auf seltsame Weise ineinander verschoben haben. Die Höhen sind nicht unerheblich: 3300 m die Argentera (in der Nähe der Grenze, an dem nach Italien abfallenden Hang), 3053 m am Pelat, der den See von Allos überragt, 2873 m mißt der geheimnisvolle Berg Bego... Die Pyramide des Ventoux, »den der Donner durchpflügt«, bringt es auf fast 2000 m. Steile Felswände von 500 m und mehr ragen unmittelbar aus dem Meer auf: die Bergmassive von Marseilleveyre und des Puget vor den Toren von Marseille, die Massive der Maures, des Estérel und im Gebiet von Nizza und Menton.

Auffaltungen mit schroffen Hängen und scharfen Graten: Lure, Luberon, Sainte-Victoire, Sainte-Baume, Alpilles, Maures, Estérel und Estéron, zwingen die großen Straßen zu langen Umwegen, bieten aber dafür hervorragende Möglichkeiten für Ausflüge auf ländlichen Pfaden, auf schwindelerregenden Küstenstraßen und durch Kammwanderungen mit weiten Ausblicken. Es gibt unzählige Aussichtspunkte, von denen aus der Blick bis zu den fernen Hochalpen reicht, bis zur Durance oder der fruchtbaren Rhone oder bis zum Meer, das von einem fast ununterbrochenen Gürtel von Orten gesäumt wird.

Zwischen den hohen Massiven breiten sich hier und dort weniger zerklüftete Gegenden aus. Es sind die »Ebenen«, die nur rauh abgehobelten Hochplateaus, wo der weißliche Fels in langen Adern zutage tritt, Weidegebiete für Schafe, eisig im Winter, sengend heiß im Sommer, aber von April bis Juni mit unzähligen Blumen bedeckt. In den niedrig gelegenen Teilen klammern sich einige schmale Streifen mit Weinstöcken, die man für vergessen halten könnte, zwischen den Rüben und dem Mohn halb verborgen, an einen Hügelhang oder in der Tiefe einer Schlucht an das Gestein. Woanders zeugen große malvenfarbige Felder von der Rückeroberung brachliegender Ländereien, seit dem Ersten Weltkrieg aufgegeben, der die Männer dezimiert hatte: Der Lavendel war in jüngster Vergangenheit (zusammen mit dem Phänomen der »Zweitwohnsitze«) ein entscheidender Faktor für das Wiederaufleben zahlreicher Dörfer.

Diese ganze, ein wenig chaotische Kalksteinformation ist von Schluchten und tiefen Einschnitten zahlreicher reißender Gebirgsflüsse durchzogen. Die Kraft der größten unter ihnen ist heute gebändigt, aber sie war früher ein Element der Zerstörung. Sie sind einem Wadi ähnlich, liegen zumeist trocken, und man kann sie mit einem Sprung überqueren: es sind der Artuby, der Caramy, der Coulon (Schluchten von Oppedette) und andere, die plötzlich Hochwasser führen. Schluchten und Cañons verleihen der Landschaft überall eine großartige Wildheit: die engen Schluchten des Estéron, des Bès, des Cians, des Daluis, der Siagne, des Loup, der Vésubie, der Tinée und der Roya. Eins dieser Naturphänomene übertrifft durch seine Proportionen, seine eindrucksvolle Schönheit und durch die Qualität der Anlagen für die Touristen, die es ermöglichen, die Schönheit dieser Landschaft zu genießen, ohne daß die Natur verunstaltet wurde, alles, was man an Ähnlichem in Europa finden kann: der Große Cañon des Verdon.

Pastoral und atomar

Dieser herben und großartigen Provence, noch immer von einer Kultur gezeichnet, die lange Zeit nur auf Akkerbau und Schafzucht beruhte (ein wenig Waldwirtschaft im Osten), steht eine Provence des Rhonetals und eine Provence der Küste gegenüber.

Der kühle Schatten einer riesigen Platane, das Lied des Brunnens, die einladenden runden Tische einer kleinen »Bar« sind die charakteristischen Elemente des gesellschaftlichen Lebens in den Dörfern des Inneren.

Feste voller Zauber und Überraschungen folgen einander das ganze Jahr hindurch. Alles dient der Lebensfreude: Hier sind es die Orangen und Zitronen in Menton. (Photo Charles Lénars-Atlas Photo)

Hier ein weiträumiges und kaum bevölkertes Land; ein Ort mit dreitausend Einwohnern wie Forcalquier oder Castellane gilt hier als Stadt... dort ein schmaler fruchtbarer Streifen, ein Schwemmlanddelta und ein eng begrenzter Küstensaum, die den Reichtum und die Bevölkerung an sich ziehen.

Hier einsame Dörfer, reizvoll in ihrer Altertümlichkeit, die zur Zuflucht überanstrengter Stadtbewohner werden; dort die häufig prächtigen Zeugen, die zweitausend Jahre städtischer Kultur hinterlassen haben und die dicht neben den Anlagen aus der jüngsten Vergangenheit, den fortschrittlichsten und kühnsten Merkmalen unserer industriellen und technischen Zivilisation stehen.

Hier finden junge Künstler und Kunsthandwerker in häufig mit ihren eigenen Händen wiederhergestellten kleinen Landhäusern zu den Fertigkeiten des Töpfers, des Schmieds oder des Webers zurück; dort erschaffen Ingenieure, rührige Geschäftsleute und Verwaltungsbeamte aller Grade die technischen Voraussetzungen, die im Jahr 2000 unentbehrlich sein werden.

Die Provence der Avantgarde

Die gesamte Energie der alten Rhone ist heute gebändigt. Dieser majestätische Fluß ist heute, wenn er in der Camargue ankommt, nicht mehr dieser von Mistral besungene müde Greis, der sich nach den Schlössern von Avignon und den provenzalischen Rundtänzen zurücksehnte und von tiefer Melancholie erfaßt zu sein schien, im Meer seine Wasser und seinen Namen zu verlieren (»d'ana perdre a la mar e sis aigo e soun noum«). Ein Teil ihres Wassers wird heute, nachdem es zahlreiche Turbinen getrieben und zur Kühlung der Atomanlagen von Marcoule und Pierrelatte gedient hat, zurückgewonnen und mit dem der Durance und des Verdon vereint, um das niedrig gelegene Land fruchtbar zu machen; ein anderer Teil dieser Fluten bleibt Gefangener der Böschungen des Grand Canal: Auf diesem neuen Wasserweg werden die in Fos erzeugten oder in Marseille gelöschten Güter morgen bis Lyon und übermorgen bis Basel und Rotterdam befördert, wodurch eine alte Geschichte aus der Zeit des befriedeten Herrschaftsbereichs

DIE PROMENADE DES ANGLAIS

Zu Anfang des vorigen Jahrhunderts befand sich dort nur ein Pfad, der sich mitten durch morastiges Gelände schlängelte. Das zum großen Schaden der britischen Wintergäste, die gern dort spazierengehen, um den Ausblick, den das Meer und die Bucht bietet, zu genießen. Sie wohnten im Viertel der Croix de Marbre und verlangten vergeblich von der mit dringenden Aufgaben beschäftigten Stadtverwaltung die Anlage einer Straße.

Der Reverend Lewis Way fand eine Lösung, indem er den Bettlern, von denen es in dieser Gegend wimmelte, unter Voraussetzung der Finanzierung vorschlug, einen befahrbaren Weg anzulegen. Zusammen mit seinem Bruder finanzierte er die ersten Arbeiten, die schließlich mit Unterstützung der Stadt zu einem guten Ende geführt wurden. Im Jahr 1822 stellte man Landarbeiter ein, die ein strenger Winter, indem er die Orangenbäume vernichtete, um ihre Arbeit gebracht hatte. Das war der Anfang einer Promenade, die sehr wohl den Namen verdiente, den sie erhalten sollte. Durch Erweiterungen und Verschönerungen wurde sie ständig verbessert. 1932 weihte Seine Königliche Hoheit, der Herzog von Connaught in Gegenwart von M. Jean Médecin, dem Bürgermeister von Nizza, der dem Gast ein Ehrendiplom zur Erinnerung an die Gründer der Promenade übergab, die letzten ausgebauten Teile ein.

Im Verlauf des letzten Krieges wurden von der Besatzungsmacht Bunker angelegt und als provenzalische Hütten getarnt. Man brauchte mehrere Jahre, um die Promenade wiederherzustellen. Seitdem wurde durch neue Arbeiten, Bauten, Anpflanzungen von Palmen und Blumen aus ihr diese wunderbare Straße geschaffen, die dem Reisenden den Schlüssel zu Nizza bietet.

PIERRE LEPROHON
»Côte d'Azur«
Pierre Waleffe, 1967

Roms wieder zu neuem Leben erweckt wird, als Arles die Hauptstadt Galliens war.

Diesen tausendjährigen Weg entlang im unteren Languedoc und in der unteren Provence entwickeln sich die Städte, andere werden um der Produktion willen wie Fos aus dem Boden gestampft oder zur Erholung wie La Grande-Motte; Autobahnen erschließen endlich diese Landschaft am Ende Europas, eingezwängt zwischen den Bergen und dem Meer. Es hat eine gewaltige Gärung eingesetzt, die alte Gewohnheiten hinwegfegt, Leidenschaften auslöst und die Landschaften neu gestaltet ...

Ein Land, das sich den Erfordernissen der Zukunft anpaßt, bietet durch seine Bemühungen ein erregendes Schauspiel. Dies aber darf nicht zum Schaden der Schönheit geschehen. Manche befürchten es. Für die Camargue hat die Einstufung als Naturschutzpark bereits Entscheidendes bewirkt. Woanders, zum Beispiel in den Voralpen, kann sich die Wachsamkeit der Naturschützer, falls sie sich nicht hinter engherzigen Vorurteilen eines Konservatismus um jeden Preis verschanzt, günstig auswirken.

Neue Landschaften sind nicht notwendigerweise häßlich. Die Busse der Touristen halten an der Talsperre von Donzère-Mondragon wie vor einem Denkmal an, und der See von Serre-Ponçon ist zu einem Ausflugsziel geworden. Die neue Brücke von Barbentane, die die Rhone in einem einzigen Bogen überquert, oder der Viadukt von Caronte mit einer Länge von 875 m, der den Kanal von Martigues überspannt, verleihen der Landschaft einen neuen Akzent. Die jungen Obstgärten, die dort blühen, wo gestern nur Geröllwüsten oder brackige Sümpfe lagen, sind ein neues Lächeln ...

Die »Côte d'Azur«, Boulevard der Welt

Unter diesem Himmel ist auch der Tourismus eine Industrie. Die Entwicklung auf diesem Gebiet wird die ganze provenzalische Küste entlang deutlich; sie ist nicht weniger spektakulär als die der Petrochemie um das Haff von Berre herum, aber die Zer-

EINE SPRACHE

Schriftlich oder mündlich weist die provenzalische Sprache nichts Gekünsteltes auf. Man findet in ihr einige vor-römische Wurzeln (wie *Kal* in calanque, *Gar* in garrigue usw.) und mozarabische Wörter (wie madrague: Netz für den Thunfischfang); aber die Mehrzahl der gebräuchlichen Wörter ist dem Lateinischen entliehen. Viele finden sich im Altfranzösischen wieder, zum Beispiel: *campano* (Glocke), *fau* (Buche), *ego* (Stute), *vespre* (Abend) und *vedèu* (Kalb) ...

Die von den Troubadouren und den Waldenser-Bibeln des Mittelalters verwendete literarische Sprache, das Provenzalische, wurde von Beginn der französischen Herrschaft im Süden immer weniger geschrieben, das heißt, zur Zeit Ludwigs des Heiligen. Die Angleichung der Sprache der Einheimischen ans Französische hat Monstren hervorgebracht wie cap Couronne (anstelle von *Queiroun*), cap Cacao (anstelle von *Cacaù*, die Windstille), mourre d'Elfboeuf (anstelle von *mourre dou buoù*), Pas de Belle Fille (anstelle von *dou Bouffi*), Pas des Lanciers (anstelle von *pas de l'anxié*) usw.

Glücklicherweise aber kam Mistral ... Ein Essen, das ebensogut nur eine ehrbare Landpartie von sieben Genießern hätte sein können, verwandelte sich in eine Versammlung, aus der eine mächtige partikularistische Bewegung hervorging, deren Rückwirkungen noch lange nicht erloschen sind: das »félibrige« (Gesellschaft neuprovenzalischer Dichter). Es war der 21. Mai 1854.

Im Mai, Juni und September findet der Liebhaber einer schönen Natur kleine Buchten, die noch nicht überlaufen sind, insbesondere am Fuß des roten Massivs des Estérel. (Photo Fronval)

störungen der Landschaft empfindet man, wenn sie sich im Küstengebiet ereignen, als entsetzlicher als in den schon seit langem der Industrie überantworteten Gebieten. Übertreibungen, die gibt es. Man hat Monstren errichtet, aber zum Trost bekümmerter Gemüter sind sie glücklicherweise die Ausnahme. Andererseits gibt es zahlreiche private oder öffentliche Bauten, die der Phantasie und der Kühnheit der Städteplaner und der Architekten unserer Zeit zur Ehre gereichen, so die Umgestaltung des Strandes von Cannes, der Sporthafen von Port-Grimaud, der Komplex, der auf der Landzunge der Spélugues in Monaco errichtet wurde, das luftige Relais de Campagne »Vistaero« in Roquebrune und sogar diese so sehr beschimpften Betonsegel von »Marina-Baie des Anges« in Cros de Cagnes... Die Riviera ist es sich schuldig, die Gewohnheiten gewaltsam zu verändern, die modischen Richtungen vorwegzunehmen. Nur in der Bewegung bleibt sie sich selber treu. Unter diesem Gesichtspunkt betrachtet, liegen die Überspanntheiten von Saint-Tropez mit dem uralten, aber jedes Jahr erneuerten Narrentreiben des Karnevals in Nizza auf gleicher Ebene. Im übrigen muß die Riviera auf die Bedürfnisse einer stets wachsenden und einer immer verschiedenartigeren Kundschaft Rücksicht nehmen.

Die berühmten Hotelpaläste, deren Namen die Pracht und die Tollheiten der Jahrhundertwende heraufbeschwören, haben zu einem Teil die Fassaden bewahrt, die ihr Gütezeichen sind, aber in bezug auf Komfort haben sie das Neueste zu bieten. Und die Milliardäre, die eine Zeitlang die Riviera für unter ihrer Würde hielten, haben den Charme des »alten Frankreich«, der im »Négresco« und im »Carlton« gepflegt wird, von neuem entdeckt.

Im übrigen haben sich die großen Städte ganz besonders auf den Empfang von Geschäftsleuten und Kongreßteilnehmern eingestellt. Die Camping- und Caravanplätze, so zahlreich und groß sie auch sind, genügen im Juli und August nicht der Nachfrage.

Die Wohnungen, die zur Vermietung oder zum Verkauf angeboten werden, sind zum Teil extravagant; andere, bescheidenere, liegen in einigen wie durch ein Wunder erhaltenen Kiefernwäldern verborgen; und trotz allem finden auch solche, die im Herzen verstopfter, lärmerfüllter Stadtteile errichtet wurden, ihre Abnehmer!

Alle Sportarten

Die neuen Unterkünfte, so sehr sie auch ins Auge fallen, sind dennoch nicht das bemerkenswerteste Kennzeichen der Entwicklung der Riviera: Die »Marinas« haben gewisse Orte noch radikaler umgewandelt. Häfen für fünfhundert, für tausend Boote und mehr breiten sich im Innern kleiner und großer Buchten aus. Port-Pin und Menton gehören zu den typischsten Beispielen. Die Strände selber wurden umgestaltet, verbreitert und mit Sand aufgeschüttet. Die Schwimmbäder sind ein alltäglicher Luxus. Die Gärten gewinnen um so mehr an Wert, als der nichtbebaute Grund selten wird, aber fast alle Gemeinden haben sich Oasen bewahrt; einige wie Menton, Antibes oder Monaco haben geradezu Naturreservate geschaffen. Im übrigen verteidigt sich die Natur. Es genügt, sich nur ein kleines Stück von der Küste zu entfernen, um eine Landschaft mit Blumen und üppigem Wald zu genießen. Die Haute-Corniche, der Estérel, die Maures und die Halbinsel Ramatuelle sind Regionen des Friedens, des Schattens und grünen Landes, nur ein paar Schritte von den von Menschen wimmelnden Stadtkernen entfernt. Die weißen kleinen Buchten vor den Toren von Marseille sind kaum einem Touristen unter tausend bekannt. Die Schönheiten von Port-Cros und Porquerolles werden heute durch das Gesetz geschützt.

Für alle, die den Sport lieben, will die provenzalische Küste ebenso gastfreundlich sein. Die Entdeckungsfahrten unter Wasser haben schon lange in Cannes, Monaco, Antibes, Hyères und Marseille ihr Hauptquartier. Segeln und Wasserskilaufen kann man im Frühjahr auch noch mit dem Skilauf verbinden: Auron, Valberg, Isola 2000, Valdeblore, Turini und Gréolières haben Schneehänge, die weniger als zwei Stunden im Auto von den mit bunten Sonnenschirmen getüpfelten Stränden entfernt liegen. Pferdeliebhaber, ob sie nun selber in den Sattel steigen oder den Vorführungen der Könner Beifall zollen, finden vorbildliche Reitbahnen, Ställe und Rennbahnen (das Gelände von Cagnes-sur-Mer gilt als eins der schönsten Europas).

IN GRIGNAN, DEN 13. NOVEMBER 1690

Wenn Ihr das Datum dieses Briefes seht, lieber Vetter, werdet Ihr mich für einen Vogel halten. Ich bin mutig von der Bretagne in die Provence umgesiedelt. Wäre meine Tochter in Paris gewesen, wäre ich dorthin gegangen; aber da ich wußte, daß sie den Winter in diesem schönen Land verbringen würde, habe ich mich entschlossen, ihn mit ihr zu verbringen, die schöne Sonne zu genießen und mit dem kommenden Jahr nach Paris zurückzukehren. Und dieser Plan, dessen Durchführung schwierig erschien, hat mich keine allzugroße Mühe gekostet. Ich habe, um diese Reise durchzuführen, drei Wochen gebraucht, in der Sänfte und auf der Rhone. Ich habe sogar einige Ruhetage eingelegt; und schließlich bin ich von M. de Grignan und meiner Tochter mit so herzlicher Freundlichkeit, mit einer solchen Freude und so echter Dankbarkeit empfangen worden, daß ich fand, die von mir zurückgelegte Strecke sei noch viel zu kurz, um so liebe Menschen aufzusuchen, und daß die hundertfünfzig Meilen, die ich zurückgelegt habe, mich überhaupt nicht ermüdet haben.

Dieses Haus ist von einer Größe, einer Schönheit und einer Pracht in der Einrichtung, wovon ich Ihnen eines Tages noch erzählen werde. Ich wollte Sie nur von meinem Wechsel des Klimas unterrichten, damit Sie mir nicht mehr nach Rochers schreiben, sondern hierher, wo ich eine Sonne verspüre, die durch ihre milde Wärme zu verjüngen vermag. Wir dürfen jetzt diese kleinen Hilfen nicht vernachlässigen, mein lieber Vetter ...

MARIE DE RABUTIN-CHANTAL
Marquise de Sévigné
(an Roger de Rabutin, Comte de Bussy)

Selbstverständlich gibt es zahlreiche Golfplätze; die von Mougins, La Bocca und Valescure haben noch mit einigen anderen internationalen Ruf.

Tolle Nächte

Der Strand und der Sport sind die Vergnügen des Tages. Am Abend erhält die Riviera ein neues Gesicht. Die Baie des Anges, die von Saint-Tropez und der Golf von La Napoule werden in der Nacht von tausend Feuerwerkskaskaden illuminiert; das Feuerwerk wird dort zur Kunst. Es gibt nur wenige Abende, an denen nicht ein zauberhaftes, künstlerisches, kulturelles oder mondänes Ereignis die kosmopolitische Menge der Nachtschwärmer in die Theater, Kasinos, Kongreßhallen und gerade bevorzugten Nachtlokale lockt.

Die von der Côte d'Azur in weltlichen Freuden gebotene Auswahl, und in größerem Maßstab von der ganzen Provence, wäre nur von geringem Wert, gäbe es nicht auch Zerstreuungen von höheren Graden.

Ein universales Museum

Das Blut der Kelten und Ligurer, der Griechen und Römer, der Katalanen und Sarazenen, der Bergbewohner des Hochlandes und der Abtrünnigen aus allen Häfen des Mittelmeers strömt in den Adern des provenzalischen Volkes. Dieses Land war schon immer ein Boden für die Künste.

Dennoch sind die echt provenzalischen Künstler nicht zur Genüge bekannt. Man denkt sofort an Cézanne, etwas weniger an Fragonard, kaum noch an die Brüder Bréa. Dank Daudet, Pagnol und Giono haben die Dichter ein besseres Los gezogen, aber der eigentliche Dichter der Provence, der die provenzalische Sprache erneuerte, Frédéric Mistral, gerät außerhalb der Grenzen dieses Gebiets allmählich in Vergessenheit. Dabei verdankt man Mistral und seinen Freunden, die die Bewegung der provenzalischen Wiedererweckung (»félibre«) fortsetzten, zu einem großen Teil die Bewahrung und Erneuerung einer bezaubernden Folklore.

»MEIN MEISTERWERK...«

Was ich in der Kapelle geschaffen habe, ist die Schöpfung eines religiösen Raums... Man nimmt einen in sich abgeschlossenen Raum mit sehr beschränkten Ausmaßen und verleiht ihm, allein durch das Spiel der Farben und Linien, unendliche Dimensionen...

Einfache Farben können sich auf die Tiefe des Gefühls mit um so größerer Kraft auswirken, als sie einfach sind... Ich will, daß sich diejenigen, die meine Kapelle betreten, geläutert und von ihren Bürden entlastet fühlen.

... Diese Kapelle ist für mich das Ergebnis eines ganzen Lebens der Arbeit und die Blüte einer gewaltigen, aufrichtigen und schwierigen Bemühung. Es ist dies keine Arbeit, die ich mir gewählt habe, sondern für die ich auf dem Ende meines Weges vom Schicksal auserwählt wurde.
... Ich betrachte sie, trotz aller ihrer Unvollkommenheiten, als mein Meisterwerk... eine Bemühung, die das Ergebnis eines ganzen, der Suche nach der Wahrheit geweihten Lebens ist.

H. MATISSE
»Chapelle du Rosaire des Dominicaines de Vence«

Durch ihre Zahl und ihre Bedeutung machen die Kunstsammlungen und die einzelnen verstreuten Werke die Provence und die Côte d'Azur zum größten Museum der Welt.

Totentanz aus dem 15. Jahrhundert
(Kirche von Bar-sur-le-Loup). Darunter: Cocteau (Villefranche),
Picasso (Antibes), Léger (Biot), Chagall (Cagnes).

Die Kunst von heute

Die relative Unbekanntheit der zwischen Rhone und Alpen geborenen Künstler ist vielleicht auf den Nimbus zurückzuführen, der die Meister, die sich von der Sonne anziehen ließen, wie sie es heute noch tun, vom Licht verführt und von der Provence erobert, wie ein Strahlenkranz umgibt. Ihre Zahl ist so groß, ihr Talent so vielseitig, daß im ganzen Land Galerien und Museen mit sehr hohen Ansprüchen entstanden sind und jedes Jahr neue gegründet werden.

Alle diese Museen, oder fast alle, sind hervorragend angelegt. Die neuesten Verfahren auf dem Gebiet der Beleuchtung und der Art der Ausstellung werden angewendet, um die reichen Sammlungen zur Geltung zu bringen. Die Gebäude sind entweder funktionsgerechte Konstruktionen, für die besondere Aufgabe geplant (die Maeght-Stiftung in Saint-Paul ist dafür das charakteristischste Beispiel), oder Bauten mit eigenem Charakter wie das alte Fort von Antibes, der Hauptturm von Gordes oder die Kapelle der Annonciade in Saint-Tropez.

Einige dieser Häuser sind vorwiegend, das heißt exklusiv, den Werken eines einzelnen Künstlers gewidmet: Picasso in Antibes und in Vallauris, Fernand Léger in Biot, Matisse in Nizza-Cimiez, Cocteau in Menton, Ziem in Martigues, Chagall in Nizza und Vasarély in Gordes. Man kann aber auch zahlreiche Werke von Chagall in Cannes und von Dufy in Nizza (Masséna-Museum) bewundern. »L'Annonciade« bietet eine Übersicht über die gesamte zeitgenössische Malerei, während Maeght in Saint-Paul um einen Bestand herum, in dem man in erster Linie Miro und Giaccometti findet, der Kunst von heute in ihren vielfältigen Äußerungen folgt.

Die Kunst der Provence

Die Besichtigung dieser Ausstellungen sollte man durch die von Gebäuden vervollständigen, deren Ausschmückung mit den Namen moderner Maler verbunden sind (im übrigen den

---

KLEINES PROVENZALISCH-DEUTSCHES LEXIKON
für die Unterwasserjäger

Araignée = Viperqueise, deren Rückenstachel sehr giftig ist.

Arapède = Schüsselschnecke.

Chambri = Garnele (klammert sich an der Decke von Unterwasserhöhlen fest; ihr Fleisch ist zarter als das der Languste.

Clovisse = eßbare Muschel.

Fielas = Meeraal (er kann eine Länge von mehr als zwei Metern und ein Gewicht von zwanzig Kilo erreichen.

Loup = Wolfsbarsch (ein kulinarischer Genuß).

Mérou = zur Ordnung der Knochenfische gehörend: Ein Meisterfang für den Unterwasserjäger; einige von ihnen werden dreißig bis fünfunddreißig Kilo schwer; sein Fang verlangt große Geschicklichkeit und viel Geduld; es ist ein Gericht für Könige!

Muge = Seebarbe; bewohnt vorzugsweise brackige Gewässer, Flußmündungen usw.

Pastenague (oder auch *tchoutchou*) = schwarzer Rochen, dessen Schwanzstachel giftig ist.

Pei-coua, wörtlich »Fisch-Schwanz« = Seerabe, corvina migra; sehr schöner Fisch, geschmeidiger Schwimmer, goldkäferfarbig mit gelben Flossenspitzen.

Pourpre (oder *pourprion,* wenn er klein ist) = achtarmige Tintenschnecke.

alten Vorbildern ebenbürtig: der Canavesio in Notre Dame des Fontaines in der Nähe von La Brigue, der das klarste Beispiel bietet): Kloster des Rosaire in Vence (Matisse), Kapelle St.-Pierre in Villefranche und Hochzeitssaal von Menton (Cocteau). Die Ateliers von Cézanne in Aix und von Renoir in Cagnes haben nur Kopien zu bieten, aber dort findet man die Erinnerung an die Meister noch lebendig.

Die Provence besitzt auch große, mehr traditionsgebundene Museen: die Museen der Beaux-Arts und Borély in Marseille, Calvet in Avignon, Granet in Aix, Réattu in Arles, Duplessis in Carpentras, das Stadtmuseum in Draguignan, Fragonard in Grasse, das Museum der Mittelmeerzivilisation in Cagnes, der »l'Ile de France« in Saint-Jean-Cap-Ferrat und andere.

Die Volkskunst wird in ihrer ganzen Vielseitigkeit im Museon Arlaten gezeigt, von Mistral gegründet, aber mehrere andere Städte, die stolz auf ihre Folklore sind, widmen dieser bedeutende Ausstellungen. Man findet auch Sammlungen, die mit der Provence an sich nichts zu tun haben, aber dennoch nicht ohne Interesse sind, so zum Beispiel militärische Erinnerungsstücke in Salon oder solche aus der Sahara in Sénanque.

Lebendige Spuren

Da das Altertum das Land zutiefst geprägt hat, hat man wunderbare archäologische Stücke gefunden und gesammelt, im allgemeinen in unmittelbarer Nähe der Fundorte. Aber noch stärker als durch einige in einem Museum oder in einer Krypta ausgestellte Skulpturen werden die Pracht und die Nöte der Zeit des Altertums oder des Mittelalters durch gewaltige Monumente heraufbeschworen. Die einen sind fast unbeschädigt, andere liegen in Ruinen. Paradoxerweise sind häufig die letzteren besonders ergreifend.

Theater, Arenen, Paläste, Zitadellen, Plätze alter Städte, Klöster und Kirchen werden an Sommerabenden unter einem wunderbaren Himmel durch den Zauber des Wortes und der Musik zu neuem Leben erweckt. Die größten Künstler, die berühmtesten Autoren und Komponisten beteiligen sich an den Festivals der Provence, von denen einige Weltruf genießen: so Orange für die Kunst der Lyrik, Aix und Menton für die Musik, Avignon für das Drama und das avantgardistische Theater. Diese Darbietungen vervollständigen die ungewöhnliche Palette, die die anspruchsvolle Provence der Welt bietet. In dieser privilegierten Landschaft, die ebensosehr zu Frankreich wie zum Mittelmeer gehört, vereinen sich die Schönheiten der Natur, die aus einer ungewöhnlichen Geschichte geborenen Reichtümer und die Spiele des Geistes, Früchte einer unaufhörlichen Schöpferkraft, die sich von den reinsten Quellen menschlicher Kultur nähren, in göttlicher Harmonie.

Rascasse (die rote Rascasse wird auch *chapon* oder *capon* genannt) = Drachenkopf: Mit den »roucaous« bilden sie die Grundlage der Bouillabaisse.

Roucaous = Lippfisch, eine Gruppe, die aus mehreren nahverwandten Fischfamilien besteht: *verdaù* = grüner Lippfisch; *lucrèce, noir* oder *merle* = Merlan; *tondereau* oder *lazagne*.

Supi = Tintenfisch.

Tautène = eine Art Tintenfisch.

Saupe, blade, sar, bogue, liche usw. sind nur im Mittelmeer vorkommende Fische; ihre Namen haben weder im Deutschen noch im Französischen Entsprechungen.

Fast überall erzählen Städte, Hügel und Berge von der langen, bewegten Geschichte der Provence. Das Vorgebirge von Les Baux, von einem großartigen Schloß gekrönt, ist eine die Phantasie besonders anregende Landschaft.

Was man auch sagen mag, zahlreich sind die neuen Bauten, die der Phantasie und der Kühnheit der Städteplaner und Architekten zur Ehre gereichen, so der Wassersport-Komplex von Port-Grimaud. (Photo Alain Perceval)

Geographisches Institut
der Universität Kiel
Neue Universität

Geschichte einer Provinz

Die lange, dramatische Geschichte der Provence ist die einer Provinz – der »Provincia gallica« des Augustus –, deren nationale Ursprünglichkeit sie zur Unabhängigkeit prädestinierte, die jedoch durch ihre geographische Lage gegenüber ihren mächtigen Nachbarn: Rom, das Frankenreich, Aragon und das Königreich der Kapetinger zur Abhängigkeit verurteilt wurde.

Die großen Abschnitte

Am 24. Oktober 1486 erkennt Karl VIII., König von Frankreich, die Bedingungen jenes Beschlusses an, den einige Wochen zuvor der Rat der Stände der Provence verabschiedet hatte.
Dieser Akt legt das Schicksal eines Gebietes fest, in dem die Keime für einen großen mediterranen Staat lagen. Tatsächlich hätte es bei mehreren Gelegenheiten fast politische Reife erlangt. Sah man nicht Könige in Arles und Grafen in Aix von Turin bis Valencia in Spanien und von Genua bis Toulouse herrschen! Aber durch Freude am Abenteuer und durch das Spiel mit Bündnissen verlockt, darüber hinaus abwechselnd und zuweilen auch gleichzeitig Grafen von Anjou und Maine, Herzog von Lothringen, Könige von Neapel und Sizilien, sogar Könige von Jerusalem zu sein, erwiesen sich die provenzalischen Herrscher als unfähig, einem provenzalischen Staat einen wirklichen Zusammenhalt zu geben.
Der Vertrag von 1486 ist zu einem großen Teil der Geschicklichkeit des Seigneur de Solliès-Ville zu verdanken, der sich für die Politik Ludwigs XI. einsetzte: Palamède de Forbin, Ratgeber des Königs René.
Aber es hatte einen Präzedenzfall gegeben.

Die »Große Provence«

Schon im Jahr 869 gliederte Karl der Kahle seiner Herrschaft das »Große Königreich der Provence« an, das sich damals von Burgund bis zum Meer erstreckte. Ein allzu reiches Gebiet, als daß es nicht die Edelleute, die man dorthin delegierte, zum Abfall reizte. Im 11. Jahrhundert führt das Lehnswesen, hier wie woanders, einerseits zu wirren Kämpfen zwischen verwandten und rivalisierenden Häusern: Vienne, Arles, Avignon, Les Baux, Forcalquier und anderen..., andererseits als unmittelbare Folge zur Bildung von freien Gemeinwesen der großen Städte. Avignon, Grasse, Tarascon, Apt, Nizza, Toulon, Manosque, Salon und andere erhalten Sonderrechte. Marseille erklärt sich 1128, Arles 1178 zu einer echten Republik. Marseille, dessen Bürger in dieser Zeit der Leibeigenschaft alle »freie Menschen« sind, stellt sich mit Pisa und Genua auf eine Stufe der Gleichberechtigung.

Französische Hochzeiten

Stärkere und entscheidendere Rivalitäten sind für das folgende Jahrhundert kennzeichnend: Die Grafen von Toulouse und die Grafen von Barcelona (die letzteren von den Königen Aragons unterstützt) machen sich die Grafschaft Provence streitig.
Die Verquickung der ersteren mit den ketzerischen Albigensern schadet ihrer Sache. Die anderen sollten der Provence das Rot und Gold ihrer Fahne und einen großen weisen Monarchen schenken: Raymond-Bérenger V., der von einem großen mediterranen Reich träumte. Seine ältere Tochter, jene Marguerite de Provence »mit dem schönen Gesicht, der noch schöneren Seele« wurde von der strengen, wachsamen Blanche von Kastilien als würdig erachtet, das Bett mit dem König von Frankreich, ihrem Sohn, Ludwig IX. (1234) zu teilen.
Die gewandte Königin hatte weitgesteckte Ziele.
Karl I., Gründer der angevinischen Dynastie der Provence, vom Papst mit dem Königreich Neapel und Sizilien belehnt, spielte sein eigenes Spiel...
Und die Verbindung der Provence mit der Krone Frankreichs sollte erst zweihundertvierzig Jahre später erfolgen!
Der Name der historischen Persönlichkeit, dem die Touristen heute am häufigsten begegnen, ist weder der Karls I. noch der Roberts, eines klugen, friedfertigen Königs (1309–1343), sondern der Jeannes, der Königin Jeanne I., die von 1343 bis 1382 regierte.
Königin Jeanne war Erbin eines sehr großen, reichen Königreichs, mochten seine Ländereien auch zerstreut liegen; sie war eine junge Frau von großer Schönheit und leidenschaftlichem Temperament, das ein besonders bewegtes Leben führen sollte. Mistral hat mit seinem Drama »La Reino Jano« nicht wenig zur Verbreitung der Legende von der »guten Königin Jeanne« bei-

getragen, während sich Neapel seiner Herrscherin als einer »verschwenderischen, grausamen Messalina« erinnert. Ebenso wie ihre Vorgänger Opfer eines Traums von einem mediterranen Reich, ruinierte sie die Provence. Da Jeanne Geld brauchte, um ihren Thron in Italien zurückzuerobern, verkaufte sie Avignon dem Papst (1348). Die Stadt, »weit ausschließlicher päpstlich als Rom es jemals gewesen war«, war seit neununddreißig Jahren die Residenz des Pontifex maximus, der dort herrliche Paläste errichten ließ.
Jeannes Nachfolge brachte neue Verwicklungen mit sich, die dazu führten, daß sich Nizza, Puget-Thénier und Barcelonnette dem Grafen von Savoyen unterstellten (1388), eine Trennung, die bei den beiden erstgenannten Städten fast fünf Jahrhunderte dauern sollte.
Der Urenkel Ludwigs von Anjou (Jeannes vierter Mann) war der »gute König René«, dessen feiste, schwere Gesichtszüge uns in dem berühmten »Brennenden Busch« von Nicolas Froment (Kathedrale in Aix) überliefert wurden, ein vom Unglück verfolgter König, der seine neapolitanischen Gebiete verlor, ein gutmütiger König, der es mit einem Ludwig XI. nicht aufnehmen konnte.

Königliche Provence

Im übrigen lag im 15. Jahrhundert die Französierung der Grafschaft »in der Luft«. Die Bevölkerung erwies sich sofort und endgültig als treu, obwohl sich mehrere Gelegenheiten boten, die Pariser Herrschaft abzuschütteln: Der Krieg Franz I. gegen Karl V. (der es darauf abgesehen hatte, sich als »König von Arles« krönen zu lassen), religiöse Kämpfe, verschiedene »Fronden«, nicht zu reden von der durch die entsetzlichen Pestepidemien herbeigeführten Anarchie. Die Revolten unter Richelieu und Mazarin stellten Unruhen ohne weitere Folgen dar.
Ludwig XIV. unternahm im Januar 1660 eine lange Reise durch die Provence, Ausgangspunkt einer Reihe von Unternehmungen, die darauf abzielten, die verschiedenen ausländischen Enklaven zu beseitigen: zunächst Orange, das in früherer Zeit von den Seigneurs des Baux auf die Seigneurs von Châlon übergegangen war, dann auf das holländische Haus Nassau, das die Stadt zu einer der mächtigsten Festungen Europas ausgebaut hatte; Avignon und seine Grafschaft, noch immer päpstliches Territorium; schließlich Nizza, dreimal zurückgewonnen, im April 1691, vom April 1705 bis Januar 1706 und im September 1707, dann aufgegeben. Barcelonnette wurde durch den Friedensvertrag von Utrecht (1713) endgültig französisch.
Aix, Regionalhauptstadt und Sitz des Parlaments, sah Statthalter und hohe Beamte sich in großartigen Palästen niederlassen. Der Graf de Grignan, der Kardinal Belsunce, der Landeshauptmann de Suffren, der Admiral de Grasse, bald auch der Marquis de Mirabeau, der große, der riesige »Monsieur Jähzorn« bewiesen durch ihr Vorgehen, bis zu welchem Punkt die Verschmelzung mit dem französischen Vaterland es der Provence erlaubte, sich zu entwickeln, ohne daß die regionalen Eigentümlichkeiten Schaden litten.
Daß das »Kampflied der Rheinarmee« zur »Marseillaise« wurde, kann man als einen endgültigen Beweis ansehen.

Gestern und vorgestern

Dennoch mußte man bis 1947 auf die Vervollständigung der Einheit der Provinz warten: Am 12. Oktober wurde durch eine Volksabstimmung in den Bezirken La Brigue und Tende (mit 2603 Ja-Stimmen gegen 218 Nein-Stimmen) die Rückkehr dieser Gebiete zu Frankreich beschlossen und damit jener andere Volksentscheid vervollständigt, nämlich der von 1860, der (mit 2700 Ja-Stimmen gegen 160 Nein-Stimmen) die Vereinbarungen des Königs von Sardinien und Napoleons III. über die Wiederangliederung der Grafschaft Nizza an Frankreich bestätigte.
So fand die Provence wieder zu der geschlossenen Gestalt der Provincia gallica des Augustus nach Unterwerfung der Seealpen (28–14 v. Chr.) zurück, durch das Siegesdenkmal bei La Turbie der Nachwelt überliefert.
Die französisch-amerikanischen Landungen im August 1944 rufen im übrigen die zahlreichen Feldzüge der Römer in Erinnerung, die die Kelten, Vokonser, Allobroger und Arverner nach Norden abdrängten ... Marius, der die Kimbern und Teutonen vor der Stadt Aquae Sextiae (zwischen Trets und Pourrières, am Fuß des Berges, der seitdem den Namen Sainte-Victoire trägt) im Jahr 102 v. Chr. schlug, ein

Das Altertum ist in jedem Abschnitt einer Reise durch das Rhonegebiet der Provence gegenwärtig. Hier als Beispiele: die berühmte Mauer des Theaters in Orange.

Ein Apollokopf, hellenistische Bronze, und eine römische Marmorstatue sind in der Maison Carrée von Nîmes ausgestellt; einer der rätselhaften »Köpfe von Entremont« (Aix); ein reizender Kinderkopf aus dem 1. Jahrhundert (Musée Païen, in Arles).

Vorläufer von Lattre bei Dramont und Patch bei Montélimar.
Die Schlacht bei Aquae Sextiae ist ein entscheidender Wendepunkt im Kampf der Römer (die 188 v. Chr. von den Griechen von Massalia, die in Schwierigkeiten waren, zur Hilfe gerufen wurden) gegen die Einheimischen, insbesondere die kelto-ligurischen Salyer. Die wenigen Aufstände, die danach noch ausbrachen, sollten Cäsar als Vorwand für die Eroberung des übrigen Gallien dienen.

Provincia gallica

Schon drei Jahrhunderte früher waren Griechen aus Rhodos einen Teil des von Norden herabfließenden Stromes hinaufgefahren, hatten ihm ihren Namen gegeben, Rhodanus – die Rhone –, und den Kult des Helden Herakles eingeführt. Nachdem in Kleinkriegen der örtliche Widerstand gebrochen war, gerieten Griechen und Römer bald in Streit um die Beute. Die Rivalität zwischen Cäsar und Pompejus, die beide nach dem höchsten Amt strebten, zog die Massalier in eine gefährliche Parteinahme hinein; nachdem sie sich für Pompejus entschieden hatten, wurden ihre Stadt und ihre Kolonien die Küste entlang zerstört, entwaffnet und unterjocht (49 v. Chr.). Massalia wurde zu Massilia, einer römischen Stadt zweiten Ranges, und die wirtschaftliche und politische Vorrangstellung ging auf Arelate, Arles, über.

Die Pax romana, dieser Friede von dreihundert Jahren, sollte die alten Feindseligkeiten bald wegschwemmen. Noch mehr als andere Gebiete zog die Provincia gallica, die unter Augustus zu »Gallia narbonensis« geworden war, ihren Vorteil daraus und wurde reich.

Neue, prächtige Städte entstanden entlang der großen Straßen, die Rom mit dem Norden des Reiches durch das Rhonetal und mit Hispania durch die sogenannte Narbonensis II. verbanden (siehe auch »Spanien für Sie« in der gleichen Reihe). Die Via Aurelia (die so ziemlich unserer heutigen Autobahn A. 8 entspricht) war die große Verkehrsader, die der Durchdringung diente. Militärbasen wie Cemenelum (Cimiez) und vor allem Forum Julii

AUSBAU DER RHONE

Das Programm des allgemeinen Ausbaus der Rhone, durchgeführt von der Compagnie nationale du Rhône, umfaßt die Anlage von drei Staustufen mit Kraftwerken und von fünfzehn Ableitungen, die sechzehn Kraftwerke versorgen. Vor dem Krieg mit dem Bau der berühmten Stauanlage von Génissiat begonnen (1948 vollendet), ist dieses ehrgeizige Programm heute so gut wie abgeschlossen. Es verfolgte drei Ziele:
— Erzeugung elektrischen Stroms durch Wasserkraft, wobei die Gesamtheit der Kraftwerke eine jährliche Erzeugung in Höhe von 15 Milliarden Kilowattstunden sichern sollten;
— die endgültige Verbesserung der Bedingungen für die Schiffahrt zwischen Lyon und dem Meer (Hafen von Fos), und in einem späteren Stadium die Verbindung Rhone—Rhein (Marseille—Rotterdam);
— die Entwicklung der Landwirtschaft durch die Bewässerung der Ebenen des Departements Bas-Rhône.
Es folgen stromabwärts die zwanzig Anlagen, die die Rhone ausnutzen, mit Angabe der maximalen Fallhöhe, Brutto, in Metern und der Leistung in Millionen Kilowattstunden:

	Fallhöhe	Leistung
Génissiat	70 m	1700 kW/h
Seyssel	8	180
Mathy	17	450
Content	16	400
Brégnier	13	360
Sault-Brénaz	10	270
Loyettes	8	220
Cusset	10	300
Lyon	10	430
Estressin	6	250
Saint-Rambert	17	750
Tournon	11	470
Valence	13	1070
Beauchastel	13	1110
Le Logis-Neuf	13	1150
Henri Poincaré	19	1670
André Blondel	24	2000
Caderousse	13	900
Avignon	9	625
Tarascon	10	800

Mögliche Gesamterzeugung: etwa 15 Milliarden kW/h

(Fréjus), Handelsstädte wie die alten griechischen Häfen Nikaia (Nizza), Antipolis (Antibes) und vor allem Arelate (Arles), Stätten der Erholung wie Aquae Sextiae (Aix) oder Glanum (St.-Rémy) säumen diese Straße. Die Via Agrippa folgte dem Tal der Rhone; die Via Domitiana dem Tal der Durance. Zahlreiche Straßen zweiten Ranges durchzogen kreuz und quer das Land.

Es war also ein blühendes und gut durchorganisiertes Gebiet, in das schon sehr früh die Boten Christi das Evangelium brachten. Waren sie die Fahrgäste auf jenem legendären Schiff, das aus Palästina gekommen sein sollte, um dann an der Küste der Camargue Schiffbruch zu erleiden, das heißt, die drei Marien, der auferstandene Lazarus, Maximin und einige andere? Die Überlieferung will es so, und die Geschichte legt in Form einer in Marseille aufgefundenen Inschrift Zeugnis ab vom Märtyrertod von Christen auf dem Scheiterhaufen vom Jahr 95 an. Nach dieser ersten Welle von Glaubenslehrern, Victor um 190, Trophime um 250 und Honorat um 412, kamen die Äbte, die unter anderem in Lérins ausgebildet wurden und den christlichen Glauben verkündeten, ein Glaube, der im Verlauf der folgenden Jahrhunderte, zuweilen nicht ohne Schwierigkeiten, den wiederholten Anfechtungen der Ketzerei in ihren manichäischen, islamischen, katharischen, waldensischen und hugenottischen Formen Widerstand leisten mußte ... was im benachbarten Spanien und Languedoc nicht immer der Fall war.

»*Pax turistica*«

Zweitausend Jahre nach der Fertigstellung der Via Aurelia bleibt das Problem der Erschließung der Alpes-Maritimes und der Haute Provence zu einem Teil noch immer zu lösen, da die seit einem Jahrhundert in Angriff genommenen Arbeiten, so umfangreich sie auch waren, doch stets hinter der wirtschaftlichen, bevölkerungspolitischen und touristischen Entwicklung einherhinkten.

Zu der Zeit, in der Lord Smolett Nizza entdeckte und die Küste der Riviera in den Kreisen der britischen Ober-

DIE DURANCE, DER VERDON UND DER COMPUTER

Die Wasser der Durance und des Verdon aufstauen, sie im neuen Canal de Provence eindeichen, um die Böden fruchtbar zu machen, die Menschen mit Trinkwasser zu versorgen und der Industrie zu helfen, ist die eine Seite der Angelegenheit; dieses kostbare Naß auf die wirksamste und wirtschaftlichste Weise zu verteilen, die andere, die mindestens ebenso schwierig ist. Nach langen Untersuchungen haben die Wasserwirtschaftler der Société du Canal de Provence (deren Sitz in Tholonet, in der Nähe von Aix, ist) ein auf der ganzen Welt einzigartiges System der Regulierung entwickelt.

Es handelt sich darum, von vornherein die Wassermengen zu errechnen, die man talwärts benötigen wird, damit niemals Wassermangel eintritt. Daher eine Kombination der Regelung der Wasserzuführung talwärts *a posteriori* und der Regelung talaufwärts *a priori*. Selbstverständlich bedient man sich dabei des Computers. Dieser besitzt eine ganze Reihe von täglichen Verbrauchskurven in seinem Speicher. »Da heute früh um acht Uhr die und die Wasserzuführung bestand, muß man die Kurve Nr. 14 zur Grundlage nehmen...« Und der elektronische Rechner stellt dementsprechend fest, wieviel Wasser weiter flußauf in Bewegung gesetzt werden muß, damit es in einer Stunde an einem bestimmten Punkt und in drei Stunden an einem anderen entfernteren Punkt des Verteilungssystems eintrifft. Diese Vorausbestimmung kann sich als falsch erweisen. Gewiß. Aber dreißig Minuten später wird sie korrigiert, denn zweimal stündlich wird automatisch die Menge der Wasserführung ermittelt. So sind im ganzen Verteilersystem Instrumente angebracht, die den Pegelstand, den Druck und die Stellung der Stauverschlüsse messen. Diese ermittelten Zahlen werden elektronisch an den Computer weitergeleitet, der die Wasserzufuhr errechnet, seine Entscheidungen trifft und seine Befehle an die Stauverschlüsse weitergibt. Dieser ganze technische Apparat der Tele-Information und Tele-Steuerung ist das sogenannte »Marathonsystem« der Europäischen Gesellschaft für Tele-Transmission, zur Gruppe Thomson-C.S.F. gehörend.

Das sind die Fortschritte, die man beim ältesten technischen Verfahren, der Bewässerung, erzielt hat, das den Menschen bereits die Erfindung des Rades und der Geometrie einbrachte...

Nach PIERRE DE LATIL
»Le Figaro«, 10. Juli 1971

Zwei Stunden Autofahrt von den mondänen Stränden entfernt
liegt das Naturschutzgebiet des Mercantour
in der Nähe von Saint-Martin-Vésubie
in großartiger Einsamkeit.
Im Frühling leuchten die Rhododendren, während sich die Lärchen
noch nicht wieder begrünt haben. (Photo Fronval)

klasse »lancierte«, gefolgt von Lord Brougham, brauchte man in der Kutsche von Calais ab sechzehn Tage mit einhundertsieben Relaisstationen! Heute verbindet die Autobahn A. 8 das Rhonetal mit Italien, von Paris aus stellen die Züge Geschwindigkeitsrekorde auf und folgen einander die Küste entlang mit einer Dichte der Zugfolge wie U-Bahnen, und der internationale Flugplatz von Nizza steht in der Zahl der Fluggäste in Frankreich an zweiter Stelle. In der Zwischenzeit war die Küste als Folge eines genialen Einfalls von Stephen Liégeard, Senator, Journalist und zuweilen Dichter, zur »Côte d'Azur« geworden; in die roten steilen Felswände des Estérelgebirges wurde im Jahr 1903 die Küstenstraße, die »Corniche d'Or« gesprengt; 1932 wurde die »route Napoléon« eingeweiht; die Verbindung Nizza–Barcelonnette über den Kamm der Bonnette (2862 m) wurde 1955 fertiggestellt; 1970 wurde die »Moyenne Corniche« (mittlere Küstenstraße) auf vier Fahrbahnen erweitert... Und man wartet voller Ungeduld auf die Autobahn die Küste entlang und das Vorantreiben des internationalen Tunnels von Mercantour.

Monaco der Träume

Bis zur Mitte des vorigen Jahrhunderts war Monaco von Nizza aus eigentlich nur über das Meer zu erreichen, aber das Fürstentum holte den Vorsprung seiner Nachbarn, die die Königin Victoria empfingen, allmählich ein. Nachdem Fürst Charles III. in Baden-Baden hatte beobachten können, welche große wirtschaftliche Bedeutung die Glücksspiele für eine Stadt haben konnten, beschloß er, aus seinem Staat den Spielsalon der Welt zu machen. François Blanc, seine rechte Hand, begann 1863 mit dieser Aufgabe; 1879 wurde die Einweihung des Kasinos – bis heute fast unverändert – zu einem Triumph. Hundert Jahre später sind die Phantasie und die Dynamik, die weiterhin charakteristische Eigenschaften der Monegassen sind, auf allen Gebieten, die etwas mit Unterhaltung zu tun haben, aktiv. In Monaco befindet sich die Internatio-

---

»DAS« FESTIVAL

Fünfundzwanzig Jahre hindurch hatte sich Jean Vilar darum bemüht, daß sich die Erkenntnis durchsetzte, Avignon sei nicht nur ein Mittelpunkt dramatischer Kunst, sondern auch Ort der Begegnung und des Nachdenkens. Von Jahr zu Jahr hatte er, insbesondere von Gérard Philipe unterstützt, in der alten Papststadt die Musik, die Choreographie, die Bildenden Künste und den Film eingeführt. Von den dreiunddreißig Aufführungen im Juli 72 trug nur die Hälfte den öffentlichen Stempel. Die anderen waren das Werk von Veranstaltern, die nach Avignon gekommen waren, um das Festival wie Satelliten zu umkreisen und sich seine Anziehungskraft zunutze zu machen. Früher zog dieses »Off«-Programm ebensoviele Wirrköpfe wie Exhibitionisten an. Von nun an finden sich auch Dichter, Taschenspieler und echte Sucher nach Neuland ein... Das sind Initiativen, die uns zu den Ursprüngen der dramatischen Kunst zurückführen. Es gibt andere, die uns in die Zukunft katapultieren...
Auf sozialem Gebiet könnte die Vermischung der Nationalitäten und der Lebensauffassungen, die das Festival darstellt, auch zu interessanten Ausweitungen führen. Sogar die Hippies stellen eine Attraktion dar...
Für die Leute von Avignon liegt das eigentliche Problem darin, das sommerliche Fest auf mehrere Monate auszudehnen. Die Kirche von Avignon hat hier ein Beispiel gegeben, indem sie Begegnungen organisiert, die Pfarrgemeinden und die durchreisenden Künstler miteinander bekanntmacht. Pater Georges Durand ist begeistert: »Das Festival hat heute größere Vitalität als gestern. Wir haben seit der Beteiligung am Festival im Jahre 1965 damit angefangen, sakrale Musik zu machen. Heute haben wir achtzig Chormitglieder, die das ganze Jahr hindurch tätig sind, und fünfhundert Abonnenten, die unsere Konzerte besuchen. Für uns handelt es sich nicht darum, Stars kommen zu lassen, sondern für die Einwohner von Avignon die Musik lebendig zu machen.«
Auch die wirtschaftliche Bedeutung des Festivals ist nicht zu unterschätzen: Rund zehn Millionen Francs Einnahmen für die Stadt und die Nachbargemeinden und jedes Jahr tausend neugeschaffene Arbeitsplätze; ohne die kostenlose Werbung für die Stadt in Rechnung zu stellen...

Nach JACQUELINE DUBIN
»L'Express Méditerranée«, Juni 1972

le Akademie für Tourismus, die 1947 gegründet wurde und deren Aufgabe es unter anderem ist, »den kulturellen und humanistischen Charakter des internationalen Tourismus zu entwikkeln und seine Begriffe zu vereinheitlichen«.
Der Tourismus ist im übrigen nicht das einzige Betätigungsfeld der Länder am Mittelmeer. Ebenso wie im Westen Avignon Fos nicht ausschließt (und umgekehrt), schließen im Osten der Strand und das Kasino die immer häufigere Ansiedlung von Unternehmen nicht aus, die man als »echte« Industriebetriebe bezeichnet.
Der Wettbewerb zwischen den einzelnen Städten bleibt ein mächtiger Ansporn, aber diese Explosion von Vitalität bedingt das Streben nach Umgruppierungen und die Erstellung einer Planung, die nur schwierig zu erarbeiten und ebenso schwierig zu befolgen ist. In größeren Zusammenhängen betrachtet, sehen manche Leute die Zukunft der Provence nur im noch undeutlich sich abzeichnenden Rahmen des »Großen Deltas«, dieser phantastischen wirtschaftlichen Einheit, deren Schwerpunkte Nizza, Perpignan und Lyon sein würden.

Immer Giono

Mehr als jemals zuvor »regt sich etwas im Süden«! Dennoch könnte Jean Giono noch immer sagen, während er an eine andere, weiterhin unversehrte Provence dachte, an diese weiträumigen Gebiete im Innern, die bis jetzt nur sehr wenig unter den Umwälzungen des Jahrhunderts gelitten haben: »Der ganze Süden ist damit beschäftigt, zu leben ... der Kaffee dampft vor den Hütten der Köhler in den Einsamkeiten des Var; die Zöllner holen sich ihre Zeitung in Montgenèvre; die rosa Flamingos erheben sich vom Vaccarès; der Regenpfeifer zieht sein blaues Band durch das Schilf der Rhone; auf den Hängen des Ventoux ruft die Drossel; in den Einöden des Lure kehrt der Dachs in seinen Bau zurück; auf den Terrassen der Cafés von Cavaillon diskutieren die Gemüsehändler; die Fischer von Cassis beginnen mit ihren ersten Boulespielen; Marseille hat alle seine Busse in den Straßen losgelassen; der Duft des frischen Brotes durchzieht Hunderte von Weilern, tausend Dörfer mit seinem würzigen Geruch. Die in den Wäldern verborgenen Schulen schlucken kleine Kinder mit runden Köpfen; die Lerche zwitschert über der Ebene von Crau, der Rabe krächzt im Gebirge, der Adler kreist über dem Lure; die Tanker, durch einen roten Streifen hervorgehoben, brüllen an der Brücke von Caronte. Der Brackwassersee von Berre läßt Saint-Chamas aufleuchten; auf der Reede von Cannes lodern die Wimpel der Jachten; das Meer funkelt wie der Schild des Achill.«

Städte und

Landschaften
von Aigues-Mortes bis Viviers

Aigues-Mortes

■ Aigues-Mortes ... Der Name hat einen mittelalterlichen und zugleich unheilvollen Klang.
Tot die vom Salz der versandeten Kanäle schweren Wasser, die unter dem Mistral der von einem grünen Schaum gesäumten Sümpfe erschauernden Wasser, die schlammigen Wasser der vom Schilf überwucherten Sümpfe, in denen Frösche und Kröten quaken!
Mittelalterlich diese Mauern, die echtesten Frankreichs, da sie seit der Zeit Philipps des Kühnen niemals die Hand der Restauratoren zu spüren bekommen haben!
Unsere Zeit hat in diese strenge, eindrucksvolle Umgebung ein wenig Fröhlichkeit gebracht: das Gehölz hoher Platanen, das sich in einem großen Becken spiegelt, ein Reichtum in diesem Land ohne Bäume; die schnell geblähten Segel von zwei Dutzend Jachten und Schwertbooten, die den neuen Sporthafen, der am Fuß der Befestigungsanlagen am Seekanal gebaut wurde, vom ewigen Wind getrieben verlassen ... Aber hier findet der Einbruch des Jahrhunderts seine Grenze. Aigues-Mortes besitzt glücklicherweise keine Hochhäuser, keine Fabriken (wenn man die ziemlich weit entfernten Anlagen der Salzteiche nicht berücksichtigt), keine Vorstädte.
Die eigentliche Stadt ist im übrigen von außen unsichtbar. Eintausendsechshundertdreiunddreißig Meter Umwallung ohne eine Lücke, von Türmen und hohen Ausfallpforten flankiert, bilden ein fast vollkommenes Rechteck. Die Steine sind fugendicht gesetzt. Die großzügige Sonne hat ihnen eine Patina von altem Gold verliehen, aber die Jahrhunderte – sieben Jahrhunderte – haben keine Schäden hinterlassen.
Im Innern dieses abgeschlossenen Raumes liegt eng gedrängt die Stadt. Die Häuser sind schachbrettartig um einen in der Mitte liegenden Platz angeordnet, der durch einen hübschen, mit Bronzedelphinen geschmückten Brunnen eine heitere Note erhält. Es sind niedrige Häuser (zumeist nur ein Stockwerk), sehr einfach, weiß gekalkt und gleichförmig mit gerundeten Ziegeln von einem schönen, weiß gesprenkelten Rostbraun gedeckt. Die Dächer reichen bis zur Höhe des Wehrgangs; aus Angst vor dem Wind überragt keines die Zinnen.
Ein runder, riesiger Hauptturm erhebt sich seltsamerweise vor der Stadtmauer, mit der ihn eine enge steinerne Brücke über einen breiten Graben hinweg verbindet. Es ist die *Tour de Constance*.
Der heilige Ludwig hatte diese Lage gewählt, weil es die einzige Stelle war, an der das königliche Herrschaftsgebiet bis ans Mittelmeer reichte.
Ursprünglich gehörte dieser Turm zum königlichen Herrschaftsbereich, während die Stadtmauern Eigentum der Gemeinde waren. Dies ist eine Erklärung für die zugleich unabhängige und beherrschende Lage dieses Festungswerkes, das mit seiner Plattform von siebenunddreißig Metern die Stadt wie das ebene Land ringsum überwacht.
Das Türmchen, das den Hauptturm um zehn Meter überragt, trägt als Aufsatz eine Haube aus Schmiedeeisen und diente, solange Aigues-Mortes Seegeltung besaß, als Leuchtturm.

Der »Turm«

Diese Landmarke sollte im 18. Jahrhundert eine unheilvolle Bedeutung erhalten. Hinter diesen undurchdringlichen, nur von engen Schießscharten durchbrochenen Mauern haben zwischen 1686 und 1768 (zweiundachtzig Jahre hindurch!) Männer und Frauen – vor allem Frauen – für ihren Glauben gelitten und sind dort umgekommen. Es waren Hugenotten, die auf einfache Denunziation hin oder im Verlauf von Razzien verhaftet wurden. Ihre Namen sind zum Teil unbekannt geblieben, aber einige dieser Märtyrer sind in die Geschichte eingegangen, so Abraham Mazel, dem es 1705 gelang, aus dem »Turm« zu entfliehen und im Untergrund zu verschwinden; so auch vor allem Marie Durand, die mit ziebzehn Jahren eingesperrt wurde und achtunddreißig Jahre eine Gefangene blieb, ohne jemals ihrem Glauben abzuschwören, die Kranken und Sterbenden pflegte und ihre Gefährtinnen ermahnte, zu »widerstehen«. Dieses Wort ritzte sie auf die Kante des offenen Lüftungsschachtes in der Mitte des riesigen kreisförmigen Raums im ersten Stockwerk, wo die Gefangenen sich aneinanderdrängten. Dieser Stein befindet sich noch an der alten Stelle, und man kann, wenn auch mit Mühe, diese Botschaft noch immer entziffern.
Zum Turm gelangt man durch die alte Residenz des Statthalters, deren Hof im August einem Festival für alte Musik und mittelalterliches Theater sowie einer historischen Aufführung dient.

Vorhergehende Seite: Arles, »Galliens Rom« bietet sich der Neugier der Besucher wie ein lebendiges Geschichtsbuch. (Photo Alain Perceval)

Die neuen Ufer

Aigues-Mortes liegt acht Kilometer vom offenen Meer entfernt, acht Kilometer Salzsümpfe und Brackwasserseen mit schlammigen Ufern. Eine breite Straße begleitet den Seekanal und führt nach Grau-du-Roi, dem Hafen, von dem aus sich der heilige Ludwig zum Kreuzzug 1248 und 1270 einschiffte.

Grau ist heute ein Fischerhafen ohne besonderen Reiz. Der Verkehr ist im Sommer sehr dicht, denn die schmale Brücke über den Kanal stellt die einzige Verbindung zwischen zwei Badeorten dar, die im Rahmen der Erschließung des Languedoc-Roussillon mit aller Energie ausgebaut wurden: *Port-Camargue*, südlich von Grau-du-Roi, und 6 Kilometer westlich *La Grande-Motte*, das durch die Pyramidenbauten des Architekten Jean Baladur Berühmtheit erlangt hat.

Die Küste ist nur noch ein einziger Sandstrand, aber in Richtung Camargue verändern sich die Grenzen dieses Strandes. In Höhe des *Leuchtturms von L'Espiguette* (7 km südlich von Grau) rückt der Strand jährlich um fünfzehn Meter vor.

Lage: 30220 Gard. Höhe: Meeresufer. 746 km Paris, 47 km Arles, 40 km Nîmes.

Informationen: S. I., tour Gardette (im Sommer). Tel. 88 31 83

Unterkunft: 1 Hotel **, 3 *. Neue Hotels in Port-Camargue und La Grande-Motte; Camping in Grau-du-Roi und La Grande-Motte.

Feste: Theaterfestival im Garten des Statthalters, in den ersten beiden Augustwochen; *Grau-du-Roi*, Fischerstechen.

DIE »TOUR DE CONSTANCE« IN AIGUES-MORTES

Unzählige unbekannt gebliebene, heldenhafte, mit keiner Schuld beladene arme Frauen nahmen im großen Turm von Aigues-Mortes, der oberirdischen Grabstätte, Gefangenschaft, Entbehrungen und Tod auf sich, während im Dunkel trotz Repressionen, Galgen und Rädern der Tag der Freiheit bevorstand. Es waren gottbegeisterte Prophetinnen, die wie durch ein Wunder die Vernichtung der Camisards überlebten (der »Kittelträger«, wie im 17. Jh. von Kirche und Staat grausam unterdrückten Hugenotten in den Cevennen genannt wurden – Anm. d. Übers.), das naive Häuflein einer Sekte schlichtgläubiger Frauen evangelischen Bekenntnisses, der sogenannten »Multipliants«. Sie blieben ihr Leben lang gefangen, schworen ihrem Glauben jedoch niemals ab. Ihrer aller »Devise« war das Wort, das eine von ihnen in einen Stein ihres Kerkers geritzt hatte: Résister (Widerstand leisten, ausharren)«. Diese Devise ist zur Losung vieler heutiger Menschen geworden.

ANDRÉ CHAMSON
(geb. 1900, protestantischer Schriftsteller und Politiker aus Nîmes)

Aix-en-Provence

■ »Gibt es viele Städte in Frankreich, die so gut gealtert sind? Die Vergangenheit, die Gegenwart bestehen darauf, dort mit viel Verständnis, in einer eng umgrenzten, natürlichen Harmonie zu leben...« (Jean-Louis Vaudoyer).

Aix ist eine alte Stadt, aber in keiner Weise eine veraltete Stadt. Die Jahrhunderte, in denen man die Zeit, die Gelegenheiten und die Möglichkeiten hatte, die Kunst des Lebens zu kultivieren, haben sie uns wie durch ein Wunder unversehrt erhalten, voll ergreifender Zeugnisse, aber der Zauber von Aix liegt weniger in der Zahl und in der Schönheit seiner Gebäude als in ihrer Einbeziehung in den Alltag. Aix ist ebenso wie Venedig eine lebendige Stadt. Es gibt dort achtundsiebzig Patrizierhäuser, die des Interesses würdig sind, aber nur eine sehr kleine Zahl unter ihnen wird nicht mehr bewohnt und ist normalerweise für das Publikum geöffnet. Der Bewohner von Aix ist bei sich zu Hause der Herr.

Das ganze Jahr hindurch werden die Plätze, die Märkte, die Boulevards von einer freundlichen, lächelnden, jedoch der südländischen Ausgelassenheit recht fremden Menge belebt; sie belagert die Modegeschäfte, die Kunstläden, die großen Buchhandlungen und versammelt sich am Abend erneut auf den Terrassen des Cours Mirabeau. Der Bewohner von Aix ist auch der eifrigste Besucher des Festivals der Stadt. Die paar dreckigen Hippies, die auf den Gehsteigen der Rotonde herumlungern, reichen nicht aus, um diese Stadt zu entstellen, in der man Mozart zu huldigen versteht.

Eine Stadt mit Qualitätsbewußtsein

Dieses Streben nach Qualität, das sich in der ganzen Geschichte von Aix offenbart, ist so deutlich, daß die eventuellen Anachronismen einen nicht berühren. Der Springbrunnen in der Mitte des herrlichen Hofes des *Hôtel d'Albertas* (1725) stammt aus dem Jahr... 1912, aber das Becken, das einen für viele Werke aus dem »Anfang des Jahrhunderts« entschädigt, paßt sich so harmonisch in das Dekor ein, daß man sich dieser Entgleisung nicht gleich bewußt wird. Ein anderes Beispiel: Das Haus des Kongresses gleicht sich den aus dem 17. Jahrhundert stammenden Mauern der Kapelle der *Pénitents Blancs* an.

Eine Stadt zum Spazierengehen

Die Autobahn umgeht Aix im Westen und Süden, zieht somit einen bedeutenden Verkehrsstrom mit sich und entlastet dadurch die Zufahrten zu den alten Vierteln. Mehrere Avenuen laufen auf »La Rotonde« zu (heute Place de la Libération), in ihrer Mitte ein riesiger Springbrunnen im pompösen Stil des zweiten Kaiserreiches.

Rings um den Platz befinden sich das Haus des Tourismus, die Post, das Kasino, der Busbahnhof, zwei oder drei große Restaurants und Parkplätze. Hier sollte man seinen Wagen zurücklassen, denn Aix besichtigt man zu Fuß.

Nach Osten zu öffnet sich der »Cours«, den die Stadt jenem Mirabeau der Revolutionsjahre geweiht hat, nicht so sehr dem »Monsieur Jähzorn«, der so viele Umwälzungen in die edlen Familien von Aix gebracht hatte. Vier Reihen riesiger Platanen, deren **Laubwerk** sich wie ein Gewölbe schließt, machen aus dem Cours einen langen Gang, der zum Spazierengehen auffordert. Dieser Cours wurde 1651 an der Stelle der alten Festungswerke angelegt. Damals nannte man eine solche Anlage einen »cours à carrosses«.

»Bis zur Regierungszeit von Maria von Medici kannte man in Frankreich Spaziergänge nur zu Fuß und in den Gärten; aber die Regentin brachte von Florenz die Mode mit nach Paris, in den kühlsten Stunden der Zeit nach dem Abendessen in einer Kutsche spazierenzufahren.« (J. P. Coste)

Die Kutschen sind verschwunden, und die Autos sehr störend, aber der Charme des Cours ist noch immer mächtig. Drei Springbrunnen säumen die vierhundert Meter der Perspektive. Die *Fontaine des Neuf Canons* mit schön verzierten Becken und Brunnenkranz, gegen Ende des 17. Jahrhunderts errichtet; die *Fontaine Chaude*, deren Thermalwasser, zu allen Zeiten geschätzt, die Entwicklung einer üppigen Vegetation von Moosen und Farnen

Aigues-Mortes: Diese Mauern, auf Befehl des Königs, Ludwigs IX., des Heiligen, inmitten der Sümpfe der Camargue errichtet, schützten den einzigen Hafen, den das Königreich der Kapetinger am Mittelmeer besaß.

begünstigt hat; schließlich am Ende des Cours, an seinem »Kopf«, ein Springbrunnen aus dem Jahr 1819.

Der Cours bezeichnet die Grenze zwischen dem ältesten Kern der Stadt im Norden und dem aristokratischen Stadtteil, genannt Mazarin, der im 17. und vor allem im 18. Jahrhundert erbaut wurde.

Die beiden »Ufer« des Cours zeigen deutlich diesen Unterschied. Am Nordende (das heißt von der Rotonde her kommend) herrscht größere Lebhaftigkeit als am Südende; dort gibt es zahlreiche moderne Geschäfte; die Terrassen der Cafés quellen auf den Bürgersteig über; am oberen Teil des Cours sind zwei Bierlokale, die »Deux Garçons« und das »Grillon«, in gewisser Weise Gegenstücke des Pariser »Flore» und der »Deux Magots« in Aix-en-Provence: Dort treffen sich die Intellektuellen von Aix und die vorübergehend anwesenden Berühmtheiten in einer Atmosphäre, wie man sie sich altmodischer nicht wünschen kann; dort hatten Cézanne, Zola und Giraudoux ihren Tisch. Gegenüber scheint man sich daran zu erinnern, daß lange Zeit jede geschäftliche Tätigkeit am Cours untersagt war. Die Fassaden der Patriziergebäude, mit denen die Namen aller großen »Häuser« der Provence verbunden sind, präsentieren sich in ihrer klassischen Kühle, die nur durch einige barocke Motive aufgelockert wird: Fratzengesichter, ausgebauchte Balkone und athletische Simsträger... Nur einige Antiquare, Konfiseure und Buchhändler haben auf dieser Seite Geschäfte eröffnet.

Das »mazarinische« Aix

Die große Ausbreitung der Stadt nach Süden verdankt sie Michel Mazarin, dem Bruder des berühmten Kardinals, Erzbischof von Aix in der Mitte des 17. Jahrhunderts. Schachbrettartig angelegte Straßen führen zu reich ausgestatteten, behaglichen Häusern, deren Fassade nach Norden und deren Garten im Süden lag. Die Kreuzung der Rue du 4 Septembre (der Springbrunnen mit dem heißen Wasser auf dem Cours gegenüber) mit der Rue Cardinale (vom Cours aus die dritte Parallelstraße), ein Zentrum des neuen Stadtteils, weist in der Mitte einen kleinen viereckigen Platz auf, geschmückt mit der *Fontaine des Dauphins,* einer der berühmtesten unter den vierundzwanzig Springbrunnen, auf die Aix so stolz ist, »wie Göttinnen in den Nischen von Palästen«. (J. L. Vaudoyer)

In der Nr. 2a der Rue du 4 Septembre (Ecke der Rue Mazarine, die erste vom Cours her kommend) sind in einem Patrizierhaus aus dem Jahr 1730 kostbare Sammlungen untergebracht, die Paul Arbaud, ein gelehrter Pronvenzale, der 1911 gestorben ist, hinterlassen hat. Manuskripte, Bücher und seltene Dokumente, die in erster Linie die Geschichte der Provence betreffen, stehen dort Forschern zur Verfügung. Der einfache Besucher kann einige luxuriöse Bucheinbände ebenso wie zahlreiche Stücke der Goldschmiedekunst und der Fayenceproduktion der Provence bewundern. (Das Arbaud-Museum ist am Mittwoch geschlossen.)

»Monsieur Jähzorn«

An der Ecke der Rue Laroque (erste Straße rechts vom Cours) und der Rue Goyrand (zweite Parallelstraße des Cours), dort, wohin sich die Fenster des Zimmers der Mademoiselle de Marignane öffneten, »eine der besten Partien der Provence«, ließ der ungestüme Graf Gabriel Riquetti de Mirabeau mehrere Nächte hintereinander seine Kutsche allen sichtbar warten... Die Ehe mußte geschlossen werden, aber der Schwiegervater, den man auf diese Weise unter Druck gesetzt hatte, zahlte niemals jene Mitgift aus, in deren Erwartung Mirabeau Schulden in Höhe von zweihunderttausend Francs bei den Kaufleuten der Stadt einging, bevor er sich, allerdings nur recht kurze Zeit, im Château d'If wiederfand. Man weiß, daß ein von seiner Frau 1783 angestrengtes Scheidungsverfahren für diesen Volkstribun die Gelegenheit zu einem Triumph ergab, den er seiner außerordentlichen Beredsamkeit verdankte und die ihm die Sympathien der Bevölkerung von Aix einbrachte, deren Vertreter er 1789 wurde, indem er auf diese Weise seinen Standesgenossen die kalte Schulter zeigte. An der östlichen Grenze dieses Stadtviertels Mazarin, das einen wie ein Dorf ohne Kleinhändler anmutet, zeichnet sich auf der Achse der Rue Cardinale der schlanke, 67 m hohe Glockenturm der Kirche *Saint-Jean de Malte* ab. Dieses strenge gotische Bauwerk, dem zwei Türme das Aussehen einer Festung verleihen, unterstand einer Priorei der Hospitaliter, deren angrenzende Gebäude heute das Granet-Museum beherbergen.

Einige Gallier

Das *Granet-Museum* (am Dienstag und an Feiertagen geschlossen) erfreut sich bei den Touristen keiner solchen Bekanntheit, die ihm eigentlich die Fülle, die Mannigfaltigkeit und die Qualität der dort gesammelten Werke sichern sollten, durch die es als eins der wichtigsten Museen nicht nur der Provence, sondern Frankreichs eingestuft werden muß.
Entremont ist der mittelalterliche Name eines hohen Hügels (3 km nördlich von Aix), auf dem seit dem 3. Jahrhundert v. Chr. bis zum Einmarsch der Römer die religiöse und politische Hauptstadt des Bundes der Salyer lag, deren Stämme das Gebiet zwischen Rhone und Var bewohnten.
Ausgrabungen vor verhältnismäßig kurzer Zeit haben die Spuren einer entwickelten Zivilisation zutage gefördert, über die noch wenig bekannt ist. Die Darbietung der Entdeckungen aus Entremont ist ausgezeichnet. In kleinen dunklen Räumen bringt ein auf die Skulpturen gerichteter schmaler Lichtstrahl ihre wilde, ein wenig erschreckende Schönheit zur Geltung.
Diese antiken Stücke stellen nur einen winzigen Teil der Schätze des Museums in Aix dar.
Die Abteilung Malerei ist so reich, daß man Ausstellungen über besondere Themen veranstalten kann, ohne Hilfe von außen in Anspruch zu nehmen. Italienische Primitive bis Cézanne, alle europäischen Schulen sind hier vertreten. Mit Rubens, Frans Hals und Rembrandt sind die Flamen und Holländer besonders zahlreich repräsentiert.
Mehrere Säle im ersten Stock sind François Granet gewidmet, dessen Gedächtnis die Stadt Aix soeben ihr Museum der Schönen Künste geweiht hat. Als begabter Maler aus Aix, dem zur Zeit des Kaiserreiches und der Restauration bereits offizielle Ehren zuteil wurden, tat sich Granet durch Landschaften hervor, die in ein Licht getaucht waren, das den Impressionismus ankündigte. Aber im allgemeinen wendet sich der Besucher einer unvorhergesehenen Seite von Granets Werk zu: eine unerschöpfliche Reihe satirischer, mit kurzen Beschreibungen versehener Zeichnungen, in denen er außerordentlich erbauliche Szenen aus dem römischen Leben im 19. Jahrhundert darstellt und in denen die Pfarrer und die Männer der Kurie mit häufig grausamem Humor betrachtet werden.

Die Überreste aus der Zeit des »Mittelalters« sind tatsächlich in Aix wenig zahlreich. Aber eine gewisse Unordnung im Plan der alten Stadt, das Malerische der engen Straßen, das Unerwartete der seltsam gestalteten Plätze und die durch die kleinen Läden erzeugte Lebhaftigkeit bewirken, daß die Bezeichnung »mittelalterlich« für die Gesamtheit der Stadtteile nördlich des Cours Mirabeau gelten kann, eingeengt durch die Boulevards, die den Linien der alten Umwallung folgen. Im Innern dieses Bezirks gibt es eine Unzahl privater und öffentlicher Gebäude, die des Interesses würdig sind. Die meisten von ihnen stammen aus dem 15. und 16. Jahrhundert.
Die Rue Espariat, die im Nordosten der Place de la Libération (la »Rotonde«) verwinkelt abgeht, stellt eine gute Einführung in diesen Stadtteil dar. Ein achteckiger Glockenturm, der früher zum Augustinerkloster *(couvent des Augustins)* gehörte, markiert seinen Beginn. Seit dem 15. Jahrhundert nicht restauriert, erhält dieser Turm die für ihn charakteristische Schönheit durch seine unverputzten, vom Wind zernagten Steine und durch den wunderbaren schmiedeeisernen Glockenstuhl, der ihn überragt.
Rund zweihundert Meter weiter mündet die Straße auf die *Place d'Albertas*. Dieser von drei Bauwerken abgeschlossene Raum ist der Innenhof des elegantesten architektonischen Komplexes der Stadt. Am Abend fällt ein orangefarbenes Licht auf die Fassaden und macht die Harmonie, die aus dem Rhythmus ihres Ebenmaßes aufsteigt, noch spürbarer.
Das Hôtel Boyer d'Eguilles, dem Hôtel d'Albertas fast gegenüber, beherbergt das Museum für Naturgeschichte *(Musée d'Histoire naturelle –* Sonntag vormittag, Montag und an Feiertagen geschlossen). Hier haben wir es mit dem typischen Rumpelkammermuseum zu tun, das schon am Eingang den Besucher, der kein Fachmann ist, abschreckt. Eine außergewöhnliche Sehenswürdigkeit sollte dennoch sein Interesse wecken: die sehr zahlreichen Eier von Dinosauriern, die vor kurzem, fossiliert, jedoch unversehrt, in der Nähe von Roques-Hautes am Südabhang der Sainte-Victoire gefunden wurden.
Folgt man einer der Straßen, die zum Norden der Stadt führen – der Rue Aude, verlängert von der Rue Maréchal-Foch, der Rue Méjanes, verlängert

von der Rue Vauvenargues – gelangt man in das Viertel mit dem Rathaus und dann in das der Kathedrale St.-Sauveur.

Altes, bezauberndes Aix

Unterwegs überquert man die *Place aux Herbes,* wo noch immer der Blumen- und Gemüsemarkt stattfindet, dann die *Place Richelme,* an der die alte Halle aux Grains (1760), die eine reiche Verzierung aufweist, liegt, dann den Platz vor dem Rathaus, das ein schöner Glockenturm überragt, *Tour de l'Horloge,* im Verlauf der Jahrhunderte errichtet und immer wieder auf den Fundamenten des Tores aufgebaut, das den Eingang zur römischen Stadt bildete.

Das Rathaus (*Hôtel de Ville*), 1670 fertiggestellt, bietet eine Fassade, deren klassisches Maß durch eine zurückhaltende barocke Verzierung aufgeheitert wird. Der Eingang liegt hinter einem herrlichen Gitter aus Schmiedeeisen. Im ersten Stock befindet sich der Saal der Stände der Provence, der im 19. Jahrhundert nach den Verwüstungen durch die Revolution wiederhergestellt wurde. In einem Flügel ist die berühmte *Bibliothèque Méjanes* untergebracht, die den Forschern zur Verfügung steht, und wo in jedem Sommer Ausstellungen für das breitere Publikum stattfinden.

Die Rue Gaston de Saporta, auch sie von vornehmen Häusern gesäumt, führt vom Rathaus zur Kathedrale. In der Nr. 17, in einem Patrizierhaus, das Pierre Puget zugeschrieben wird, ruft das *Musée du Vieil Aix* (Museum des Alten Aix – täglich geöffnet) die Erinnerung an die Vergangenheit der Stadt in ihren volkstümlichen, aristokratischen, wirtschaftlichen und politischen Manifestationen wach... Dort findet man auch Dokumente über das berühmte Parlament, diese »Geißel der Provence« (nach dem Mistral, dem Nordwind), ebenso wie hübsch gravierte Etikette für Schachteln mit Mandelgebäck (»calissons«) und kleine Heiligenfiguren aus Terrakotta zur Erinnerung an die großen Feste, die früher anläßlich des Fronleichnamsfestes in Aix abgehalten wurden.

Die von Licht überflutete Landschaft um Aix verlockt zu den Annehmlichkeiten des Lebens. Herrliche Besitzungen sind hier nicht selten. Hier das Schloß von Le Tholonet, heute Sitz der Kanalgesellschaft der Provence.

In der Nr. 19 der Rue Gaston de Saporta nimmt das Wohlfahrtsamt der Stadt (samstags und sonntags geschlossen) das *Hôtel de Châteaurenard* ein, 1650 erbaut. Dort stieg Ludwig XIV. bei seiner großen Rundreise durch die Provence ab. Die monumentale Treppe, deren Mauern und Decke als Augentäuschung gemalt sind, stellt ein Meisterwerk des italienischen Barocks dar. In der Nr. 23 kann man gleichfalls das *Hôtel de Meynier d'Oppède* (ein Seigneur, der unheilvolle Erinnerungen weckt, s. a. Angaben über Oppède) betreten, in dem heute die Archive des Departements und die Betreuungsstelle für ausländische Studenten liegen. Es ist ein schönes klassisches Gebäude, dessen Stil an den des Hôtel d'Albertas erinnert.

Der alte Erzbischöfliche Palast (*L'ancien archevêché*) nicht weit von dort entfernt, am Ende eines langen schattigen Platzes, ist ein Palast in strengem Stil, der durch ein schmiedeeisernes Gitter mit einem komplizierten verschlungenen Muster abgeschlossen ist. In jedem Sommer verwandelt sich der Hof zum Festival in einen Saal für Konzerte, Theateraufführungen und Tanz. Eine Treppe mit doppelter Umdrehung führt zum *Musée des tapisseries*. Dort kann man in erster Linie drei wunderschöne Serien von Wandteppichen aus Beauvais aus dem 18. Jahrhundert bewundern, die von erlesener Frische sind. Einige Stilmöbel vervollständigen diese Sammlung.

Rätselhafte Kirchen

Die *Kathedrale,* ganz in der Nähe gelegen, ist ein Bauwerk aus verschiedenen Epochen. Man findet dort eine bemerkenswerte *Taufkapelle* aus dem 4. Jahrhundert (und sogar einige römische Grundmauern) und Teile, die aus der Zeit zwischen dem 11. und dem 18. Jahrhundert stammen. Aber das Interessanteste liegt in mehreren Kunstwerken, die sowohl durch ihre Qualität als auch durch ihren Symbolismus, der den Gelehrten noch immer Rätsel aufgibt, als außergewöhnlich gelten können.

Die *Flügel des Portals* sind mit Motiven aus Holz geschmückt, die die vier

Der Cours Mirabeau (hier in Höhe der »Fontaine Chaude«) ist seit drei Jahrhunderten die Lieblingspromenade der Bewohner von Aix.

großen Propheten und die zwölf Sibyllen darstellen. Diese Skulpturen einer späten, ein wenig extravaganten Gotik, sind einem Künstler aus Toulon zu verdanken, Jean Guiramand, der von 1508 bis 1510 dort arbeitete; die Figuren tragen provenzalische Gewänder aus jener Zeit.

Siebzehn große *Wandteppiche*, die sechsundzwanzig Tafeln bilden, schmücken den Chor (gotisch) und das Kirchenschiff (romanisch).

Das *Triptychon des Brennenden Busches*, ein Meisterwerk von Nicolas Froment, ein in Uzès geborener Maler aus Avignon, wurde um 1476 von König René in Auftrag gegeben. Einflüsse der flämischen und burgundischen Malerei vereinen sich hier in einem Werk von höchster Originalität. In einem Nest grünen Laubes, von Flämmchen umgeben – Symbol der Unbefleckten Empfängnis –, sitzt die Jungfrau Maria und hält das Kind auf den Knien. Dieses streckt einen Spiegel aus, in dem sich beider Gesichter spiegeln...

Noch viele andere Einzelheiten sind der Beachtung wert: Die weite Landschaft, mit äußerster Genauigkeit gezeichnet, könnte Avignon oder Tarascon darstellen; der Engel am oberen Rand, der Hunde auf das Einhorn losläßt, Symbol der Jungfräulichkeit... Auf der linken Tafel wurde König René, von der heiligen Magdalena, der Patronin der Provence, vom heiligen Antonius und vom heiligen Mauritius umgeben, vom Maler ohne Wohlwollen dargestellt; auf der rechten Tafel sieht man Jeanne de Laval, seine zweite Frau, mit dem heiligen Nikolaus, der heiligen Katharina und dem heiligen Johannes.

Man beachte in der ersten Kapelle links den der heiligen Anna geweihten Altar.

Der zur Kathedrale gehörige *Klostergang* bezaubert durch die Beschwingtheit seiner Konstruktion und die Mannigfaltigkeit der Verzierungen, bei denen sich antike Elemente mit romanischen Stilisierungen vermischen.

Die andere, wirklich bemerkenswerte Kirche in Aix ist die *Madeleine* auf der großen Place des Prêcheurs, in der Nähe des Justizpalastes, östlich der Stadtviertel, die bereits beschrieben wurden. In diesem im jesuitischen Stil errichteten Gebäude befindet sich das rätselhafte *Triptychon der Verkündigung* (siehe auch die folgende Ausführung), das anscheinend einem gewissen Guillaume Dombet zu verdanken ist, einem burgundischen Maler, der in Avignon lebte.

Die Place des Prêcheurs verbreitert sich nach Süden hin und bildet dort die *Place de Verdun*, den größten Platz der Stadt, mit einem herrlichen Springbrunnen geschmückt, den neugriechischen Kolonnaden des *Palais de Justice* gegenüber. Dieses vom Gefängnis flankierte Gebäude fällt aus dem übrigen Rahmen einer Stadt heraus, in der man stets das Maßvolle und den guten Geschmack kultiviert hat. Es nimmt die Stelle des Palastes der Grafen der Provence ein, das nach der Angliederung an Frankreich zum Palast der Stände geworden war. Dreimal in der Woche ist der Platz von Sonnenschirmen und vielfarbigen Ständen eines riesigen Marktes bedeckt. Der südlichste Teil, dort, wo kleine Straßen und Durchgänge die Verbindung zum Cours Mirabeau herstellen, wird täglich von den Ständen eines kleinen »Flohmarktes« eingenommen, wo die Vertreter des örtlichen Trödlergewerbes einige alte Sachen anbieten, die im allgemeinen von nur geringem Wert sind; die Speicher von Aix bewahren ihre Reichtümer und ihre Geheimnisse...

Ein »Lusthaus« für einen Kardinal

Selbst ein kurzer Aufenthalt in Aix darf nicht ohne einen Besuch im Pavillon Vendôme zu Ende gehen. (Zugang durch eine Passage, die ziemlich schwer zu finden ist, in der Nähe der durch die Straßen Celony, Vendôme und Vanloo gebildeten Kreuzung, in der Verlängerung des Cours Sextius; am Montag und an Feiertagen geschlossen.) Dieser »Pavillon« wirkt wie ein kleines Palais, das den ganzen Zauber eines einfachen »Lusthauses« besitzt, eines »Landhauses« für einen etwas ausschweifenden Herzog, der Kardinal hatte werden müssen (denn dies war der Fall bei Vendôme, dem Enkel Heinrichs IV. und Gabrielle d'Estrées, der der Chronik von Aix Stoff zur Genüge bot und auf Befehl des Königs hin den Kardinalshut aufsetzen mußte). Dieses elegante Gebäude liegt in einem echt französischen Garten, der in seinen Proportionen genau auf seinen Umfang abgestimmt ist. Gemäldeausstellungen, die gleichzeitig mit dem Musikfestival stattfinden, haben hier einen sehr geeigneten Rahmen.

Auf den Spuren Cézannes

Paul Cézanne wurde am 18. Januar 1839 in der Rue de l'Opéra in Aix geboren. Alle Abschnitte seines Lebens hatten Aix zum Rahmen. Im Jahr 1900 ließ er sich inmitten eines verwilderten Gartens am Chemin des Lauves (heute Avenue Paul Cézanne) ein Haus bauen; dieser Weg steigt schnell zum Plateau von Entremont auf, von dem aus man mit einem Blick die ganze Gegend um Aix überschaut.
Diese Villa entwarf der Maler seinen Bedürfnissen als Künstler entsprechend. Ein Atelierfenster und zwei große, einander gegenüberliegende Glastüren, die man mit Hilfe beweglicher Tafeln leicht abdecken konnte, ließen bis in die Mitte des Ateliers jenes »einhüllende Licht« einfallen, die den Formen die vom Maler gesuchte Fülle verleihen. Etwa in der Mitte des Tages sind die Schatten wahrhaftig blau, so wie man sie auf Cézannes Stilleben sieht. Früchte, vertraute Gegenstände und Schädel, die der Meister gern malte, liegen noch immer auf den Gestellen seines Ateliers. Die Universität von Aix, die von amerikanischen Bewunderern den Pavillon Cézanne als Geschenk erhalten hat, wacht über diese Reliquien. Die Besichtigung (täglich außer Montag) bleibt auf kleine Gruppen beschränkt und wird von langen, sachkundigen Ausführungen begleitet. Aber ohne einige zusätzliche Ausflüge in die Landschaft um Aix würde sie unvollkommen bleiben.

Rundfahrt Sainte-Victoire

Weniger als zwei Kilometer von Cézannes Haus entfernt, an einem Ort mit Namen *Les Lauves*, am Rand des Plateaus, findet man eine durch mehrere Bilder unsterblich gemachte Gegend: blühende Wiesen, von Farben berstend, Sanftheit der vom Licht der Provence gestreichelten kleinen Täler und immer, im Hintergrund, die scharfe Silhouette des Berges Sainte-Victoire, die sich gegen den azurblauen Himmel abhebt.
Eine herrliche Rundfahrt von rund 50 km ermöglicht es, sich den Charakter

---

EINE VERKÜNDIGUNG, DIE NACH SCHWEFEL RIECHT

Erste verwirrende Elemente eines Gemäldes, das vor allem ein gottesfürchtiges Werk sein sollte: Die Gestalten des Bösen ercheinen hinter dem Engel, als habe der Künstler auf diese Weise versucht, die religiöse Bedeutung des Bildes zu untergraben. Aber es gibt noch Schlimmeres... Hören wir uns zum Beispiel Emile Henriot an: »Man sagt, daß der Maler, da er sich an dem Stifter zu rächen trachtete, der es zu einem Preis, der unter dem ihm versprochenen lag, in Auftrag gab, eine gewisse Teufelei hineinlegte: Der Ausdruck der Gestalten ist für ein Bild der Heiligkeit befremdend; die Flügel des Engels der Verkündigung bestehen aus Federn der Schleiereule, des Unglücksvogels; die Geste des segnenden Herrn ist nicht liturgisch, und der zwischen Zeigefinger und Mittelfinger durchgesteckte Daumen hat etwas Obszönes... Zwischen den Säulen sieht man Fledermäuse flattern; und schließlich galten die Blumen, die in einer Vase neben Maria vereint sind, im Mittelalter als schädlich: es sind der Fingerhut, die Tollkirsche und das Basilikum.« (...)
Marie Mauron greift Emile Henriots Gedanken erneut auf, indem sie den satanischen Aspekt weiterentwickelt, nämlich den »der Disteln zwischen dem Hexenkraut (diese versteckten Spott enthaltende Tollkirsche), diese nicht minder ironischen Jungfernfinger (der giftige Fingerhut) und aus dem Speichel des Zerberus geborene Eisenhut, aus dem Medea ihre Liebestränke braute. In dem Sonnenstrahl, den ein wunderlicher Gott durch das Kirchenfenster einfallen läßt, auf dem Ungetüme ihre Fratzen schneiden, tanzt ein beunruhigender Fötus, der eher einem lemurischen Kobold ähnelt als etwa einer Verkörperung des Heiligen Geistes...«

Nach »Guide de la Provence mystérieuse« (Tchou, édit., Paris 1965)

dieser Landschaft um Aix noch tiefer einzuprägen, die in einer erstaunlichen Harmonie die Sanftheit und die Herbheit der Formen, die Farbenpracht der Blumen mit dem leuchtenden Grau der Kalkfelsen verbindet.

Diese *Rundfahrt Sainte-Victoire* führt zunächst auf einer beschilderten Strecke entlang, die unter dem Namen *Route Cézanne* bekannt ist. Es ist die D. 17 in Richtung Tholonet, Puyloubier, Pourrières. Man verläßt Aix durch das Viertel der Kasernen, Boulevard des Poilus im Osten der Stadt.

6 km entfernt *Le Tholonet* inmitten einer wunderschönen Landschaft, in der sich Obstgärten, Olivenhaine, Getreidefelder, Heideflächen und Kieferngehölze abwechseln, mit immer eindrucksvolleren Ausblicken, in dem Maße, in dem man weiter nach Osten auf die steilen Hänge des nahen Berges gelangt. Die Villen und die modernen Bauten bleiben glücklicherweise ziemlich verborgen, zumeist hinter Vorhängen von Zypressen isoliert. In Tholonet selber erhebt sich ein großes Haus aus dem 18. Jahrhundert, ein typisch provenzalisches Gebäude am Ende eines langen Platanengewölbes, das sich in einem Wasserlauf spiegelt. Das Ganze scheint von Licht überflutet. Dieses Schloß ist heute Sitz der Kanalgesellschaft der Provence (siehe Angaben unter Lourmarin).

5 km jenseits von Tholonet liegt der Weiler *Le Bouquet,* einsam oberhalb der Straße D. 17; er bietet aus größter Nähe einen Blick auf den Gebirgsvorsprung der Sainte-Victoire, der durch ein hohes Kreuz auf fast 1000 Meter Höhe gekennzeichnet ist.

Die Straße führt am Fuß der Steilwand aus Kalkstein entlang, bald grau, bald ockerfarben. Die vom Lärm der Zikaden erfüllte Natur ist nun völlig wild: Kieferngehölze, Rosmarin, Thymian, Wacholdergebüsche. Im Dorf *Puyloubier* (10 km von Le Bouquet) führen steile Pfade zum Kamm der Sainte-Victoire, von der aus man einen herrlichen Ausblick auf das tief liegende Land der Provence hat.

Die Teerstraße durchquert Pourrières, aber die D. 57, nun ein Forstweg, führt um das Massiv der Sainte-Victoire herum, an dessen weniger steilem Nordhang die D. 223 und die D. 10 entlanglaufen. Man fährt das bewaldete Tal des Infernet hinab, wo auf der Höhe des Dorfes *Vauvenargues* ein großes, viereckiges, von Türmchen flankiertes Schloß das Tal überragt. Es gehörte Picasso. Der Maler wurde nahe der großen Eingangstreppe begraben. (Man kann dieses Schloß leider nicht besichtigen.)

Das Wasser des Infernet wird durch die *Talsperre von Bimont* aufgestaut. Der See, in dem sich der Berg spiegelt, der über ihm aufragt, wird zuweilen als der »Spiegel der Sainte-Victoire« bezeichnet. Auf Fußwegen kann man weiter talwärts zu einem Ausgleichsbecken gelangen, der sogenannten *Zola-Talsperre,* Ziel von Sonntagsausflügen der Bewohner von Aix.

Glücklich diese Bewohner, die für ihre Stunden der Entspannung die malerischste Landschaft zur Verfügung haben und, wie man sagt, »die geistigste Landschaft Frankreichs«.

Name: Aquae Sextiae (römisch, 123 v. Chr.) nach dem Gründer der Stadt benannt, dem Konsul Sextius Calvinus, und als Hinweis auf die heilkräftigen Wasser.

Lage: 13100 Bouches-du-Rhône. Höhe: 177 m. 750 km Paris, 290 km Lyon, 30 km Marseille, 180 km Nizza. Touristen-Flugplatz Aix-les-Mille.

Informationen: O. T., 3, place Général-de-Gaulle, Tel. (91) 26 02 93. Fernschreiber 4 34 66

Besichtigungen mit Vorträgen: 26. Juni bis 30. September, allgemeine Besichtigung der Stadt (täglich); Besichtigung einzelner Stadtviertel (täglich mit Ausnahme des Sonntags und der Feiertage); 10.—31. Juli Landschaften und historische Gebäude der Umgebung von Aix (täglich mit Ausnahme des Sonntags und der Feiertage).

Unterkunft: Zahlreiche Hotels aller Kategorien, darunter 4 ****, 10 *** und 2 Motels (in Celony); 1 Schloßhotel in Meyrargues (16 km nördlich) »Le Château«; Camping: 3 Plätze, darunter 1 ****.

Restaurants: s. Auswahl S. 248

Thermalbadsaison: Das ganze Jahr.

Feste: Während der letzten 3 Juliwochen internationales Musikfestival (Hof des Erzbischöflichen Palastes, Schloßgarten in Le Tholonet, Abtei von Sylvacane), (Büro des Festivals, 2 bis, rue de la République, Telefon (91) 26 21 35); Kunstausstellung während des Festivals; 24. Juni Johannisfeuer, Berg Sainte-Victoire.

Andenken: Gebäck aus Mandelteig, »Biscotins«, Mandeln.

Antibes

Gegen den klaren Winterhimmel zeichnen sich die verschneiten Alpen als Hintergrund der Côte d'Azur ab. Das alte, von Mauern eingeengte Antibes kommt dann besonders zur Geltung. (Photo Fronval)

Antibes

■ Zwischen der Gründung von Antipolis und der von Sophia-Antipolis werden zweitausenddreihundertunddreißig Jahre verstrichen sein.
Antipolis – die »Stadt-Gegenüber« (gegenüber von Nizza-Nikaia) – war um das Jahr 350 v. Chr. ein kleiner, aber gut geschützter Nothafen, der sich ängstlich zwischen seinen Umwallungen zusammendrängte, stets einem jähen Handstreich der Ligurer ausgeliefert. Er wurde von Schiffen aus Griechenland und Massalia regelmäßig angelaufen.
Sophia-Antipolis wird um 1980 die »internationale Stadt der Weisheit, der Wissenschaften und der Technologie« sein oder mit anderen Worten »das internationale Mittelmeerzentrum für Forschung und fortgeschrittene Technologie«. Wenn die Bezeichnung als solche auch noch nicht endgültig festliegt, so sind doch die großen Linien dieses gewaltigen Vorhabens bekannt, und der Plan für einen künftigen »Gehirntrust« läßt sich bereits an Ort und Stelle erkennen. Tausend Hektar provenzalischer Macchia wurden etwa acht Kilometer nordwestlich von Antibes auf dem Plateau von Valbonne für diesen Zweck reserviert. Es ist vorgesehen, daß zehntausend Forscher und andere »Arbeiter aus dem tertiären Sektor« – um ein Modewort zu benutzen – dort in der Stille einer eingezäunten Natur ihr Licht leuchten lassen können.

Ideen und Rekorde

Mit Sophia-Antipolis offenbart Antibes wieder einmal seine Neigung zu avantgardistischen Experimenten, originellen Schöpfungen und zu einer leistungsfähigen Organisation.
Es fehlt nicht an Beispielen.
Pablo Picasso, diesem zeitgenössischen Kunstmonument, fehlte ein richtiges Museum: Antibes hat es im befestigten Schloß der Grimaldi geschaffen. Frankreich besaß kein Meereszoo: In La Brague, einem Ableger von Antibes, wurden Delphine, See-Elefanten und Seelöwen des ersten »Marineland« untergebracht. Daß die Archäologen am Platz vor der Kathedrale unter reichlichen Funden aus der hellenistischen Zeit auch die älteste Pétanque-Kugel der Welt (im Archäologischen Museum von Bastion St.-André ausgestellt) ans Tageslicht befördert haben, ist eine Tatsache, die lediglich einen sentimentalen und anekdotischen Wert besitzt, aber daß drei Millionen Quadratmeter Glas für Frühbeetfenster und Gewächshäuser (die leider die Landschaft verhäßlichen!) aus Antibes die führende Stadt für die Erzeugung von Schnittblumen (Rosen, Nelken, Anemonen) machen, ist ein wirtschaftlich bedeutsamer Rekord. Antibes kann sich auch noch rühmen, in der Mitte des vorigen Jahrhunderts in einem Versuchsgarten, »Jardin Thuret«, zum erstenmal in Europa den Eukalyptus akklimatisiert zu haben; dieser Garten gehört zu den schönsten, die man besuchen kann, und untersteht heute dem Zentrum für Landwirtschaftliche Forschung der Provence, auf der Halbinsel La Garoupe.
Wenn die Schaffung eines Sporthafens mit sechshundert Liegeplätzen (in der Bucht von St.-Roch, wo man bei den Erdarbeiten Galeeren gefunden hat) oder die Anlage eines luxuriösen Golfplatzes (in der Nähe von Biot) an der Côte d'Azur niemand mehr in Erstaunen setzen, so zeigen doch solche Unternehmen wie das Internationale Bridgefestival, die »Goldene Rose des Chansons« und das Internationale Jazzfestival, daß Phantasie und Dynamik hier in hohem Ansehen stehen.
Antibes, das Bonaparte gegenüber nicht gerade liebevoll vorgegangen ist, der des »Robespierrismus« beschuldigt und nach dem Sturz Robespierres belästigt wurde (er soll einige Tage lang auf der Festung gefangengehalten worden sein), auch nicht Napoleon gegenüber, dem Geächteten von der Insel Elba, der heimlich an der Landzunge des Cap an Land ging, besitzt heute ein Napoleon-Museum, das zu schaffen zum Beispiel Toulon sich nicht hat einfallen lassen.
Diese Neigung zu originellen Gründungen findet man in den verschiedensten Bereichen. Man könnte zu diesem Bild noch die Militärschule für Leibesübungen hinzufügen oder auch einen der echtesten Hotelpaläste der Welt nennen: das »Grand Hôtel du Cap d'Antibes« und sein Restaurant »Eden-Roc«.

Juan-les-Pins

Die Natur selber scheint dieses schmale Gebiet der Rivieraküste mit dem Merkmal der Vollkommenheit ausgezeichnet zu haben.
Antibes wird heute von verschiedenartigen städtebaulichen Elementen bestimmt, die aber einander ergänzen, ohne sich zu vermischen. Im Osten er-

heben sich die Mauern der alten Stadt, von Bollwerken flankiert, über dem Meer; ihre Dächer mit den rosigen Ziegeln drängen sich um einen rechteckigen Hauptturm. Im Westen grenzt ein Strand mit feinem Sand, kostbarer Schatz an dieser Küste, an *Juan-les-Pins*, jenem Badeort, dessen etwas hektisches Leben und Treiben einen Kontrast zu der aristokratischen Ruhe von *Cap d'Antibes* bildet. Diese felsige Halbinsel ist im Schmuck ihrer großen Bäume einer der letzten Zufluchtsorte der Privilegierten dieser Welt, die sich dorthin in den Schutz der hohen Mauern, in die Gärten, deren Schönheit man sich nur vorstellen kann, zurückziehen. Von einigen Landzungen und von der Höhe eines in der Nähe der Kapelle N.-D. de La Garoupe (78 m Höhe) angelegten Aussichtspunktes kann der Spaziergänger dennoch ein Panorama genießen, in dem alle Aspekte der Côte d'Azur vereint sind, vom Meer bis zu den beschneiten Alpen.

Picasso und die Delphine

Dieser Untertitel bezeichnet nicht etwa ein neues Bild des Meisters – hier müßte man sich eher Picasso und die Ziege oder Picasso und der Faun vorstellen –, aber es ist damit beabsichtigt, auf die beiden Sehenswürdigkeiten, die man sich in Antibes keinesfalls entgehen lassen darf, hinzuweisen, auf das *Musée du Château* und das »Marineland«. Die einzigartige Darbietung von Werken Picassos ist fast einem Zufall zu verdanken. Im Verlauf eines Gesprächs gab der Maler seinem Bedauern Ausdruck, niemals über große Flächen verfügt zu haben, auf die er riesige Kompositionen hätte malen können. Der Konservator des Schlosses von Antibes, einer riesigen Festung mit leeren Sälen, erwischte diesen Ball im Sprung: »Flächen! Sie wünschen sich Flächen? Die kann ich Ihnen geben.« Es war der 8. September 1946.
Während des ganzen Herbstes 46 und den Sommer 47 hindurch schloß sich Picasso in seiner Festung ein. In seiner Freude schuf er dreiundzwanzig Gemälde, davon einige auf Tafeln aus Faserzement mit einer Länge von 3,50 m, dreiunddreißig Zeichnungen, elf Ölbilder auf Papier und achtundsiebzig Keramiken. Alle diese Werke sind von einer ansteckenden Fröhlichkeit und Heiterkeit. Überall zwinkern verschmitzte Faune dem Besucher zu.

Die großen, weiß getünchten Mauern, die niedrigen Pforten, die in die dicken Mauern eingelassenen, auf die Festungswälle hinausgehenden Fenster bieten den besten Rahmen, der mit dem kräftigen, enthüllenden Pinselstrich des Meisters übereinstimmt.
Nachdem Picasso seine Lust an »großen Flächen« gestillt hatte, machte er alle diese Werke, die den Ort, wo er sie konzipiert hat, niemals verlassen dürfen, Antibes zum Geschenk. Im Lauf der Zeit vervollständigte man die Sammlungen durch einige Skulpturen, Wandteppiche und Lithographien.
Im zweiten Stockwerk des Museums sind Werke zeitgenössischer Maler versammelt, die sich an im Sommer veranstalteten, zeitlich begrenzten Ausstellungen beteiligt hatten.

Bonaparte und Napoleon

Die Bastion Saint-André, die sich am äußersten Ende der Festungsmauern, dem Schloß gegenüber, erhebt, beherbergt das *Musée Archéologique*, wo auf sehr intelligente Weise die lange Geschichte von Antipolis-Antibes heraufbeschworen und veranschaulicht wird.
Das *Musée Naval et Napoléonien* nimmt einen mächtigen, runden Turm ein: die Batterie des Grillon, an der Südwestspitze des Cap d'Antibes gelegen, daher in allernächster Nähe des Punktes, an dem der gestürzte Kaiser am 1. März 1815 landete. Die verschiedenen Episoden der »Rückkehr des Adlers« sind in den Epinal-Bilderbogen ebenso wie in den bissigen englischen Karikaturen dargestellt worden. Aber das Thema der »Rückkehr« ist nicht das einzige, das hier behandelt wird. Zahlreiche Gegenstände und wertvolle Dokumente erzählen uns vom Kaiserreich, von der Marine und von Antibes. Alle werden hervorragend präsentiert.
(Man beachte, daß alle Museen in Antibes am Dienstag geschlossen sind.)
Das *Marineland* von Antibes (an der Ecke der N. 7 und der Straße nach Biot) ist seinen Dimensionen nach mit dem berühmten »seaquarium« in Miami vergleichbar. Es umfaßt mehrere Becken für Delphine, ein Becken für Schwertwale (die die Engländer »killer whale« wegen ihrer Gefräßigkeit nennen), vier weitere Becken von geringerer Bedeutung, die Seehunde, Seelöwen und See-Elefanten beherbergen, ein rundes Metallbecken mit Sichtluken, durch die man Haifische be-

Geographisches Institut
der Universität Kiel
Neue Universität

obachten kann, und schließlich noch ein Aquarium mit achtzehn Behältern.
Ein Meeresmuseum mit interessanten Ausstellungsstücken vervollständigt diese Anlage.
(Das *Marineland* ist dauernd von 14 bis 18 Uhr geöffnet; im Juli und August bis 22 Uhr; im September am Mittwoch, Samstag und Sonntag am Abend bis 22 Uhr.)

Biot und die Glasbläser

4 km von La Brague und vom Meer, 10 vom Zentrum von Antibes blickt Biot (Biotte auszusprechen) auf das blaue Band des Mittelmeers von der Höhe seiner 80 m über einige Olivenhaine und leider sehr zahlreiche, das Auge blendende Gewächshäuser.
Eine hohe Palme und Zypressen ragen zwischen den am Hang sich in einer reizenden Unordnung anklammernden Häusern empor. Steile Gassen, überwölbte Passagen, ein Platz mit Arkaden, an dessen Ende sich der Eingang zur Kirche verbirgt, und Mauern aus alten Steinen, über die hinweg man Orangenbäume, Mimosen und Feigenbäume entdeckt, das ist Biot, nur ein paar Schritte von der Küste entfernt und trotz allem noch immer ganz die Provence. Innerhalb dieses echten Rahmens dröhnt es einen guten Teil des Tages vom Lärmen zahlloser Besucher, die weniger von der Schönheit des Ortes als von dem Ruf einiger Antiquare und mehrerer ausgezeichneter Handwerker angelockt werden. Die letzteren sind zum größten Teil aus dem Norden und sogar aus dem fernen Norden gekommen. Die Töpferei, die Glasbläserkunst und die Keramik sind durch sie zu einheimischen Gewerben geworden. Man findet dort auch Lederarbeiten mit eingesetzten bunten Steinen und Schmuckstücke voller Phantasie.
Biot, das bedeutet auch das *Musée Fernand Léger*, dessen bunte Keramik, die die 400 qm der Fassade bedeckt, schon von der Autobahn zu sehen ist. Dieses Museum ist das erste, das für einen einzigen Künstler errichtet wurde und ausschließlich seinem Werk gewidmet ist.
Als Sohn eines Mannes aus der Normandie, eines Ochsenhändlers, als ehemaliger »Neger« eines Architekten, lernte Léger Not und das Glück kennen. Er wurde einer der Gründer des Kubismus. Er bleibt der Maler des Technischen und der Arbeit. »Um die Bewegung auszurücken, habe ich mir als Themen die Radfahrer, schöne Bahnhöfe und schöne Mädchen in roten, gelben und grünen Trikots ausgesucht...« Er malt große Fresken, auf denen man glückliche Menschen in ihren Mußestunden sieht, Zeltler, Musikanten, Leute vom Zirkus. »Das Kunstwerk darf nicht am Kampf beteiligt sein«, schreibt er noch, »es muß, ganz im Gegenteil, ein Ausruhen nach der Ermüdung durch den täglichen Kampf sein«.

Vallauris und die Töpfer

Biot entgegengesetzt, nimmt man Antibes als Bezugspunkt, besitzt Vallauris (3 km von Golfe-Juan und von der Küste entfernt, 7 km westlich des Zentrums von Antibes) nicht den provenzalischen Zauber seines Nachbarn. Es wirkt eher wie eine kleine Vorstadt, die anarchisch und ohne jede Anmut gewachsen ist. Sein Ruf als »Stadt der Töpfer« verlangt ehrlicherweise genauere Angaben. Töpferwaren, glasierte Töpferwaren, gibt es an allen Ecken und Enden. Vom einen Ende der Hauptstraße bis zum anderen quellen die Läden davon über. In den Nebenstraßen arbeiten mehr als hundert Brennöfen und Werkstätten das ganze Jahr hindurch. Aber nicht weil Picasso dort arbeitete (sollte man nicht lieber sagen, sich dort amüsierte, denn Picasso arbeitete stets nur zu seinem Vergnügen), kann man nun die Produktion von Vallauris vielleicht als künstlerisch bezeichnen...

»Krieg und Frieden«

Picasso muß gleichwohl als Vorwand dienen, nach Vallauris hinaufzufahren. Eine sehr gelungene Bronzearbeit »Mann mit Schaf« schmückt den kleinen Platz vor der Kirche. Am Ende des Platzes, jenseits der Schatten, in denen am Morgen der Markt abgehalten wird, öffnet sich eine kleine romanische Kapelle. An der Tür ein unerwartetes Schild: »Musée national«. In der Krypta dieser Kapelle hat nämlich Picasso zwischen 1952 und 1959 eins seiner bedeutendsten Werke geschaffen: »Guerre et Paix« (»Krieg und Frieden«), das er dann den Nationalmuseen geschenkt hat.
Das langgestreckte kahle Gewölbe, aus dem diese ländliche Krypta besteht, bot die für eine Gegenüberstellung der beiden Themen, die den Künstler seit vielen Jahren verfolgt hatten, geeignete Architektur. An der einen Wand ziehen sich die Schreckensbilder des

Krieges hin, an der anderen gegenüber jubelt als Gegensatz die Freude über den wiedergefundenen Frieden auf. Vom Boden ausgehend vereinen sich die beiden Kompositionen in der Mitte des Gewölbes und isolieren so den Zuschauer von der Außenwelt. Auf der einen Seite nähert sich der lächerlichwichtige und zugleich tragische Kriegswagen, von den Pferden des Todes gezogen, die mit ihren Hufen die Symbole der Zivilisation zertrampeln, während im Hintergrund der Komposition ein Fries makabrer Schatten einen unheimlichen Rundtanz darstellt. Aber zur Linken erhebt sich eine hohe Gestalt und hält diesen Trauerzug mit einem Schild auf, der das strahlende Gesicht des Friedens zeigt. Gegenüber bricht der Freudentaumel der befreiten Menschheit aus. Das Leben beginnt voller Ausgelassenheit von neuem: Die Fische nehmen den Platz der Vögel ein, während ein Paar zum Klang der Hirtenflöte tanzt und das Pferd Pegasus einen von einem Kind geführten Pflug zieht. An der Mauer in der Tiefe der Kirche strecken die vier Erdteile ihre Arme dem Licht entgegen...

Name: Antipolis (griechisch, um 350 v. Chr.), »die Stadt gegenüber« Nizza.

Lage: 06600 Alpes-Maritimes. Höhe: Meeresufer. 910 km Paris, 22 km Nizza, 162 km Aix.

Informationen: S. I., 12, place Général-de-Gaulle, Tel. (93) 34 08 35. In Juan-les-Pins, avenue Courbet, Tel. (93) 61 04 98.

Unterkunft: Sehr zahlreiche Hotels, darunter 3 »Luxus«, 1 Relais de Campagne »La Résidence«, 9 ****, 12 ***; 1 Motel »Euromotel Côte d'Azur« in La Brague an N. 7; Camping: zahlreiche Plätze, darunter mehrere »Tourismus« und **** die Küste entlang.

Restaurants: s. Auswahl S. 248

Feste: Juni, internationale Auto-Rallye und internationale Rosen-Rallye; Festival des französischen Chansons, »la Rose d'Or de la Chanson«; Ende Juli und August »Eté musical« im Château Grimaldi (Büro des Festivals 5 bis, place de Gaulle, Tel. (93) 34 02 56); *Vallauris:* Juni, großes Fest der Töpferei; *Golfe-Juan:* Februar, Mimosenfest; *Valbonne:* Februar, Fest der Weintraube (im frischen Zustand konserviert).

»Clovis«, der Butzkopf (oder auch Schwertwal) aus dem »Marineland« von Antibes ist zu einer Berühmtheit der Côte d'Azur geworden. (Photo José Dupont-Marineland)

Apt

■ »Das eigentliche Herz der Provence ist eine verhältnismäßig wenig besuchte Region, die nichts vom konservativen und touristischen Mistralismus des unteren Rhonetals, von der fieberhaften Aktivität Marseilles, vom internationalen mondänen Badebetrieb der Côte d'Azur oder von der ein wenig übertriebenen Romantik der Haute-Provence weiß. Das ist das Land um Apt...« (Jean Groffier).

Kandierte Früchte und ...
die Bombe

Auf den, der Sénanque oder Oppède besucht, sich in Gordes oder Roussillon ausgeruht, Ausflüge in die Schluchten von Oppedette oder in den provenzalischen Colorado unternommen hat, die Straße der Zedern von Luberon entlanggefahren oder den Pfaden oberhalb von Saignon und Saint-Saturnin gefolgt ist, muß Apt enttäuschend wirken...
Apt, Apta Julia, zweitausendjähriger Kreuzungspunkt, hat sich heute zu einer beispielhaften Unter-Präfektur entwickelt und es verstanden, seine Komplexe zu überwinden, sich zu modernisieren, Industrien anzulocken und aus den Umständen zu profitieren, um Arbeitsstellen zu schaffen und seine Einwohnerzahl zu erhöhen. So haben nach den ungewöhnlichen Frostperioden von 1953 Kirschenpflanzungen alte Olivenhaine verdrängt; die traditionelle Industrie kandierter Früchte aus Apt hat einen neuen Aufschwung genommen: England, ein großer Verbraucher von Obst für seine Kuchen, ist zu einem bedeutenden Kunden geworden. 1970 war die Anlage von Atomsilos für die französische Atomstreitmacht in den Tiefen des Plateaus von Albion (im Norden des Departements) für Apt ein neuer Grund zur Expansion. Leider scheint der Tourismus bei der Unzahl neuer Tätigkeiten etwas zu kurz gekommen zu sein. Man träumt von einer »Hauptstadt des Landes Apt«, die voller Anmut, Blumen und Lächeln wäre...
Einige Stunden genügen, um durch die Altstadt zu schlendern, auf dem Platz vor dem Rathaus spazierenzugehen, auf dem im Sommer eine Art Flohmarkt abgehalten wird, und das Museum und die Kathedrale zu besichtigen (von 12 bis 15 Uhr geschlossen).
Das *Archäologische Museum* ist in einer reizenden Kapelle untergebracht, die früher der heiligen Katharina geweiht war. Dort findet man höchst interessante Sammlungen: Amphoren, Schmuckstücke, Keramik und vor allem Apothekertöpfe aus Apter Fayence.
Die *Kathedrale* ist das erste Gotteshaus Frankreichs, das der heiligen Anna geweiht wurde: Der erste Bischof von Apt soll im 3. Jahrhundert die Reliquien der Mutter der Jungfrau Maria aus dem Heiligen Land mitgebracht haben, die nun noch in einem großen Reliquienschreien erhalten geblieben sind (Kapelle im linken Seitenschiff, als »königlich« bezeichnet, seitdem sich Anna von Österreich dort in einem Gebet gesammelt hat). Der in der Sakristei untergebrachte Kirchenschatz weist interessante Stücke auf: Manuskripte, Schatullen, Reliquienkästchen mit künstlerischen Emailarbeiten und das »Schweißtuch der heiligen Anna«, das in Wirklichkeit eine muselmanische Fahne aus dem 11. Jahrhundert sein soll. Die Kathedrale wurde auf einer zweistöckigen merowingischen Krypta errichtet. Beim Verlassen der Kirche bemerkt man rechts einen mittelalterlichen Turm, L'Horloge genannt.
Bezüglich zahlreicher Ausflüge im Gebiet von Apt siehe auch die Angaben unter Gordes, Roussillon, Sénanque, Oppède, Lourmarin, Forcalquier und Manosque.

Name: Apta Julia (von Julius Cäsar gegründet).

Lage: 84400 Vaucluse. Höhe: 221 m. 727 km Paris, 55 km Aix, 52 km Avignon, 48 km Carpentras, 40 km Manosque.

Informationen: S. I., place Bouquerie, Tel. (90) 3 18.

Unterkunft: 3 Hotels *; Camping: 1 Platz **.

Feste: Pfingsten, Karnevalszug.

Andenken: Kandierte Früchte, insbesondere kleine, kernlose Feigen oder »figons«, Honig; Ziegenkäse aus Banon. Zahlreiche gute Kunsthandwerker in den Dörfern des Luberon.

Arles

■ Es wäre schön, Arles vom Flugzeug aus zu entdecken.
Vom Flugzeug aus wirkt Arles-fille-du-Rhône wie ein rosa Bienenkorb, der von einer weiten Biegung des schlammigen Flusses eingeengt wird. Die Autobahn überquert, wie gestern die Via Aurelia, die erste Brücke, die sich, vom Meer aus gesehen, über die Rhone spannt. Die flachen Lastkähne aus Fos wie gestern die Galeeren aus Massalia und die, die aus Valence heruntergekommen sind (morgen aus Lyon, Genf und Rotterdam), wie gestern die Flöße auf aufblasbaren Schläuchen, die aus dem Norden Galliens kamen, begegnen einander vor den Kais von Trinquetaille.
Vom Flugzeug aus kündigt sich Arles-la-Romaine durch den Krater seines Amphitheaters und durch die Narbe seines Theaters an, das allzulange als Steinbruch diente. Vom großen Zirkus, der im Südwesten lag, ist nichts übriggeblieben: In diesem Stadtteil nehmen Fabriken und Lagerhallen das Gelände ein. Gleicherweise haben weiter östlich die Schienen und die Werkstätten der Eisenbahn die berühmteste und vielleicht größte Nekropole der Welt des Altertums fast völlig unter sich begraben: die Alyscamps; von diesen Gefilden der Seligen, in denen man tausend Jahre lang Sarkophage anhäufte, die aus dem gesamten Westen kamen, ist an Sichtbarem nur noch eine schattige Allee geblieben, unterbrochen von dem achteckigen Glockenturm der letzten der siebzehn Kirchen, die hier errichtet wurden.

Das Rom Galliens

Vom Flugzeug aus erkennt man Arles-de-Provence am Gewirr der braunen Dächer, mit bescheidenen Glockentürmen gespickt, umgeben von Gärten und von Plätzen durchlöchert, die wie Sträuße von Laubwerk, zwischen Steinen eingelassen, wirken. Wenn man die Umgebung betrachtet, so ist die Stadt von einem vielfarbigen Mosaik bedrängt: ganz in der Nähe die kunstvoll angelegten Reihen der die grünen Pflanzungen schützenden Zypressen; nach Süden die fahlrote Wüste von Crau, angrenzend an die Reisfelder und schimmernden Sümpfe der Camargue ganz im Hintergrund; und im Nordosten die Alpilles, die ihr »steinernes Segelwerk« entfalten. Ein bebendes Licht und eine unerbittliche Sonne hüllen alles ein ...

Im allgemeinen läßt man seinen Wagen auf den freien Plätzen gegenüber dem Boulevard Clemenceau und dem Boulevard des Lices stehen, die die südliche Grenze der Altstadt bilden, und auf denen zu jeder Stunde des Tages ein lebhaftes Treiben herrscht.
Die Alleen eines schönen Parks, der an einen Teil der alten Umwallungen angrenzt, führen unmittelbar (durch die Rue Porte de Laure) zum *Amphitheater*, öfter noch als *Arena* bezeichnet. Dieses imposante Gebäude liegt auf einer felsigen Anhöhe, die ihm als Fundament dient. Seine Ausmaße sind die gleichen wie die des Amphitheaters in Nîmes: 136 m zu 107 m. Einundzwanzigtausend Besucher, das heißt, die Hälfte der gegenwärtigen Bevölkerung von Arles, konnten dort Platz finden. Das dritte Stockwerk ist vollständig verschwunden, und die gesamte Anlage hat sehr gelitten. Von der Eroberung durch die Sarazenen bis 1825 stellte dieser riesige abgeschlossene Raum ein Bollwerk dar, in dessen Schutz sich ein großer Teil der Bevölkerung niederließ; die Arkaden wurden zugemauert, Verteidigungstürme errichtet (von ihnen gibt es noch drei, von denen aus man einen weiten Blick über die Stadt hat) und mehr als zweihundert Häuser wurden aus den an Ort und Stelle gebrochenen Steinen im Innern gebaut. Aber liegt nicht gerade im Verfall, in den vom Wind zernagten Steinen, in dem unterbrochenen Mauerkranz ebenso wie in dem übermittelten Eindruck von Kraftfülle, die trotz allem unzerstörbar ist, die ergreifende Schönheit dieses Bauwerks? Das Innere mit seinen aus Beton wiederhergestellten Stufenbänken, seinen Kandelabern und Geländern wirkt erheblich weniger ergreifend als die paar baufälligen Gewölbe, die man in der Perspektive irgendeiner noch mittelalterlichen Straße erblickt, die von der nahen Place de la Mayor herabführt.

Schönheit der Ruinen

Diese besondere Schönheit der Ruinen offenbart sich noch stärker im *antiken Theater* (Eingang Rue de la Calade, südwestlich der Arena). So wie ein Paläontologe ein Mammut aus einem Wirbelknochen rekonstruiert, hat der Architekt Jean Formigé die primitive Mauer der Bühne nach zwei Säulen und einigen umherliegenden Blöcken, die sich der Neugier der Besucher darbieten, nachgezeichnet; alle Bücher über römische Archäologie geben diese Studie wieder. Angesichts dieses pompösen und recht scheußlichen Bauwerks kann man sich nicht des Gedankens erwehren, daß die Zeit hier gute Arbeit geleistet hat, indem sie diese von der Vegetation verschobenen Stufen, diese kaum noch in ihrer alten Reihe verbliebenen Steine, die sich nach und nach mit den zutage tretenden Kalkfelsen vermischen, und die hier und dort von einer Kannelüre, einem Sims, einer Rosette oder einem Akanthusblatt aufgehellt werden, verwandelt. Stellen nicht die beiden einzigen grauen, ockerfarben geäderten Säulen, die gegen den Hintergrund von Zypressen zum Himmel aufragen, in ihrer korinthischen Anmut »das« unübertreffliche Dekor dar?

Als Kontrapunkt zu diesen edlen Ruinen erhebt sich ein viereckiger Glockenturm im Hintergrund, der Nüchternheit, Feinheit und Kraft in sich vereint. Er kündigt Saint-Trophime an, die Kathedrale aus dem 12. Jahrhundert, schönster Ausdruck romanischer Kunst in der Provence, eine Kunst, die ganz von den Lehren des Altertums geprägt ist.

Saint-Trophime

Vom Theater aus führen die Rue de la Calade oder die Rue du Cloître auf die *Place de la République*. Es ist unvermeidlich, an Rom zu denken, an das heutige Rom auf diesen so reizvollen Plätzen, wo die Jahrhunderte von einer Seite zur anderen einander antworten, ohne sich gegenseitig zu schaden. In der Mitte dient ein hübscher, von Bronzelöwen flankierter Springbrunnen als Sockel für einen *Obelisken*, der nichts anderes ist als die »spina« des (heute verschwundenen) Zirkus, um den die Pferde mit den Streitwagen kreisen mußten. Im Hintergrund des Platzes bietet das *Hôtel de Ville* (Rathaus) eine Fassade von schöner klassischer Regelmäßigkeit. Die Pläne stammen von Mansart, und der Bau selber ist dem arlesischen Architekten Peytret zu verdanken. Ihm ist auch das »flache Gewölbe« zuzuschreiben, das den großen Saal im Erdgeschoß schmückt, ein sehr seltenes Werk, das die Beherrschung einer außerordentlich komplizierten Technik erfordert, und das Generationen von Handwerksgesellen auf ihrer Wanderschaft durch Frankreich auf ihrem Weg, der sie zur »Wendeltreppe von St.-Gilles« (siehe auch Saint-Gilles-du-Gard) führte, in Arles zurückgehalten hat.

Links vom Rathaus liegt mit fast kahler Fassade, nur von einer Vorhalle im Stil Ludwigs XIII. unterbrochen, die Kirche Ste.-Anne (Museum für heidnische Kunst) *Saint-Trophime* gegenüber, ausgeschmückt wie ein Gebetbuch.

In allen Monographien über Arles findet sich eine mehr oder weniger vollständige Aufstellung der Hunderte von Personen und Tieren, die die Künstler der Jahre 1210–1220 in allen Höhen des Portals darstellten. Aber der Geist erfreut sich noch mehr an dem vollkommenen Gleichmaß dieser so bewunderungswürdig komponierten Fläche aus Stein als an der häufig recht kühnen Identifizierung dieser oder jener Szene. Diese Freude an einem vollkommenen Werk schließt die Belustigung über einige phantastische Einfälle oder Zweideutigkeiten nicht aus, zum Beispiel auch dieses Gewimmel von Löwen: Löwen als Säulenträger, Löwen im Angriff auf Daniel, Löwen von Herkules-Herakles besiegt, Löwen im Kampf mit Ziegen (?)...

Das Kirchenschiff von Saint-Trophime mißt zwanzig Meter unterhalb des Gewölbes, ein Rekord für die romanischen Kirchen der Provence. Die hochgelegenen Fenster verbreiten ein nur unzureichendes Licht, um die zahlreichen Sarkophage und die wenigen Kunstwerke, die die Seitenkapellen einnehmen, genau zu erkennen.

Hingegen ist der *Kreuzgang* von höchstem Interesse, wenngleich ein Abbeizen angezeigt wäre, um die wunderbaren Skulpturen mehr zur Geltung zu bringen, die allzu häufig unter einer jahrhundertealten Schmutzschicht verborgen sind. Man betritt den Kreuzgang von außen: durch die Rue du Cloître und ein schattiges Höfchen, das mit den Tischen eines einladenden Restaurants vollgestellt ist.

Heidnische Kunst, christliche Kunst

Diese Berührung mit dem Altertum durch die Besichtigungen der Arena, des Theaters und von St.-Trophime müssen unbedingt durch einen Besuch im *Musée d'Art païen* (Museum für heidnische Kunst – alte Kirche Ste.-Anne, Place de l'Hôtel de Ville) und im *Musée d'Art chrétien* (Museum für christliche Kunst – alte Kapelle der Je-

Die Arena des »kleinen Roms in Gallien« findet anläßlich der »Corridas de muerte«, die dort in jedem Sommer abgehalten werden, zu den alten Zeiten der Gladiatoren zurück. (Photo Fronval)

suiten, Rue Balze, in der Nähe des Museon Arlaten) vervollständigt werden.

In dem einen wie in dem anderen dieser Museen sind die Ausstellungsstücke von großem Interesse, sowohl vom historischen als auch vom künstlerischen Standpunkt, und die Art ihrer Darbietung macht den Besuch sehr reizvoll. Einige Beispiele mögen die Vielfaltigkeit der im Museum für heidnische Kunst ausgestellten Dinge aufzeigen: ein großes Mosaik mit vom Tierkreis und von Jahreszeiten inspirierten Motiven, ein anderes, das von der Eroberung des Goldenen Vlieses berichtet, ein Sarkophag, der eine Rückkehr von der Jagd veranschaulicht, ein Torso des Gottes Saturn, umgeben von Schlangen (Mithraskult), zwei Statuen von Tänzerinnen aus dem 1. Jahrhundert, im Theater gefunden, reizende Kinderköpfe, ein Votivschild zu Ehren des Augustus (26 v. Chr.), einzige Kopie (aus Marmor) des Goldschildes, den der Senat von Rom dem Kaiser schenkte...

Die Bildhauer christlicher Inspiration im Museum in der Rue Balze beweisen weniger Phantasie. Aber unter diesem Museum hat man in den fünfziger Jahren römische »Krypto-Säulenhallen« entdeckt. Es handelt sich um weiträumige gewölbte Gänge – insgesamt 110 m lang und 76 m breit – von Rundbögen gestützt, die das Forum einrahmten und als Getreidespeicher dienten.

Mistrals Museum

In der Nähe ein kleines Forum, das *Dodekatheon*, den zwölf Göttern des Pantheons geweiht; dieses Forum wurde im Hof des Museon Arlaten freigelegt.

Das *Museon Arlaten* (Arlesisches Museum) liegt in einem sehr weiträumigen, schmucklosen Gebäude, einem ehemaligen Patrizierhaus von Laval-Castellane, das im 18. Jahrhundert Jesuitenkolleg wurde. Frédéric Mistral stellte das Geld seines Nobelpreises für die Unterbringung zahlreicher Gegenstände und Andenken, die die Tradition im Leben der Provence veranschaulichen, in den vielen Sälen und Gängen der drei Stockwerke zur Verfügung. Alle Aspekte der Volkskunst werden hier gezeigt, auch die Kräuter und die Pflanzen, die Riten und die Legenden, die Rhone und das Meer der Provence... Und die Sprache! Die Darbietung mag etwas zu vollgestopft und altmodisch anmuten, aber die Fülle der Dokumentation und die Großzügigkeit der Absicht fordern die Zustimmung und das Interesse des Besuchers heraus (das Museon Arlaten bleibt im Winter am Montag geschlossen).

Im Norden der Stadt beherbergt eine alte Priorei der Malteser bemerkenswerte Sammlungen zeitgenössischer Kunst. Es ist das *Musée Réattu,* nach einem im Jahr 1833 gestorbenen arlesischen Maler benannt. Das Gebäude selber mit einer großen Treppe, die auf eine Loggia mit Geländer mündet, und mit einer Fassade, die auf die Rhone hinausgeht, ist nicht ohne Reiz. Alle großen Namen aus der Malerei der letzten hundert Jahre sind hier vertreten; die Skulptur repräsentieren Bourdelle, Zadkine und Germaine Richier; Lurçat den Wandteppich und die Keramik. Picasso hat 1971 dem Musée Réattu siebenundfünfzig großartige Zeichnungen geschenkt. Eine Galerie ist für vorübergehende Ausstellungen vorgesehen, die jeden Sommer erneuert werden. Eine andere stellt den Beginn eines Museums für die Kunst der Fotografie dar; ein ganzes Stockwerk soll dieser Aufgabe dienen.

Van Goghs Brücke

Vor den Toren von Arles findet man die Motive der Malerei und die Altertümer wieder. Die Malerei, recht bescheiden, in der durch ein berühmtes Bild van Goghs unsterblich gemachten *hölzernen Klappbrücke.* Leider verunstalten Werkstätten, Halden von altem Eisen und eine Fabrikruine die Landschaft. Zur Brücke gelangt man, indem man die Stadt auf der Straße nach Port-St. Louis, D. 35, verläßt und nach links auf den Weg abbiegt, der am Kanal, sobald man diesen überquert hat, entlangführt.

Die Altertümer findet man, jedenfalls das, was von den Alyscamps übriggeblieben ist, im Südosten der Stadt, auf der Avenue des Alyscamps, vom Boulevard des Lices aus. Hunderte von steinernen Sarkophagen, die meisten von ihnen mit einem Deckel versehen, an den Ecken zu einer Spitze auslaufend, liegen in Reihen im heiteren Schatten großer Bäume. Wenn die Besucher nicht zu zahlreich und laut sind, ist die Stätte wirklich eindrucksvoll.

Auf dem Weg nach Les Baux

An der Straße nach Les Baux, D. 17, begegnet man ganz im Anfang einem

riesigen Hauptturm aus weißem Stein, der auf einer Anhöhe emporragt: Es ist die befestigte Abtei *Montmajour.* Im 10. Jahrhundert haben sich die Benediktiner auf diesem Hügel niedergelassen, der sich über der sumpfigen Ebene erhob. Zwei Jahrhunderte später wurde, da sich dieses Gemeinwesen gut entwickelt hatte, eine Kirche mit riesigen Proportionen gebaut, um die Pilger aufzunehmen, dann wurde am Ende des 12. Jahrhunderts ein zauberhafter Kreuzgang voll architektonischer Beschwingtheit im Herzen dieses herben Landes und schließlich 1369, da die Zeiten erneut wenig sicher waren, ein Wehrturm von 26 m Höhe errichtet. Noch heute strahlt die ganze Anlage Großzügigkeit aus, die hervorragend behauenen Steine sind fugenlos gesetzt, die Gewölbe der Krypta und des Hauptturms sind Meisterwerke der Architektur.
Im Umkreis von Montmajour, ein wenig abseits, liegt eine reizende kleine Kapelle, von einer Kuppel bedeckt und auf einem kleeblattförmigen Grundriß errichtet. Dies ist *Sainte-Croix,* wo die Stimme oder das leiseste Geräusch auf ungewöhnliche Weise widerhallt.

Daudets Mühle

5 km über Montmajour hinaus stößt die Straße auf *Fontvieille,* weniger durch seine Steinbrüche und seine Bauxitlager berühmt, die einen wie die anderen sehr geschätzt, als durch eine gewisse Mühle, die sich bei jedem Wind auf einer felsigen Anhöhe im Süden der Stadt dreht. Die Überlieferung behauptet, wenn auch irrtümlich, aber es klingt so hübsch, daß Daudet dort seine berühmten »Briefe« geschrieben habe. Ein kleines Museum bestärkt die Besucher in dieser Überzeugung.
Folgt man der Straße von »Daudets Mühle« aus (D. 33) 2 km weit und biegt auf die erste Straße nach links (D. 82) ab, bemerkt man fast augenblicklich links die Reste eines Aquädukts, der mitten durch Weinberge und Anpflanzungen führt. Diese Ruinen sind von geringem Interesse, aber folgt man ihnen nach Süden, gelangt man nach rund 200 m zu einem gewiß einzigartigen Bauwerk aus der römischen Epoche. Der Aquädukt wurde hier in das Gestein einer Felswand hineingehauen, die fast senkrecht zur Ebene von Crau abfällt, die durch Bewässerung fruchtbar gemacht wurde. Am Abhang dieser Felswand erkennt man sehr deutlich die Überreste von sechzehn Mühlen, die durch acht doppelte Wasserfälle aus dem Aquädukt betrieben wurden. Diese Anlage ist unter dem Namen *»Minoterie gallo-romaine« de Barbegal* bekannt.

Name: Theline, »die Nährmutter« (phokäisch, 7. Jahrhundert v. Chr.); Arlate, »die Stadt im Sumpfland« (phokäisch und kelto-ligurisch, 4. Jahrhundert v. Chr.).

Lage: 13200 Bouches-du-Rhône. Höhe: 9 m. 717 km Paris, 74 km Aix, 94 km Marseille.

Informationen: S. I., Palais de l'Archevêché, 35, place de la République, Tel. (91) 3 35.

Besichtigung mit Vorträgen: 15. Juni — 15. September, Besichtigung der Stadt (täglich mit Ausnahme von Sonntag nachmittag); Sonderrundfahrt »Auf den Spuren des Malers van Gogh« (Mittwoch und Freitag); audio-visueller Vortrag »van Gogh entdecken und lieben« (Mittwoch und Freitag); Besichtigung der Abtei Montmajour (jeden Sonntag um 17 Uhr).

Unterkunft: Hotels aller Kategorien, darunter 1 **** und 1 Château-Hôtel »Le Jules César«; 1 Relais de Campagne in Fontvieille »Le Regalido«; Camping 4 Plätze, darunter 1 **.
Restaurants: s. Auswahl S. 248

Feste: Dezember und Januar, internationale Ausstellung kleiner Heiligenfiguren; Ostern, Stierkämpfe; 1. Mai, St.-Georgs-Tag, Fest der Rinderhirten der Camargue, seit 1513 gefeiert; Juli, Festival der Schauspielkunst und große provenzalische Feste: künstlerische Darbietungen im antiken Theater, Konzerte und Stierkämpfe in der Arena (Büro des Festivals, 35, place de la République, Tel. (91) 26 59); August, folkloristische Feste auf der Brücke von Trinquetaille.

Andenken: Arlesische Wurst; Trauben; »Bugnes« (Art Krapfen).

Avignon

■ Von der Rhone aus sollte man Avignon entdecken. Die Fahrgäste auf den Marktschiffen waren darin privilegiert. Wenn der »Rocher des Doms« und seine Krone aus Türmen und Zinnen links vom Boot auftauchten, gaben die Romantiker ihrer Begeisterung Ausdruck, indem sie Florenz, Toledo oder Athen heraufbeschworen ... was dem majestätischen Strom nicht gerecht wurde, der für sich allein genügte, der Stadt der Päpste einen unnachahmlichen Charakter zu verleihen.

Da es eine Beförderung zu Wasser nicht gibt, sollte der Autofahrer unserer Zeit so klug sein, die deprimierende Vorstadt von Industrie und Eisenbahn, die sich im Osten und im Süden der Stadt ausbreitet, zu meiden. Er muß sich auf dem rechten Ufer nähern, auf die Terrasse des Turms Philipps des Schönen steigen, der vor den Toren von Villeneuve (siehe Angaben unter diesem Namen) den Fluß um 60 m überragt, oder, noch besser, er sollte den kleinen Rhonearm auf der Steinbrücke überqueren und auf den kiesigen Strand der Insel La Bartelasse hinabsteigen. Hier, von dem Wachtturm aus, den der König von Frankreich errichten ließ, um die Stadt zu überwachen, oder dort, auf gleicher Höhe mit den Fluten, die der Mistral aufwühlt, ähnelt Avignon, Traum aus Stein, gegen den die Zeit nichts auszurichten vermag, einer dieser mythologischen Städte, die im Hintergrund der Gemälde aus dem Quattrocento durch einen unwirklichen Schleier hindurch auftauchen und dennoch mit unzähligen Einzelheiten dargestellt sind.

Die verstümmelte Brücke, in die Strömung hineingebaut, bricht nach vier langen Bögen ab. Am Ufer wurde der Felsen – »La Roque« –, lange Zeit von den ungestümen Fluten angenagt, ausgehauen, um die Anlage der Straße zu ermöglichen. Es wurde ein kleines Gehölz von Pappeln angepflanzt, um eine Art Strand festzuhalten, auf dem die Zigeunerinnen ihr Flitterwerk mit den bunten Farben waschen und trocknen. Die Befestigungen sind nur noch niedrige Stadtmauern, seitdem immer neue Aufschüttungen ihr Fundament begraben haben und ihre Rolle als Deich gegen die jähen Launen der Rhone jetzt der Vergangenheit angehört, da die hydro-elektrischen und wasserbaulichen Anlagen Avignons, die neunte Staustufe an der unteren Rhone, die Stadt vor Überschwemmungen schützen; nichtsdestoweniger stellen sie mit ihren fünf Kilometern Ausdehnung, ihren Türmen, ihren Toren und ihren befestigten Schlößchen eine der erstaunlichsten, noch unversehrten Wehranlagen einer Stadt dar.

Wenn auch der Ausblick auf die Stadt von der Rhone her begeistert, so sind einige nähere Aussichtspunkte dennoch nicht ohne Interesse: Vom Wehrgang in der Nähe der *Porte du Rhône* zum Beispiel streift der Blick über die Flut der Dächer mit den braunen Ziegeln hinweg bis zu den schimmernden Mauern des Palastes. Aber der schönste Aussichtspunkt innerhalb der Mauern ist der Gipfel des *Rocher des Doms*: Unten fließt die Rhone breit und behäbig, mit einer Kraft, die vielleicht nicht mehr die von früher ist, aber die dennoch an den Wirbeln vor den Pfeilern der berühmten Brücke Pont Bénezet und am Flimmern der Strömung zu ermessen ist, die die Sonne bis in die Camargue zu tragen scheint ... Auf diesem steilen Hang, der heute mit seinen Kieferngehölzen, Lorbeerbäumen und Blumenbeeten einen freundlichen Anblick bietet, hatten sich Menschen seit viertausend Jahren oder länger bereits niedergelassen. Bei Ausgrabungsarbeiten hat man die Züge des »ersten bekannten Einwohners von Avignon« entdeckt, ein Gesicht mit einem hohlen, seltsam durchdringenden Blick, mit einigen Schlägen eines Grabstichels in eine Stele aus Kalkstein eingemeißelt (diese Art von Menhir ist im Steinschneidermuseum zu sehen).

Beim Besteigen des *Rocher* oder bei der Rückkehr kommt man an der *Kathedrale* Notre Dame des Doms vorbei. Die Vorhalle der Kirche wurde lange Zeit als ein antiker, miteinbezogener Torbogen angesehen, aber sie datiert wie auch das übrige Bauwerk aus dem 12. Jahrhundert, was beweist, daß die Lehren der großen römischen Epoche unter diesem Breitengrad noch nicht vergessen waren.

Der Palast der Päpste

Der Palast ist eine mächtige Festung. Seine Wehranlage ist kompliziert und zweckdienlich. »Ich stelle fest«, notierte Stendhal, »daß er mit dem ganzen Mißtrauen des Italieners errichtet wurde; das Innere ist ebenso gut gegen den Feind befestigt, der in die Höfe eingedrungen ist, wie das Äußere gegen den Feind, der den Außenbezirk besetzt hielt.«

Zwischen 1334 und 1359 erbaut, also

zu einer Zeit, in der die Technik des Spitzbogens, die man seit mehr als einem Jahrhundert beherrschte, alle Kühnheiten erlaubte, besitzt dieses Gebäude nichts mehr von der Schwere der ursprünglichen befestigten Schlösser. In Rekordzeit gebaut, stellt der Palast eine glückliche Übereinstimmung von Konzeption und Stil dar.
Die Türme mit ihren Zinnen und Pechnasen, die Strebemauern, die die kahlen Wände bis auf eine Höhe von 50 m bringen, die schlanken Ecktürmchen, von engen Schießscharten durchbrochen, vermitteln den Eindruck außerordentlicher Mächtigkeit. Einige Erker und Fenster mit Kreuzen, die aufeinander zulaufenden Kanten dieses riesigen geometrischen Gebildes aus Stein und vor allem das Nebeneinander der gotischen Bogenstellungen, die als Ornament außen auf die Mauern gesetzt sind, bringen diese gewaltige Masse zum Klingen; mächtige Schatten begleiten den heißen, in der Sonne schimmernden Stein, der im Scheinwerferlicht einen goldenen Ton annimmt.

Eine Stadt für alle Künste

Dieser seltsame Festungspalast besteht aus zwei Teilen. Er setzt sich aus zwei miteinander verklammerten Gebäuden zusammen, die im Abstand nur weniger Jahre errichtet wurden. Der Palast Benedikts XII. oder der »Palais vieux« (der alte Palast), anschließend an die Kathedrale, setzt sich aus vier Gebäudeteilen zusammen, die einen Hof mit Kreuzgang einschließen. Der Palast Klemens VII. oder »Palais neuf« (der neue Palast) wurde im Verhältnis zum ersten etwas vorgerückt und besteht aus zwei Flügeln in einem Winkel; er bildet mit den Seiten des alten Palastes einen großen Innenhof (in dem sich heute das Festival abspielt). Der alte Palast wirkt streng und liegt damit ganz auf der von einem Papst erstrebten Linie, der nicht vergessen hatte, ein Zisterziensermönch gewesen zu sein. Im Gegensatz dazu spiegelt der neue Palast, während er die gleiche architektonische Richtung beibehält, in seiner inneren Ausschmückung das Streben nach Pracht, die Klemens VI. (der Erzbischof von Sens und Rouen gewesen war) mit der päpstlichen Herrlichkeit verbinden wollte: Die Säle waren alle mit gotischen Gewölben versehen und die meisten von ihnen an den Wänden mit Fresken bedeckt, die von den besten italienischen Künstlern jener Zeit ausgeführt wurden. Mehrere dieser Fresken waren durch die Soldaten, die von 1810 bis 1906 im Palast untergebracht waren, mit Kalk übertüncht worden (sie haben auch noch woanders zahlreiche Schäden angerichtet).
Einige dieser Säle sind besonders bemerkenswert. Im Erdgeschoß liegt der Saal der Großen Audienz (dort versammelte sich das Gericht der »Rota«, das sich aus dreizehn kirchlichen Richtern zusammensetzte); er besteht aus einem Doppelschiff mit einer Länge von 50 m, dessen Spitzbogen auf den schlanken Säulchen von fünf Pfeilern in einer Reihe ruhen. Das Gegenstück zu diesem Saal im ersten Stockwerk ist die Kapelle Klemens' VI. (oder die Klementinische Kapelle) mit einem einzigen Schiff. Enge Gänge verbinden die Kapelle mit den päpstlichen Gemächern. Das Gemach Klemens' VI., untergebracht in dem Turm mit Namen »Garde-Robe«, ist mit großen Malereien blauen, mit Vögeln bevölkerten Laubwerks geschmückt, während die Bilder in seinem Arbeitszimmer die ländlichen Vergnügungen eines mittelalterlichen Grundherrn heraufbeschwören: Spaziergänge durch die Felder, Spiele um einen Fischweiher herum, Jagd auf den Hirsch und mit dem Falken. Malereien mit religiösen Themen schmücken die Seitenkapellen der meisten Säle; die in der Gebetskapelle St.-Martial, die von dem Festsaal (im ersten Stock des alten Palastes) abgeht, und die in der Gebetskapelle St.-Jean (im Erdgeschoß des gleichen Turmes gelegen) sind Meister Giovanetti aus Viterbo zu verdanken.
Ein Teil der Bestände des Musée Calvet (Sammlungen aus der Renaissance), dem eine ungewöhnliche Sammlung von Werken italienischer Primitiver aus zwei Jahrhunderten angegliedert wird, soll seinen Platz in dem schönen Renaissancegebäude gegenüber dem Eingang zum Palast der Päpste finden, das man als das »Petit Palais« bezeichnet (es war die Residenz der Erzbischöfe von Avignon).
Zwei Gebäude teilen sich bereits in die Reichtümer des *Musée Calvet:* das Hôtel de Villeneuve (65, Rue Joseph Vernet), ein eleganter Bau aus dem 18. Jahrhundert, und die alte Kapelle des Collège des Jésuites (Rue de la République), das eine schöne barocke Fassade aufweist (das Museum ist am Dienstag geschlossen).
Unter zahllosen Kunstwerken findet

man auch eine sehr bedeutende Sammlung von Gegenständen aus Schmiedeeisen und von Bildern, die vom 14. Jahrhundert mit den Primitiven der Schule von Avignon bis in unsere Zeit mit Dufy, Vlaminck, Utrillo und Soutine reicht...

Eine Stadt von heute

Die Stele mit menschlichem Gesicht, den »ersten Avignoneser«, kann man in den neuen Galerien für Vorgeschichte betrachten, die gleichfalls im *Hôtel* in der Rue J. Vernet untergebracht sind. Hingegen sind die wesentlichsten Steinschneidearbeiten in der Kirche in der Rue de la République zu sehen; sie enthalten einige ungewöhnliche Stücke aus der keltischen ebenso wie aus der römischen Epoche. Die seltsamste Skulptur ist die »Tarasque de Noves« (kelto-ligurisch).

In einer Stadt mit der Vergangenheit Avignons gibt es zahlreiche Gebäude, die die Aufmerksamkeit des Liebhabers ebenso wie die des Fachmanns reizen: Die *Kirche Saint-Didier* und ihr viereckiger Glockenturm, die *Kirche des Célestins* und ihr Kreuzgang, die *Kirche Saint-Agricol* und die Skulpturen seines Giebelfelds, mehrere klassische Kirchen. Die vornehmen Patrizierhäuser finden sich hauptsächlich, ohne ebenso zahlreich und prächtig zu sein wie die von Aix, im *Quartier des Fusteries* (rings um die Kirche Saint-Agricol) und im *Quartier de la Balance* (hinter der Place du Palais), das in einen Renovierungsplan einbezogen wurde.

Die Feste reißen die Menge nicht mehr zum »Rundtanz auf dem Pont d'Avignon« mit, aber das alltägliche Leben und Treiben in Avignon, zu dem der Strom und der Rückstrom der Besucher aus der ganzen Welt hinzukommt, schaffen eine Atmosphäre ständiger Belebtheit, die die Stadt der Päpste davor bewahrt, auf die Stufe lediglich »einer Museumsstadt« abzusinken.

Der Cours Jean-Jaurès, verlängert durch die Rue de la République, bildet eine große Geschäftsstraße, die vom Bahnhof bis in den Kern der Altstadt führt. Die freundliche *Maison du Tourisme* (und des Weins) befindet sich an der Nahtstelle der beiden Straßen. Aber nach all der Lebhaftigkeit kommt die Entspannung: Das Gedränge in der Rue de la République verliert sich im tiefen Schatten der *Place de l'Horloge*, die die bunten Tische und Sessel der Cafés und Restaurants überschwemmen. Zweifellos ist dies der Treffpunkt der ungleichartigsten und kosmopolitischsten Menschen in der Provence.

Für die unentwegten Anhänger der Einsamkeit hält Avignon in den östlichen und südöstlichen Stadtvierteln Straßen, kleine Plätze und ganze Sektoren bereit, in denen die Stille der alten Klöster und der Bürgerhäuser mit den geschlossenen Läden vorherrscht. Man findet dort sogar eine *Rue des Teinturiers* (Straße der Färber), die an einem kleinen Kanal entlangführt, dessen Strömung sehr alte Schaufelräder treibt...

Name: Avenio (römisch).

Lage: 84000 Vaucluse. Höhe: 23 m. 681 km Paris, 74 km Aix, 36 km Arles, 224 km Lyon, 98 km Marseille, 256 km Nizza, 344 km Toulouse. SNCF, Auto-Reisezüge mit Liegewagen, Tel. (90) 81 12 13. Flugplätze für Tourismus: Avignon-Caumont und Avignon-Tallard.

Informationen: Maison du Tourisme, 41, cours Jean-Jaurès, Tel. (90) 81 05 11; Accueil de France, Tel. (90) 81 56 60; Hotelbestellungen, Tel. (90) 81 61 60, Telex 42 033.

Unterkunft: Zahlreiche Hotels aller Kategorien, darunter 1 ****; Camping, 3 Plätze, darunter 1 ***. *Bédarrides:* in der Nähe der Abzweigung A7 Avignon-Nord, »Motel 7«.
Restaurants: s. Auswahl S. 248

Feste: Juli, Festival der Schauspielkunst (siehe Text) (Bureau du Festival, Tel. (90) 81 58 20; »Klang und Licht« im Palast der Päpste.

Andenken: Weine (Châteauneuf-du-Pape, Tavel, Côtes du Rhône), Trauben; Keramik.

Bandol

■ Bandol ist die lächelnde »Hauptstadt« der *Baies du Soleil* (Sonnenbuchten). Die »Baies du Soleil« sind kleine Buchten, die die Küste von den Schlupfhäfen in der Umgebung von Marseille bis zum Cap Sicié säumen. Cassis, La Ciotat (siehe besondere Angaben bei diesen Orten), Les Lecques, Bandol, Sanary, Six-Fours und Le Brusc haben – außer der Sonne – eine gewisse Gemütlichkeit, Einfachheit und Freundlichkeit der Menschen gemein, die schon seit langem eine Kundschaft von Familien und Pensionären, aber auch in steigendem Maße junger Menschen und aller, die das Meer lieben, angelockt haben. Ihre geographische Lage, durch die sie etwas abseits der großen Straßen liegen (aber eine Küstenautobahn ist im Bau), hat diesen Orten erlaubt, sich ihre Originalität kleiner provenzalischer Städte weitgehend zu bewahren. Gewiß, die Bauwut tobt sich hier genauso aus wie woanders, aber bis auf einige seltene Ausnahmen (leider gehören die Hauts de Bandol mit dazu!) haben die Bauprojekte noch keinen aggressiven Charakter. Man zieht das Landhaus, sogar ein bescheidenes, das hinter einem Vorhang von Mimosen und im Schatten eines Kieferngehölzes verborgen liegt, den anspruchsvollen kollektivistischen Appartementhäusern vor. Das unmittelbare Hinterland begünstigt eine solche Einstellung. Auf allen Seiten steigen die Höhenzüge an, vom Duft der Macchia durchzogen und mit Kiefern geschmückt, und hier und dort irgendein altes Dorf, auf einer Höhe nistend, sich um die Mauern seines mittelalterlichen Schlosses duckend, das die geraden Reihen der Rebstöcke und die Terrassen überragt, wo man die Blumen für den Markt von Ollioules zieht: So Evenos (siehe Angaben unter Toulon), Vieux-Beausset, Le Castellet und La Cadière-d'Azur...

Die Baies du Soleil – und insbesondere Bandol – so sehr sie auch von der Natur begünstigt sind, wären nach und nach in der Banalität verkalkt oder wären von einem anonymen, verheerenden Modernismus überschwemmt worden, wenn nicht von außen ein ungewöhnliches Element hinzugetreten wäre, und zwar genau seit 1953, um das Originelle in ihrer touristischen Aufgabe zu sichern und konkret an ihrem Ausbau und ihrer Erweiterung teilzunehmen. Dieses Element hat einen Namen: Paul Ricard.
Alles hat mit Bendor angefangen.

Bendor

Sieben Minuten mit dem Schiff von den Palmen von Bandol entfernt, befand sich Bendor, kleine grüne Insel mit einer Länge von 580 m, in einem Zustand völliger Vernachlässigung, als Paul Ricard sie 1950 erwarb. Heute ist sie eine Art kleiner Staat, der allen offensteht, ein Privatbesitz, der der Öffentlichkeit zur Verfügung gestellt wurde. Rund 400 000 Touristen landen dort jedes Jahr. Dort atmet alles Entspannung, Optimismus und Lebensfreude.

Es ist ein Irrtum, den manche begehen, die noch nicht dort gewesen sind, sich Bendor als eine Art »Lunapark« oder »Disneyland« vorzustellen. Der wiederhergestellte provenzalische Hafen in verkleinertem Format könnte mit seinen bunten Gebäuden, eine Art von Puppenhäusern (diese wurden für die Enkel Paul Ricards gebaut), einen Augenblick zur Verwirrung Anlaß geben. Aber einige Schritte genügen, um festzustellen, daß es sich um etwas ganz anderes handelt. Unauffällige Plakate werben um den Besucher: Strand, Segelklub, Meeresmuseum, Allgemeine Weinausstellung, Internationales Tauchzentrum, Theater, Kongreßsaal, Zoo... Es gibt Restaurants und Bars, die einen intim, die anderen für den Empfang von Gruppen und Kongressen geeignet, 3 Hotels, von denen eins, in seinem Äußeren venezianisch, luxuriösen Komfort bietet: das »Delos«. Und es bleibt noch immer auf einigen felsigen Landzungen Platz für einsame Angler. Die Zahl und die Bedeutung der nationalen und internationalen Regatten, die in diesen Gewässern abgehalten werden, machen Bendor zum wichtigsten Segelzentrum der Küste. Die Schüler der Akademien für Gesang, Tanz und Zeichnen, Gründungen der Stiftung Paul Ricard, treten regelmäßig auf oder veranstalten Ausstellungen, ebenso wie Theatergruppen und Orchester sich betätigen und Vorträge gehalten werden. Die Hauptattraktion des Museums ist ein riesiges Gemälde von Salvador Dali.

Les Embiez

Der Ausbau des Archipels der Embiez-Inseln nach ihrer Erwerbung durch Paul Ricard im Jahr 1960 stellt, genau betrachtet, keine Ergänzung Bendors dar. Es ist der gleiche Geist, aber die Konzeption für dieses Projekt liegt auf einer anderen Ebene. Die Hauptinsel von Embiez hat eine Fläche von 93 ha und war zu allen Zeiten bewohnt. Ihr Landschaftsbild ist sehr verschiedenartig, denn es gibt da bewaldete Partien, Weinberge, Trockenzonen, Sandstrände und kleine wilde Buchten.

Embiez steht im Begriff, der »Ort des Wassersports im Jahr 2000« zu werden. Der Hafen, der mit aller Energie ausgebaut wurde, weist zwei Becken auf: Das eine mit tiefem Wasser kann vierhundert seegehende Jachten aufnehmen; das andere ist für kleinere Segelboote gedacht. Rings herum wird ein Ort angelegt, der ständig bewohnt sein soll. In einem alten, einsam gelegenen kleinen Fort wurden Laboratorien eingerichtet, in denen Alain Bombard und seine Leute arbeiten; im Erdgeschoß dieses Gebäudes liegt ein kleines Meeresmuseum.

Nach Embiez gelangt man entweder von Bandol aus mit dem Motorboot »Les Baies du Soleil« oder in zehn Minuten von Le Brusc.

Le Castellet

Einige andere Anlagen für den Tourismus im Gebiet von Bandol sind der fruchtbaren Phantasie und dem Sinn fürs Praktische von Paul Ricard zu verdanken.

Zitieren wir: Eine Hotelkette, die zu einer Charta der Qualität verpflichtet ist; ihr Name: »Les Baies du Soleil«, natürlich. Ein Flugplatz in der Nähe von *Camp du Castellet*, 20 km nördlich von Bandol, erschließt zum Teil diese sonst schwer zugängliche Region und ermöglicht zahlreiche sportliche und touristische Vorhaben. Und schließlich, in der Nähe des Flugplatzes, eine Autorennbahn, die wegen ihrer Anlage und wegen ihrer Sicherheitsvorkehrungen sehr geschätzt wird, und offiziell unter dem Namen »Circuit international Paul Ricard« anerkannt ist. Alljährlich werden dort wichtige Rennen abgehalten.

Der Wein von Bandol ist berühmt. In der Umgebung fügen sich die Reihen von Rebstöcken in die Schönheit einer typisch provenzalischen Landschaft ein. (Photo L. P. Bocquet)

Sanary-sur-Mer

Als Zwillingsort und dennoch freundschaftlicher Konkurrent von Bandol genießt Sanary, vielleicht noch mehr als sein Nachbar, die Vorteile eines besonders milden Klimas. Der Höhenzug des *Gros Cerveau*, vom Duft der Kiefern erfüllt, verlegt mit seinen 429 m Höhe den Winden aus dem Norden und Nordwesten den Weg. Von diesem Aussichtspunkt folgt der Blick der Küstenlinie. Zum Ort gehören nicht weniger als vier Sandstrände, unter ihnen die Plage Dorée, 2 km lang, in Richtung Bandol.
Ebenfalls an der Grenze der beiden Gemeinden hat man einen schönen exotischen Garten und einen Zoo angelegt (täglich geöffnet; Zufahrt auf der Straße nach Beausset, dann erster Weg rechts).

Name: Sanary: San Nary, »Saint Nazaire«.

Lage: 83150 Var. Höhe: Meeresufer. 820 km Paris, 74 km Aix, 50 km Marseille, 17 km Toulon. Flugplätze Toulon und Le Castellet, Tel. (94) 93 54 02.

Informationen: S. I., allées Vivien, Tel. (94) 29 41 35. Für Bendor: Tel. (94) 74 01 12 und 93 91 11. Für Sanary: S. I., square Kennedy, Tel. (94) 74 01 04.

Unterkunft: Bandol: Zahlreiche Hotels, darunter 3 ***; *Bendor:* 3 Hotels, darunter 1 Luxus und 1 ****; *Sanary:* Zahlreiche Hotels ** und *. Hotelkette Les Baies du Soleil, Tel. (94) 74 01 12 oder (94) 74 18 94. Camping: Zahlreiche Plätze an der Küste.

Feste: Oktober bis Mai, »Kultur-Freitage« in Bendor; Feste und Sportveranstaltungen im Sommer in Bendor und Embiez; internationale Autorennen auf dem Circuit du Castellet; Flugvorführungen auf dem Flugplatz Le Castellet.

Andenken: Schnittblumen in Ollioules (Versand innerhalb ganz Europas); kunstgewerbliche Gläser in Castellet; Weine aus Bandol und Sanary.

Bendor ist eine kleine Republik des Müßiggangs ... Sport, Schöne Künste, glückliche Einfälle, eine gute Küche und ... Nichtstun, alles ist für das Wohlbefinden des Urlaubers vorgesehen.

Barcelonnette

■ Diese ruhige, schmucke, saubere Unterpräfektur mit ihrem viereckigen Platz und den geraden Straßen scheint eine kleine Stadt ohne Probleme zu sein. Seitdem Raymond-Béranger V., Graf der Provence und ... von Barcelona sie 1230 gründete, diente sie auf der Straße nach Italien als Etappe und Relaisstation. In unseren Tagen hat sich im Sommer diese Funktion als Zwischenstation noch vervierfacht, da Barcelonnette die Bergstraßen zu den Pässen des Var (Route des Grandes Alpes N. 202), von Restefond (die höchste Straße Europas, D. 64; siehe auch Angabe unter Saint-Etienne-de-Tinée), von La Cayolle (südlicher Zweig der Route des Grandes Alpes N. 202, Tal des Var) und von Allos (Zufahrt über das Tal von Verdon, N. 208) beherrscht.

Im vorigen Jahrhundert wurde Barcelonnette durch die Tatsache der Rückkehr von Einwohnern in ihre Heimat, die nach Mexiko ausgewandert waren und dort ein Vermögen gemacht hatten, bereichert und verschönt (ein kleines Museum im Rathaus ist der Geschichte dieser verlorenen Söhne gewidmet). Vielleicht steht die Stadt heute infolge der ermutigenden Entwicklung mehrerer, kürzlich in der Nähe gegründeter Wintersportorte am Anfang einer neuen Blütezeit. Es handelt sich um *Le Sauze* und *Super-Sauze* an einem mit Lärchen angepflanzten Hang, der sich gleichfalls für einen ausgedehnten Sommeraufenthalt eignet; ferner *Pra Loup*, ein Ort, der oberhalb des Tals des Ubaye liegt, in einer bewaldeten Gegend, überragt von den 3000 m hohen Gipfeln, und sich gleichfalls für Sommerferien eignet. (Was die sportliche Ausrüstung betrifft, siehe Kapitel »Reise durch die Provence«, Ferien im Schnee, S. 238.

Name: Barcelona (Heimatort der Familie Béranger, siehe Text).

Lage: 04400 Alpes-de-Haute-Provence. *Höhe:* 1132 m. 734 km Paris, 84 km Briançon, 196 km Nizza, 100 km Cuneo (Coni), 69 km Gap. Flugplatz für den Tourismus, Barcelonnette Saint-Pons.

Informationen: S. I., avenue de la Libération, Tel. (92) 1 71. Le Sauze: Tel. (92) 0 61; Pra Loup: Tel. (92) 3 00 in Barcelonnette.

Unterkunft: Barcelonnette, 2 Hotels ** und 1 *. Zahlreiche moderne Hotels in Sauze, Super-Sauze und Pra Loup; Camping: 2 Plätze, von diesen 1 ***.

Andenken: Honig, Wacholderbranntwein, mexikanische kulinarische Erzeugnisse.

Baux (Les)

■ Dreiundsechzig Einwohner; eine Million fünfhunderttausend Besucher im Jahr! Größe und Elend von Baux-de-Provence werden in diesem Zahlenverhältnis deutlich.

Die Unendlichkeit, die Einsamkeit und der Tod herrschen auf diesem Vorgebirge in Form eines Schiffsbugs, das in die Leere von La Crau hinausragt... aber eine kosmopolitische Menschenmenge drängt sich in den mittelalterlichen Gassen, und die Leute treten erstaunt auf das Glacis hinaus, wo die majestätischen Mauern am Fuß eines mächtigen Hauptturms mit den Felsen verschmelzen.

Der Wind, die Sonne und die Geschichte haben diesen Ort geformt, von dem man nicht zu sagen vermag, ob er mehr von der Natur als vom Menschen an sich hat ... aber zu Dutzenden lärmen Autobusse, zu Hunderten die Autos am Fuß der Steilwand und vor dem Tor des Stadtkerns.

Der lyrischste Ort Frankreichs, der in seinem Wappen den »Kometen mit sechzehn Silberstrahlen« führte, dem einer der drei Weisen folgte, Balthasar, und die großartigste Landschaft, von Dante, Mistral und Cocteau besungen, verhelfen den Ansichtskartenhändlern zu Wohlstand!

Nachdem dies gesagt ist, sei der Empörung genug getan. Es ist sogar tröstlich festzustellen, daß in unserer Zeit, die als materialistisch verschrien ist, in diesen Alpilles, wo die Bagger ein in der Nähe gelegenes Tal aufreißen, um den »Bauxit« zu fördern, die Schönheit und das Geheimnisvolle noch immer Geltung haben.

Und es bleibt den Romantikern weiterhin die Möglichkeit, im Winter nach Baux hinaufzusteigen, wenn der eisige Nordwind, der vom Ventoux oder von den Cevennen herabstürmt, die welken Blätter mit Reif überzieht, oder aber in einer duftenden und von Insekten schwirrenden Augustnacht, unter den tausend Sternen, die Daudets Hirten aufzählten, oder im bleichen Licht des Vollmonds, der die Blöcke der Ruinen vergrößert und in die Spalten des Felsens hineintastet, über den einst »ein Geschlecht von Adlern, niemals Vasallen« herrschte.

Es lohnt sich, die Geschichte des Hauses von Les Baux nachzulesen. Sie veranschaulicht eine kämpferische Provence, von Stolz getrieben und von Freiheitsdrang berauscht. Von dieser heldischen Vergangenheit sind nur noch Gespenster übrig. Die Häuser stammen aus der Renaissance, eine Epoche, in der die berühmte provenzalische Familie erloschen war und das Lehnsgut von Les Baux von Franz I. auf die prunkliebende Anne von Montmorency übertragen wurde. Das schönste Beispiel für den Renaissancestil (der in der Provence nur wenige Zeugen hinterlassen hat) befindet sich außerhalb des Ortes im kleinen Tal de la Fontaine: Der sogenannte *Pavillon de la Reine Jeanne*, den die neuprovenzalischen Dichter als den »Tempel der Liebe« bezeichnen.

Renaissance ist gleichfalls der schlanke Glockenturm, der die Kirche *St.-Vincent* hoch oben im Ort flankiert. Die kleine, einfache und sehr düstere Kirche, die zum Teil in den Felsen gehauen ist, besitzt ein doppeltes romanisches Kirchenschiff. Schöne moderne Kirchenfenster von Max Ingrand verleihen dem Ganzen ein paar lebhafte Farben. Eine Kapelle ist der Bruderschaft der Weinbauern gewidmet, eine andere den Schafscherern; in der letzteren werden die bei der *Mitternachtsmesse* verwendeten Gegenstände aufbewahrt, die am Heiligen Abend hier mit dem Fest der Hirten zusammenfällt, mit der »fête du pastrage«. Der »touristische« Erfolg dieser Veranstaltung sichert zu einem Teil das Fortbestehen dieses Festes. Am Abend des 24. Dezember steigen Hirten und Hirtinnen aus der Ebene hinauf und kommen von den Alpilles herunter, die an die Höhenzüge von Judäa erinnern. Vor der Kirche erklingen die provenzalischen Lieder, rhythmisch begleitet vom schrillen Klang der Flöten und von dem Rasseln der Tamburine. Ein Lamm, das schönste der Gegend, wird in eine kleine, von flackerndem Kerzenschein beleuchtete Karre gelegt, die ein weißer Widder, mit Bändern um den Kopf, zieht. Der Prozessionszug bildet sich und betritt das Gotteshaus. Sobald dieser Zug vor dem Altar stehenbleibt, nimmt der älteste Hirt das Lamm in seine Arme und läßt es von Hand zu Hand gehen! So ist das ganze Dorf am Opfer beteiligt.

Das Syndicat d'Initiative, das Bürgermeisteramt (zugleich Skulpturenmuseum), Restaurants und zahlreiche Kunsthandwerker (deren Erzeugnisse häufig von hoher Qualität sind) haben alte Patrizierhäuser aus dem 16. Jahrhundert und geschickt restaurierte andere Bauten bezogen.

Val d'Enfer

Ein Besuch von Les Baux ist ohne einen Ausflug ins *Val d'Enfer* nicht vollständig. So wird der obere Teil des kleinen Tals de la Fontaine genannt, in das man entweder vom Pavillon de la Reine Jeanne aus gelangt, oder indem man am Garten entlanggeht, in dem »l'Oustau de Baumanière« liegt (eins der berühmtesten Restaurants Frankreichs). Schon bald kommt man in eine mit nadelartigen Kalksteinformationen gespickte und von Felsen übersäte Schlucht, die zu einem Teil unter einer üppigen Vegetation verschwinden. Diese enge Schlucht ist kaum 300 m lang, aber sehr eindrucksvoll, vor allem bei Mondschein. Dante, so heißt es, soll dort meditiert haben. Am rechten Ufer des kleinen Tals öffnet sich die *grotte des Fées*, von Mistral in seinem Gedicht »Mireio« (Mireille) unter dem Namen Trau di Fado unsterblich gemacht. Es handelt sich um einen 200 m langen Gang mit zwei übereinanderliegenden Eingängen, einem alten Steinbruch von Kalkphosphat, der lange als Zufluchtsort diente.

Name: Von »baou«, »Balcio«, Fels (10. Jahrhundert).

Lage: 13520 (Maussane-les-Alpilles) Bouches-du-Rhône. Höhe: 280 m. 714 km Paris, 20 km Arles, 31 km Avignon, 87 km Marseille, 33 km Salon.

Informationen: S. I., Tel. (91) 12 oder 39.

Unterkunft: 6 Hotels, darunter 2 Schloßhotels: »L'Oustaou de Baumanière« und »La Cabro d'Or«. Camping in Mouriès und Saint-Rémy.
Restaurants: s. Auswahl S. 248

Feste: Juli (in manchen Jahren), Festival mittelalterlicher Musik und Tänze; September, Fest des Ölbaums; 24. Dezember, Mitternachtsmesse (siehe Text).

Andenken: Zahlreiche Erzeugnisse des Kunsthandwerks.

Bormes-Le Lavandou

■ Der Name der Gemeinde lautet ganz offiziell »Bormes-les-Mimosas«. Mimosenwäldchen bilden tatsächlich den Schmuck dieses Dorfes, das in etwa 120 m Höhe ein Stück vom Ufer entfernt auf einem Felsvorsprung liegt. Aber wenn gegen Ende des Winters die goldenen Blüten am Boden liegen, flechten ihm die Geranien, die Kamillen und der Oleander einen Festkranz. Eukalyptus mit seinem geschmeidigen Laubwerk, dickbauchige Zypressen und ganze Bündel von Agaven bedecken das Tal, das zum Meer abfällt, während die Kiefern und Kastanien auf den ersten Hängen des Massivs der Maures, an das sich Bormes anlehnt, eine dichte Masse bilden.

Der alte Marktflecken, neu verputzt und stark restauriert, hat nur geringe Ausdehnung. Man könnte ihn für ein Modell des provenzalischen Dorfs halten. In der Bürgermeisterei werden Zeichnungen und einige Gemälde des Landschaftsmalers J. C. Cazin aufbewahrt, der Bormes und sein Licht liebte; es sind gute Stücke. Ein wenig abseits liegt auf einer Terrasse, bewacht von hohen schwarzen Zypressen, eine schlichte Kapelle, die dem heiligen François-de-Paule geweiht ist, der 1481 an diesen Ufern landete, um den Versuch zu machen, mit Gottes Hilfe die verheerende Pest zu beschwören. Von dieser Terrasse aus umfaßt der Blick die Reede von Bormes, die Windungen der Küste am Cap Bénat und weit draußen im offenen Meer den Kamm der Insel du Levant. Im Vordergrund verschwimmen schließlich die in Stufen am Hang eines kleinen Tals sich aufbauenden Landhäuser mit dem Ort Lavandou, der kaum 3 km entfernt liegt.

Le Lavandou, das lange Zeit in gewisser Weise die »Anlegestelle« von Bormes war, der Fischerhafen des im Innern liegenden Dorfes, ist heute ein von Leben überschäumender Badeort, nach dem Geschmack mancher Leute ein wenig zu laut, aber voller Fröhlichkeit und voller Jugend. Von Lavandou aus schifft man sich nach den Iles d'Hyères (Inseln) ein. Es ist die kürzeste Überfahrt nach Port-Cros und Héliopolis (siehe unter Hyères).

Wird das familiäre, gemütliche Lavandou in wenigen Jahren von einem dieser ein wenig erschreckenden Ferienzentren verdrängt werden, die der fruchtbaren Phantasie schlauer Geschäftemacher entspringen? Das Projekt einer Stadt auf dem Wasser: »Port-La Favière« ist bereits weit gediehen und bietet schon reichlichen Gesprächsstoff. Ein Hafen für 660 Boote, 150 Villen und alle Versorgungsanlagen würden demnach so errichtet, daß man vor der Ostküste des Cap Bénat, die bisher wenig besucht wurde, dem Meer ein Stück abgewinnt. Die Gegend um das *Cap Bénat* stellt eine noch unberührte Macchialandschaft dar.

Das Massiv der Maures

Drei parallel verlaufende Auffaltungen aus Kalkstein ziehen sich von Hyères bis Fréjus hin und bilden ein Massiv, das zu überqueren und zu durchdringen schwierig ist. Schöne Wälder, in denen die Kastanie, die Kiefer und die Korkeiche vorherrschen. In den Tälern liefert der Rebstock einen fruchtigen Wein. Die Macchia hat die Hänge erobert, die eines Tages von einem Waldbrand heimgesucht wurden. Alle diese Elemente, zu denen man noch ein Chaos von Felsen, kahle Steilwände, Aussichtspunkte mit Blick auf die tief eingeschnittene Küste und den dunkelblauen Himmel hinzufügen muß, machen aus dem Massiv

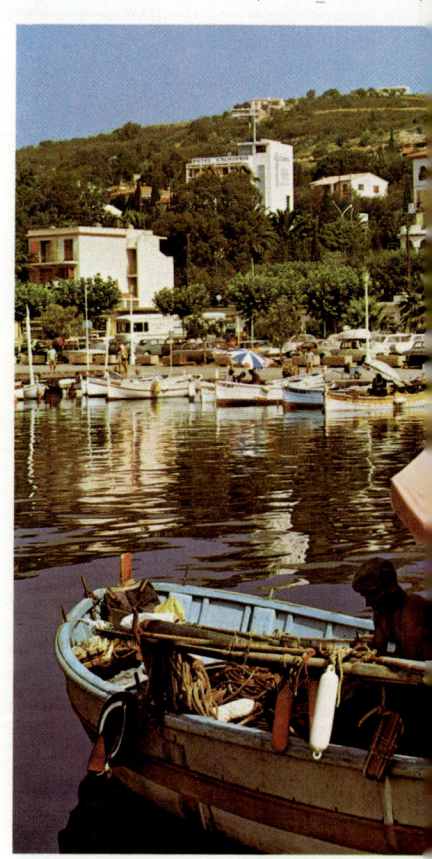

der Maures ein unschätzbares Reservat der Natur.
Die einzige Straße von einiger Bedeutung, die es durchquert, die N. 558, die über La Garde-Freinet von Cogolin nach Luc führt, vermittelt eine Ahnung vom Charakter dieses Massivs, aber nur die ganz kleinen Straßen und Forstwege, deren Befahrbarkeit zuweilen mittelmäßig ist, und die sehr kurvenreich sind, ermöglichen es, unwahrscheinliche Landschaften zu entdecken und mehrere Stunden in einer Einsamkeit und Stille zu verbringen, die man sich an der so nahen Küste nicht vorzustellen vermag. Eine neue Panoramastraße – R. F. 12 –, gut befahrbar, folgt dem Hauptkamm mehrere Kilometer östlich von La Garde-Freinet.
Es folgen zwei Tourenvorschläge.
Der erste betrifft eine kleine Straße, die 1 km oberhalb von Bormes rechts abgehend dem Kamm des Höhenzugs folgt, der der Küste am nächsten ist. Sie führt über *Pierre d'Avenon*, ein felsiges Gelände, von dem aus man einen wunderbaren Blick hat, und die auf den Col de Canadel (Paß), 267 m, mündet, von dem aus man entweder auf der N. 98 und über den Col de Gratteloup und durch die schöne *Forêt domaniale du Dom* (Wald) oder auf der Küstenstraße zurückkehren kann.

Der Stützpunkt der Sarazenen

Die zweite Rundfahrt verlangt einen ganzen Tag, wenn man die Aufenthalte mitrechnet. Bormes, D. 41, Col de Gratteloup, Col de Babaou, 415 m, und *Collobrières*, lange Zeit ein vergessenes Dorf, das einzig und allein von der Arbeit seiner Holzfäller, Köhler, Kastaniensammler und von der Korkeiche lebte; noch heute werden dort Korken hergestellt und Maronen verzuckert, die in der Stadt als »kandierte Maronen aus Nizza« verkauft werden. Von Collobrières aus folgt man der D. 14 in Richtung Grimaud, aber nach 5 km verläßt man diese Straße und folgt dem Weg, der zur *Chartreuse de La Verne* führt, verloren in einer einsamen Gegend inmitten von Kastanienbäumen in 415 m Höhe. D. 14: rechts *Grimaud*, alter Marktflecken mit von Blumen umrankten Häusern, überragt von den ausgezackten Ruinen eines Schlosses, das zum Schutz gegen die Rückkehr

Die Côte des Maures — hier, Le Lavandou — hat es ebenso wie die Baies du Soleil verstanden, sich trotz des Zustroms von Urlaubern, dem es gerade seinen Ruf verdankt, einen echt provenzalischen Charakter zu bewahren. (Photo Fronval)

Buis-les-Baronnies

der »Sarazenen« errichtet wurde. – Man kann auf der Küstenstraße oder auf der N. 98 zurückkehren, aber man sollte lieber auf der N. 558 bis *La Garde-Freinet*, in 500 m Höhe, hinauffahren, früher Fraxine oder Fraxinet, ein von den Mohammedanern fast zwei Jahrhunderte lang gehaltener Stützpunkt, aus dem sie erst 973 vertrieben wurden. Die imposanten Ruinen, die das Dorf beherrschen, sind die eines mittelalterlichen befestigten Schlosses. Der ausgebaute Forstweg, R. F. 12, ermöglicht es, in der Nähe des Aussichtspunktes von Roches Blanches, 636 m, dem Hauptkamm der Maures, bis zum Col de Fourche zu gelangen, eine wunderbare Rundfahrt von 110 km von Bormes aus. Man kann auch weiter im Norden die D. 75 nehmen (7 km nördlich von La Garde) bis Les Mayons, dann links einem schlecht unterhaltenen Weg folgen, der in das sehr wilde *Vallon de Valescure* (Tal) hinabsteigt, das in der Nähe von Collobrières endet. Oder man fährt von Les Mayons bis Gonfaron, dann auf der Straße nach *N.-D. des Anges*, Kapelle ohne Interesse, auf einem der höchsten Gipfel der Maures, 779 m, errichtet, zum Col de Fourche, 535 m, dann die D. 39, Collobrières und Bormes. Insgesamt 150 km auf der längsten Strecke.

La Corniche des Maures

Mit diesem Namen bezeichnet man die sehr schöne Küstenstraße, die zwischen Le Lavandou und La Croix-Valmer am Fuß der ersten Hänge der Maures in den Felsen gehauen wurde und in einer Länge von fast 25 km eine Reihe von Schlupfhäfen und wunderbaren kleinen Buchten berührt. Die Vegetation ist üppig, und die Straße führt häufig an schroffen Abhängen entlang, vor allem in der Gegend von *Rayol*, so daß sie herrliche Ausblicke bietet. Hier besteht die Küste aus vielen kleinen Buchten, an denen schöne Villen liegen; man findet hier auch ein Luxushotel, das »Bailli de Suffren« von der Hotelkette der Relais de Campagne. Die Strände, häufig von roten Felsen eingeengt, sind klein, aber haben einen sehr feinen, goldfarbenen Sand. Die schönsten sind die von *Cavalière* im Westen und von *Cavalaire* an der Basis der Halbinsel Ramatuelle (siehe Angaben unter St.-Tropez) im Osten. Zweifellos herrscht hier im Sommer ein großer Andrang.
(Forts. s. S. 80)

■ Das Gebiet der sogenannten Baronnies ist das kaum südländischere Gegenstück der Landschaft um Nyons (siehe Angaben unter Nyons). Das Hochtal der Ouvèze entspricht dem Tal des Aygues. Das gleiche Klima, die gleichen Erzeugnisse und die gleiche Lebensweise. Die Geschichte hatte sie unter die gleiche Oberherrschaft der mächtigen »Barone« de Mevouillon gestellt.
Die »Hauptstadt« ist Buis: *Buis-les-Baronnies*. 1500 Einwohner, das Gegenteil einer staubigen, verfallenen Stadt und dennoch einer dieser vergessenen »Winkel«, die man für untergegangen hielt: ein »Hafen der Ruhe«, ein »Nest im Grünen«. Die Luft ist trocken und rein, und es gibt niemals Nebel. Vor Ende des Winters eröffnen die Mandelbäume das Festival der Blumen, das sich bis in den Juli hinein mit dem Lavendel fortsetzt. Etwas Einzigartiges: die Linde. Buis ist das »Weltzentrum des Lindenblütentees«. Die Erzeugung von zweihundert Tonnen jährlich (vom Umfang wird nicht gesprochen!) stellt 90 % der in Frankreich erzeugten Lindenblüten dar. Am ersten Mittwoch im Juli findet die Messe der Lindenblüte statt (die ganze Stadt duftet danach!); es ist der bedeutendste Markt dieser Art in Europa.
Auf den Hängen der Höhenzüge liegen reizende Dörfer verstreut. Von ihnen aus hat man oft einen sehr schönen Blick auf den Nordhang des *Ventoux*. Zum Beispiel: *Puyméras* (mit einer Kirche mit Glockenmauer); *Brantes*, unmittelbar am Fuß des provenzalischen Olymp (siehe Angaben unter Ventoux); *Perty*, auf einem Paß in 1300 m Höhe, wo man mit Hilfe einer Orientierungstafel die Gipfel des Dauphiné und der Provence und noch mehr erkennen kann. Die Straße N. 546, die an der Ouvèze entlangführt, wird zuweilen als »Route des Princes d'Oranges« bezeichnet.

Lage: 26170 Drôme. Höhe: 370 m. 690 km Paris, 40 km Carpentras, 22 km Vaison, 130 km Valence, 75 km Sisteron.

Informationen: S.I., place Champ-de-Mars (im Sommer), Tel. (75) 96.

Unterkunft: 3 Hotels *; Camping 2 Plätze **.

Feste: Erster Mittwoch im Juli, Lindenblütenmesse.

Cagnes-sur-Mer

■ Cagnes, das bedeutet die gesamte Geschichte der Côte d'Azur auf den Raum einer Gemeinde zusammengedrängt.
Weiter oben ein Bergkegel als Zufluchtsort: die Hauts-de-Cagnes. Am Ufer 10 km Sand zwischen zwei Flußmündungen und ein winziger Hafen: Cros de Cagnes. In der Mitte eine Verbindungszone ohne feste Ordnung: das Wohngebiet. Ringsum Olivenhaine, Orangenbäume, Weinstöcke und Blumen... Das wäre der Rahmen.

Festival der Malerei

Der *Hauptturm der Grimaldi*, der seine Zinnen wie eine Krone trägt, ist für sich allein eine Zusammenfassung all dessen, was dieser Ort gesehen hat und weiterhin erlebt. Mittelalterliche Burg nach außen, besitzt sie doch den ganzen Zauber eines prächtigen Palastes mit ihren zwei Stockwerken und den Arkadengalerien, die auf einen kühlen Innenhof voller Büsche und grüner Pflanzen hinausgehen. Im Erdgeschoß wird dem Ölbaum, »dem Baum des Mittelmeers«, alle Ehre erwiesen, denn dieser Baum veranschaulicht die Dauer einer auf das Maß des Menschen zugeschnittenen Zivilisation und ist ihr Sinnbild. Im ersten Stockwerk wurde dem Bombastischen einer bereits dekadenten Renaissance freier Lauf gelassen, insbesondere durch eine verwirrende Decke als Augentäuschung, die bei dem Betrachter den Eindruck erweckt, daß der Saal ein zweites Stockwerk mit Säulengängen als Galerien besitzt. Ein Saal ist der örtlichen Geschichte gewidmet. Im letzten Stockwerk des Turms findet unser Jahrhundert mit Chagall, Brayer, Carzou, Kisling und zehn anderen Meistern auf der Suche nach neuen Ausdrucksmöglichkeiten seinen Niederschlag. Darüber hinaus dient das zauberhafte »Schloßmuseum« von Cagnes jeden Sommer seit 1969 dem *Internationalen Festival der Malerei* als Rahmen, und zwar unter der Schirmherrschaft der UNESCO, bei dem an die zweihundert Bilder aus rund vierzig Ländern gezeigt werden.
Auch an anderen Stellen des Ortes begrüßen die Jahrhunderte die Besucher in verschiedenen Formen. Sogar der schlichte Turm der Pfarrkirche hat seine Beziehung zur Geschichte, denn er weist die Besonderheit auf, die auf einer Tafel festgehalten wurde, »vom Volk im Jahr 1797, im Jahr VI der Republik errichtet« worden zu sein.

Am Fuß der Auffahrt, die zum alten Dorf führt, liegt hinter einer Zypresse eine kleine, ganz weiße Kapelle, die Renoir gemalt hat. Sie ist *N.-D. de Protection* geweiht; das Gewölbe und die fünfeckige Apsis dieses Gotteshauses sind mit Fresken aus dem 16. Jahrhundert geschmückt, die 1936 wiederentdeckt und freigelegt wurden. Es sind »naive, bezaubernde« Werke, sehr frisch in Komposition und Farben.
Das linke Ufer des kleinen Flusses La Cagne bildet einen mit Gärten, stufenförmig übereinander angelegten Treibhäusern und Olivenhainen bedeckten Hang. Dort, im Osten des Ortes, liegt die Besitzung *Les Collettes*, die Auguste Renoir 1907 erwarb. Der Garten ist in seiner pflanzlichen Üppigkeit so geblieben, wie der Maler ihn geliebt hat. Das Atelier, in dem Renoir bis zu seinen letzten Tagen im Jahr 1919 arbeitete, den Pinsel mit Schnur an seine arthritischen Finger gebunden, ist wiederhergestellt worden. Eine kleine Anzahl von Werken ist dort versammelt. Man hat die Schaffung eines dieses Meisters würdigen Museums beschlossen.
Die untere Stadt, Cros de Cagnes, hat sich auf gut Glück entwickelt. Der am Meer gelegene Teil macht einen recht netten Eindruck, im Osten von einem hübschen kleinen Sporthafen und im Südwesten von den Betonflächen von »Marina Baie des Anges« begrenzt, denen man eine gewisse Schönheit nicht absprechen kann, eine Wohn- und Hafenanlage auf dem Gebiet der Gemeinde *Villeneuve-Loubet* gelegen. In Villeneuve-Loubet kann man auch das *Musée de l'Art culinaire* besuchen, das die Zeit vom 14. bis zum 20. Jahrhundert umfaßt, von der Stiftung Auguste Escoffier im Geburtshaus dieses Meisters der Küche gegründet, der 1911 schrieb: »Die gute Küche ist die Grundlage wahrhaften Glücks.«

Lage: 06800 Alpes-Maritimes. Höhe: 77 m.

915 km Paris, 11 km Antibes, 14 km Nizza, 26 km Grasse.

Informationen: S.I., 26, avenue Renoir, Tel. (93) 31 35 48.

Unterkunft: 1 Schloßhotel »Le Cagnard« in Haut-de-Cagnes; mehrere Hotels in Cagnes-sur-Mer (darunter 1 ***) und in Cros de Cagnes; Camping: zahlreiche Plätze.

CAMARGUE

Camargue

Flug der rosa Flamingos über dem Vaccarès, dem ausgedehntesten, unversehrtesten Naturschutzgebiet Frankreichs. (Photo Alain Perceval)

Camargue

■ Hat sich nicht Frédéric Mistral als Reporter und Tourist hervorgetan, als er das ausgelassene Treiben seiner Mireille quer durch das Land der »vieja que dansa«, der »Alten, die tanzt«, schilderte, dieses Land der Täuschungen?
»... Je mehr sie läuft, desto mehr verändert sich die Illusion, die sie blendet... Und vorwärts durch die Haufen brennend heißen, sich bewegenden, scheußlichen Sandes! Und vorwärts durch das große Schwemmland mit der Salzkruste, in die die Sonne Blasen treibt, und die sie auffunkeln läßt, und die platzt und schimmert! ...
Von Sonne zu Sonne und von Wind zu Wind sieht sie eine unendliche Ebene...
Aber würde Mistral seine Camargue heute wiedererkennen? Zwischen der Großen Rhone, der Kleinen Rhone und dem Kanal von Sète, zwischen Arles, Aigues-Mortes und Fos hat sich seit einem Jahrhundert und vor allem seit 1940 sehr viel verändert. Die Camargue der Dichter und Maler hat sich zusammengezogen wie eine runzelnde Haut, aber Film, Fernsehen, Kunstbücher und die Werbung geben noch ein Bild von ihr wieder. Ansturm schwarzer Stiere, Auffliegen rosiger Flamingos, Galopp schneller weißer Pferde, die Mähnen im Wind flatternd, Schaumwolken quer durch das grenzenlose Schwemmland aufwirbelnd...
Camargue, letztes Symbol der Freiheit, letztes Fest der Natur! Was kann der Tourist noch von ihr entdecken?
Im Norden und im Osten hat ein Netz von Kanälen und Gräben, die das Wasser der Rhone aufnehmen, es ermöglicht, dem Boden sein Übermaß an Salz zu entziehen. In einigen windgeschützten Gebieten haben sich üppige Obstpflanzungen entwickelt (zum Beispiel in Méjanes); woanders bedecken schachbrettartig angelegte Reisfelder ein Gebiet von rund 25 000 ha. Schon Heinrich IV. hatte an eine solche Ausnutzung der Camargue gedacht, aber es bedurfte der Not der Kriegszeit und des Zuflusses aus Indochina eingewanderter Arbeitskräfte, um aus dieser Produktion eine Industrie zu machen. Die jährliche Erzeugung schwankt zwischen 100 000 und 130 000 Tonnen, womit etwa ein Viertel des Bedarfs der EWG gedeckt wird. Von einer Jahreszeit zur anderen verändert sich das

---

KLEINES LEXIKON

Abrivado: Wilde Durchquerung eines Ortes von Stieren in Begleitung ihrer »Gardians« (Hirten).

Alaterne: Eine Art europäischen, immergrünen Kreuzdorns, der Honigduft ausströmt.

Anouble: Einjähriger Jungstier.

Biou (lou): Die Stiere, aber auch die Kühe und ihre Kälber.

Boumian oder *Caraque:* Zigeuner.

Chivau (lou) oder *Rosso:* Pferd.

Ferrade: Einbrennen des Brandzeichens bei Jungstieren und Fohlen.

Gardian: Berittener, der die Stierherden bewacht (oder »Cowboy der Camargue«).

Gardianoun: Gardian-Lehrling.

Baïle gardian: Gardian-Meister.

Halophile: In der Botanik eine Bezeichnung, die sich auf solche Arten von Pflanzen bezieht, die eine salzhaltige Umwelt bevorzugen.

Lentisque: Strauch, Pistazienart, Mastixbaum.

Manade: Stierherde. — *Manadier:* Züchter.

Mourven: Phönizischer Wacholder.

Aussehen dieser landwirtschaftlichen Camargue; von Dezember bis Mai stehen die Becken unter Wasser; im Mai findet die Aussaat statt; im Juni das Vereinzeln und die Unkrautvertilgung, zumeist durch Handarbeit von Tausenden von asiatischen und spanischen Arbeitern; im Oktober–November wird die Ernte mit Hilfe riesiger Maschinen eingebracht.

In Richtung auf Grau-du-Roi im Westen und Salin-de-Giraud im Osten sind gewaltige Salzpyramiden, die in der Sonne schimmern, schon aus der Ferne zu sehen. Diese »Salinen« stellen eine andere bedeutende Einnahmequelle der Camargue dar. Die in der Nähe liegenden Werke (Solvay und Péchiney) sind für die Erzeugung von Chlor und Soda aus Salz als Rohstoff die modernsten Europas. Spaziergänger dürfen diese Gebiete der Salzgewinnung weder betreten noch besichtigen.

Naturschutzgebiet

Der Tourismus scheint dennoch im Begriff zu stehen, die dritte Industrie dieses Gebietes zu werden. Insbesondere um Saintes-Maries-de-la-Mer entstehen immer mehr Luxusmotels mit schilfgedeckten kleinen Häusern und Restaurants, die aus einer oberflächlichen Folklore ihren Nutzen ziehen. Überall werben »Ranchen« für Ausflüge zu Pferd unter Führung »echter Gardians«. Um jedoch zu verhindern, daß derartige Vorhaben allzu sehr ausarten, hat der Staat 1970 das ganze Delta und das Gebiet um Aigues-Mortes zum *Regionalen Naturschutzgebiet der Camargue* erklärt.

Seit vielen Jahren gab es bereits das Naturschutzgebiet des *Vaccarès* mit einem Gelände von 15 000 ha. Zutritt und Aufenthalt waren Außenstehenden streng untersagt. Flora und Fauna entwickeln sich dort in aller Freiheit unter den Blicken der Aufseher und der Wissenschaftler. Dort legen auch Zugvögel einen Zwischenaufenthalt ein, und es gibt große Kolonien von rosa Flamingos. Der Staat und das Departement haben 16 000 ha am Vaccarès anschließend erworben und so die Fläche der Schutzzone verdoppelt. Um dieses Kerngebiet liegen rund 55 000 ha, die etwa *300* Herdenbesitzern, landwirtschaftlichen Unternehmern, Salinenbesitzern und Fischern gehören.

Roselière: Sumpf, in dem Schilf wächst.

Roubine: Abzugskanal oder Abzugsgraben.

Sagno: Besonderes Schilfrohr, das für den Bau von Hütten verwendet wird.

Saladelle: Maritime Immortelle, halophile Pflanze; stark duftende Pflanze mit malvenfarbigen Blütchen; Emblem der Gardians.

Salicorne oder *engane:* Halophile Pflanze.

Sansouire: Unkultiviertes Schwemmland, dessen Erde stark mit Salz durchsetzt ist.

Simbèu: Abgerichteter Ochse.

Trident oder *lou ferre:* Waffe des Gardians, Schaft aus Kastanienholz, etwa 2 m lang und mit einem Dreizack aus Eisen versehen.

Vibre (lou): Biber.

Ein richtiger Besuch der Camargue macht es eigentlich erforderlich, daß man mit dem Gardian und dem »Manadier«, mit dem Jagdhüter und dem Jäger, dem Aalfischer und dem Schilfmäher zusammenkommt... sie alle sind auch ein wenig Dichter. Es kann geschehen, daß man bei einem Aufenthalt in einer in ein Bistrot verwandelten Hütte oder bei einer Panne auf einem tief ausgefahrenen Weg zufällig dem einen oder anderen dieser Männer begegnet, die stolz darauf sind, »frei« zu sein. Man müßte ihnen durch das Schwemmland folgen können, sich in den Sümpfen verirren, sich von den Mücken aussaugen lassen und an einer »Ferrade« teilnehmen, die nicht als Schauspiel für Amateurfotografen aufgezogen wird.

Was bleibt also dem einfachen Touristen, der die Einsamkeit und ungewöhnliche Landschaften liebt? Es bleiben ihm ein paar großartige Rundfahrten, wenn er versteht, es nicht eilig zu haben.

Von Arles aus überquert man die Rhone, erste Straße links N. 570. Nach 14 km *Albaron*, Straßenkreuzung (Kirche, Gehöft, mittelalterlicher Turm, der den Übergang über die Kleine Rhone verwehrte, und Restaurant); links Straße nach *Méjanes* (Besitzung Paul Ricards): großes Restaurant, Motel, Stiervorführungen, provenzalische Feste, Ausflüge zu Pferd und in einer »kleinen Eisenbahn«, landwirtschaftlicher Versuchsbetrieb (30 000 Obstbäume).

Rundfahrt um den Vaccarès

Das Erstaunliche ist, daß man 200 m von dieser ungewöhnlichen Anlage für den Tourismus die Camargue so vorfindet, wie sie am echtesten ist: Der kleine Zug, der nur zum Vergnügen der Kinder da sein könnte, fährt am Brackwassersee von Vaccarès, an der Grenze des Naturschutzgebietes entlang. Südlich von Méjanes führt die tief zerfurchte Straße, die in Regenzeiten nicht befahrbar ist, durch eine Landschaft, die wilder nicht sein könnte, nach Cacharel und Saintes-Maries. Die Unsicherheit dieser Straße zwingt dazu, den Vaccarès im Osten zu umfahren: D. 37, dann der Weiler von Villeneuve, D. 36 nach rechts: schöne

DAS PFERD DER CAMARGUE

Es gibt verschiedene einander bekämpfende Theorien über den Ursprung des Pferdes der Camargue. Es soll demnach ganz einfach der Vorfahr der gesamten Familie der Pferde sein, die aus dem Solutré stammte; andererseits soll das Pferd aus Asien kommen, genauer gesagt aus dem alten Assyrien, nachdem es die Küsten des Mittelmeers entlanggezogen war; wiederum aus Asien, aber auf dem Weg über Afrika; die Mauren, die Berber hätten es mitgebracht und es dann während ihrer Einfälle in der Camargue zurückgelassen; es soll ein Ureinwohner der Camargue sein, und die Römer hätten es an Ort und Stelle angetroffen...
Auf jeden Fall handelt es sich um eine der ältesten Rassen. In den Briefen von Quintus Aurelius aus dem Jahr 399 wurde das Pferd der Camargue erwähnt, das bei den Zirkusspielen in Rom den Vergleich mit den Pferden aus Spanien nicht zu scheuen brauchte.

Das Pferd der Camargue ist weiß. Das stimmt zwar, aber erst nach einer gewissen Zeit. Das Fell des Fohlens ist meistens dunkelgrau oder rotbraun, und erst später wird es weiß. Es ist klein: 1,40 bis 1,50 m, jedoch gedrungen. Sehr dichte Mähne, sehr langer Schwanz; im Winterfell sieht es struppig aus. Der Huf ist ziemlich groß, und die Hornschicht, die kein Hufeisen

Ausblicke auf den See, dessen Ufer mit einer Wasserflora in den herrlichsten Farben bedeckt sind. 16 km von Villeneuve entfernt rechts abgehend ein nicht befestigter Weg; 6 km weiter, wieder rechts, Piste zum *Phare de la Gacholle* (Leuchtturm), den man im Westen erblickt. Diese Piste heißt *La Digue à la Mer;* sie ist bei gutem Wetter befahrbar, aber man sollte sich vor den schmalen kleinen Brücken in acht nehmen, die die Abzugskanäle des Sees überqueren. Tatsächlich folgt dieser Weg einer Reihe von Böschungen, die den Vaccarès im Süden begrenzen. Auf 13 km befindet man sich inmitten einer unberührten Natur. Nicht selten kann man mit dem Fernglas Vogelkolonien beobachten. La Digue à la Mer endet in der Nähe von Saintes-Maries (siehe Angaben unter diesem Namen). Von Saintes-Maries aus kann man über den *Mas de Cacharel* bis Albaron, D. 85 a, N. 570 fahren. Aber es ist zu empfehlen, die Rundfahrt zu verlängern, indem man auf D. 38 die Kleine Rhone auf der alten Fähre mit Namen *Petit Sauvage* überquert, die nur von der Kraft der Strömung getrieben wird. Man fährt nach Sylvereal, um entweder nach *Aigues Mortes* (siehe Angaben unter diesem Namen) zu gelangen oder auf D. 179, D. 779 zum *Etang du Charnier* und *Saint-Gilles* (siehe Angaben unter diesem Namen). Rückkehr nach Arles auf N. 572. (Vollständige Rundfahrt rund 130 km.)

Informationen: siehe Angaben unter Arles, Saintes-Maries und Saint-Gilles; außerdem Domaine Ricard, Tel. (91) 10 in Albaron.

Unterkunft: Bungalows in der Domaine Ricard; Motel »Les Cabanette« in der Nähe von St.-Gilles und siehe Saintes-Maries; Camping in Saintes-Maries.

Feste: Ostern bis Ende September, Stiervorführungen, jeden Sonntag in der Arena von Méjanes und »Ferrade« am Morgen. 24. Dezember, Albaron: Mitternachtsmesse der Gardian.

kennt, verbreitert sich mit der Zeit. Entsprechend seinem Aussehen ist es sehr robust.
Während seiner ersten Jahre lebt es in Freiheit. Im Alter von einem Jahr wird das Fohlen mit dem Lasso eingefangen, und es wird ihm auf der linken Kruppe das Zeichen seines Besitzers, des »Manadier«, mit dem Eisen eingebrannt. Im Alter von drei bis vier Jahren wird das Pferd erneut eingefangen. Seine Zähmung dauert sehr lange. Häufig braucht man Monate, bevor man ihm einen Sattel auflegen kann. Einspannen läßt es sich nie. Die Stuten werden jedes Jahr eingefangen, für gewöhnlich anläßlich der Markierung der Fohlen. Es wird ihnen die schöne Mähne und der Schwanz abgeschnitten. Die Haare, sorgfältig geflochten, ergeben den »seden«, dieses so feste Seil des Gardian, von den Touristen sehr gesucht, die es als hübsches Ferienandenken behalten.

RENÉ REYNIER
»Les Nouvelles Ricard«

Cannes

Es ist durchaus in Ordnung, daß eine kosmopolitische Stadt, deren Hauptsorge es seit hundert Jahren ist, die Freizeit erneut zu erfinden, ihre Viertelstunde der Tollheit hat, so wie François Chalais sie so nett beschreibt... Cannes macht im übrigen ausgiebigen Gebrauch davon, indem es im Winter aus Anlaß des MIDEM die Ausgelassenheit der Zeit des Festivals neu aufleben läßt. Insgesamt ein Monat von zwölf...

Ohne jemals außerhalb seiner regelmäßig wiederkehrenden Anfälle ganz artig zu sein, erfüllt doch Cannes in bewundernswürdiger Weise seine zahlreichen Aufgaben als Stadt des Meeres, des Sports, des Wohnens, der Ferien, der Begegnungen, der Kongresse, kurz des »Salons der Welt«.

Ein richtiger Strand

Verwaltungsmäßig betrachtet ist Cannes nichts weiter als eine einfache Bezirkshauptstadt mit 70 000 Einwohnern. Im Jahr 1838 bestand der Kern des Marktfleckens nur aus der Anhöhe von Suquet, genau wie zur Zeit der Ligurer. Aber in jenem Jahr sollte die Choleraepidemie, die in der Provence wütete, das Schicksal Cannes' ändern. Man kennt die Geschichte: Der ehemalige Lordkanzler Englands, Lord Brougham, der unterwegs nach Nizza war, wurde im Var von der sardischen Gesundheitspolizei festgehalten. Er kehrte sogleich um, ließ sich übelgelaunt in Cannes nieder, ohne seine Koffer auszupacken, fühlte sich jedoch nach einigen Tagen dort so wohl, daß er beschloß, sich an diesem verkannten Strand im Angesicht dieses Panoramas, das schöner war als die Baie des Anges, eine Villa bauen zu lassen. Vierunddreißig Jahre lang, bis zu seinem Tod im neunzigsten Lebensjahr, verbrachte von nun an dieser Vorläufer jeden Winter am Fuß des Suquet »und zog die Blüte der mit Geld gesegneten Reisenden von jenseits des Kanals nach sich«.

Heute erhebt sich als durchaus berechtigter Dankesbeweis eine Bronzestatue vor dem Rathaus, ein Lord Brougham, der gelassen dasitzt und »seine« Stadt betrachtet... und sie nicht wiedererkennt.

Mit seiner vorspringenden Landzunge der Croisette und dem aktuellen Palm-Beach, den grünen Inseln weiter draußen, dem Bergkegel des Suquet, der mit seinem viereckigen Turm die Stadt beherrscht, mit seinem mit Zinnen versehenen Schloß und den terrassenförmig aufgebauten Häusern mit ihren vorgezogenen Dächern und im Hintergrund des Bildes, im Südwesten, mit den Bergen des Estérel, die sich violett abzeichnen, ist dieser Ort noch immer ebenso außergewöhnlich wie früher. Das Ufer, gestern noch weicher Strand, lagunenhaft, an dem Schilf (Cannae) wuchs, ist heute zu einer der schönsten Meeresfronten der Welt geworden.

Der *Strand* ist ein wirklicher Sandstrand, der sich mehr als einen Kilometer hinzieht. Da seine Breite nicht ausreichte, um es allen Sonnenanbetern zu ermöglichen, sich in aller Ruhe braun brennen zu lassen, und den Hotels zu erlauben, ihre sieben oder acht Reihen von Sonnenschirmen aufzustellen, hat die Stadtverwaltung unter großen Kosten mehrere Winter hintereinander einige zehntausend Lastwagen mit Sand herangeführt, der durch Strandverbauungen festgehalten werden sollte. Das Ergebnis: Unter Wasser hat sich eine neue Böschung gebildet, das Meer ist zurückgewichen und, eine ganz seltene Ausnahme im Mittelmeer, der Strand von Cannes ist vierzig Meter breit.

Zwei Häfen markieren die Grenze des Strandes. Rechts der *Port Municipal*, der von einer neuen Mole von dreihundert Meter Länge geschützt wird und der, vergrößert und modernisiert, fast tausend Boote aufnehmen kann. Von dort aus fährt man zu den Inseln ab oder auch zu den großen Ozeandampfern, die zu einem kurzen Zwischenaufenthalt auf der Reede liegen, falls es sich um Liniendienst handelt, oder zu einem längeren Aufenthalt im Verlauf einer Kreuzfahrt. Links der *Port Canto*, privat, sechshundert Boote, der bezüglich seiner Ausstattung den besten Anlagen jenseits des Ozeans in keiner Weise nachsteht.

Der Boulevard der Welt

In der Nähe des Port Municipal bilden der *Square Mérimée* und *L'Esplanade des Alliés* ein großes grünes Dreieck, eine Oase voller Blumen.

Auf der anderen Seite, jenseits des Port Canto, am Cap Croisette entlang, unterstreichen andere Palmen und andere Blumenbeete die reinen geschwungenen Linien der Fassaden der Wohnblöcke, deren Luxus nicht immer übertrieben ist. Unmittelbar an der Spitze des Cap Croisette will man einen sehr schönen Komplex entstehen lassen, eine Art

»blühenden Archipels«, zu dem Wohnhäuser, Strände, Hafen und Gärten gehören. Zwischen diesen beiden Polen zieht sich die berühmte *Croisette* hin, der »Treffpunkt der Welt«, wo die einen in der Hoffnung umherschlendern, jemanden zu erkennen, die anderen mit der festen Absicht, erkannt zu werden. Das »Carlton«, eine Art befestigtes Schloß aus Zucker, erhebt sich in der Mitte der Croisette wie ein unzerstörbares Symbol des Schwungs und der Berufung von Cannes. Das ganz in der Nähe gelegene Palais des Festivals wirkt trotz seiner im Meereswind knatternden Fahnen mit seiner Fassade im Stil von 1949 ein wenig altmodisch. Im übrigen spricht man noch immer davon, ein neues Carlton und ein neues Palais zu bauen. Es gibt immer mehr Bauvorhaben, es fehlt nicht an modernen Gebäuden, so das »Hôtel de Paris«, das hinter einem richtigen Palmenhain verborgen liegt. Die alten Hotels sind fast alle in ihrer inneren Ausstattung tiefgreifenden Erneuerungen unterworfen worden und haben in bezug auf Komfort die letzte Perfektion und im Bereich der Aufnahme des Gastes den neuesten Schliff erlangt.

Wenn auch die Geschäfte große Namen aus der eleganten Welt als Aushängeschild haben – Hermès, Cartier, Van Cleef, Elizabeth Arden usw. –, wenden sich andere, insbesondere in der Geschäftsstraße *Rue d'Antibes,* an Kundschaft aller Art.

Alle Sportarten

Einige exzentrische Faktoren, mit denen die Chronik aufwartet, zum Beispiel Klimaanlagen in allen Zimmern oder die fetten Jahre der Immobilienhändler, sind noch keine ausreichenden Kriterien, um die Dynamik einer Stadt und das Verlangen seiner Verantwortlichen zu beurteilen, die Entwicklung sogar noch zu überholen. So ist zum Beispiel der Sektor »Sport und Vergnügungen« ein weiterer wichtiger Faktor.

Ohne den traditionellen Festen im Stil der »Blumenschlachten« den Rücken zu kehren, bemüht sich Cannes, seiner sehr unterschiedlichen Kundschaft neue Betätigungsfelder zu eröffnen. Die sogenannten »feineren« Sportarten, auch die sogenannten »jungen«, wurden mit besonderer Aufmerksamkeit verfolgt.

Drei außergewöhnlich schön gelegene Golfplätze, nur wenige Radumdrehungen von der Croisette entfernt, sind das ganze Jahr hindurch in Betrieb. Es sind die Greens von *Cannes-Mandelieu,* die in der Werbung als »historisch« hingestellt werden, weil dort schon die Römer Sport getrieben haben; ferner *Mougins,* das man wegen seines Rahmens von Kiefern und Mimosen als »romantisch« bezeichnet; und *Biot,* als »künstlerisch« getauft, wegen der Nähe des Museums Fernand Léger (siehe Angaben unter Antibes).

Polo, die »edelste« Sportart von allen, in Frankreich wenig verbreitet, wird in Cannes auf einem wunderbaren Wettkampf- und Trainingsgelände regelmäßig gespielt.

Der *Aéro-Club* erfreut sich seit der Erweiterung des gut ausgestatteten Flugplatzes von Cannes-Mandelieu, vor den Toren der Stadt, wachsender Beliebtheit.

Die Nähe der Pisten von *Valberg,* bis in den April hinein verschneit, und der Pisten jüngeren Datums von *Gréolières-les-Neige* (siehe Angaben unter diesen Namen) ermöglichen es, die Freuden des Skilaufs am Morgen mit denen des Segelns oder des Unterwassertauchens am Nachmittag zu verbinden.

Regatten und Wasserskirennen machen aus dem Golf von La Napoule fast jeden Tag einen erregenden Spielplatz, während die Jachten der Millionäre träge im Hafen schlafen und auf die Nacht warten, die von Tausenden von Lichtern erstrahlt und in die gerade beliebten Melodien aufklingen.

Einige Unentwegte versuchen im Herbst auf »großen Fischfang« zu ziehen, aber die Gewässer sind nicht mehr fischreich. Dafür bieten sie den Unterwassertauchern eine Flora und eine Vegetation von großer Schönheit um die *Îles de Lérins* herum. In dieser Gegend haben auch die Archäologen eine reiche Ernte an Amphoren und anderen antiken Gegenständen eingebracht; schon seit sehr langer Zeit ist Cannes ihr Hauptquartier.

Es genügt, an irgendeinem Sonntag oder an einem Tag im Juli oder August in Saint-Honorat oder in Sainte-Marguerite spazierenzugehen, um sich zu überzeugen, daß Cannes auch ein gemütlicher Familienbadeort ist, der vielen anderen ähnelt. Das Gedränge, um am Abend das Schiff zum Fest von »Klang und Licht auf den Inseln« zu nehmen, ist ein weiterer Test, und die Zahl der Besucher des Museums de la Castre, das in den Nebengebäuden des alten Schlosses, in der Nähe des Turms von Suquet, untergebracht ist, zeigt, daß es in dieser Stadt, die man nur allzu gern als dekadent hinstellt, viele Leute gibt, die sich für Archäologie und Geschichte interessieren.

Der Archipel der Lérins

Die Inseln, nur wenige Minuten von der Stadt entfernt, sind zwei kostbare Reservate der Pflanzenwelt und der Stille. Ihre felsige Küste, an mehreren Stellen steil abfallend, scheint sie gegen die Außenwelt zu verteidigen.
Sainte-Marguerite ist die größere und liegt der Küste am nächsten. Sie ist fast vollständig mit Strandkiefern bestanden. Am höchsten Punkt der Küste wurde unter Ludwig XIII. ein Fort mit sternförmigen Befestigungsanlagen errichtet. Der geheimnisvolle »Mann mit der eisernen Maske« wurde hier in einem Verlies, das man besuchen kann, gefangengehalten. War er ein Zwillingsbruder Ludwigs XIV., ein Sohn aus einer heimlichen Verbindung zwischen Anna von Österreich und Mazarin, ein Diener Fouquets, der von Geheimnissen wußte, die sich auf die Geburt des Sonnenkönigs bezogen, oder, noch wahrscheinlicher, Fouquet selber?
Die Insel *Saint-Honorat,* ein paar hundert Meter draußen im Meer, weist nur eine Länge von 1500 m zu 400 m Breite auf. Der fromme Honorat ließ sich dort im Jahr 395 mit einigen Schülern nieder, vom Leben eines Einsiedlers verlockt, aber gerade ihre Frömmigkeit zwang sie bald, sich in weltliche Angelegenheiten einzumischen. Dieses Kloster in der Einsamkeit einer winzigen Insel wurde länger als tausend Jahre zu einem Brennpunkt christlichen Glaubens, an dem zuerst die Provence, dann Gallien und Irland und schließlich das ganze Abendland ihren Anteil hatten.
1869 wurden die Zisterzienser Besitzer von Saint-Honorat und bauten das Kloster wieder auf. Man kann heute den Kreuzgang, sehr beschwingt durch sein doppeltes Stockwerk schlanker Säulen, den Kapitelsaal und ein kleines, gut ausgestattetes Edelsteinmuseum besichtigen.
Ein hoher viereckiger, zinnenbewehrter Turm, aus schönen weißen Kalksteinen errichtet, erhebt sich in einiger Entfernung vom Kloster auf einer vorspringenden Landzunge. Das Meer, dem der felsige Untergrund wechselnde Färbungen von stärkster Intensität verleiht, umspült dieses großartige Gebäude. Bei Einfällen der Sarazenen

Bemerkenswerte Ausnahme am Mittelmeer: Der Strand von Cannes zieht sich mit seinem feinen Sand in einer Breite von 40 m und mit einer Länge von 1 km hin. Das alte Cannes und die steilen Hänge des Estérel bilden den Hintergrund einer reizvollen Umgebung.

flüchteten die Mönche dorthin. Dort brachten sie auch ihre Bücher und die Reliquien der Abtei in Sicherheit.

Ein anderer Besuch von archäologischem und künstlerischem Interesse ist der im *Musée de la Castre*, zu dem man durch die Gassen des »alten Cannes« gelangt. Ein sehr einfaches Gebäude beherbergt Sammlungen von großem Wert, die sich im wesentlichen auf die wichtigsten mediterranen und nahöstlichen Kulturen beziehen.

Beim Verlassen des Museums hat man von der benachbarten Terrasse aus einen herrlichen Blick auf Cannes, den Golf und das Estérelgebirge.

Ein anderes interessantes Panorama bei klarem Wetter ist jenes, das man vom Aussichtsturm von *Super-Cannes* hat, dessen felsige Plattform 223 m über dem Meer liegt.

Umgebung von Cannes

Die Städte und Dörfer an der Peripherie von Cannes zeichnen sich fast alle durch die Schönheit der dort neu erbauten Wohnhäuser aus: *Super-Cannes*, *Le Cannet* (durch die schöne sogenannte Hügelstraße miteinander verbunden), *Mougins*, Wohnsitz der Maler (siehe Angaben unter Grasse), *Mandelieu*, *La Napoule* und sein Hafen La Rague, in die rote Felswand des Estérels hineingesprengt, *Théoule* in einem Gehölz von Kiefern und Mimosen, und der letztgeborene der Orte an der Küste, *Maure-Vieil* auf einem der ersten Hänge des Estérels, dessen Kirche und ganz neue Villen beweisen, daß die moderne Architektur raffiniert und elegant zu sein versteht, ohne von ihrer Kühnheit einzubüßen. (Nach Maure-Vieil gelangt man auf einer kleinen neuen Straße, im Norden auf der N. 7 am Ortsausgang von Mandelieu nach der Argentière-Brücke und im Süden auf der N. 98 am Ende des Hafens La Rague.) Im gleichen Gebiet, das heißt im Osten von *Mandelieu*, wurde ein typisch provenzalischer Weiler, der inmitten von Kiefern verborgen lag, in ein Hotel verwandelt: das »Logis de Santo Estello« in der *Domaine de Barbossi* (Zufahrt auf kleiner Straße rechts abbiegend von der N. 7, 4 km vom Zentrum von Mandelieu entfernt); in der Nähe des Hotels kann man eine hübsche romanische Kirche besuchen, deren Mauern heute dank dem Mäzen Paul Ricard mit Fresken bedeckt sind. Sie sind einer jungen Künstlerin, Janine Canarelli, zu verdanken.

Name: Cannae, das »Schilf« (römisch).

Lage: 06400 Alpes-Maritimes. Höhe: Meeresufer. 900 km Paris, 155 km Aix, 314 km Grenoble, 445 km Lyon, 165 km Marseille (215 km auf der Küstenstraße), 33 km Nizza. Flugplatz für Tourismus Cannes-Mandelieu-St.-Cassien.

Informationen: Palais des Festivals et des Congrès, 50 La Croisette, Tel.: (93) 38 27 75 Telex: 47795, Essi Cannes; Accueil de France, Bahnhof SNCF, Tel. (93) 39 24 53. Hotelbestellungen. *Mandelieu:* S. I., place des Mimosas, Tel. (93) 38 94 39. *La Napoule:* S. I., Tel. (93) 38 95 31.

Unterkunft: Sehr zahlreiche Hotels aller Kategorien, darunter 6 »Luxus«, 10 ****. Camping, 2 Plätze **; *Mougins:* Relais de Campagne »Le Moulin«; *Mandelieu:* Hotels ** und *, »Logis de Santo Estello« (siehe Text), Motel Estérel, auf N. 7, Ausfahrten A. 7; zahlreiche Camping-Plätze; *La Napoule:* mehrere Hotels, 2 ****.

Feste: Februar: Treffen der dramatischen Kunst; Mai; Internationales Filmfestival (siehe Text), Ostern, Pfingsten und den ganzen Sommer hindurch zahlreiche internationale Sportveranstaltungen; Aufführung »Klang und Licht« auf den Inseln; zweite Hälfte August, Internationales Festival der Feuerwerkskunst; Juli-September, viele erstklassige künstlerische Darbietungen im Palais des Festivals, Palm Beach, Croisette; im September Internationales Festival des Amateurfilms; Ende September, »Midem« (Internationale Messe der Schallplatte und der mechanischen Aufnahme).

BORMES-LE-LAVANDOU (S. 66)

Name: Le Lavandou: Lavandula Stoechas, der »Lavendel«. Les Maures: griechisch amauros, »düster«.

Lage: 83230 Var. Höhe: 120 m (Le Lavandou, Meeresufer). 860 km Paris, 60 km Fréjus, 22 km Hyères, 40 km Toulon.

Informationen: Bormes, Maison du Tourisme, rue Jean Aicard, Tel. (94) 71 15 17. Le Lavandou, S. I., 10, Quai Gabriel Péri, Tel. (94) 71 00 61.

Unterkunft: Bormes, 2 Hotels ** und 5 *; *La Favière,* 1 **; *Le Lavandou,* 48 Hotels aller Kategorien, darunter 3 **** und 7 ***; *Rayol,* 1 Relais de Campagne »Le Bailli de Suffren«; *Cavalaire,* 23 Hotels, darunter 7 ***. Einige kleine Hotels in den Dörfern im Innern der Maures. Camping: Viele Plätze an der Küste, darunter 2 **** in Bormes und La Favière.
Restaurants: s. Auswahl S. 248

Feste: Februar, Mimosenfest.

Carpentras

»Carpentoracte« bezeichnet im Keltischen einen von zwei Pferden gezogenen Wagen. Carpentras führte früher auch den Beinamen »Festung der Wagen«, denn es war für die Arbeit seiner Wagner berühmt. Heute verbindet sich sein Name mit der Herstellung von Bonbons. Der säuerliche Duft dieser kleinen rosigen Bonbons, die hart wie Steine sind, erfüllt zuweilen manche Straßen ...
Andere Leckerbissen gehören zu den örtlichen Spezialitäten: die »Christines« (eine Art Obsttörtchen), kandierte Früchte und Trüffeln. Wie könnte man nicht ein wenig zum Epikureer werden, in einer Stadt, die gestern noch die Privilegien und den Wohlstand kannte, die die Hauptstadt eines päpstlichen Territoriums genoß, und die sich in unserer Zeit in einer der üppigsten Landschaften Frankreichs ausbreitet.
Die ersten steilen Hänge des stolzen, kahlen Ventoux, das Massiv von Montmirail mit seinem weißen Kamm und die blaue Linie des Plateaus von Vaucluse umschließen in Form eines Hufeisens mit einer Hügelkette Obstgärten, die Gegenstand sorgfältiger Pflege sind, und Felder mit Frühgemüsen, die wie die Gemüsegärten von Königen behandelt werden. Schutzwände von Zypressen teilen die Ebene in Rechtecke auf und stellen ihre dichten Reihen dem Mistral entgegen. Bewässerungskanäle und Feldwege durchfurchen das kleine Gebiet. Acht Straßen, die in Carpentras zusammenlaufen, dienen diesem Reichtum, den ganze Flotten von Lastwagen bis ans Ende von Europa befördern.
Ist es diese landwirtschaftliche und wirtschaftliche Bedeutung, die einen zuweilen die traditionelleren touristischen Lockungen der alten Hauptstadt der Grafschaft Venaissin vergessen läßt? Zu wenige Reisende machen den kleinen Umweg, der es ihnen erlauben würde, Carpentras zu entdecken.

Ein Krankenhaus wie ein Palast

Die Ankunft auf der Straße von Avignon, gegenüber dem *Hôtel-Dieu*, ist für sich allein bereits eine Belohnung. Ein schönes Gebäude (1750), das einen echt französischen Klassizismus verdeutlicht: hier ist alles Maß, Gleichgewicht und Melodie. Das strahlende, harte Licht des Nachmittags hebt diese kunstvolle, reine Geometrie noch hervor, die jedoch durch bezaubernde Einzelheiten gemildert wird: die schmiedeeiserne Arbeit am Balkon, die Engelchen im Giebelfeld, die Linien der Dachbalustrade und vor allem die riesigen Vasen mit herausschlagenden Flammen (pots à feu), die im Schein der untergehenden Sonne auflodern.
Im Innern des Hôtel-Dieu hat die Apotheke, ein riesiger, gewölbter und mit Steinplatten belegter Saal, ihr ursprüngliches Aussehen bewahrt. Schränke und Gestelle aus gewachstem Holz bedecken die Wände. Mehrere hundert Behälter und Töpfe stehen in Reihen auf den Regalen; die meisten von ihnen sind aus Fayence aus Montpellier oder Moustiers; einige stammen aus dem 16. Jahrhundert. Auf den ausgeblichenen Etiketten der Schubladen hat vor Zeiten eine Feder den lateinischen Namen einiger »ärztlich verordneter« Präparate, so wie »Drachenblut«, »Hirschhornpulver« und »Krebsaugen« ... aufgezeichnet. Auf humoristischen Bildern sind Affen dargestellt, die verschiedene Arbeiten in der Apotheke ausführen. Die kleine Kapelle des Hôtel-Dieu verdient gleichfalls wegen ihrer Ausschmückung, die die ganze Raffiniertheit eines Jahrhunderts, des 18., in dem man ein Krankenhaus wie einen Palast baute, veranschaulicht, die Aufmerksamkeit des Besuchers.

Ein kleiner Palazzo Farnese

Das heutige *Palais de Justice*, ursprünglich Bischofspalast, zeigt ebenso wie das Hôtel-Dieu eine bemerkenswerte architektonische Schönheit. Jedoch auf Verlangen des prachtliebenden Bischofs Bicchi, aus Siena stammend, erbaut, wirkt er durch seine lange hohe Fassade mit ihren sehr großen Fenstern, durch seinen gewichtigen Balkon und durch seine gut bearbeiteten steinernen Vorsprünge, über die Schatten und Licht hinspielen, als sei er unmittelbar aus Florenz oder Rom hierher geschafft worden. Hier haben wir den Palazzo Farnese unter dem Himmel von Carpentras. Man besichtigt mehrere Säle, unter ihnen den der *Correctionnelle*, der mit Rundbildern von Nicolas Mignard geschmückt ist, die Orte aus der alten Grafschaft darstellen. Kurze Zeit nach seinem Bau, etwa 1650, diente dieser Palast als Rahmen für die Aufführung der ersten in Frankreich gespielten Oper, und zwar auf Wunsch des Kardinals Bicchi; das Stück hieß: »Akebar, König des Mogol«!
Organisiert heute Carpentras ein Fe-

stival mit verschiedenen künstlerischen Darbietungen, um an eine Theatertradition anzuknüpfen? Die Aufführungen finden auf der Place Inguimbert (nach dem Bischof, der das Hôtel-Dieu und die Bibliothek erbauen ließ), hinter dem Palais de Justice, statt.

In einem Winkel dieses Platzes sieht man noch die Überreste eines *Römischen Triumphbogens,* der glücklicherweise im vorigen Jahrhundert freigelegt wurde, nachdem er zunächst als Kirchenportal und dann als Eingang zum Küchentrakt des bischöflichen Palastes gedient hatte. Er ist durch seine Skulpturen von großem Interesse, die uns, wenn auch beschädigt, gallische Gefangene zeigen, die an einen gestutzten Baum gekettet sind, an dem Waffen und Rüstungen der Besiegten hängen.

Heiliger Nagel und Rattenkugel

Angrenzend an das Palais de Justice, aber auf der anderen Seite der Place Inguimbert erhebt sich die *Kathedrale.* Es ist ein nüchternes Gebäude mit eleganten Spitzbogengewölben, einem einzigen rechteckigen Schiff, das in einer kleineren Apsis seinen Abschluß findet, nach dem Plan zahlreicher Kirchen im Süden errichtet.

Das Gotteshaus ist einem rätselhaften Heiligen geweiht: Siffrein, bei dem es sich vielleicht um einen Siffred oder Siegfried handelt... Jedoch mehr als dieser Persönlichkeit verdankt die Kirche seit acht Jahrhunderten ihren Ruf einer seltsamen Reliquie: Die heilige Trense, eine echte Pferdetrense, die auf Verlangen der Kaiserin Helene für das Pferd ihres Sohnes, Konstantin, aus zwei Nägeln der Kreuzigung geschmiedet worden sein soll. Diese außergewöhnliche Reliquie (die wissenschaftlichen Analysen unterworfen wurde), wird den Gläubigen am Karfreitag und am 27. November gezeigt.

Das südliche Seitenportal der Kathedrale wird als »Porte des Juifs« (Judenportal) bezeichnet, denn durch dieses mußten die neubekehrten Juden die Kirche betreten. Ein schöner Bruderkuß, verziert mit Blattkapitellen, krönt die Bogenstellungen; im Giebelfeld erscheint als Hochrelief eine von Ratten angenagte steinerne Kugel. Dieses erstaunliche Motiv wurde schon immer als *Boule aux rats* – »boulo di gari« auf provenzalisch – (Rattenkugel) bezeichnet, aber es gibt keine endgültige Erklärung für diese offensichtlich symbolische Verzierung. Ist es eine Veranschaulichung des Angriffs der Juden auf die katholische Welt, sind es die Sünden, die die Christenheit zernagen, das Ketzertum in Person des Gegenpapstes Pierre de Lune als Papst Benedikt XIII., der die Kathedrale erbauen ließ, oder hat man auf unmißverständliche Weise die Stadt auf die Pest aufmerksam machen wollen, die von den Nagern verbreitet wurde?

Eine Synagoge wie ein Salon

Zahlreich waren die Juden, die in den päpstlichen Territorien Zuflucht suchten. Da sie sich an der Verbesserung

---

»DIE GEISSEL GOTTES«

In Europa vor dem 12. Jahrhundert unbekannt, von der griechischen und römischen Literatur nicht beachtet, kam die Ratte in den aus den Kreuzzügen zurückgekehrten Schiffsbäuchen aus dem Orient. »Während die christlichen Ritter hartnäckig versuchten, Syrien und Palästina den Ungläubigen zu entreißen, fiel die Ratte in ihren Ländern ein, ohne daß sie es überhaupt bemerkten« (Albert Colnat: »Les Épidémies et l'Histoire«). Am Ende des 13. Jahrhunderts hatte sie ganz Europa besetzt. Ihre Verwüstungen wandten sich zunächst gegen die Ernten und das Getreide, aber dann verbreitete sie im Mittelalter entsetzliche Pestepidemien. Im 14. Jahrhundert forderte allein im Gebiet von Avignon die schwarze Pest mehr als 150 000 Opfer. In Carpentras starben trotz der Fürsprache der heiligen Trense und der beschwörenden Gebete an den heiligen Siffrein zwischen 1628 und 1630 dreitausend Menschen. Die gesamte Wirtschaft des Landes wurde durch diese »Geißel Gottes« untergraben. Denn schnell vergißt man die Ratte, um in diesen Epidemien nur die rächende Hand des göttlichen Schöpfers zu sehen. »Der Herr hat die Pest seinem Volk auferlegt, um es für seine Sünden und seine Gottlosigkeit zu strafen«, donnerte Thomas Thayre 1625 in seinem *Traktat über die Pest.* Man darf also annehmen, daß die über dem Portal aus dem 15. Jahrhundert dargestellte »Rattenkugel« zunächst die Aufgabe hatte, den göttlichen Fluch zu bannen, und daß die Nager, mit der sie bedeckt ist, die Rolle kleiner, aber sehr gefürchteter Drachen spielten.

»Guide de la Provence mystérieuse« coll. Les Guides noirs (Tchou, édit.)

der päpstlichen Finanzen beteiligten, erfreuten sie sich dort einer liberalen Behandlung. Die Synagogen konnten ohne allzu große Scherereien gebaut werden; auch wurden sie ohne Befürchtungen ausgeschmückt. Die in Cavaillon und Carpentras, im Mittelalter errichtet und in der Mitte des 18. Jahrhunderts restauriert, sind die ältesten Frankreichs. Das Äußere der Synagoge in Carpentras ist unauffällig (man war trotz allem vorsichtig!). Die Fassade, am Platz des Hôtel de Ville, ist äußerst banal; die Tür könnte die irgendeines Bürgerhauses sein. Aber im Innern lassen der Gebets- und Versammlungsraum mit ihrer vergoldeten Täfelung, ihren Holzarbeiten in Jadegrün, ihren Geländern aus Schmiedeeisen und ihren Kupferlampen, die von einer himmelblauen, mit Sternen übersäten Decke herabhängen, an einen Salon im Stil Louis XV. denken. Auf einer Empore, die für Musikanten bestimmt sein könnte, steht der schwere siebenarmige Leuchter gleich neben dem Schrein, in dem die Thora eingeschlossen ist, und erinnert an die eigentliche Bedeutung dieses Raums. Rechts ein kleiner Sessel – der des Propheten Elias – der bei der Beschneidung der Kinder benutzt wurde. Auf beiden Seiten des Raums erlaubten vergitterte Logen den Frauen, dem Gottesdienst zu folgen, denn das Betreten des Gebetsraums war ihnen untersagt. Die israelitischen Frauen mußten sich übrigens noch einem anderen Ritus unterwerfen: Einmal im Monat mußten sie am Ende einer Treppe mit achtundvierzig Stufen in ein im Erdgeschoß der Synagoge angelegtes Schwimmbekken tauchen, und zwar mit dem Kopf zuerst, daher die provenzalische Bezeichnung dieses Bades: »Cabussado«. Die jungen Mädchen wurden am Vorabend ihrer Hochzeit der gleichen Prozedur unterworfen. Die Treppe gibt es noch heute. In einem benachbarten Keller war in alter Zeit eine Bäckerei untergebracht: Noch heute sieht man dort den Knettisch aus Marmor und den Ofen, in dem die ungesäuerten Brote für Ostern gebacken wurden.

Museen und Bibliothek

Carpentras besitzt vier Museen. Sie sind mit Ausnahme des Mittwochs täglich von 10 bis 12 und von 14 bis 18 Uhr geöffnet (die Synagoge ist am Samstag und am Abend von 17 Uhr an geschlossen).

Im *Musée Comtadin* sind typische Gegenstände aus der Gegend ausgestellt: Petschafte, historische Siegel, Juwelierwaage mit ihren Gewichten, Pfeifen, mit denen Vogelschreie nachgeahmt wurden usw. (Boulevard Albin Durand).
Das *Musée de Peinture* (im gleichen Gebäude): Berühmtes Bild von Rigaud, das den »Abbé de Rancé« darstellt; Werke des Malers Jules Laurens aus Carpentras; verschiedene Gemälde zeitgenössischer Künstler.
Das *Musée des arts décoratifs* stellt im Rahmen des alten Hôtel Sobirat (in der Nähe des Palais de Justice) Nachbildungen provenzalischer Einrichtungen aus.
Das *Musée Lapidaire* ist in der alten Kapelle »de la Visitation« (Rue des Saintes-Maries) untergebracht.
Die *Bibliothek* wird zuweilen nach italienischem Vorbild mit dem Beinamen »l'Inguimbertine« nach ihrem Gründer genannt. Unter den 150 000 Bänden gibt es auch zahlreiche Manuskripte, Inkunabeln und seltene Ausgaben. Liebhaber, die sich dafür interessieren, können sie sich auf Wunsch zeigen lassen.

Lächelndes Venaissin

Die Stadtmauern von Carpentras wurden im vorigen Jahrhundert eingerissen. Breite, schattige Promenaden ziehen sich an ihrer Stelle hin. Am Nordende dieser Boulevards hat man einen schönen Ausblick auf die Landschaft der alten Grafschaft, den Ventoux und die Dentelles de Montmirail. Im Vordergrund ein langer Aquädukt mit schwungvollen Bögen, der der Stadt kühles Wasser aus fernen Quellen zuführt.
Im Frühling steht das Land im Schmuck der Blüten von Tausenden von Obstbäumen. Im Winter ist der Ventoux mit Schnee bedeckt. Es gibt mehrere Orte, die man in jeder Jahreszeit besuchen kann.
Mazan (nur 7 km östlich von Carpentras) zeichnet sich durch mehrere Kapellen und Ruhealtäre inmitten von Anpflanzungen und insbesondere durch eine geheimnisvolle Ansammlung von antiken Sarkophagen mit ihren Deckeln aus, die man auf der Krone der Friedhofsmauer aufgereiht hat. Daher spricht man auch von Mazan als den »Alyscamps du Vaucluse«. Jenseits von Mazan führt die N. 542 bald in die Einsamkeit der Schluchten der

Nesque, *Gorges de la Nesque,* wild, bar jeder Vegetation, rund 20 km lang, aber weit weniger eindrucksvoll als viele andere provenzalische Engtäler.
In der Nähe der Quellen der Nesque gelangt man nach *Sault,* »Hauptstadt des Landes des Lavendels« und Kreuzungspunkt von Straßen, die es ermöglichen, den Ventoux nördlich zu umfahren, seinen Gipfel von Osten her zu erreichen oder in das Gebiet des Lure und der »Provence des plateaux« vorzustoßen (siehe Angaben unter Forcalquier und Ventoux).
Bédouin (15 km nordöstlich auf der N. 574) unmittelbar am Fuß des Ventoux, mit Blick auf eine herrliche, mit Zypressen bestandene und von langen weißen Kalksteinwänden durchzogene Landschaft, zeichnet sich durch eine schöne romanische Kapelle, die *Madeleine* (an der Straße nach Caromb), aus; ihre dreiteilige Apsis ist mit flachen Steinen gedeckt, ebenso wie die kleine Kuppel, die einen bescheidenen viereckigen Glockenturm mit Zwillingsfenstern überragt.

Dentelles de Montmirail

Beaumes-de-Venise (8 km nördlich auf D. 7, D. 90), dessen Name »Grotten des Venaissin« wegen der in der benachbarten Felswand sichtbaren Höhlen berechtigt ist, ist Ausgangspunkt für herrliche Ausflüge im Massiv von Saint-Amand-Montmirail, eine Gegend, die man gern zum Naturschutzpark erklärt wüßte. Angenehme kleine Straßen, dann steinige Wege und schließlich Pfade führen zu einsamen kleinen Tälern, bieten Zugang zu schmalen geschützten Flächen, auf denen Aprikosen und Muskatellertrauben reifen, und steigen an den Ausläufern der Vorberge der »Dentelles« empor, an diesen weiß schimmernden Steilhängen aus Kalkstein. 1 km westlich von Beaumes, ein wenig abseits von der D. 7, überragt ein herrlicher viereckiger Glockenturm in romanischem Stil, der unmittelbar von der Antike inspiriert ist, einen Weinberg: Es ist die *Chapelle Notre Dame d'Aubune,* eins der Symbole der rhonischen Provence (siehe Angaben unter Orange).
Pernes-les-Fontaines (6 km südlich von Carpentras, auf N. 538) war die erste Hauptstadt der Grafschaft. Es sind noch einige Stadtmauern und mehrere befestigte Tore erhalten. Im viereckigen Turm, der sogenannten *Tour Ferrande,* sind die Räume im oberen Stockwerk mit Malereien aus dem 13. Jahrhundert geschmückt; sie sind sehr frisch und naiv und zeigen Ritterszenen und die Eroberung des Königreiches Neapel und Sizilien durch Karl von Anjou, den Grafen der Provence. Die Nesque teilt sich in mehrere Arme, verläuft in Gräben und speist Springbrunnen – man hat bis zu zweiunddreißig gezählt –, hübsche Steinmetzarbeiten; die berühmteste unter ihnen ist der Springbrunnen des »Cormoran«. Außerhalb der Stadt, an der Straße nach Carpentras, fällt ein seltsames Bauwerk auf, das Überdachte Kreuz, eine Art viereckige Säulenhalle, in der ein Kreuz steht.
Vénasque (11 km südöstlich auf D. 4, angenehme kleine Straße, die nach Sénanque führt), das seinen Namen dem Land »Venaissin« gab, rechtfertigt durch seine Lage und seine Gebäude eine besondere Behandlung. Siehe unter dem Buchstaben »V«.

Name: Carpentoracte, Carpentorate, »die Festung, die die Durchfahrt der Wagen überwacht« (keltisch).

Lage: 84200 Vaucluse. Höhe: 102 m. 680 km Paris, 90 km Aix, 48 km Apt, 113 km Marseille.

Informationen: Maison du Tourisme, place du Théâtre, Tel. (90) 63 00 78.

Unterkunft: 2 Hotels ** und 3 *; Camping: 1 Platz **.

Feste: Pernes-les-Fontaines, 1. Mai, Cavalcade du »Carri« (Fest des »Königs« der Landwirtschaft); Carpentras: Ende Juli - Anfang August, Festival der Kunst, Theater, Musik (Kathedrale und Freilufttheater).

Andenken: Bonbons, »Christines« (Obsttörtchen), Trüffeln.

Cassis

■ Wenn angesichts von Eingriffen aller Art, die die Küste verschandeln, nur noch ein kleiner, echt provenzalischer Hafen übrigbleiben sollte, könnte man mit ziemlicher Gewißheit wetten, daß es Cassis wäre... Dort drängt und stößt man sich wie woanders, und die Bauten von heute entstellen den ländlichen Charakter der Umgebung, aber an der Bucht, auf der bunte Boote schaukeln, scheinen die Häuser mit ihren Holzläden, ihrem farbigen Verputz und ihren rosa Dächern, von denen nicht zwei auf gleichem Niveau liegen, noch immer zu singen. Das Café de la Marine und das Café de France stellen ihre gestrichenen Holztische bis an den Rand des Wassers. Jeden Morgen widerhallt die Bucht, an deren Ende sich Cassis einschmiegt, vom Töfftöff der spitzen Fischerboote, die auslaufen, um die Netze und die Reusen einzuholen: Fischer gibt es noch immer. Eine Tatsache, die doch zwischen Marseille und Menton so selten geworden ist, daß man sie hervorheben muß; ihr verdankt man es, daß man hier den frischesten Fisch zu essen bekommt und vielleicht die beste Bouillabaisse der Küste; man muß allerdings dieses Lob auch noch auf den fruchtigen weißen Landwein ausdehnen, der in so köstlicher Weise die Erzeugnisse des Mittelmeers begleitet.

Am Nachmittag ist nach der Stunde der Siesta das Spiel der Pétanque die Königin unter den Platanen, die den rustikalen Springbrunnen auf der Place Baragnon umgeben. Ganz in der Nähe beherbergt das Rathaus, ein hübsches Patrizierhaus aus dem 18. Jahrhundert, rund zweihundertfünfzig Bilder einiger großer Namen der zeitgenössischen Malerei, womit durch diese Ausstellung an die »Entdeckung« von Cassis in den Jahren um 1925 herum durch Pascin, Kisling, Vlaminck, Matisse und einige andere vom Licht besessene Maler erinnert wird, die mit Montparnasse gebrochen hatten.

Dem Hafen gegenüber liegt an einem freien Platz ein Kasino. Drei kleine, von Felsen eingeengte Strände haben Mühe, die Menge der Badenden im Monat August aufzunehmen. Ein felsiges Chaos – die *Pierres tombées* – markiert das Abbröckeln einer Felswand, die sich nach Südosten zu erhebt. Die Mauern eines mittelalterlichen Schlosses, das zum Schutz der Stadt gegen Unternehmen der Barbaresken errichtet wurde, ragen über dem Ort auf. Eine neue Panoramastraße führt zum *Cap Canaille* (362 m) und an der steilen Felswand entlang, mit 400 m Höhe über dem Meer die höchste Frankreichs, bevor sie den Rand von La Ciotat erreicht.

In der entgegengesetzten Richtung, das heißt nach Westen, führt eine kleine Straße zur Bucht (calanque) von *Port-Miou*. Es gibt Schiffsverbindungen, durch die man diese Art von Buchten auch vom Meer aus erreichen kann. Dieser 1 km tiefe Meeresarm, durch einen riesigen Steinbruch an seinen Hängen entstellt und mit Staub überzogen (der Stein ist sehr berühmt und wird weithin exportiert), wurde hergerichtet, um mehr als 600 Segelboote und Jachten jeder Tonnage aufzunehmen. Forstwege, die nur schwer befahrbar sind, und denen man besser zu Fuß als im Wagen folgt, führen bis zur grünen *Calanque von Port-Pin*, das ganz in der Nähe liegt, indem man entweder einen kleinen Paß überquert oder am felsigen Vorgebirge entlanggeht, das die beiden Buchten trennt (ein Spaziergang von ungefähr einer Stunde). Nach allen Richtungen hat man Ausblicke von ungewöhnlicher Schönheit auf Wasserstraßen, die zwischen schimmernden Felswänden eingeengt liegen, im Vordergrund Strandkiefern und gemeine Kiefern, die sich an das Gestein oberhalb des Abgrunds klammern.

Von Port-Pin gelangt man auf einem Weg (schwarze Beschilderung) nach *En-Vau*, die schönste der Calanques (siehe Angaben unter Marseille) und auch die einsamste. Der Blick steil von oben hinunter, den man bei der Ankunft oberhalb von En-Vau hat, löscht die Erinnerung an alle anderen Landschaften an dieser Küste aus.

Name: Charsis, Portus Charsicis (römisch), am Fuß der ligurischen Stadt des Cap Canaille.

Lage: 13260 Bouches-du-Rhône. Höhe: Meeresufer. 800 km Paris, 50 km Aix, 23 km Marseille, 44 km Toulon.

Informationen: S.I., place Baragnon, Tel. (91) 01 71 17.

Unterkunft: 2 Hotels ***, 2 ** und 2 *; Camping: 1 Platz **.

Andenken: Weißwein.

*Weniger als eine Stunde vom Zentrum der Stadt Marseille entfernt
die unbeschreibliche Schönheit der »calanques« . . .
Hier Sormiou.*

*En-Vau, die schönste und einsamste
der Calanques, ist zweifellos das Juwel der
provenzalischen Küste.* (Photo L. P. Bocquet)

Castellane

■ »Napoleon hat hier Station gemacht; warum nicht Sie?« (Schild an der Straße).
Der Blick, den man vom Col des Lèques (1148 m), aus Digne kommend, auf die Stadt hat, stellt bereits eine Einladung dar: In der Tiefe einer grünen, von Bergen mit zuweilen erschreckenden Formen eingeengten Mulde, liegt wie ein Bienenkorb ein Nest mit rosa Dächern am Fuß eines Kegels, der wie ein Vulkan aufragt (aber es handelt sich nur um eine kahle, senkrechte Steilwand aus Kalkstein). Für die Einheimischen ist es der »Roc«. Auf seinem Gipfel steht eine von einer ein wenig zu auffälligen Statue der Heiligen Jungfrau überragte Kapelle, die seit drei Jahrhunderten eine besondere Verehrung genießt: Notre-Dame du Roc.
In den Ort gelangt man durch alte Ausfallpforten. Er wird von der hervorspringenden Mauer eines hohen Turms und den Resten der mittelalterlichen Burg überragt. Behäbige Häuser säumen die »Rue du Mitan«, die Hauptstraße, eng und ein wenig gewunden und mit einem hübschen Springbrunnen mit vier Köpfen. Die Kirche St. Victor aus dem 12. Jahrhundert wird von einem schlanken, viereckigen Glockenturm flankiert.
Die Straße umgeht dieses alte Viertel und mündet auf einen großen Platz. Zwei Denkmäler verraten die Bindung der Einwohner an ihre örtlichen Ruhmestaten und zeigen die Gefühle der Bevölkerung, gleichzeitig auch ihre sehr südländische Neigung zu Titeln und zur Emphase: Ein von einem Obelisken überragter Brunnen erinnert daran, daß die »de Castellane« sich seit 835 in der Geschichte hervorgetan haben; eine auf einer Säule stehende Marianne weist auf die Durchreise eines »Ministers für Öffentliche Arbeiten, am 14. Juli 1890, im Jahr XIX der Republik« in Castellane hin!

Cañon und See

Am Ortsausgang, Richtung Grasse, überspannt eine steinerne Brücke mit einem einzigen Bogen den Verdon.
Castellane ist ein für Ausflüge in eins der schönsten Gebiete der mittleren Provence sehr geeigneter Ausgangspunkt. An den Mauern des Rathauses hängen große schematische Karten, die Vorschläge für Rundfahrten enthalten.
Die ungewöhnlichste Rundfahrt ist zweifellos die des *Grand Canyon du Verdon:* 110 km, wenn man sich nur an die vorgeschriebene Route hält, tatsächlich aber braucht man einen vollen Tag, wenn man in aller Ruhe diese gewaltige Landschaft genießen will. (Siehe spezielle Angaben unter Moustiers-Sainte-Marie.)
Oberhalb von Castellane wurde der Verdon durch zwei Talsperren gezähmt. Der Stausee, *Retenue de Chaudanne,* Ausgleichsbecken für den *Lac de Castillon,* liegt eingeschlossen zwischen wilden Bergen. Der See von Castillon zieht sich in einer Länge von 15 km wie ein Fjord hin, verbreitert sich zu kleinen Buchten und umspült bewaldete Inselchen, die im morgendlichen Dunst an eine japanische Meereslandschaft erinnern. An den Ufern ein einziges Dorf: *Saint-Julien-du-Verdon,* auf einer Kuppe, einem Vorgebirge vorgelagert. Ein einziger bescheidener und reizender Ort: *Saint-André-les-Alpes* in 804 m Höhe, am Nordende des Sees, von Obstgärten und Lavendelfeldern umgeben.

Die »Klausen«

Um diese Seen sind mehrere Rundfahrten möglich: nördliche Ausfahrt von Castellane, N. 552, am linken Ufer des Sees von Castillon entlang, nachdem man ihn auf der Dammkrone der Talsperre überquert hat; St.-Julien, N. 207, St.-André; Rückfahrt über Barrème (siehe Angaben unter Digne) und die Route Napoléon (N. 85); 5 km von Barrème das Dorf *Senez,* abseits auf dem rechten Ufer des Gebirgsflusses, das das kleinste und ärmste Bistum Frankreichs war, obwohl es bereits im 5. Jahrhundert Bischofssitz wurde (die alte Kathedrale ist zur Zeit auf Veranlassung der Akademie für die Schönen Künste geschlossen); die N. 85 windet sich durch eine enge Schlucht, die als Clue de Taulanne bezeichnet wird, überquert dann den Col des Lèques (Ausblick auf den Talkessel von Castellane); insgesamt 60 km; Abänderung: man fährt von Saint-André-les-Alpes den oberen Verdon entlang weiter (N. 555) bis Thorame-Haute und kehrt auf der N. 208 zurück, *Annot,* altes befestigtes Dorf (siehe Angaben unter diesem Namen) eine chaotische Landschaft von Felsen und Schluchten, N. 207, Col de Toutes Aures, der auf der Höhe von Saint-Julien zum See von Castillon zurückführt: insgesamt 90 km.

Cavaillon

Wieder verläßt man Castellane auf der N.555, überquert die Talsperre von Castillon und biegt sogleich rechts auf eine vor kurzem verbreiterte und instand gesetzte Straße ab, die in großen Kehren ansteigt und steile Ausblicke auf die beiden Seen ermöglicht; rechts fällt die D.102 schwindelerregend zum See von Chaudanne ab und stößt 3 km von Castellane auf die N.85 (schwierigere Rundfahrt von 25 km); man fährt auf der D.102 in Richtung der Dörfer Demandolx, Soleilhas und Saint-Auban weiter, enge, kurvenreiche, aber asphaltierte Straße; so gelangt man in den oberen Talkessel des Estéron, eine herrliche, von Touristen wenig besuchte Gegend.

Bergketten mit bewaldeten Hängen und felsigen Kämmen umschließen große grüne Mulden, die untereinander durch »Klausen« verbunden sind, diese offenen Felsspalten in den grauen oder ockerfarbenen Kalksteinwänden, in deren Tiefe Wildbach und Straße Mühe haben, sich hindurchzuwinden: *Clue de St.-Auban, Clue de Bleine, Clue du Riolan* und *Clue d'Aiglun* gehören zu den schönsten. Kleine, zuweilen schwierige, jedoch immer befahrbare Straßen ziehen sich in Serpentinen durch die Lärchenwälder und über die Almen hin, auf denen einige Obstpflanzungen stehen, und ermöglichen es, mehr oder weniger lange Rundfahrten zusammenzustellen, mit Rückfahrt über Puget-Théniers am Var oder über Grasse, St.-Vallier und Le Logis du Pin an der Route Napoléon. Man kommt dabei durch typische Dörfer wie *Briançonnet* (schöne Altarwand in der Kirche), *Sigale, Thorenc* oder *Gréolières* (siehe Angaben unter diesem Namen).

Lage: 04120 Alpes-de-Haute-Provence. Höhe: 724 m. 800 km Paris, 80 km Cannes, 54 km Digne, 103 km Nizza, 45 km Moustiers-Sainte-Marie.

Informationen: S.I., in der Nähe des Rathauses, Tel. (92) 07.

Unterkunft: 2 Hotels *; Camping: 5 Plätze, darunter 1 **** und 2 ***.

Feste: 31. Januar, »Fête du Pétardier«, zur Erinnerung an den Sieg der Stadt über die Hugenotten im Jahr 1586.

Andenken: Honig, Forellen, Drosselpastete.

■ »Cavaillon der Melonen«, »Cavaillon der Frühgemüse«... sollte man nicht diesen Ort, der zum ersten Markt Frankreichs für Obst und Gemüse aufgerückt ist, so nennen?
Die Provence erzeugt im Durchschnitt der Jahre eine Million Tonnen Frühgemüse, von denen 400 000 von den reichen Ebenen des Comtat kommen. Mehr als die Hälfte der zuletzt genannten Tonnage durchquert Cavaillon. Es gibt Melonen, deren Ursprungshinweis der ganzen Welt den Namen dieser Stadt mit weniger als 20 000 Einwohnern bekannt gemacht hat, aber es gibt auch noch Tomaten, Artischocken, Kirschen und Weintrauben.
Jede Nacht, von Mai bis September, wird Cavaillon lebendig. Es ist ein Karussell riesiger Lastzüge auf einem weiten Platz im Süden der Stadt. Auf dem Bahnhof werden die Güterzüge zusammengestellt.
Den Tag über ruht sich Cavaillon aus, die Läden sind geschlossen, die großen Plätze menschenleer. Die beiden Arkaden eines *Triumphbogens* aus dem 1. Jahrhundert, im vergangenen Jahrhundert in einer Ecke der Place du Clos (Ostteil der Stadt) wiederaufgebaut, scheinen der Vergessenheit überantwortet zu sein, obwohl die Ornamentik der Säulen eine sehr feine Arbeit darstellt.

Die älteste Synagoge

Hinter dem Triumphbogen beginnt eine Treppe, die durch einen ziemlich steilen, in den Hang einer felsigen Kuppe gehauenen Steig verlängert wird. Er führt zu einem Kalvarienberg, von dem aus man ein riesiges Panorama vor sich liegen hat, besonders am Abend eindrucksvoll, wenn die Sonne die Stadt, den Lubéron, die Berge des Vaucluse und im Vordergrund die romanischen Umrisse der kleinen *Chapelle St.-Jacques* in lodernde Glut taucht. (Man kann auch im Wagen auf einem befahrbaren Weg vom Nordausgang der Stadt aus zur Kapelle gelangen.)
In der Stadt wären noch zwei oder drei Besichtigungen zu nennen.
Die *Synagoge* gilt als die schönste Frankreichs. Sie ist auch eine der ältesten. Ihre Ausschmückung mit schmiedeeisernen Arbeiten, Beleuchtungskörpern und geschnitzten Holztäfelungen, die durch zarte Farben noch hervorgehoben werden, machen aus ihr ein Schmuckstück im Stil Ludwigs XV. Ursprünglich war die Synagoge im Kel-

Ciotat (La)

lergeschoß neben einer Bäckerei angelegt, in der man die ungesäuerten Brote buk. In diesem Keller gibt es verschiedene Gegenstände, die eine Beziehung zu den jüdischen Gemeinden der alten Grafschaft haben (siehe auch Angaben unter Carpentras). Insbesondere fallen bemalte Tafeln im Renaissancestil auf, die früher einmal als Schutz für die Bundeslade in der ersten Synagoge von Cavaillon dienten. (Rue Hébraïque; täglich geöffnet.)

Die *Kirche St.-Véran* war früher Kathedrale. Es ist ein mächtiges Gebäude in romanisch-provenzalischem Stil, von einem zauberhaften kleinen Kreuzgang flankiert. Die Apsis ist mit reichen vergoldeten Holzarbeiten aus dem 17. Jahrhundert gänzlich bedeckt, und eine große, goldschimmernde Altarwand umrahmt Bilder von Mignard.

Das *Musée Archéologique* ist in einer hübschen Kapelle untergebracht, die früher zum alten Krankenhaus gehörte (Ecke Grand' Rue, Cours Gambetta, im Norden der Stadt; am Dienstag und Freitag geschlossen). Dort sind Sammlungen aus der Frühgeschichte und aus der gallisch-römischen Archäologie und Überreste der antiken Stadt Cabellio, des heutigen Cavaillon, sehr geschickt ausgestellt.

Name: Oppidum des Cavares (ligurisch). Cabellio (römisch, 1. Jahrhundert).

Lage: 84300 Vaucluse. Höhe: 75 m. 700 km Paris, 50 km Aix, 43 km Arles, 76 km Marseille, 30 km Apt.

Informationen: S. I., Rond-Point de la Gare, Tel. (90) 78 02 01.

Unterkunft: 1 Hotel **, 1 *; Camping: 1 Platz ***.

Andenken: Frische Melonen, kandierte Melonen.

LA CIOTAT

Name: Akron Kitharistes, ein von Ptolemäus erwähntes Vorgebirge, heute Le Bec de l'Aigle; Citharista (römisch), Ceyreste; dann Civitas, die «Cité».

Lage: 13600 Bouches-du-Rhône. Höhe: Meeresufer. 800 km Paris, 53 km Aix, 34 km Marseille, 35 km Toulon.

Informationen: O.T., 2, quai Ganteaume, Tel. (91) 08 61 32.

Unterkunft: Mehrere Hotels, darunter 3***; Camping: zahlreiche Plätze, 1***. Zentrum für Meerestherapie.

■ Der Ruf von La Ciotat als eins der führenden Zentren im französischen Schiffsbau läßt zuweilen die touristischen guten Seiten der Stadt vergessen. La Ciotat ist (zusammen mit Saint-Nazaire) der einzige Hafen in Frankreich, der über Anlagen verfügt, die groß genug sind, um Schiffe von 500 000 Tonnen auf Kiel zu legen, und einer der wenigen in der Welt, der die Technik des Baus von riesigen Erdgas-Tankschiffen beherrscht; außerdem besitzt es zwei Sporthäfen. Der eine, überragt von den gewaltigen Industrieanlagen, ist der ehemalige Fischerhafen, in dem auch heute noch mehrere Sardinenfänger anlegen. Der Kai ist von typischen provenzalischen Häusern gesäumt, es sind die Häuser eines einfachen Dorfes. Der andere Hafen, in der Bucht, in die sich La Ciotat schmiegt, angelegt, kann 700 Jachten und Segelboote an einem Boulevard entlang aufnehmen, an einer Wasserfront, an der Hotels, Pensionen und Villen liegen. Ein großer Sandstrand zieht sich nach Osten hin, wo er mit dem von *Lecques* verschmilzt, einem anderen Familienbadeort, der eine schnelle Entwicklung durchgemacht hat.

»Einfahrt des Zuges aus La Ciotat auf dem Bahnhof«, der erste jemals gedrehte Film, hat den Brüdern Lumière die Ehrenbürgerschaft eingebracht. Zum Gedenken an sie wurde auf einem Platz dicht am Meer ein Denkmal errichtet. Ein seltsames Massiv aus Puddingstein verleiht der äußersten Spitze des Kaps, das die Bucht im Süden der Stadt abschließt, eine sonderbare Form, die an einen Adlerkopf (*tête d'aigle*) erinnert. Den schönsten Blick auf ihn gewinnt man von der kleinen benachbarten Insel – *l'île Verte* –, die man vom Hafen aus in einer Viertelstunde erreicht.

Die Calanques von *Mugel* und *Figuerolles*, auf beiden Seiten des Kaps, bieten bezaubernde Ausblicke. Weiter im Westen steigt eine Straße – die *Corniche des Crêtes* – zur Kapelle Notre Dame de la Garde, zum Sémaphore und zum Cap Canaille (siehe Angaben unter Cassis) an, indem sie der höchsten Felswand Frankreichs folgt: 400 m am höchsten Punkt.

Digne-les-Bains

■ Die »Route Napoléon« schlägt einen langen Haken, um diese Hauptstadt eines Departements mit der Welt zu verbinden, dessen neue Bezeichnung – »Alpes-de-Haute-Provence« – den Gebirgscharakter zu erkennen gibt und besser als der alte Name – »Basses-Alpes« – die Vorzüge für den Tourismus aufzeigt.

Die N. 85 berührt im übrigen nur die unteren Stadtviertel, in denen das Hotel »Ermitage«, eine bekannte Zwischenstation, und ein Schwimmbad unter freiem Himmel, eines der schönsten im Südosten, auffallen.

Die Stadt hat sich zu den Hängen hinauf, um einen Steilabfall herum, den »Rochas«, der den Zusammenfluß zweier Gebirgsflüsse beherrscht, ausgebreitet. Der Boulevard Gassendi (Straße N. 100, Richtung Barcelonnette) nimmt den starken Verkehr der Innenstadt auf. Eine Statue von Gassendi, der in diesem Land geboren wurde und als Abt versuchte, das Christentum mit dem Epikureertum zu versöhnen, erhebt sich auf dem Hauptplatz. Die Berge in der Umgebung, die Höhe von 600 bis 700 m, das trockene Klima und die Lage im Schutz des Windes sind günstige Voraussetzungen für Aufenthalt und Erholung, ohne die Thermalbäder zu vergessen, die bei der Behandlung des chronischen Rheumatismus in allen seinen Formen gute Ergebnisse zeitigen.

Wichtigster Markt für Lavendel

Zu besichtigen: die Basilika Notre-Dame du Bourg, ganz am Ende des Boulevard Gassendi, in der Nähe des Friedhofs gelegen. Alte Kathedrale in romanischem Stil: Eleganz des viereckigen Glockenturms, Mächtigkeit der Strebepfeiler, die die Fassade wie zwei Türme flankieren, Reinheit der Rosette und der Bogenrundungen des Portals; Löwen aus rosa Stein verraten den lombardischen Einfluß; das Innere offenbart die riesigen Proportionen des Gebäudes: mehr als 50 m lang, 17 m hoch; Reste von Malereien (Totentanz), Altar aus der Zeit der Merowinger. In der Nähe die »Grande Fontaine«, ein für Digne charakteristisches Bauwerk, das wie ein elegantes Lusthaus mit dorischen Säulen wirkt; die Becken verschwinden unter dem Moos.

Das Städtische Museum (Boulevard Gassendi, täglich geöffnet) besitzt einige interessante Gemälde, antike Gegenstände von örtlichen Ausgrabungsstätten und, origineller, eine Sammlung seltener und herrlicher Schmetterlinge.

Die echte Route Napoléon

Erst im Jahre 1932 wurde die große diagonale Verbindung Digne–Nizza, die N. 85, eingeweiht, eine Touristenstraße, die zu jeder Jahreszeit gut befahrbar ist. Bis dahin war sie nur ein schlechter Maultierpfad. Wenn der Kaiser sie wählte, nachdem er am 1. März 1815 in aller Heimlichkeit am Golfe-Juan gelandet war und den Widerstand der Garnison von Antibes über sich hatte ergehen lassen müssen, so geschah dies gerade wegen der Abgelegenheit von vielbenutzten Straßen.

Die jetzige »Route Napoléon« folgt nicht streng der Wegstrecke des geächteten Kaisers; sie weicht insbesondere zwischen Barrême und Digne von ihr ab, also auf 30 km. Der eigentliche Weg, dem der Kaiser und seine Handvoll Getreuer folgten, bietet den Touristen von heute einen sehr schönen Ausflug. Noch heute ist er zwischen *Barrême* und dem Weiler Chaudon nichts weiter als ein Pfad; jenseits dieses Ortes führt der Weg eine kleine, befahrbare, kurvenreiche und enge Straße entlang, zwischen diesem Weiler und dem Dorf *Chaudon-Norante* asphaltiert, zur N. 85. Eine hochgelegene Strecke, die großartige Ausblicke auf die tiefen, zwischen steilen Wänden eingeengten Täler bietet, die bereits den Cañon des Verdon ahnen lassen: Die Aussicht vom Col de Corobin (Paß), 1230 m, ist besonders eindrucksvoll. Man kann auch in aller Ruhe die seltsamen Auffaltungen in der steilen Felswand, die die Straße begleitet, betrachten. Im Tal der Eaux Chaudes, auf dessen Sohle der Thermalort Digne liegt, ist die Landschaft bewaldet und lieblich.

In zwei kurzen, halben Tagesmärschen legten Napoleon und seine Leute diese Etappe zurück: Am 1. März an Land gegangen, befanden sie sich am 2. in Castellane, am 3. im Lauf des Nachmittags in Barrême und am 4. aßen sie in Digne zu Mittag! Die Wahl eines solchen Weges konnte nur ein genialer General treffen, der es gewohnt war, überraschend zu handeln, ein Flüchtiger, der seiner Sache nicht ganz sicher war, und ein Korse, dem die Macchia und unzugängliche Berge vertraut waren.

Abgesehen von dieser Rundfahrt auf der »echten Route Napoléon« sind noch mehrere andere Ausflüge möglich. Castellane, Moustiers-Sainte-Marie durch den Grand Canyon du Verdon verlangen einen ganzen Tag: 170 bis

200 km je nach Wahl der Wege. Kürzer (55 km), weniger eindrucksvoll, aber nicht langweilig, die Rundfahrt: Tal der Bléone, N. 100, La Javie, Tal des Arigeol, Col du Labouret, dann Rückfahrt durch das Tal du Bes, N. 100a. Das zuletzt genannte Tal wird durch zwei »Klausen« abgeschlossen, Clue de Verdaches und *Clue de Barles*, Felsspalten, die für diese Kalksteinberge typisch sind, durch die sich die Gebirgsflüsse voller Ungestüm hindurchwinden. Folgt man der N. 100 weiter nach Norden, gelangt man zum *Col de Maure* auf 1346 m Höhe, ein Gebiet von Almen und Lärchenwäldern, in dem sich Parzellensiedlungen, Ferienkolonien und Anlagen für den Wintersport auszubreiten beginnen (rings um den Gipfel des *Grand-Puy*, 1761 m). Die Straße N. 100 berührt dann *Seyne-les-Alpes*, ein auf einem Felsvorsprung nach Süden gelegenes Dorf, das sich durch den Glockenturm einer großen romanischen Kirche ankündigt, die an Notre-Dame du Bourg in Digne erinnert. Die Fahrt hinunter folgt der Durance und dem Ubaye mit Abstechern zum Lac de Serre-Ponçon (See), entweder auf der N. 100 oder durch die Schluchten der Blanche, N. 100c.

Ganz in der Nähe von Digne – 6 km – läßt sich das hochgelegene Dorf *Courbons*, 920 m Höhe, gestern fast verödet, heute stolz Super-Digne nennen!

Name: Dinia (gallo-römisch).

Lage: 04000 Alpes-de-Haute-Provence. Höhe: 608 m. 740 km Paris, 110 km Aix, 143 km Avignon, 134 km Cannes, 180 km Grenoble, 209 km Valence.

Informationen: S.I., 2, boulevard Victor-Hugo, Tel. (92) 0 12.

Unterkunft: Mehrere Hotels, darunter 2 ***; Camping: 1 Platz ***.

Thermalbadsaison: 14. Mai bis 30. September.

Feste: Ende Juli, Anfang August, Fest und Korso des Lavendels; Ende August, Anfang September, Lavendelmesse.

Andenken: Lavendelessenz, Honig, Süßigkeiten, Trüffeln, Wildpastete.

Donzère-Mondragon

■ Man hat sich daran gewöhnt, mit diesem Doppelnamen einen Komplex von Anlagen zu bezeichnen – Kanal, Talsperre, Kraftwerk und Schleusen –, die 1952 das erste Glied in den Arbeiten zum Rhone-Ausbaus darstellten. Tatsächlich ist Donzère eine Gemeinde, die 15 km nördlich der Werkanlagen am Ausgang der berühmten »Verengung« (siehe Angaben unter Viviers) liegt, und Mondragon ein Ort 6 km talwärts.

Das technische Projekt »Donzère-Mondragon« entwickelte sich sofort zu einer touristischen Sehenswürdigkeit. Die Rhone zähmen, diesen alten ungezähmten Gott: ein Traum, dessen Verwirklichung den Möglichkeiten und den Ambitionen unserer Epoche entspricht! Das Ausheben des Kanals mit einer Länge von 28 km und einer Breite von 145 m hat Erdbewegungen erfordert, die der Hälfte der Arbeiten am Suezkanal entsprechen.

Die Schleuse hat durch ihre Ausmaße, 195 m lang, 12 m breit und 20 m tief, und durch die Geschwindigkeit, mit der die Wasserfläche steigt und fällt – 3 m in der Minute – Weltrekord aufgestellt. Der Block Kraftwerk–Talsperre ist 340 Meter lang, und seine Anlage umfaßt sechs Gruppen: Jede Turbine vom Typ Kaplan (Schraubenrad mit beweglichen Schaufeln) betreibt mit einer Geschwindigkeit von 107 Umdrehungen in der Minute einen Wechselstromgenerator von 50 000 kW. Die durchschnittliche jährliche Stromerzeugung beläuft sich auf 2 Milliarden Kilowattstunden.

Das Publikum hat keinen Zutritt in das Innere des Werkes, aber Parkplätze ermöglichen es, einen Überblick über die Gesamtheit der Anlage zu gewinnen. Einen anderen eindrucksvollen Blick auf Donzère-Mondragon und auf die Atomanlage von *Pierrelatte* hat man von dem verfallenen Dorf *Barry* aus, 6 km nördlich am Hang von Bollène gelegen (siehe Angaben unter St.-Paul-Trois-Châteaux).

Lage: 26290 Drôme, für die Gemeinde Donzère; 84430 Vaucluse, für Mondragon. Höhe: 60 m. Hydro-elektrische Anlage (Werk A. Blondel) liegt 30 km südlich von Montélimar auf dem linken Ufer der Rhone (Autobahnausfahrt Bollène), 10 km nordöstlich von Pont-Saint-Esprit.

Informationen: Tonbandführungen am Ort; S. I. in Donzère.
Restaurants: s. Auswahl S. 248

Draguignan

■ Draguignan, dessen Geschichte durch keine Katastrophe gestört wurde, ist zweifellos eine glückliche Stadt. Es ist eine friedliche Präfektur, die weder zu glänzen noch zu erstaunen sucht, keinesfalls aber hinter der Zeit zurückgeblieben oder verfallen, sondern modern in vorsichtiger Dosierung. Große gerade Boulevards, schattige Promenaden wurden vom Baron Haussmann angelegt, der 1849 Präfekt des Var war. Draguignan, das sich das ganze Jahr hindurch eines sehr trockenen und anregenden Klimas erfreut und dank der Höhenzüge vor den Nordwinden geschützt bleibt, ist ein Ort für Kuren und zur Erholung.

Die neue Stadt hat sich am Fuß einer Kuppe entwickelt, die die Tour de l'Horloge beherrscht, von zwei Burgwarten flankiert und von einem Glockenturm aus Schmiedeeisen überragt. Die Gassen und kleinen Plätze des alten Stadtteils sind an Markttagen von malerischer Belebtheit.

Der alte Bischofspalast (am Montag und den ganzen August hindurch geschlossen) beherbergt Museum und Bibliothek; man findet dort Fayencen aus der Gegend, einige interessante Gemälde, gallisch-römische Antiquitäten, kostbare Bücher und Inkunabeln.

Am Ende der Allée Azémar, die von sechs Reihen hundertjähriger Platanen beschattet wird, steht eine Büste Clemenceaus von Rodin. Clemenceau war fünfundzwanzig Jahre lang Abgeordneter von Draguignan.

Im Osten der Stadt erinnern die Gräber von zweitausend amerikanischen Soldaten auf einem großen Soldatenfriedhof an die Härte der Kämpfe bei der Landung in der Provence im August 1944.

An der nordwestlichen Ausfahrt der Stadt auf der N. 555 (100 m links der Straße hinter den letzten Häusern) erhebt sich ein herrlicher Dolmen, dessen Platte auf drei aufrechten Steinen ruht. Ein Wacholder, ein Zürgelbaum und eine Eiche mit einem von den Jahren ausgedorrten Stamm – »die drei für die Kelten des Südens symbolischen Bäume« – wie man sagt – umgeben diese »Pierre de la Fée«.

Zahllose Sehenswürdigkeiten

Wenn Draguignan, verglichen mit anderen provenzalischen Städten, nur eine beschränkte Anzahl von Sehenswürdigkeiten aufzuweisen hat, so ist dagegen seine Umgebung äußerst reich an Naturschönheiten und an bemerkenswerten Gegenständen oder Gebäuden. Diese kann man nur kurz streifen. Es ist möglich, sie sich für drei oder vier Rundfahrten einzuteilen.

In erster Linie der *Grand Canyon du Verdon* (siehe Angaben unter Verdon), entweder über Aups (N. 557) oder über Comps-sur-Artuby (N. 555). Vollständige Rundfahrt: 200 km. Man berücksichtige, daß manche Straßen, die das Plateau von Canjuers durchqueren, durch einen großen Militärbezirk führen, der für Spaziergänger gesperrt ist; man beachte die Schilder.

Nach Norden: N. 555, *Gorges de Châteaudouble:* die vom Plateau von Canjuers herabfließende Nartuby hat eine tiefe gewundene Schlucht in das Juragestein gegraben. 4 km nach Montferrat, D. 19 nach *Bargemon*, typisches Dorf, in dem die tiefen Schatten auf dem Platz und das Gemurmel des mit einem großen Strahl plätschernden Brunnens unweigerlich zum Anhalten ... und zum Apéritif verlocken. Dennoch sollte man sich die »Überreste der Stadtmauern« und die »Altarwände mit den gedrehten Säulen« ansehen! – D. 25, 6 km, *Callas:* Hier verlangt die Kirche eine Besichtigung, und wäre es nur wegen der ungewöhnlichen Skulpturen, die den unteren Teil einer Altarwand aus vergoldetem Holz schmücken: zwei kniende Büßer mit Kapuzen. Rückkehr nach Draguignan auf N. 562. Eine Rundfahrt von etwa 50 km.

Notre-Dame de l'Ormeau

Die soeben angegebene Rundfahrt könnte von Bargemon aus in Richtung Seillans (13 km auf D. 19), einem abseits von der Straße an einem Hang gelegenen Dorf, erweitert werden. Nach 1 km, auf D. 19, romanische Kapelle *Notre-Dame de l'Ormeau*, in einem Gehölz verborgen; der Name bezieht sich auf die Figur der Heiligen Jungfrau, die während der Einfälle der Mohammedaner unter einer Schicht von Ulmenzweigen versteckt wurde; im Innern ist die Altarwand mit einer Unzahl von Personen, die verängstigt und zugleich naiv den Stammbaum Jesu erklimmen, eine der seltsamsten Altarwände der Provence: Es soll sich um das Werk eines italienischen Mönches handeln, eines Schülers des pisanischen Bildhauers Pisano, der 1350 vom Seigneur de Seillans das Asylrecht erhalten haben soll (Schlüssel zur Kapelle beim Pfarrer von Seillans). – D. 19,

3 km, dann kleiner Weg nach rechts, 1 km: Kapelle *Notre-Dame des Cyprès* aus dem 12. Jahrhundert. – 1,5 km *Fayence*, großes Dorf auf einem Felsüberhang oberhalb einer fruchtbaren Mulde; Segelflugzeuge ziehen am Himmel entlang: Der Flugplatz, den man in der Ebene erblickt, hat schon mehrere Weltrekorde fallen sehen. Rückfahrt nach Draguignan auf N. 563 und N. 562. Gesamte Rundfahrt etwa 80 km. Nach Süden: N. 555, 5 km, *Trans-en-Provence*: reißender Flußlauf der Nartuby, Wasserfälle; die Bürgermeisterei liegt in einem kleinen, sehr einfachen Gartenhaus im Stil Ludwig XV. – D. 47, 5 km, *La Motte*: großer Wasserfall des Flusses, Saut du Capelan genannt. – D. 91, *Chapelle Ste. Roseline* (in einem alten, von einem Orden bewohnten Schloß): schöne Altarwände aus dem 17. Jahrhundert; Schrein der heiligen Roseline; die Brote, die das junge Mädchen heimlich an die Armen verteilte, verwandelten sich nach dem Zornesausbruch des Vaters, des grausamen Grundherrn, in Rosen. – D. 91, 4 km, *Les Arcs*, wieder Altarwände auf Goldgrund. – N. 555, D. 10, 16 km, *Lorgues*, dann nach 2 km auf kleiner Straße, D. 50, Richtung Entrecasteaux, sehr kleine Kapelle in einem Kiefernwald, etwas oberhalb der Straße: Es ist *Notre Dame de Benva* (»vom rechten Weg«), deren gewölbter Säulenvorbau früher den Weg so einbezog, daß sich die Reisenden dem heiligen Christoph, dem heiligen Georg oder der heiligen Margareta anempfehlen konnten, die als Fresken gemalt auf den Bögen und den Mauern dargestellt sind. Die Kapelle ist geschlossen, aber mit Hilfe einer Taschenlampe kann man andere Wandmalereien aus dem 16. Jahrhundert, die ausgezeichnet erhalten sind, erkennen, insbesondere eine Frau, die zwei kleine Kinder an ihrer Brust trägt. Rückfahrt auf N. 562. Rundfahrt etwa 50 km.

Dorf im Himmel

Nach Westen: N. 557, N. 560, 30 km, *Salernes*, freundliches Dorf, fast eine kleine Stadt, stolz darauf, als die »Hauptstadt der Keramikfliesen« angesehen zu werden (Produktion: zehn Millionen Stück im Jahr). – D. 51, 10 km, *Aups*: In der ganzen Stadt singen die Brunnen, die Platanen sind riesig, und die Luft besitzt bereits die Reinheit der nahen Hochebenen. – N.557, 8 km, *Villecrozes:* In einer grünen Landschaft öffnet sich in einer steilen Felswand eine Höhle, für Besucher hergerichtet; schöne Tropfsteine. – D.51, 6 km, *Tourtour:* befestigtes Dorf auf einem Bergkegel kauernd, von dem aus man eine weite, bewaldete und von Tälern durchzogene Landschaft entdeckt. Auf dem Platz stehen die Tische der kleinen Cafés um die Stämme riesiger Bäume, insbesondere einer Ulme mit Namen »Sully«, 1638 gepflanzt. Dieses »Dorf im Himmel« voll hübsch restaurierter Häuser ist hervorragend gepflegt. – D.51, 3 km, *Saint-Pierre-de-Tourtour,* eine neue Siedlung, deren Einzelhäuser mitten in der Natur in der Tiefe eines kleinen Tals, an einem kleinen künstlich angelegten See verstreut liegen; eine vorbildliche Anlage. Ein schlechter Weg führt unterhalb dieses Wohnbezirks durch das bewaldete Tal hinab: hübsches Landschaftsbild in der Nähe einer alten, angeblich römischen Brücke. – D.51, 5 km, *Ampus:* Der Pfarrer war Preisträger bei einem Wettbewerb, bei dem es um gefährdete Baudenkmäler ging; er hatte seine Kirche, deren Mittelteil aus dem 11. Jahrhundert stammt, hervorragend restauriert. Geoff, Maler und Keramiker, hat 1968 am Hang einer Kalksteinkuppe, die das Dorf und eine weite, wilde Landschaft beherrscht, einen großartigen Kreuzigungsweg unter freiem Himmel geschaffen. Rückkehr nach Draguignan auf D.49. Rundfahrt 80 km.

Name: Dracoenum (vielleicht provenzalisch für »dragon« — Drache).

Lage: 83000 Var. Höhe: 181 m. 855 km Paris, 108 km Aix, 64 km Cannes, 114 km Digne, 56 km Grasse, 32 km Saint-Raphaël. Flugplatz: Luc-Le Cannet.

Informationen: S.I., 9, boulevard Clemenceau, Tel. (94) 68 05 05.

Unterkunft: 1 Hotel ***, 3 **; Camping: 1 Platz **; *Tourtour:* 1 Relais de Campagne, »La Bastide«.

Feste: 1. Hälfte Juli, Messe-Ausstellung der Olive.

Andenken: Trüffel, Honig, Weine. Zahlreiche Kunsthandwerker in den Dörfern.

Die Provence des Hügellandes, Jean Giono so teuer, hat lange Zeit nur Weidewirtschaft gekannt. Heute erlaubt eine kunstvolle Bewässerung das Gedeihen schöner Obstplantagen. (Photo L. P. Bocquet)

Embrun

■ »Sein Felsen« – »Seine Kathedrale« – »Embrun, die liebenswürdige Stadt«. Drei einander folgende Schilder an der Nationalstraße kündigen mit diesen Worten die kleine Stadt an, die nicht mehr ganz zum Dauphiné und noch nicht ganz zur Provence gehört; damit werden ihre Vorzüge in vollkommener Weise umrissen, vielleicht begrenzt, aber doch den Tatsachen entsprechend. Diese Werbung an der Straße, die häufig den Größenwahn der Stadtväter offenbart, ist hier eher bescheiden; man könnte noch hinzufügen: »Sein See«, »Seine Umgebung« und »Sein Klima«.

Zwischen See und Gebirge

Der »Roc« (Felsen) ist eine Granittafel, die die Durance um fast 100 m überragt. Dort hatte sich bereits zur Zeit der Gallier die Stadt eingenistet und befestigt. Die Häuser, die eng um einen schönen viereckigen Glockenturm zusammengedrängten Wohngebäude, erheben sich unmittelbar am Rand der Steilwand. Die Ausdehnung der Stadt in jüngster Zeit hat zur Anlage von Streusiedlungen auf den steilen Hängen des Tals geführt. Im Hintergrund zeichnen sich die ersten Kämme der Alpen des Dauphiné ab.

Die »Kathedrale« ist ein hervorragendes Beispiel für die im 13. Jahrhundert aus der Lombardei in die Haute-Provence eingeführte Architektur: Mauerverband regelmäßig abwechselnder Steine, die je nach Beleuchtung und Tageszeit gelb und grau oder rosa und blau erscheinen; schlanker Turm mit romanischen Zwillingsfenstern; gewölbte Vorhalle, getragen von Säulen aus rosa Marmor, die auf kauernden Löwen ruhen; um das Portal schlanke Säulen auf Trägerfiguren. Man beachte beim Eintreten links die seltsame kleine Gestalt, die sich in halber Höhe der Säulenbündel anklammert, und rechts den steinernen Knoten, der die gebündelten Säulen umschlingt. Im Innern weist das Kirchenschiff ein Gewölbe mit stark ausgeprägten Spitzbögen auf, und die Seitenschiffe sind als Gewölbebögen ausgestaltet. Der Wechsel von weißen und schwarzen Steinen und die dunklen, ungleichen Bodenplatten heben noch den allgemein strengen, rustikalen Charakter hervor. Die Sakristei enthält einen Schatz, der insbesondere durch die reichen Chorröcke und Meßgewänder, die ausgemalten Bücher und ein berühmtes Meßbuch aus dem Jahre 1513 interessant ist.

»Liebenswürdige Stadt«, Embrun rechtfertigt diese Behauptung durch die Freundlichkeit seiner Einwohner, die Sauberkeit der Straßen, die Ruhe im Garten des Roc, der am Rand der Steilwand angelegt wurde, aber vor allem sorgt seine Lage für einen angenehmen Aufenthalt. Die Stadt liegt an einer besonders günstigen Stelle: 900 m Höhe, an der Klimagrenze zwischen der alpinen und der mediterranen Zone, belebter Durchgangsort an einer der großen Straßen, die nach Italien führen. Als Bischofsstadt brauchte sie nur wenige Prüfungen über sich ergehen zu lassen und lebte friedlich. Als Unterpräfektur, die den Status einer Bezirkshauptstadt erhalten hat, versteht es Embrun, das nur 5000 Einwohner zählt, Vorteil aus den Entwicklungen zu ziehen, die unsere Zeit zu ihrer Lage beisteuert: Der See von Serre-Ponçon ist im Frühjahr und im Sommer ein Gewässer, das für Wassersport geeignet ist und unmittelbar zu Füßen der Stadt liegt; die benachbarten Orte wie *Les Orres* haben außerdem Möglichkeiten für den Skilauf geschaffen.

Und schließlich gibt es im Winter wie im Sommer Gelegenheiten zu zahlreichen Ausflügen.

Serre-Ponçon

Die größte »Gewichtsstaumauer« – 120 m hoch, 600 m lang, 650 m breit an der Basis, 14 Millionen cbm Kies, Geröll, Sand, Lehm und Zement – staut den größten künstlichen See Europas auf: In seiner längsten Ausdehnung erreicht er 22 km und seine Fläche ist der des Sees von Annecy gleich. 1960 wurde der Stausee geflutet und ist jetzt der Schlüssel für die gesamte Ausnutzung der Durance, ohne die sich weder die Landwirtschaft der unteren Provence noch die Industrie von Bouches-du-Rhône hätten entwickeln können (siehe Angaben unter Lourmarin). In bezug auf den Tourismus hat diese großartige Anlage die Landschaft neu gestaltet und weitere Möglichkeiten für Ausflüge und Sport geschaffen. Eine Reihe von Straßen ermöglicht es, eine vollständige Rundfahrt um den See zu machen, wobei man zahlreiche schöne Ausblicke auf die verschiedensten Landschaften hat. Von Embrun führt die N. 94 nach *Savines-le-Lac,* ein ganz neuer Ort, dessen Hotels, Restaurants und weiße Häuser ein weites Panorama bieten (das alte Dorf Savines wurde vom See überflutet). Eine Brücke mit vielen schwungvollen Bögen überquert den großen Arm des Sees, an dieser

Entrevaux

Stelle etwa 900 m breit. Bleibt man auf dem linken Ufer, so steigt die N. 854 zu den Vorbergen auf, deren markantester Punkt das Dorf *Le Sauze* ist, oberhalb der Stelle, an der der Ubaye und die Durance zusammenflossen und die an der Spitze des vom See gebildeten V liegt. Die Fahrt hinunter in das Tal des Ubaye geht schnell vor sich; man überquert den Gebirgsfluß in einer Verengung des Tals in der Nähe des Dorfes Lauzet; *Barcelonnette* (siehe Angaben unter dem Namen). Kehrt man nach Westen zurück, verläuft die N. 100b in einiger Entfernung oberhalb des Sees, bevor sie hinter der Staumauer abfällt, deren gewaltige Masse nach Verlassen eines Straßentunnels jäh vor dem Fahrer aufsteigt. Die Durance überschreitet man in Höhe des Ausgleichsbeckens. Rechts führt die D. 3 wieder auf die Höhe der großen Talsperre. Man kehrt in Richtung Savines und Embrun zurück, indem man am nördlichen Ufer bleibt (N. 94), dessen Gestaltung in Zeiten hohen Wasserstandes hübsche kleine Ankergründe für Segelboote und ruhige Flächen für Wasserski bietet; dort hat man Feriendörfer und Ferienkolonien eingerichtet.

Name: Ebrodunum (römisch).

Lage: 05200 Hautes-Alpes. Höhe: 870 m. 700 km Paris, 50 km Briançon, 82 km Sisteron, 140 km Grenoble.

Informationen: S. I., place Général Dosse, Tel. (92) 1 80.

Unterkunft: 1 Hotel **, 3 *; Les Orres: 1 Hotel; *Savines:* 1 ***; Camping: 2 Plätze, darunter 1 *** und in Savines 4 Plätze, darunter 1 ***, nahe dem See.

■ Eine hohe steinerne Brücke über den wirbelnden Var wird durch eine von den Türmchen eines kleinen Schlosses eingerahmte Zugbrücke verlängert. Dies ist die einzige Zufahrt zum Ort, der durch die steilen Böschungen des linken Ufers in einem Knie des Flusses zusammengepreßt wird. Eine »Chinesische Mauer«, von Ausfallpforten flankiert, steigt im Zickzack an der steilen Felswand bis zu einem hohen Gebäude empor, das früher ein Schloß war. Warum ein solches Verteidigungswerk, ein so fester Riegel quer durch das so friedliche Tal des Var? Entrevaux war früher Grenzstadt zwischen der erst vor kurzem französisch gewordenen Provence und den Territorien des Herzogs von Savoyen, Königs von Sardinien, in dessen Hand sich das sehr nahe Puget-Théniers befand. Auf einer an einem der Türme neben dem Eingang zu einem interessanten »Historial, Musée de cire« (Wachsmuseum – vorübergehend geschlossen) angebrachten Tafel wird die bewegte Geschichte dieses kleinen befestigten Ortes geschildert, die 1542 in der Regierungszeit Franz I. französisch wurde, nachdem »sich die Einwohner mit Gewalt vom Joch Karl V. befreit hatten«.

Die sich an den Felsen und die Stadtmauern klammernde Kirche ist mit ihrem mit Zinnen versehenen Glockenturm in das Befestigungswerk mit einbezogen. Es ist die ehemalige Kathedrale des Bistums Glandève-Entrevaux und sie ist nach dem italienischen Geschmack des 17. Jahrhunderts ausgeschmückt, der großen Wert auf Schnitzwerk, Gesimse und vergoldete Kolonnaden legte, aber mit einer Grazie und einer Feinheit, die ein Jahrhundert später das Barock nicht mehr respektierte. Man beachte vor allem den Altar von St. Jean-Baptiste, die Chorstühle, den Chor und verschiedene Gemälde.

Der Besuch von Entrevaux wird normalerweise anläßlich der Rundfahrt durch die Schluchten des Cians und die des Daluis durchgeführt oder bei der Rundfahrt durch den Talkessel des Estéron (siehe auch Angaben unter Castellane, Gréolières und Grasse).

Lage: 04320 Alpes-de-Haute-Provence. Höhe: 515 m. 823 km Paris, 43 km Castellane, 81 km Digne, 72 km Nizza.

Informationen: Bürgermeisterei.

Unterkunft: 1 Hotel*; Camping: 1 Platz**.

Feste: 23. Juni, St.-Johannis-Feuer.

Fontaine-de-Vaucluse

■ Die Seltsamkeiten der Natur sind immer eine Verlockung. Dieser Ort mit seinen 750 Einwohnern sieht alljährlich 700 000 Besucher. Die meisten von ihnen bleiben nur so lange, um eine Aufnahme zu machen und eine Ansichtskarte zu schreiben, was zum Glück die touristischen Einrichtungen auf einige Läden mit »Andenken« und ein halbes Dutzend Hotels oder Restaurants beschränkt, die hübsch am Flußufer liegen. Diese Landschaft steht unter Naturschutz, und man hat neben der Zufahrtstraße einige sehr alte, aber sehr häßliche Papierfabriken abgerissen. (Die erste Mühle für Papier aus Lumpen wurde hier 1522 errichtet!)

Verläßt man den Ort, führt der Weg, der zu einem Pfad geworden ist, nur einige Meter oberhalb eines Wildbaches mit herrlich grünem Wasser entlang, das über bemooste Steine springt. Es gibt Stellen, an denen das Wasser sozusagen unter den Schritten des Spaziergängers hervorsprudelt, aus einem ebenen Geröll hervor. Bäume mit zartem, dichtem Laub lassen steil das Licht einfallen, das über die hohen grauen Felswände des gegenüberliegenden Ufers hinspielt. Auf Lichtungen bewegen sich lange Gräser in Wellen wie Lianen zwischen zwei Gewässern. Jäh verengt sich das Tal. Die hochaufragenden Felswände vereinen sich, um die Mauern eines Brunnens zu bilden. In einer Aushöhlung dieses Brunnens, in Höhe des Besuchers, der auf einem der überragenden Felsen steht, fließt, je nach der Jahreszeit, ein riesiges Becken, das ständig gefüllt ist, unablässig über (Zeit des größten Wasserüberschusses zwischen Ostern und Pfingsten); es handelt sich hier um den regelmäßigen Abfluß eines wasserreichen Flusses, der auf seltsame Weise aus einer dunklen Höhlung entspringt (mittlere Wassermenge im Sommer) oder um einen graugrünen Pfuhl in einer unauslotbaren Tiefe (niedrigster Wasserstand im Herbst), so daß die Sorgue weiter talwärts von sekundären Quellen aus tieferen Bereichen gespeist wird.

Einige Zahlen zeigen die Einzelheiten eines Problems, das erst unvollkommen gelöst ist: Schüttung in der Zeit des Hochwassers 150 000 Liter in der Sekunde (Weltrekord für eine Tiefenquelle); in der Zeit des niedrigsten Wasserstandes 5400 Liter in der Sekunde; der vertikale Brunnen hat 15 m Durchmesser, wenn der Wasserstand am niedrigsten ist. Cousteaus Taucher sind im Jahre 1955 mehr als 70 m unter die Oberfläche getaucht, ohne einen Zulauf zu finden; der schräg verlaufende Felsen führte immer tiefer. Das Wasser, das dieser Quelle entspringt, enthält 2,5 mg Kalk pro Liter, auf die mittlere Jahresschüttung bezogen 200 g Kalk in der Sekunde oder 6000 Tonnen im Jahr! Multipliziert man diese Zahlen mit Hunderttausenden von Jahren, so erhält man eine Vorstellung von den riesigen Hohlräumen, die unter dem Lure und den Bergen von Vaucluse ausgespült worden sind. Diese von Fachleuten angestellte Überlegung hat die Höhlenforscher dazu getrieben, zahlreiche unterirdische Höhlensysteme dieses Gebietes zu untersuchen. Die wichtigsten Expeditionen hatten die Höhle von Caladaïre (nahe Banon) und die Höhle Jean Nouveau (südlich von Sault) zum Ziel, deren riesige Verzweigungen ihren Zugang in einer lotrecht abfallenden Doline von 163 m Tiefe haben. Die unterirdische Sorgue wurde noch nicht gefunden!

Petrarca und Norbert Casteret

Der zweite Star dieser »vallis clausa«, des »abgeschlossenen Tals« ist der italienische Dichter Petrarca, der insgesamt neun Jahre an diesem Ort der Ruhe verbrachte.

Auf dem linken Ufer der Sorgue zeigt man ein einfaches Haus, das gewiß dem, in dem er wohnte, ähnelt. Der Fluß bespült unmittelbar einen kleinen Garten, in dem Blumen und Gemüse ein wenig dem Zufall überlassen wachsen. Die heutigen Bewohner öffnen dem Besucher das Zimmer im ersten Stock, in dem einige Ausgaben der Werke des Dichters und ein paar Dokumente liegen, man muß es schon sagen, ziemlich dürftige und jenes Mannes unwürdige Stücke, den man so gern zu den »europäischen Genies« zählt und dessen recht bewegtes Leben den Rahmen seiner tränenreichen Liebesgeständnisse sprengt. Ein anderes, weit erstaunlicheres Museum: In einem Raum der alten Bürgermeisterei ist eine in der Welt einzigartige Sammlung von Mineralien, Stalaktiten und verschiedenen Versteinerungen ausgestellt, die dem großen Höhlenforscher Norbert Casteret gehörten. Hier liegen die schönsten Exemplare, die er im Verlauf von dreißig Jahren seiner Untersuchungen und Forschungen ans Tageslicht befördert hat. Die 20 m hohe Granitsäule, die sich auf dem Dorfplatz inmitten großer Platanen erhebt, wurde am 1. Thermidor

Hier schrieb Petrarca »beim Gemurmel des geliebten Brunnens« eine Abhandlung über die Einsamkeit ... »Niemals«, sagte er, »hat ein Ort mir mehr Muße und lebhaftere Anregungen geschenkt.«

des Jahres XII (20. Juli 1804) von der »Athénée de Vaucluse« zu Ehren des 500. Jahrestages von Petrarcas Geburt errichtet.
Die sehr schlichte Kirche ist dem heiligen Véran geweiht, dem Verbreiter des Christentums im Gebiet von Vaucluse, dessen Grab ein riesiger Sarkophag in der Krypta sein soll. Man beachte auch eine Kapelle, die seit 1654 den Papiermachern gewidmet ist.
Die Ruinen einer mächtigen Lehnsburg ragen über dem Ort auf.

Die Umgebung

Saumanes (4 km nordwestlich auf D. 25, D. 57): befestigtes Schloß, das eine beherrschende Stellung einnimmt. Von Ostern bis November kann man die unterirdischen Anlagen besichtigen, die Verliese, Fallgruben und »Folterkammern«, die den jungen Sade »inspiriert« haben sollen, der hier seinen Onkel, den Abt, besuchte und einen Teil seiner Ferien hier verbrachte.
Le Thor (14 km westlich von Vaucluse, auf D. 25 und N. 100). Die Kirche ist ein großartiges Gebäude vom Ende des 12. Jahrhunderts mit einer antiken Vorbildern nachgeahmten Vorhalle und einem achteckigen Glockenturm. 3 km nördlich, auf der D. 16, gelangt man zu den *Grottes de Tourzon,* die schöne Versteinerungen aufweisen.
L'Isle-sur-la-Sorgue (auf halbem Weg zwischen Vaucluse und Le Thor). Die Sorgue, die hier die Klarheit ihres Wassers eingebüßt hat, verzweigt sich in mehrere Arme. Die Kirche weist eine reiche Dekoration in italienischem Stil auf. Das Hôtel-Dieu besitzt mehrere Kunstwerke und eine alte Apotheke aus dem 17. Jahrhundert.

Lage: 84800 (L'Isle-sur-la-Sorgue) Vaucluse. Höhe: 80 m. 705 km Paris, 70 km Aix, 33 km Apt, 30 km Avignon, 20 km Carpentras.

Informationen: S.I., place de l'Eglise, Tel. (90) 09.

Unterkunft: 1 Hotel **, 2 *; Camping: Campingplatz der Gemeinde.

Feste: 24. Dezember, Mitternachtsmesse.

LAVENDEL: 95 % DER WELTERZEUGUNG

Verdun hatte die Jugend aus den Dörfern der mittleren Provence dezimiert.
Nachdem auch die Alten verschwunden waren, zerfielen die Mauern. Es bedurfte des Zusammentreffens von drei Faktoren, um seit Beginn der fünfziger Jahre in diesen verlassenen Gebieten nach und nach neues Leben entstehen zu lassen: der Tourismus mit der Welle der Zweitwohnsitze, die künstliche Bewässerung nach Zähmung der Durance und schließlich und vor allem die Erneuerung des Anbaus des Lavendels.
Die Produktion blieb jedoch lange Zeit unorganisiert, und der kaufmännische Vertrieb fiel in die Hände einer »Handvoll von Destillierern, unterstützt von einem Haufen von Maklern, der eifersüchtig einen spekulativen Markt beherrschte«.
Heute werden drei Viertel der Erzeugung des Lavendels der Haute Provence und ein Drittel der Erzeugung des Lavandins (einer natürlichen Kreuzung des echten Lavendels mit *Lavandula spica*) von einer Genossenschaft kontrolliert, die 1968 aus einem neuen Zusammenschluß von 250 Betrieben entstand: die Sicalav.

Der Generalsekretär dieser Organisation erklärte im Februar 1971 dem »L'Express-Méditerranée«: »Wir wenden uns jetzt dem Problem der Monokultur zu ... Man muß die Entwicklung eines zusätzlichen Anbaus fördern, der auf dem Kräutermarkt beruht. Der Anbau des Thymians, des Majorans, des Estragons und des Basilikums kann ein besseres Gleichgewicht herstellen ... Zur Zeit ist die Stellung Frankreichs beim Anbau des Lavendels ausgezeichnet: Er umfaßt 95 % der Welterzeugung. Anbauexperimente sind in Nordafrika, in Spanien und auf den Balearen fehlgeschlagen, aber andere können gelingen, in der UdSSR und in gewissen sozialistischen Ländern, die große Verbraucher sind. Die Japaner, stets bereit, sich auf einen Markt zu werfen, untersuchen Ersatzerzeugnisse. Es wäre daher klug, einen ergänzenden Anbau ins Auge zu fassen. Im übrigen muß man die Markenvorstellung des Lavendels ändern, der im Ruf steht, ein Toilettenwasser zu sein ... altmodisch!«

Forcalquier

■ Die hohen, von Patina überzogenen Häuser mit den rosa Dächern drängen sich um eine Bergkuppe, die mit einem Gehölz aus Kiefern und Zypressen gekrönt ist. Von der Höhe des Aussichtspunkts (wo man eine klobige Kapelle aus dem Anfang unseres Jahrhunderts übersehen sollte) schweift der Blick über diese ganze »Provence der Plateaus und Hügel« hin, die Jean Giono so gut zu besingen verstand.
Dort ist der Himmel, wie man sagt, so rein wie nirgends sonst in Frankreich. Das ganze Jahr hindurch vereinen die Winde ihre Kräfte, um die Wolken und Unreinheiten über die Durance und die Kämme des Lure hinweg zu verjagen. Der kalkige Boden saugt die Feuchtigkeit auf. Die Fabriken haben diese Unterpräfektur ohne Eisenbahn verlassen, und es gibt erst wenige Autos, die die kleinen, wilden Straßen befahren. Die Astrophysiker wußten sehr wohl, daß sie, als sie in diesem bevorzugten Klima eins der größten Observatorien der Welt errichteten – das war 1938 –, mindestens über 250 Nächte im Jahr für ihre Beobachtungen verfügen würden.

Herrschaftliche Stadt

Auch der Tourist genießt diese Qualität der Luft, und wer beabsichtigte, nur ein paar Stunden in Forcalquier zu verbringen, kann sich dabei ertappen, daß er sich wünscht, länger zu verweilen. Die Furcht vor einem langweiligen Aufenthalt braucht ihn nicht zu befallen: sind die Sehenswürdigkeiten der Stadt auch schnell aufgezählt, so ist doch die ganze Landschaft mit einem Radius von 50 km reich an Schönheiten und Seltsamkeiten aller Art.
In der Stadt ist die Hauptsehenswürdigkeit etwas unerwartet: es ist der Friedhof. Forcalquier ist eine der seltenen Städte in Frankreich, die einen Friedhof besitzen, der unter die Sehenswürdigkeiten eingereiht ist. Die Alleen sind von großen beschnittenen Eibenhecken gesäumt, die Arkaden bilden. (Der erstaunliche »campo santo« liegt im Nordosten der Stadt.)
Im Jahr 1236 siedelte der Graf von Forcalquier (dessen »Haus« eins der mächtigsten der Provence war) eine Gemeinschaft von Franziskanern unmittelbar am Fuß der Stadtmauern, auf der Nordseite, an. Dieses Kloster mit seinen großen gewölbten Sälen, seinem von Begräbnisnischen gesäumten Kreuzgang, von der echt franziskanischen Schönheit und Heiterkeit geprägt, lag noch vor einigen Jahren in Ruinen. Die jungen Eigentümer haben die Restaurierung unternommen und 1967 den Preis für gefährdete Meisterwerke erhalten. Das *Couvent des Cordeliers* (Kloster) ist täglich zu besichtigen (man erkundige sich an Ort und Stelle oder beim S.I.). Ende Juli werden dort Konzerte veranstaltet.
Die *Eglise Notre-Dame,* die alte Kathedrale, kennzeichnet den Zugang zum alten Ort. Es ist ein weiträumiges Gebäude, dessen Mittelschiff romanisch ist; der überhöhte Boden verbirgt leider die Basis der Säulen; der Chor aus dem 13. Jahrhundert geht viel höher hinauf als die Gewölbe des Kirchenschiffs. Vor der Kirche ein Brunnen, überragt von einem Obelisken; er erinnert an die Glanzzeit von Forcalquier, in der dieser Ort zum Beispiel im Jahr 1235 die Hochzeit von Eleonore de Provence mit Heinrich III. von England erlebte. Man weiß, daß die drei anderen Schwestern von Eleonore, die Töchter von Raymond Béranger IV., Grafen von Forcalquier und der Provence, und von Beatrix von Savoyen, gleichfalls Herrscherinnen wurden, eine einzigartige Ehre, deren sich kein anderes lehnsherrliches Haus rühmen konnte: Margarete heiratete Ludwig IX., König von Frankreich; Sancie Richard von Cornwall, deutscher König, Beatrix Karl von Anjou, König beider Sizilien!
Auf der kleinen *Place St.-Michel,* wo der Markt nur einige hundert Meter von der Kirche Notre-Dame entfernt abgehalten wird, steht ein anderer Brunnen aus dem 15. Jahrhundert, der mit weniger edlen Skulpturen geschmückt ist... Irgendein wollüstiger Mönch hatte hier seine Hände im Spiel.

Eine Rundfahrt durch die Hügel

Ein verzweigtes Netz von Wegen für große Wanderungen und für einfachere Spaziergänge sowie zahlreiche kleine, aber gut befahrbare Straßen ermöglichen es dem Fußwanderer ebenso wie dem Autofahrer, der keine große Eile hat, abwechslungsreiche Touren miteinander zu verbinden. Man kann wohl behaupten, daß jedes Dorf, jeder Weiler etwas Interessantes zu bieten hat; eine große Zahl verbirgt erstaunliche Sehenswürdigkeiten. Die Landschaften sind überall schön. Eine Folge von Kuppen und kleinen Tälern bietet weite Ausblicke und wechselnde

Geographisches Institut der Universität Kiel
Neue Universität

Perspektiven. Geröllhalden und Heide lösen große rechteckig eingeteilte Flächen ab, golden vom Weizen, grün vom Mais, braun vom Ackern und dunkelblau vom Lavendel.

Die Auswahl ist schwierig. Jedoch gibt es zwei Tourenmöglichkeiten von jeweils rund 100 km, die nicht enttäuschen sollten.

Mane (4 km im Süden von Forcalquier, auf N. 100), Kirche, Überreste von Stadtbefestigungen; Priorei Notre-Dame de Salagnon, romanisch. In der Umgebung zahlreiche »bories« (siehe Angaben unter Gordes), die man hier »Spitzhüttchen« nennt.

Château de Sauvan (2 km von Mane, Weg links ab von der N. 100), häufig auch als »Trianon de la Provence« bezeichnet: ein elegantes kleines Palais aus dem 18. Jahrhundert, ein hervorragendes Beispiel für den provenzalischen Klassizismus (Besichtigungen Mittwoch, Donnerstag, Samstag und Sonntag von 15 bis 19 Uhr).

Alpen des Lichts

St.-Michel-l'Observatoire (5 km von Sauvan, N. 100 und D. 5). Das astrophysikalische Observatorium der Haute-Provence liegt 2,5 km von der Ortschaft entfernt; am Hang tauchen rund zwölf weiße Kuppeln auf, die aus dem Laub eines kleinen Wäldchens hervorschimmern (Besichtigung jeden Donnerstag pünktlich um 15 Uhr, außerdem am ersten Sonntag des Monats, von April bis September, pünktlich um 9.30 Uhr).

Vachères (ungefähr 10 km nordwestlich von St.-Michel auf D. 5, dann CV und D. 14): herrliches hochliegendes Dorf, gut erhalten und gepflegt, heute zu einem belebenden Zentrum für ein echt ländliches Kunsthandwerk entwickelt, und zwar dank den Webern Jean und Jacqueline Mascaux, die in allen Gemeinden der Alpes de Lumière sogenannte »Dorfwerkstätten« geschaffen haben. Im übrigen fehlt es in dieser Gegend nicht an Möglichkeiten zu Grabungen auf prähistorischen und gallisch-römischen archäologischen Fundstätten. Kleines Museum in der Schule.

Oppedette (ungefähr 8 km westlich von Vachères auf einem hübschen Chemin Vicinal [Kreisstraße]): winziges ländliches Dorf in der Nähe eines »canyon«, Verdon in Kleinformat. Hier fließt der Calavon zwischen senkrechten Felswänden, die tiefe Schluchten von 100 bis 200 m bilden, auf der Sohle zuweilen kaum breiter als ein paar Meter; diese Talenge zieht sich 2,5 km hin. Beschilderte Pfade führen zu den besten Aussichtspunkten; andere ermöglichen eine Erkundung auf der Talsohle.

Simiane-la-Rotonde (9 km nordwestlich von Oppedette, auf D. 201 und D.18). Dieses große Dorf sieht man schon von weitem, da seine terrassenförmig am Hang eines felsigen Vorsprungs aufgebauten Häuser die vielfarbige Landschaft beherrschen. Auf dem Gipfel erhebt sich eine Art riesigen Hauptturms auf unregelmäßigem Grundriß in einer etwas pyramidenhaften Form; es handelt sich um die ehemalige Kapelle eines heute verschwundenen Schlosses; das Innere ist noch erstaunlicher: Eine Kuppel mit sichtbaren, exzentrischen Rippen bedeckt einen großen zwölfseitigen Raum.

Banon (10 km nördlich von Simiane auf D. 51). Der alte befestigte Marktflecken beherrscht die moderne Ansiedlung. Zahlreiche Möglichkeiten für Ausflüge über die Plateaus und die kleinen einsamen Täler des »Pays d'Albion«, nach Westen die Kämme des Lure, nach Norden zu, wo Weiler wie Le Contadour liegen, in dem sich »Jean le Bleu« mit seinen Freunden, den Schäfern, traf. Rückkehr nach Forcalquier (25 km auf N. 550), mit Zwischenaufenthalt zum Beispiel in *Limans*, dessen Kirche einen schönen Altar aus der Karolingerzeit aufweist, und an den Ufern des hübschen, kleinen, an der Laye künstlich angelegten Sees.

Durance und Lure

Bei der zweiten vorgeschlagenen Rundfahrt umfährt man den Lure (Berg) von Osten, um schließlich auf die höchste Erhebung zu gelangen (Signal de Lure, herrlicher Aussichtspunkt auf 1826 m Höhe), wobei man auf dem von Wald bedeckten Nordhang entlangfährt. Abfahrt von Forcalquier auf D. 12 in Richtung der Durance; 2 km vor Erreichen der N. 96 links auf die D. 462 abbiegen nach:

Lurs-en-Provence (13 km östlich von Forcalquier), schönes Dorf in beherrschender Lage mit Blick auf das Tal der Durance. »Gerettetes« Dorf dank der Schaffung des Centre culturel de Haute-Provence in einer alten Priorei, das dort Begegnungen von Führungskräften der Industrie veranstaltet. Parallel dazu hält das Centre international des Arts graphiques Zusammenkünfte von hohem Niveau ab.

Ganagobie (7 km nördlich von Lurs auf D. 30, eine kleine Straße, die in scharfen Kehren rasch bis auf eine Höhe von 660 m ansteigt). Die Straße endet auf der Böschung eines bewaldeten Plateaus vor einem Vorhang von Blättern kurzgestutzter immergrüner Eichen, zwischen einer altertümlichen »borie« und dem romanischen Portal einer alten Abtei. Ganagobie ist eine zwischen Himmel und der Durance verlorene Oase. Der Felsen fällt hier nach drei Seiten hin steil ab. Eine üppige Vegetation von Ölbäumen, Mandelbäumen und immergrünen Eichen. Der Spaziergänger hat das Gefühl, sobald er sich vom Parkplatz entfernt, auf dem sich am Sonntag einige Leute einfinden, die sich nach Einsamkeit, Kühle und Schönheit sehnen, als befände er sich auf einer einsamen Insel. Eine Allee endet bei einem Kreuz, von dem aus man einen sehr schönen Ausblick auf die Durance und die Berge der Provence hat. Einige Mönche halten diese Priorei am Ende der Welt am Leben, und die Akademie der Schönen Künste hat Restaurierungsarbeiten vorgenommen und Grabungen veranlaßt, die zur Entdeckung schöner Mosaiken geführt haben. Das Portal mit seinen zwei Reihen sich abwechselnder Rundungen, die vom Boden bis zum Scheitelpunkt des Bogens aufsteigen, vielleicht arabischer Einfluß, hat zu Diskussionen unter den Archäologen Anlaß gegeben. Die Kirche besitzt eine »Jungfrau mit Kind«, die Monticelli, einem provenzalischen Maler aus dem vorigen Jahrhundert, der für seinen Farbenreichtum berühmt war und seine Kindheit auf dem benachbarten Hof verbrachte, zugeschrieben wird. Das Rippengewölbe des Refektoriums ist gleichfalls interessant.

Les Mées (zurück auf die N. 96, die man 8 km entlangfährt, Brücke von Peyruis). Von der Brücke, die in das kleine Dorf Mées führt, kann man jenseits der Durance, von Büschen bedrängt, eine Reihe seltsamer brauner Felsnadeln sehen, die zum Teil höher als 100 m sind, losgelöst von der Steilwand, die das linke Ufer säumt.

Sisteron (25 km nördlich von Les Mées auf N. 100, N. 85): siehe Angaben unter diesem Namen.

Vallée du Jabron und *Signal de Lure* (35 km südwestlich von Sisteron auf D. 53, N. 546, D. 53). Sehr schöne Fahrt durch Wald. Am Pas de la Graille, 1597 m, gelangt man auf den Kamm. Die Landschaft nimmt hier wüstenähnlichen Charakter an; der vom Wind gefegte Boden ist bald nur noch von Steinpflanzen und Flechten bedeckt. Vom Gipfel aus, der etwas abseits von der Straße liegt, hat man einen unendlichen Blick auf den Dauphiné und die Provence.

Notre-Dame-de-Lure (7 km vom Gipfel entfernt, Höhe 1236 m): eine kleine in einem kühlen Tal erbaute Kapelle, von hundertjährigen Lindenbäumen beschattet, in der Nähe einer Einsiedelei, die der heilige Donat im Jahr 500 gegründet haben soll. Die Straße durchquert einen Zedernwald.

Saint-Etienne-les-Orgues (9 km von N.-D.-de-Lure auf D. 113, Höhe 697 m). Von den ersten Schneefällen an ist das Dorf der Sammelpunkt von Skiläufern aus dem ganzen Gebiet und sogar aus Marseille. Mehrere romanische Kapellen und Abteien in der Umgebung.

Nach Forcalquier kehrt man auf der D. 13 und der N. 550 oder auf der D. 12 zurück; diese ist kurvenreicher, aber bietet vor der Ankunft einen schönen Ausblick auf die Stadt.

Name: Furnus Calcarius, »Kalkgewinnung« (römisch).

Lage: 04300 Alpes-de-Haute-Provence. Höhe: 550 m. 770 km Paris, 66 km Aix, 42 km Apt, 50 km Digne, 92 km Gap.

Informationen: S. I., place Bourguet, Tel. (92) 2 81.

Unterkunft: 1 Hotel **, 2 *; Camping: 1 Campingplatz der Gemeinde. Einige kleine Hotels in den Dörfern der Umgebung.

Feste: Juli, Konzerte in der Kathedrale und im Franziskanerkloster.

Andenken: Käse aus Banon, Honig, Lavendel. Kunsthandwerk in den Dörfern, insbesondere in Vachères (siehe Text).

Fos

■ Schwarze Autostraßen führen dicht an den blauen und grünen Brackwasserseen entlang und scheinen sich in der Sonne zu verlieren. Riesenhafte Maschinen, knatternde Dinosaurier, fahren hin und her. Rechts in der Ferne schimmern Salzpyramiden; links drehen sich langsam die dünnen Arme der Kräne gegen den tiefblauen Himmel. Wie Ameisen folgen Kipper einander auf den geraden Pisten. Riesige Öltanker liegen regungslos in der Nähe von Schuppen aus neuen Stahlgerüsten, und ihre schlanken Umrisse zeichnen sich grau und rot ab. Nur ein stärkeres Vibrieren der Luft kündet die Grenze zwischen Erde und Meer an. Nicht ein Baum! Nicht eine Pflanze auf diesem von Salz durchsetzten Boden. Der Spaziergänger hat keine Lust, sich noch mehr zu nähern. So erscheint Fos 73 dem Neugierigen. Aber dieser Komplex des Jahres 2000, der im Werden begriffen ist, dieser von einer großen Zukunft trächtige Boden verdient einen Besuch. Zehntausend Hektar von Bauplätzen. Nicht mehr rückgängig zu machende Projekte, erschreckend allein schon durch die gesteckten Ziele. Ein Hafen, doppelt so groß wie der von Marseille, aber dessen Becken ins Land hinein gegraben werden, ins Ufer, wie die Deltahäfen an der Nordsee, so daß auch die größten gegenwärtigen und zukünftigen Tankschiffe dort anlegen können. Ein Industriegebiet, in das man Paris hineinstecken könnte. Ein Stahlwerk »auf dem Wasser«, das 1985 15 Millionen Tonnen Stahl und 25 Millionen im Jahr 2000 erzeugen wird. Die technischen Schwierigkeiten sind nicht die am schwersten lösbaren. Die für die riesigen Investierungen notwendigen finanziellen Mittel wird man finden. Es sind die menschlichen und sozialen Probleme, die sich seit heute als die wesentlichsten erweisen. Zwischen dem Brackwassersee von l'Estomac, dem Golf und den Industrieanlagen wurde der neue Ort Fos aus dem Boden gestampft.

Name: Fosses mariennes, Name des Schifffahrtskanals, der 104 v. Chr. gegraben wurde, um die Sandbank der Rhone zu umgehen (die heute den Namen Bras-Mort trägt).

Lage: 13270 Bouches-du-Rhône. Höhe: Meeresufer. 760 km Paris, 40 km Arles, 30 km Salon, 11 km Martigues.

Unterkunft: 1 Hotel der Kette »Frantel« ***; 1 Novotel***; Camping: 1 Platz**.

Foux-d'Allos (La)

Dieser Weiler von Schäfern, der hoch oben im Tal des Verdon liegt, ist zu einem der jüngsten Wintersportorte geworden. Von Gipfeln bis zu 3000 m überragt, bietet er sonnige, grasbewachsene Hänge, die sehr günstig für den Skisport sind. (Bezüglich Ausstattung siehe Kapitel »Reise durch die Provence«: Ferien im Schnee.) Im Sommer erleichtern neu erbaute Pensionen und Hotels einen Tourismus mit längerem Aufenthalt und Bergwanderungen in einer noch wenig besuchten Gegend.
Der wichtigste Ausflug führt zum *Lac d'Allos* (See), 2230 m Höhe. Eine enge, kurvenreiche Straße erleichtert den Anstieg vom Dorf Allos aus, bricht aber 2 km vom Ort entfernt ab. Unzählige Bäche, die zwischen den Felsblöcken unter dem Moos rieseln, münden in der Tiefe einer Mulde, die man für einen Krater ansehen könnte, in einem runden See, einem Spiegel ohne Kräuselung, in dem sich die gezackten Umrisse der benachbarten Gipfel, der sogenannten Tours du Lac, spiegeln.
Im Norden von La Foux führt die Straße N. 208 auf den *Col d'Allos,* mit herrlicher Aussicht auf die verschneiten Alpen des Dauphiné und auf die ganz nahen höchsten Gipfel der Provence. Das ganze Hochtal entlang bilden steile Felswände aus schwarzem Schiefer einen schönen Kontrast zu den grünen Hängen.

Colmars

Weiter talwärts verläuft die Straße um eine hübsche romanische Kapelle am Ortsausgang von Allos herum; erreicht dann (15 km von La Foux) den befestigten Marktflecken *Colmars.*
Hinter der von viereckigen Türmen flankierten Ringmauer drängen sich die alten Häuser. Die Porte de Savoie im Norden und die Porte de France im Süden bilden die einzigen Zugänge zum Stadtkern. Weiter draußen bewachen in einiger Entfernung zwei auf rundlichen Hügeln kauernde Forts heute noch die pastorale Landschaft dieses friedlichen Tals.

Lage: 04260 (Allos) Alpes-de-Haute-Provence. Höhe: 1708 m. 800 km Paris, 400 km Lyon, 45 km Saint-André-les-Alpes.

Informationen: S. I., Tel. (92) 15.

Unterkunft: 7 Hotels, darunter 1 *** und 4 **. Allos: 2 Hotels *. Camping in den Bergen.

Fréjus-Saint-Raphaël

■ Forum Julii – die Stadt Julius Cäsars – zur See ein Rivale von Marseille, war ein Arsenal und ein Kriegshafen von größter Bedeutung. Seine Hafenbecken konnten mühelos dreihundert Galeeren aufnehmen. Was ist davon noch übriggeblieben, so daß wir uns diese majestätische Stadt vorstellen können? Sehr viel und sehr wenig. Sehr viele verstreute Steine, über die sich die Fachleute beugen, aber für den durchreisenden Laien nur einige Fragmente der alten Mauer von 5000 m Länge, ein gemauertes Stadttor, Ruinen eines Theaters mit Fundamenten von Läden in der Umgebung und schließlich ein stark restauriertes *Amphitheater*, in dem man sich noch einer Illusion hingeben kann, wenn dort unter dem gestirnten Himmel des Monats August Vorstellungen stattfinden.

Bischöfliche Altstadt

Der Hafen versandete allmählich, nachdem die Sarazenen, die sich im Golf von Saint-Tropez und in den Maures festgesetzt hatten, 915 die Stadt fast dem Erdboden gleichgemacht hatten. Aber, ausgleichende Gerechtigkeit, Fréjus wird wieder einen Hafen bekommen, einen *Sporthafen*, in dem 1250 Boote Schutz finden werden; die Hafenbecken werden im Schwemmgebiet des rechten Ufers des Argens ausgehoben.
Wenn die römische Stadt den etwas enttäuscht, der Arles, Nîmes oder sogar Vaison gesehen hat, so können ihn doch die christlichen Baudenkmäler nicht gleichgültig lassen. In einem »bischöflichen Stadtkern« inmitten der mittelalterlichen Stadt versammelt, weisen sie ein *Baptisterium* vom Ende des 4. Jahrhunderts, einen Kreuzgang aus dem 14. Jahrhundert, erst 1922 von parasitären Bauten befreit, eine Kathedrale, deren Bau sich bis ins 18. Jahrhundert hinzog, und ein bischöfliches Palais auf, in dem heute das Rathaus untergebracht ist, dessen dem Haupteingang gegenüberliegende Fassade aus rosa Sandstein vom Estérel von romanischen Fenstern durchbrochen und von zwei Türmen flankiert wird.
Der *Kreuzgang* gefällt dem Besucher vor allem wegen seiner zweistöckigen Bogengänge mit Doppelsäulen (seltsamerweise haben die Rundbögen die Rippengewölbe überdauert), seines in der Mitte liegenden Brunnens, seiner Gebüsche aus Oleander und der riesigen Zypresse. Die Decke der Galerien ist aus Holz und besteht aus kleinen bemalten Täfelungen, auf denen groteske Personen und Tiere dargestellt sind, entkleidete Frauen, Tiere mit einer Mitra auf dem Kopf und Fabelwesen mit menschlichen Gesichtern... Ein Saal, der neben dem Obergeschoß des Kreuzgangs liegt, ist zum Musée de Fréjus geworden, in dem die antiken Überreste, Statuen, Stelen und ein schönes Mosaik ebenso wie Dokumente von der Geschichte der Stadt versammelt sind.
Das Außenportal der *Kathedrale* besteht aus zwei Flügeln mit acht geschnitzten Tafeln, die unteren ornamental, die oberen mit bildlichen Darstellungen: ein sehr schönes Werk der Renaissance aus dem Jahr 1530. Das Kirchenschiff ist ein Beispiel für jenen sehr schmucklosen, aber ziemlich wuchtigen gotischen Stil, dem man in der Provence häufig begegnet (Grasse, Castellane, St.-Gilles usw.). Im Chor, hinter dem Hochaltar aus weißem Marmor, stehen schöne geschnitzte Chorstühle. Über der Tür zur Sakristei ein Triptychon, das Jacques Duranti aus Nizza zu verdanken ist.

Moschee und Pagode

In der Umgebung von Fréjus fehlt es nicht an Sehenswürdigkeiten und Überraschungen. Wenn man die Straße nach Fayence entlangfährt (D. 4, rechts von der N. 7 einige hundert Meter jenseits der Arena abbiegen), bemerkt man nach ungefähr 3 km linker Hand eine *Sudanesische Moschee*, sehr charakteristisch durch ihr Äußeres, das mit seinen viereckigen, mit Zinnen bewehrten Türmen aus rotbrauner Stampferde, aus der die Holzbalken herausragen, einem kleinen Fort ähnelt.
Ein kurzes Stück nach der Moschee zweigt eine kleine Straße von der D. 4 ab und führt zu den *Villages provençaux du Capitou,* ein kürzlich von mitten im Kiefernwald isoliert liegenden Weilern erbautes Geschäftszentrum. In der Nähe der Brücke über den Capitou kann man in einem zoologischen Garten wilde Tiere, Affen, Zebras, Kängurus und Hunderte von Vögeln in halber Freiheit besuchen. Kehrt man auf der N. 7 zurück und folgt ihr in Richtung Cannes, wird man ungefähr 2 km von der Stadt entfernt von einer rot bemalten Säulenhalle aus Holz angelockt, die sich oberhalb von einer

von ziemlich erschreckenden Ungeheuern aus Gips bewachten Treppe erhebt. Auf einer Tafel sind einige asiatische Ideogramme zu sehen und der Name: »Hoa-Nghiëm-Tu«. Es ist der Eingang zu einer echten *buddhistischen Pagode*, die während des Kriegs 1914–1918 erbaut wurde und noch immer benutzt wird. Auf einem in der Nähe gelegenen Friedhof ruhen fünftausend annamitische Soldaten.

3 km jenseits der Pagode stößt man, wenn man der N. 7 folgt, rechts auf einen der Eingänge zu der Wohnanlage der Tour-de-Mare. Am Eingang steht die *Chapelle Notre-Dame de Jérusalem*, nach den Angaben Jean Cocteaus auf einem achteckigen Grundriß erbaut; er hatte die architektonischen Pläne und die Dekoration entworfen, hat aber vor seinem Tod im Jahr 1963 die Fertigstellung nicht mehr erleben können.

In Höhe der annamitischen Pagode zweigt von der N. 7 eine Straße ab, die kurvenreich durch den herrlichen Wald riesiger Schirmkiefern ansteigt, in dem sich die Wohnanlage von *Valescure* entwickelt, ein heilklimatischer Ort, der auch wegen seines Golfplatzes berühmt ist.

Saint-Raphaël

Mit ihrem Bahnhof, der Endstation von Autoreisezügen, ist diese Stadt immer voller Leben, ein echter Hafen, in dem Frachtschiffe anlegen, dazu ein schöner, von Palmen gesäumter Sandstrand, ein Kasino und zahlreiche Hotels, von denen viele dem Start von Saint-Raphaël als heilklimatischem Ort zu Anfang des Jahrhunderts folgten.

Am Cours Jean-Bart, der im Norden am Hafen entlangführt, erinnert eine Pyramide an Bonapartes Landung bei seiner Rückkehr aus Ägypten im Jahre 1799 und an seine Einschiffung zur Insel Elba fünfzehn Jahre später.

Im Norden der Stadt bringen steile Gassen den Besucher zu einem viereckigen Turm, der die Innenstadt überragt. Diese *Tour de guet* (Wachtturm), ein parasitäres Gebäude, wurde auf den Fundamenten einer Seitenkapelle einer ehemaligen befestigten Kirche der Tempelritter errichtet. Das Nachbarhaus beherbergt die Funde des *Archäologischen Taucherklubs* von Saint-Raphaël. Man findet dort eine große Vielfalt an Amphoren, die aus den zahlreichen Rümpfen römischer Schiffe stammen.

*Entlang der ganzen Corniche de l'Estérel
bilden Steilwände und rote Felsen kleine Buchten mit
klarem Wasser, wo jede Urlauberfamilie glauben kann,
sich an ihrem Privatstrand zu befinden.*

Jenseits von Saint-Raphaël nach Westen trifft man auf *Fréjus-Plage,* einen Flugplatz für Touristen und auf der anderen Seite des Argens einen Sandstrand, *Saint-Aygulf-Plage,* an den ein riesiger Campingplatz unmittelbar anschließt.

Die Küste bietet bis zum Golf von Saint-Tropez eine Reihe kleiner Buchten mit Dörfern und stark besuchten Badeorten, während auf der anderen Seite der Straße Villen und Parzellensiedlungen in den lichten Kiefernwäldchen, die die ersten Hänge des Maures bedecken, mehr oder weniger verborgen liegen. Es sind: *La Gaillarde, Les Issambres, San Peire, Val d'Esquières* und *La Nartelle.* Neben diesen sehr verschiedenartigen Anlagen aus neuerer Zeit stellt *Sainte-Maxime* (20 km von Fréjus) einen mondänen Badeort dar. Jenseits von Sainte-Maxime stößt man noch auf *Beauvallon* und schließlich auf das neue und ungewöhnliche Port-Grimaud (siehe Angaben unter diesem Namen).

Der rote und grüne Estérel

Seit kurzer Zeit wurden mehrere kleine Straßen asphaltiert. So kann man von einem kleinen Paß auf der N.7, 11 km von Fréjus, auf den Kamm der nördlichen, höchsten Kette des Massivs gelangen; das Forsthaus von Malpey liegt an einer Kreuzung von Pisten. Eine von ihnen, die nach Valescure hinunterführt, hat nichts Besonderes aufzuweisen, aber auf einer anderen kommt man zum Gipfel des *Mont Vinaigre,* dort mit 618 m die höchste Erhebung. Rechts von dem zuletzt genannten Weg fällt eine andere Piste in südöstlicher Richtung zum *Ravin du Perthus* (Schlucht) ab; dies ist eine sehr schöne Strecke, die sich mit der Route Valescure-Agay wieder vereint. Man kann auch am Südhang des Mont Vinaigre auf einer hochgelegenen Straße, der sogenannten *Route des Cols* entlangfahren: Sie zweigt links von dem Weg an der Kreuzung Aire de l'Olivier ab und führt nacheinander zum Forsthaus de la Duchesse, zum Col de Suvières, Col des Trois Termes und Col de la Cadière, bevor sie die Hänge des *Pic de l'Ours* erreicht.

Die *Corniche de l'Estérel* bietet ein ganz anderes Bild. Die Landschaften vereinen in sich eine üppige Vegetation, das kristallklare Meer mit seinen verschiedenfarbigen Tiefen und Untiefen und als Kulisse steile Felswände und Riffe, die wirklich rot sind. Die von Menschenhand errichteten Anlagen verunstalten nicht übermäßig diese wirklich sehr schöne Landschaft. Die Straße – die »Corniche d'Or« – zu Anfang des Jahrhunderts eingeweiht, folgt allen Windungen der Küste.

Oase des Dramont

Mehrere Punkte sind besonders bemerkenswert. Das *Cap du Dramont,* ein bewaldetes Vorgebirge, ist nur Fußgängern zugänglich. Ein schlichtes Denkmal erinnert daran, daß die Vorausabteilungen der 36. amerikanischen Division am 15. August 1944 am in der Nähe liegenden Strand gelandet sind. *Agay* kauert sich am Ende einer tiefen Reede zusammen, zwischen roten Felswänden eingeengt. *Anthéor, Le Trayas, Miramar* und der neue Ort *La Galère* mit seinem Hafen sind, noch vor Théoule und La Napoule Plätze, an denen man gern verweilen würde. Aber zwischen diesen Orten, deren Namen bekannt sind, gibt es noch eine Unzahl kleiner Buchten, die von Liebhabern ungewöhnlicher Landschaften und, bis zu einem gewissen Grad, der Einsamkeit geschätzt werden, während sich die Straße mit ihren Windungen genau oberhalb dieser unerschlossenen Küste hinzieht.

Name: Forum Julii, »Markt des Julius«, von Julius Cäsar gegründet.

Lage: 83600 Var. Höhe: 8 m. 870 km Paris, 40 km Cannes, 53 km Grasse, 130 km Marseille. Eisenbahn: Autoreisezüge mit Liegewagen bis zum Bahnhof St.-Raphael, Tel. (94) 93 15 89. Flugplatz für Tourismus.

Informationen: Fréjus, S.I., place Calvini, Tel. (94) 95 43 44; *St.-Raphaël,* S.I., place Galliéni, Tel. (94) 95 16 87; *Ste.-Maxime,* avenue de la IVe République, Tel. (94) 16 14 19.

Unterkunft: Fréjus-Ville, 5 Hotels, darunter 1 ***; *Fréjus-Plage,* 8 Hotels, darunter 1 **** und 2 ***; *St.-Raphaël,* 90 Hotels, darunter 4 ****, 8 *** (insgesamt 1780 Zimmer); *Ste.- Maxime,* 39 Hotels, darunter 1 **** und 10 ***. Camping: sehr zahlreiche und große Plätze entlang der Küste, darunter mehrere als »Tourismus« und **** eingestuft. Zentrum für Meerestherapie in Saint-Raphaël.

Feste: Februar, Mimosenfest in Ste.-Maxime. Juli—August, Theateraufführungen im antiken Theater und Stierkämpfe in der Arena.

Andenken: Weine, Gegenstände aus Kork.

Gordes

■ Ein Dorf. Ein echtes Dorf ohne falsche Note, ohne einen Schandfleck von Beton, so wirkt Gordes, das sich auf einem Vorgebirge des Plateaus von Vaucluse anklammert. Nähert man sich ihm auf der Straße von Cavaillon, so überschaut man es mit einem einzigen Blick. Die Häuser um den rundlichen Hügel klettern, Ziegeldach über Ziegeldach, bis auf die Höhe hinauf, auf der die Häuser der Honoratioren, die sich auf mächtige Strebemauern stützende Kirche und die Burg mit den Kragsteinen ihrer Pechnasen, die ihr eine Krone aufsetzen, thronen. Dichte grüne Gebüsche drängen sich zwischen die Häuser, das Grün wuchert bis in die Spalten der grauen Felswände und überschwemmt nach und nach die Stümpfe einiger ausgehöhlter Häuser.

Lhote, dann Vasarely

Nach so vielen anderen Orten war auch Gordes dem Tod geweiht. Die Dorfbewohner, die in irgendeiner düsteren Fabrik oder in einer fernen Behörde arbeiteten, deckten sehr sorgfältig die Dächer ihrer Häuser ab, um keine Steuern mehr zahlen zu müssen. Die alten Aufnahmen, die nur rund zwei Jahrzehnte zurückliegen, sind von einer tiefen Melancholie geprägt. Glücklicherweise hat eines Tages der Maler André Lhote Gordes entdeckt und sich in den Ort verliebt. Mit ihm und nach ihm verstanden es Künstler, qualifizierte Kunsthandwerker und Stadtbewohner, die sich der Schönheit des Ortes bewußt waren, ihn wieder aufzubauen, ohne das Echte an ihm zu verraten, ihn zu verschönern, ohne etwas zu verpfuschen, und ihn neu zu beleben, ohne auf ein vulgäres Niveau abzusinken.

Ein neuer Beweis für die Möglichkeit, das moderne Leben in einen traditionellen Rahmen einzufügen, wurde durch die ständige Ausstellung der Werke von Vasarely im Schloß (vom Maler selber organisiert) geliefert. Im Erdgeschoß liegen die Amtszimmer der Bürgermeisterei, während der Maler das erste und zweite Stockwerk dieser Renaissancefestung mit ihrem noch immer feudalen Charakter für sich beansprucht. Man tritt durch eine schöne Tür mit einem dreieckigen Giebel in das Innere, wo man sogleich einem riesigen Kamin und einer schönen Wendeltreppe gegenübersteht (Dienstag geschlossen).

Das Syndicat d'Initiative, wo man sehr liebenswürdig empfangen wird, befindet sich in einem alten Haus gegenüber dem Schloß.

Die Anlage neuer Hotels ermöglicht es heute, Gordes als Zentrum für Spaziergänge und Ausflüge in diesem herrlichen Teil der Provence zwischen Vénasque, Sénanque, Roussillon, Apt, Ventoux und Luberon zu wählen. (Siehe Angaben unter Carpentras, Oppède, Forcalquier usw.)

Das Land der »bories«

In der unmittelbaren Umgebung von Gordes und entlang der Straße, die von Coustellet (Kreuzung der D. 2 von Cavaillon kommend und der N. 100 von Avignon–Apt) ansteigt, wecken Hütten aus flachen, ohne Mörtel verlegten Steinen die Aufmerksamkeit des Besuchers. Die einen sind mit einem Tonnengewölbe, die anderen mit einer Kuppel überdacht, die einen sind rund und die anderen länglich. Das sind die »bories«, deren Ursprung noch immer rätselhaft ist.

Die, die man hier sieht, sind gewiß nicht älter als ein paar Jahrhunderte, aber die Bautechnik – vielleicht phönizisch – ist alt wie das Mittelmeer. Mit den provenzalischen »bories« sind die »trulli« aus Apulien eng verwandt, ebenso die »capitelles« in der Gegend von Nîmes, die »tonnes« der Auvergne, die »loges« Burgunds und die »cabanes« auf Korsika, Sardinien, Kreta und in Spanien. »Dieser Bau, der aus einem einzigen Raum besteht, ohne Schornstein oder Fenster, war ein abgelegener Speicher, den der Bauer errichtete, wenn er die trockenen Flächen, die von seinem dauernden Wohnsitz weit ablagen, unter Kultur nehmen wollte.« (Maurice Pezet) Als im Verlauf der Zeit diese Böden nicht mehr bearbeitet wurden, wurde die »borie« zum Haus des Schäfers. In unserer Zeit wird sie, während sie fast überall anfing, zu Ruinen zu zerfallen, immer häufiger zu einer Laune für die Wochenenden der Städter, die sich die Seele eines Schäfers bewahrt haben. Eine starke Tür verschließt den einzigen Eingang, und mehr oder weniger geschickt hat man Fenster eingebaut; Gatter und drohende Schilder untersagen den Zugang zu den Einfriedungen, die durch die alten Mauern abgegrenzt sind, ebenso wie das Haus aus flachen Steinen, einem grauen Kalkstein, der aus der Erde gegraben wurde, errichtet.

In der Umgebung von Gordes gibt es Hunderte solcher »bories«, die meisten von ihnen in einem kleinen Tal westlich des Ortes verstreut (erreichbar auf einem zum Teil befahrbaren Weg, der etwas unterhalb der Abzweigung der Straße D. 177 nach Sénanque abgeht). Im Schutz halbhoher Steineichen, hinter den Olivenbäumen und Mandelbäumen verborgen, deren Farbe sie haben, verraten sie sich sehr häufig nur durch die Platten ihrer Dächer, die über die Zweige hinausragen. Diese seltsamen Bauten scheinen in ihrer Mehrzahl verlassen zu sein, vereinsamt und vom Unkraut überwuchert. Es kommt vor, daß mehrere von ihnen zu einer Gruppe vereint sind und kleine Weiler bilden: Der charakteristischste von diesen, zu dem Wohnhäuser, Ställe und Backofen gehören, liegt unterhalb des oben angegebenen Weges, in einem Fußmarsch von ungefähr zehn Minuten zu erreichen.

Lage: 84220 Vaucluse. Höhe: 373 m. 713 km Paris, 20 km Apt, 38 km Avignon, 35 km Carpentras.

Informationen: S. I., dem Schloß gegenüber, Tel. Bürgermeisterei (90) 08.

Unterkunft: 4 Hotels, darunter 2 *** und 1 Schloßhotel »La Mayanelle«; Camping: 1 Platz.

Restaurants: s. Auswahl S. 249

*Wie eine Akropolis beherrscht Gordes die Ebene von Apt
und versperrt den Zugang zur Hochebene von Vaucluse,
an verkannten Sehenswürdigkeiten reiche Gegenden.
In der unmittelbaren Umgebung der Stadt
bieten Hunderte von »bories« ein ungewöhnliches Bild.*

Grasse

■ Grasse ist dieser privilegierte Punkt, an dem die Provence aufhört, die Provence zu sein, um zur »Côte d'Azur« zu werden.
Im allgemeinen kommt man entweder von Cannes oder von den Bergen her auf der »Route Napoléon« hin.
Im ersten Fall löst man sich beim Durchfahren der Vororte, die für die Croisette das sind, was die Kulissen eines Theaters für die Bühne bedeuten, nach und nach von allem, was man heute unter Urbanisierung versteht. Es ist noch nicht das eigentliche Land, aber zwischen den Häusern und Läden erscheinen Bäume, Wiesenstücke und Gärten; die Straße steigt zu einem hochgelegenen grünen Hang an, übersät von tausend rosa Dächern, und windet sich nach einigen Spitzkehren durch ein Gewirr von stufenartig angelegten Häuserblocks, die von einem großen braunen Turm und einem noch höheren ganz weißen Glockenturm überragt werden.
Nähert man sich von Castellane her, ist der Übergang viel brutaler. Kurz nach dem Col du Pilon, 786 m, verläßt die N. 85 diese riesigen »Hochflächen«, die die ganze mittlere Provence bedecken. Nun öffnet sich ein weites Panorama vor den Reisenden: Zu Füßen einer steil abfallenden Straße klammert sich eine dichte Ansammlung von Ziegeldächern an den Hang; dies ist Grasse. Jenseits der Stadt breitet sich eine von sehr sanften kleinen Tälern durchzogene Landschaft bis zu einer fernen blauen Linie aus, dem Mittelmeer. Kleine Siedlungen und zahllose Einzelhäuser liegen im Grünen verstreut; leider bedecken schimmernde, häßliche Gewächshäuser aus Glas oder Plastik in dichten Reihen die sonnigen Hänge; sie verdrängen immer mehr die Blumenfelder unter freiem Himmel.

Alte, stets junge Stadt

Diese Lage von Grasse bestimmt seine touristische Bedeutung mit ihren vielfältigen Aspekten: alte Stadt voller Charakter, Zentrum einer dort heimischen Industrie, der Parfümerie, Erholungsort auf Höhen zwischen 300 und 500 m, nur zwanzig Minuten vom Meer entfernt, Ausgangspunkt für Ausflüge in wilde wie in liebliche Landschaften.
Eine schattige, blumenreiche Terrasse, der Cours Honoré Cresp, dient zugleich als Parkplatz, Spielplatz für Pétanque und für Spaziergänge. Hier ist einer der schönsten Ausblicke auf die Landschaft um Grasse. Ringsum fordern die Reklametafeln einiger Parfümunternehmen den Ankömmling auf, ihre Anlagen zu besichtigen, aber das ist ein Besuch, der warten kann. Am Vormittag ist es besser, die *Place aux Aires* (auf den Straßen Jean Ossola und Amiral de Grasse, die sich in der Verlängerung des Cours öffnen) aufzusuchen, wo unter freiem Himmel ein malerischer Markt abgehalten wird, insbesondere ein Blumenmarkt. Häuser mit Arkaden, die meisten von ihnen aus dem 18. Jahrhundert, säumen diesen kleinen Platz von unregelmäßigem Grundriß, der im Schatten von Zürgelbäumen liegt und durch einen Brunnen mit dreifachem Steinbecken eine heitere Note erhält.
Von der Place aux Aires führen enge Straßen, zuweilen über Stufen und durch Gewölbegänge bis zum mittelalterlichen Turm, der das Rathaus flankiert, das zu einem Teil im alten Bischofssitz untergebracht ist. Die nahe *Kathedrale* ist ein etwas schwerfälliges Gebäude. Die Steine der dicken runden Säulen ohne Verzierungen wurden beim Brand von 1795 beschädigt, der dieses Gebäude fast zerstört hätte. Den Spitzbögen fehlt es an Kühnheit, was der ganzen Kirche einen fast ländlichen Charakter verleiht, der ganz reizvoll ist.

Quellwasser

Eine gewölbte Passage links von der Kirche führt zu einem schattigen Platz. *Place du 24 Août*, von wo aus man einen weiten Blick nach Osten gewinnt. In der Mitte steht ein hübscher Brunnen mit vier Steinbecken. Vier kühles Wasser speiende Löwen tragen einen Obelisken, der sichtlich freimaurerisch inspiriert ist; seine Flächen sind mit Trophäen geschmückt, die dem »Wohlstand des Volkes«, der »Verteidigung des Vaterlandes«, dem »Wohlergehen des Staates« und – dieses Thema paßt in unsere Zeit der Verseuchung – den »Bestrebungen zum Schutz der Natur« gewidmet sind.
Zusammen mit dem Klima ist das Wasser stets einer der Anziehungspunkte von Grasse und einer seiner Reichtümer gewesen. Noch immer gibt es zahlreiche Brunnen, zuweilen nichts weiter als einfache Steinbecken an einer Straßenecke. Hinter dem Syndicat

d'Initiative, Place de la Foux, sieht man im Innern eines von Glasscheiben abgeschlossenen Türmchens die *Source de la Foux* (Quelle) emporsprudeln; ihr Wasser hatte seit dem 15. Jahrhundert die Gründung und Entwicklung des Gerberhandwerks ermöglicht, das sich später mit der Zunft der Parfümeure und Handschuhmacher verband, woraus dann die blühende Parfümindustrie hervorging.

Heute wird das Wasser noch an einem anderen Ort geehrt: oberhalb der Stadt, in der letzten Haarnadelkurve der N. 85, liegt eine *Piscine Olympique* (Schwimmbecken), unter freiem Himmel und mitten im Grünen, eine der schönsten Frankreichs und in einer der bezauberndsten Lagen.

Fragonard und der Admiral

Jean-Honoré Fragonard wurde am 5. April 1732 in Grasse geboren. Noch sehr jung reiste er nach Paris, wo er als »malender Zeuge seiner Zeit« mit seinem Stift köstliche Augenblicksbilder aus der galanten Gesellschaft unter Ludwig XV. festhalten sollte. Er kehrte in seine Stadt erst zurück, um sich dort vor den revolutionären Unruhen in Sicherheit zu bringen.

Das *Museum* von Grasse, »Musée régional d'art et d'histoire«, wurde dem Patronat dieses ein wenig undankbaren Landeskindes unterstellt. Es wurde in dem schönen Hôtel der Marquise de Cabris, geborene Louise de Mirabeau, Schwester des »Monsieur Jähzorn«, untergebracht. Eine kürzlich erfolgte, peinlich genaue Restaurierung hat uns dies von der Marquise erbaute Haus in all seiner Frische und in der Anmut des Stils Ludwigs XVI. zurückgegeben. Die Fassade, die auf die enge Rue Mirabeau hinausgeht, wirkt streng, aber die Räume und der kleine Garten sind ein sehr erfreulicher Anblick. (Das Museum ist an Sonn- und Feiertagen und im Winter am Montag geschlossen; von 10 bis 12 und von 14 – oder 14.30 Uhr, je nach Jahreszeit – bis 18 Uhr geöffnet.)

Die Werke Fragonards nehmen einen kleinen aber günstigen Platz ein. Vor allem wären zu erwähnen »Selbstbildnis im Renaissancekostüm« und das nicht minder berühmte Gemälde: »Die glücklichen Zufälle der Schaukel«. Andere Bilder sind dem Pinsel des Sohnes und des Enkels von Jean-Honoré zu verdanken, die ein wenig in Vergessenheit geraten sind.

Zahlreiche andere Gegenstände, Möbel und Dekorationsstücke, fesseln die Aufmerksamkeit des Besuchers.

Einige Räume: Salon, Schlafzimmer und Küche wurden mit großer Sorgfalt eingerichtet und im alten Rahmen wiederhergestellt.

Das Leben der Bauern und Handwerker in der Gegend um Grasse wird durch echte Geräte veranschaulicht. Und schließlich nimmt die Geschichte der Parfümherstellung mehrere Schaukästen ein; es sind nicht die am wenigsten interessanten.

Der andere »große Mann«, ein Kind dieses Landes, ist der Admiral François-Joseph-Paul, Graf von Grasse, der während des amerikanischen Unabhängigkeitskrieges die englischen Geschwader schlug und zur Kapitulation von Yorktown (1781) beitrug. Mehrere Andenken und Dokumente wurden in einem kleinen *Musée de la Marine* (Place de Verdun, vor der Kathedrale) zusammengetragen.

Hauptstadt der Parfümherstellung

Von vier auf dem Weltmarkt verkauften Parfüms sind drei aus in Grasse gewonnenen Essenzen hergestellt!

Jedes Jahr werden zehntausend Tonnen – zehn Millionen Kilo – Blumen verarbeitet. Zur örtlichen Produktion kommen noch der Lavendel und der Lavandin aus der gesamten Provence und die exotischen Blumen hinzu, die es den Destillerien ermöglichen, das ganze Jahr hindurch zu arbeiten. Rund zwanzig Unternehmen beschäftigen mehr als zweitausend Angestellte. Zu dieser Zahl muß man noch die große Schar von Gärtnern aus der Gegend hinzuzählen, die für die Parfümhersteller von Grasse arbeiten. Andere sind mehr auf die Erzeugung von »Schnittblumen« eingestellt, die auf 3700 ha Fläche von Gewächshäusern wachsen (jährlich 1500 bis 2000 Tonnen der sogenannten amerikanischen Nelken mit langem Stiel).

Die wichtigsten Hersteller: Molinard, Fragonard, Funel, Galimard und andere ermöglichen Besichtigungen eines Teils ihrer Werkstätten. Dort wird man in die Geschichte und in die technischen Verfahren der Parfümherstellung eingeführt. Die Verfahren der Gewinnung unterscheiden sich je nach frischen oder getrockneten Pflanzen, nach Blüten, Blättern, Ranken oder Wurzeln und bezüglich des angestrebten Erzeugnisses: Blumenextrakte, öli-

ge Essenzen, absolute Essenzen, Salben, Harze, Seifen usw.
Sehr schematisch kann man folgende Verfahren unterscheiden:
1. Ausziehen des Parfüms durch einen Strom von Wasserdampf in einer Retorte; dies ist das älteste Verfahren;
2. Extraktion des Duftes: Katalyse von Blumen mit gereinigten Fetten; die dabei erhaltenen Pomaden werden in diesem Zustand verwendet oder mit Alkohol abgezogen, um »Blumenextrakte« zu gewinnen;
3. Auflösung unter Hitze: Katalyse mit erhitzten Ölen oder Fetten bis 60 und 70°;
4. Extraktion durch flüchtige Auflösungsmittel (Hexane, Extraktionsbenzin, Alkohol) heiß oder kalt; dies ist das am häufigsten angewendete Verfahren;
5. Auspressung: Man gewinnt Essenzen unmittelbar aus der Schale gewisser Früchte (Orangen, Zitronen, Bergamotten ...);
6. Exsudation, um Salben und Harze zu gewinnen (Benzoeharz, Mutterharz usw.), nach Reinigung der durch Einschnitte in gewisse Pflanzen gewonnenen Säfte.

Angesichts dieser Industrie, die auf der ganzen Welt nicht ihresgleichen hat, wundert sich der Tourist, wenn er nach Grasse kommt, daß er nicht zahllose »Blumenfelder« zu sehen bekommt. In den meisten Fällen ist der Anbau ein Familienbetrieb, und es werden dafür nur kleine Felder benötigt; hinzu kommt, daß es sich um saisonbedingte Anpflanzungen handelt, bei denen die Blütezeit nur sehr kurz ist. Die einzigen Blumenfelder, die wirklich sehenswert sind, sind die der Mimosen, von Januar bis März, in der Umgebung von Mandelieu und an den Hängen des Tanneron.

Ausflüge in die Wildnis ...

Die *Gorges du Loup* (Schluchten). – 15 km vom Meer entfernt hat sich dieser wilde Gebirgsfluß eine Umgebung geschaffen, die des Hochgebirges würdig ist. Er hat sich einen Durchgang durch den grauen Kalkstein geöffnet, eine Art kleinen Cañons mit einer Tiefe von 600 bis 700 m. Zwei Straßen, teilweise aus dem Felsen ausgehauen, die eine auf der Talsohle, die andere am Hang des rechten Ufers, ermöglichen es, mannigfaltige Ausblicke zu genießen. Ein ungewöhnliches Dorf, Gourdon, scheint nur mit Mühe sein Gleichgewicht auf einem weit hinausragenden Felsvorsprung zu halten und beherrscht in einer Höhe von fast 800 m den ganzen Talkessel.
Bei einer Fahrt, die sich auf die eigentlichen Schluchten beschränkt, fährt man von Grasse aus auf den folgenden Straßen. Die angegebene Richtung scheint empfehlenswert.
Man verläßt Grasse auf der Avenue Victoria, N. 85, *Magagnosc:* hübsche Landhäuser, Anbau von Jasmin; Straßenkreuzung mit der Bezeichnung Le Pré du Lac, N. 210, 10 km von Grasse, *Le Bar-sur-le-Loup:* Anpflanzung von Orangenbäumen (Blütezeit im Mai); in der Kirche ganz am Ende ein seltsames Bild auf Holz gemalt, das Tänzer aus dem 15. Jahrhundert darstellt, die inmitten ihrer Ballettfigur jäh vom Tod ereilt werden (vielleicht handelte es sich dabei um eine kollektive Votivtafel, um das »Heilige Feuer« zu beschwören). Am Pont-du-Loup überquert man den Gebirgsfluß. Links der D. 6. Blick auf Gourdon, das unzugänglich wirkt. Die Schlucht wird immer enger; Durchbrüche, Wasserfälle, »Saut du Loup«. Man kann auf der D. 3 nach Gourdon oder das Tal entlang weiter bis Gréolières fahren (13 km von Bar, 810 m Höhe), hübscher Ort (siehe Angaben unter diesem Namen) und auf der D. 603 nach Gourdon zurückkehren.

... und Dörfer in Blumen

Gourdon (15 km von Gréolières; 15 km von Bar); zahlreiche gute Handwerker, kleines Museum für mittelalterliche Kunst im Schloß, dessen dicke Mauern sich noch an die Zeit erinnern, als man von hier aus nach den Sarazenen Ausschau hielt. – Direkte Rückfahrt nach Grasse, 14 km auf D. 3 und N. 85, aber eine andere Strecke ist sehr empfehlenswert. Von Gourdon aus auf D. 12, die zwischen Buchsbäumen und Lavendel bis auf eine dürre »Hochebene« ansteigt; nach ungefähr 5 km kleine Straße links, die auf einige verstreut liegende Häuser auf der *Plaine de Rochers,* 1100 m Höhe, mündet. Schöne »bories« am Rand der Straße; dann Rückfahrt auf D. 12, D. 5: *Saint-Vallier-de-Thiey* (22 km von Gourdon), eine Sommerfrische inmitten von Kiefern. Grasse liegt auf der Route Napoléon 12 km entfernt; Blick von der Höhe auf die Stadt. Kleine Rundfahrt ungefähr 40 km; ganze Rundfahrt 70 km.

Jeden Morgen wird auf der malerischen Place aux Aires ein Blumenmarkt abgehalten, der der Hauptstadt der Parfümherstellung würdig ist. (Photo Fronval)

Der Talkessel der Siagne. – Wie der Loup fließt die Siagne, der andere küstennahe Fluß, in der Tiefe von Schluchten von unerwarteter Wildheit, nur wenige Kilometer vom übervölkerten Meeresufer entfernt. Aber im Gegensatz zum Talkessel des Loup ist der der Siagne sehr grün; in manchen Teilen kann man von Wäldern sprechen, die im übrigen nur von schwierig befahrbaren Wegen und seltenen kleinen Straßen durchzogen werden.
Man verläßt Grasse auf der Avenue du Général-de-Gaulle, D. 4, 6 km, *Cabris;* herrliche Aussicht auf eine Landschaft, die an Umbrien erinnert; 3 km weiter *Spéracèdes:* gleiche Lage inmitten von Zypressen und Olivenbäumen; schöne Wohnhäuser. D. 13, 7 km, *Saint-Cézaire-sur-Siagne:* ein am Rand eines Felsabsturzes von 300 m erbauter Ort, der hoch über der Siagne liegt; im Nordosten des Ortes befinden sich in einer Senke drei Bauwerke aus Steinmauern ohne Mörtel mit Kuppeln, eine Art »bories«, bei denen es sich um Brunnen aus der römischen Zeit handeln soll; sechs weitere runde Löcher, die das Wasser bis zum Rand füllt, öffnen sich im Boden. 3 km nordöstlich von Saint-Cézaire (Beschilderung) gibt es Höhlen, die man besichtigen kann: die unterirdischen Verzweigungen sind sehr weitläufig, es gibt zahlreiche Versteinerungen in mannigfaltigen Formen, und die Wände sind zumeist von roter Farbe. – Von Saint-Cézaire fährt man bis in die Tiefe der Schluchten der Siagne auf der D. 105, dann D. 656, eine schöne Hangstrecke unter immergrünen Eichen; am Ende der Talsohle überquert man die Siagnole, einen Wildbach; wenig später kündigt eine Tafel »Römische Ruinen« an: Es handelt sich um die sehr gut erhaltenen Überreste eines Aquädukts. Man kehrt auf dem gleichen Weg zurück, um dann links auf die D. 56 abzubiegen, die bis zum Rand des Hochplateaus ansteigt, wo sich das Dorf *Mons* ausbreitet (22 km von Saint-Cézaire), ungewöhnlicher Aussichtspunkt, von dem aus man (bei klarem Wetter) bis Korsika sehen kann; dieser Ort ist den Immobilienmaklern nicht unbekannt geblieben. – N. 563, Col d'Avaye, 8 km, Domäne von *Borrigaille,* ein an den Jagdverband von Var verpachtetes Gehege, um Hirsche, Damhirsche, Mufflons und andere Tie-

---

GESCHICHTE DER PARFÜMIERTEN HANDSCHUHE

Grasse lag eines Tages auf dem Weg der Katharina von Medici. Die Königin, die sich mit Alchimisten umgab, verlor einen von ihnen beim Durchzug durch die Stadt. Die Landschaft um Grasse weist viele Ähnlichkeiten mit der Toskana auf; ihr Zauber und ihre Blumen waren wahrscheinlich für diesen neuen Gast entscheidend. Vielleicht gab es auch schon Destillateure; aber Signor Tombarelli wurde der erste »Parfümeur«, dessen Namen man kennt. 1729 erhielt die Zunft der Handschuhmacher und Parfümeure ihre Statuten vom Parlament. Bestimmt hat die Mode der parfümierten Handschuhe zum Start der Parfümindustrie in Grasse beigetragen.

Der wichtigste Markt für die Erzeugnisse aus Grasse wurde zu jener Zeit die Messe von Beaucaire, denn dies war der Ort der Begegnung und des Austausches zwischen den Ländern des Nordens und denen des Mittelmeers.
Die Herstellung von Parfüms überstieg nicht die des Olivenöls oder der Seifen, mit denen sie sich verband, als die Gerberei unterging. Aber die Angliederung von Nizza an Frankreich im vorigen Jahrhundert führte zu einem Niedergang der Ölindustrie, und die Mühlen, die entlang dem Gebirgsfluß Riou, der durch die alte Stadt floß, kaskadenartig angelegt waren, verschwanden. Um Grasse einen Lebensunterhalt zu bieten, blieben nur noch die »Fabriken für Wachs, Pomaden, Essenzen, Seifen und Parfüms«, die im ganzen Königreich bekannt wurden und bald den ganzen Planeten erobern sollten ...

JEAN CHABERT
»Chemins de France –
Routes du Monde« 1967

re wieder heimisch zu machen (Besuch Samstag und Montag). 5 km weiter *Fayence* (siehe Angaben unter Draguignan). - D. 19, N. 562, 8 km, D. 37 rechts, die einen Arm des *Lac de St.-Cassien* überquert, ein Stausee mit stark ausgebuchteten Ufern, größer als der von Malpasset, den er ersetzt. D. 38 links, die die mit Kiefern bedeckten Hänge des *Tanneron* emporsteigt und dann dem Kamm am Rand der 1970 verbrannten Flächen folgt. Man gelangt auf der D. 509 und D. 9 schnell auf die Ebene von Grasse. Rechts in der Nähe eines Baches die Kapelle *Notre-Dame de Valcluse*, in italienischem Stil. Gesamte Rundfahrt ungefähr 90 km.
Richtung Küste. - Zwischen den beiden Nationalstraßen: N. 85 nach Villeneuve-Loubet und Nizza, N. 567 nach Cannes, ermöglichen es mehrere Straßen zweiter Ordnung, von Grasse aus an die Küste vorzustoßen; man fährt zwischen grünen Hügeln hindurch und berührt *Opio* inmitten von Weinbergen, *Plascassier*, wo Jasmin und Rosen angebaut werden (in der Nähe der berühmten Privatsiedlung Castellaras - Zutritt nicht erlaubt) und *Mougins*, inmitten von Zypressen auf einer Bergkuppe zusammengekauert.

Lage: 06130 Alpes-Maritimes. Höhe: 330 m. 915 km Paris, 17 km Cannes, 117 km Digne, 56 km Draguignan, 40 km Nizza, 140 km Toulon.

Informationen: S. I., place Foux, Tel. (93) 36 03 56.

Besichtigungen mit Vorträgen: 1. Juli bis 15. September, Besichtigung der Stadt (täglich).

Unterkunft: 24 Hotels, darunter 1 ***; Camping: 3 Plätze, darunter 1 ***; *Mougins*, Relais de Campagne, »Le Moulin«.
Restaurants: s. Auswahl S. 249

Feste: April, Internationale Autorallye; Mai, Internationale Motorrad-Geländefahrt; Anfang August, Fest des Jasmins, »Jasminade«; Oktober, Auto-Küstenrennen.

Andenken: Parfümessenzen, Seifen, kandierte Früchte, »Fougassettes«. In *Tourette-sur-Loup*, bedeutendes Zentrum der Handweberei.

PARFÜMS AUS GRASSE: EINIGE ZAHLEN

Um ein Kilo Essenz zu erhalten, braucht man:
10 000 kg Blütenblätter von Rosen oder Jasmin (und man braucht 8000 bis 10 000 Jasminblüten, um ein Kilo Blütenblätter zu erhalten),
1 000 kg Orangenblüten,
500 kg Kamillenblüten,
600 kg Geranienblüten,
330 kg getrocknete Patschuliblätter,
125—175 kg Lavendelblätter usw. ...

Örtliche Erzeugung: (Zahlen von 1970) ungefähr 300 000 kg von jeder der folgenden Arten: Jasmin, Dijonröschen, Orangenblüten, Veilchenblätter;
160 000 kg Ginster; 100 000 kg Mimosen; 88 000 kg Narzissen.

Werte in Zahlen, abgerundet (1971): 50 Millionen Francs (+13 % im Verhältnis zu 1970; drei Jahre hintereinander hat der Zuwachs 10 % überschritten). Von dieser Gesamtsumme stellt der Zweig der grundlegenden Aromen einen Betrag von 43 Millionen Francs dar; die Exporte belaufen sich auf rund 60 %.

Die Hauptabnehmer von Grasse sind: Vereinigte Staaten, Japan, Großbritannien, Bundesrepublik Deutschland, Schweiz, Italien, UdSSR, Spanien.
Die Hauptlieferanten von exotischen Blumen und Pflanzen sind:
Italien, China, die Insel Réunion, Vereinigte Staaten, Bulgarien, Marokko, die Komoren, UdSSR, Brasilien, Madagaskar.

Neue Produkte:
Der Leiter des wichtigsten Forschungslaboratoriums hat erklärt: »Wir entwickeln jedes Jahr dreihundert neue Produkte, aber nach den Tests, dem Urteil der ›Nasen‹ (Spezialisten, die die einzelnen Kompositionen prüfen, indem sie jeden Duft von einem kleinen Papierstreifen einatmen) und der Prüfung der Gestehungskosten, bleiben nur wenige verwertbar.«

Gréolières

■ Soll man sich beklagen oder sich freuen, sich entrüsten oder jubeln? Zwischen dem Tal des Var im Norden und der Route Napoléon (Abschnitt Castellane–Grasse) im Süden gibt es ein weiträumiges, vergessenes Viereck, eine Art wirklich »natürlichen« Reservats. Es handelt sich um *Le Pays des clues de Provence* (siehe auch Angaben unter Castellane), so genannt, weil die Flüsse, die in seinem Gebiet entspringen, sich einen Durchgang – eine »Klause« – durch die schwachen Stellen der Kalksteinschichten erzwingen müssen, die das Land in mehrere abgeschlossene Talkessel aufteilen. Ringsum nichts als Lärchenwälder, blühende Wiesen, Forellenbäche und steile Felshänge. Und die Stille!
Keine Straße, nur unterhaltene, befahrbare Wege, aber stark gewunden, wo sie dem Lauf eines Baches folgen oder außer Atem geraten, um auf einen Paß zu gelangen, der weiß Gott wohin führt. Ganz gewiß keine Stadt, nichts als rosa oder braune kleine Marktflecken, um ihren Glockenturm gedrängt, Weiler, deren Namen ihren Ursprung zu veranschaulichen scheinen: Caille, Soleilhas, Sigale, Aiglun, Coursegoules, Pierrefeu ...
Inmitten dieses kleinen Paradieses ein Dorf: Gréolières. Seine Lage auf 810 m Höhe ist außergewöhnlich, auf einem Felsüberhang, der 250 m über dem Loup aufsteigt, der 2 km weiter talwärts in die wegen ihrer Wildheit berühmten Schluchten hinabstürzt (siehe Angaben unter Grasse).
Und schon wurde Gréolières zu »Gréolières-les-Loisirs« befördert. Eine Straße von 11 km Länge führt bis auf den nächsten Kamm, den Cheiron, und dort errichtet man in 1450 m Höhe *Gréolières-les-Neiges,* »den südlichsten der alpinen Wintersportorte«: dreißig angelegte Pisten, vierzig Kilometer Abfahrten von den alpinen Sportplätzen, natürlich mit »Häusern mit allem Komfort«.

Name: »aire des corneilles« (vom provenzalischen »graulo«).

Lage: 06620 (Bar-sur-le-Loup) Alpes-Maritimes. Höhe: 810 m im Dorf, 1425–1800 m in Gréolières-les-Neiges. 842 km Paris, 46 km Castellane, 29 km Grasse, 50 km Nizza.

Informationen: Tourisme, Tel. (93) 71 08.

Unterkunft: 2 Hotels *; Zimmervermietungen und Hotelprojekt in Gréolières-les-Neiges.

Gréoux-les-Bains

■ Der Tourist, der diesen fein herausgeputzten Ort mit seinen Wohnanlagen, Pensionen und neuen, weißen Hotels entdeckt, kann sich nicht vorstellen, daß er noch 1960 seit vielen Jahren in völligem Vergessen versunken war. Die Kurgäste hatten die altmodischen Anlagen im Stich gelassen.
Dabei wurde das Wasser der »Griselis-Quelle« schon lange vor dem Erscheinen der Römer in der Provence geschätzt. Seine Fassung machte aus Gréoux den ältesten Thermalort Europas, der noch in Betrieb ist. Hier wurden schon immer Arthrosen, Arthritis, rheumatische Beschwerden und traumatische Schädigungen der Knochen und Gelenke behandelt.
Glücklicherweise hat die »Chaîne thermale du Soleil« die gesamte Renovierung von Gréoux in die Hand genommen. Wie in Barbotan, Eugénie oder Saint-Christau, andere Glieder dieser Kette, hat man die Modernisierung der technischen, thermalen und medizinischen Anlagen (vorgesehen sind 15 000 Kurgäste) mit der Errichtung verschiedener Unterkunftsmöglichkeiten und der Schaffung sportlicher Anlagen für die Zerstreuung der Touristen in Angriff genommen. Daher diese angenehme, freundliche Atmosphäre. Ein alter Ort, gekrönt von den Überresten der Stadtbefestigung und den Ruinen eines Schlosses der Tempelritter, liegt in beherrschender Stellung über der Thermalstation.
Eine Schule für Segeln, Motorbootfahren und Wasserskilaufen gibt es in *Esparron,* 13 km östlich von Gréoux auf der N. 552 und auf einer neuen Straße, die Ausblicke auf den See bietet.

Name: Grisellicis, Nymphen, denen die Quelle geweiht war (gallo-römisch) oder noch früher Gresum, »Schmerz«, um auf das heilkräftige Wasser hinzuweisen.

Lage: 04800 Alpes-de-Haute-Provence. Höhe 360 m. 780 km Paris, 50 km Aix, 80 km Castellane, 62 km Digne, 15 km Manosque, 80 km Marseille, 35 km Moustiers-Ste.-Marie.

Informationen: S. I., in der Bürgermeisterei, Tel. (92) 78 00 25. Chaîne thermale du Soleil, 32, avenue de l'Opéra, 75002 Paris, Tel. 0 73 67 91.

Unterkunft: 8 Hotels, darunter 1 ***; Camping: 1 Platz **.

Kursaison: 15. Mai — 15. Oktober.

Grignan

■ »Die Kälte vertreibt mich«: Das waren die Worte der Marie de Rabutin-Chantal, Marquise de Sévigné. Guter Vorwand für jemand, der den Wunsch hat, die »sanfte Wärme« der provenzalischen Sonne zu genießen.
Gutes Klima, üppige Tafel (die Marquise ließ sich weitschweifig über dieses Thema aus; heute ist dieses Land das der Trüffeln, der gebratenen Lämmer, der Drosselpasteten, des aromatischen Honigs usw.) und vor allem ein wunderbares Haus, das für uns fast unversehrt in seiner ehemaligen Pracht wiedererstanden ist.
Das Schloß liegt auf einer hohen flachen Kuppe, die die Form einer Terrasse hat und deren Basis aus der Ferne wie eine Ringmauer aussieht. Eine majestätische Fassade aus drei Stockwerken, »Fassade Franz I.« genannt, ist beispielhaft für die Grazie und das Maß der frühen Renaissance. Weiter hinten verlängert die Cour du Couchant dieses harmonische Gleichgewicht mit ihren Fenstern mit doppelten Fensterkreuzen, den schlanken Säulen mit ziselierten Kapitellen und einer Unzahl hoch aufragender Schornsteine; die Wasserspeier des linken Gebäudes veranschaulichen die sieben Todsünden, aber die stammen aus dem Jahr 1920. Das anmutigste Element bieten die Linien der Balustraden, hier gerade, dort einwärts gebogen und woanders vorspringend, wodurch die Kante der riesigen Terrasse noch hervorgehoben wird, und dies alles mit dem Blick auf eine friedliche Landschaft voller Sanftheit und Ausgewogenheit.
Diese riesige Terrasse bildet auch das Dach der halb unterirdischen Kirche: ein gotisches, nüchternes, fast kahles Gebäude.
In der Stadt interessantes Museum mit Andenken, Bildern und zahlreichen tatsächlich aus dem Schloß stammenden Gegenständen.

Lage: 26230 Drôme. Höhe: 200 m. 630 km Paris, 55 km Carpentras, 28 km Montélimar, 40 km Orange.

Informationen: S. I., Tel. (75) 38.

Hyères

■ Nach seiner Ausdehnung ist Hyères die viertgrößte Gemeinde Frankreichs. Dieses Gebiet bildet eine Art verkleinerter Provence. Dort findet man alle Elemente der Geographie, der Geschichte und des mediterranen Tourismus.
Von der Küste ein wenig zurückgezogen, drängt sich ein alter Stadtkern mit den Resten seiner Stadtmauer auf einer Kuppe zusammen. Enge Straßen, so eng, daß die Auslagen der Läden sich fast berühren, führen durch Ausfallpforten zu einer von einem Turm flankierten Kirche der Tempelritter. Auf der einzigen Terrasse kann man auf einer Orientierungstafel die mannigfaltigen Aspekte der Landschaft erkennen.

35 km Sand

Eine der typischen Städte hat sich entlang der Straße und der Eisenbahn am Fuß der hochgelegenen alten Stadt entwickelt. Das Kasino, das Rathaus, das archäologische Museum, Hotels, die mit ihrem Alter prahlen, und die unvermeidliche »English Church« veranschaulichen die Ferien, wie man sie in der Zeit zwischen den beiden Weltkriegen verbrachte. Schöne Palmenalleen, Plätze und Gärten (unter ihnen die wunderbaren Jardins Riquier mit ihren tropischen Pflanzenarten) verlocken zu Spaziergängen und würden für sich allein genügen, Hyères seinen Platz als »Stadt der Entspannung und der Erholung« zu sichern.
Strände – 35 km Sandstrände! – haben zur Gründung oder Entwicklung kleiner Satellitenorte geführt: *Hyères-Plage, Ayguade-Ceinturon, Berriau-Plage, Port-Pothuau* im Südosten, *La Capte* und der Port des Pesquiers auf der 4 km langen schmalen Halbinsel, die nach *Giens* draußen am Meer führt, schließlich *l'Almanarre,* gleich neben den Stränden von *Carqueirane.*
Zwei gebirgige kleine Massive, die *Maurettes* im Norden mit ihrem Aussichtsberg *Le Fenouillet* (291 m) und im Süden *Le Pic des Oiseaux* (304 m) fügen dem Ganzen jene zerklüftete Bodengestaltung hinzu, ohne die es keine provenzalische Landschaft gibt, und das gilt auch für den Hintergrund, in dem sich die steilen Hänge der Maures abzeichnen (siehe Angaben unter Bormes). Die Maurettes, die durch Waldbrände verwüstet wurden, sind in der Hauptsache von Macchia bedeckt. Aber die Höhenzüge der Oiseaux, die sich

Hyères (Les îles)

zwischen der alten Stadt und dem Meer erheben, haben sich große Kiefernwälder, Palmenhaine und grüne Gärten bewahrt, in deren Stille Kur- und Erholungshäuser entstanden sind.
Die fruchtbare Provence wird in Hyères durch die reichen Anpflanzungen im Tal des Gapeau vertreten, eines kleinen küstennahen Flusses, der einige der schönsten Obstgärten des Südens bewässert. Die Ernte besteht dort aus Äpfeln, Pfirsichen, Aprikosen, Muskatellertrauben, Melonen und anderen Früchten.
Ein Bild der Provence verlangt im übrigen auch noch einige historische Überbleibsel. In der Hinsicht bietet Hyères das Ausgrabungsgelände von *Almanarre:* Fundamente von Olbia, eine Kolonie Massalias aus der griechischen, dann römischen Epoche und unter dem Meeresspiegel, in der Nähe des Ufers, die Ruinen des alten Hafens und Andenken an die Besetzung durch die Sarazenen. Viele dieser Gegenstände sind im Museum ausgestellt. Das Mittelalter wird (abgesehen von den Überresten der Befestigungsanlagen) durch die Kirche Saint-Louis (beim Eingang zur alten Stadt) vertreten, ein Bauwerk aus dem 13. Jahrhundert, dessen allgemeiner Eindruck aber noch romanisch ist. Die moderne Kunst schließlich ist durch die Kapelle Notre-Dame de Consolation gegenwärtig, 1944 zerstört und unter starker Verwendung vielfarbiger Glasfliesen wieder aufgebaut.
Aber das schönste Kleinod der Gemeinde Hyères bilden zweifellos die drei Inseln Porquerolles, Port-Cros und Levant: die »îles d'Or« (Goldenen Inseln) Frédéric Mistrals.

Name: Olbia (massalitisch), Pomponiana (römisch).

Lage: 83400 Var. Höhe: 40 m. 840 km Paris, 92 km Aix, 116 km Cannes, 18 km Toulon, 84 km Marseille. Flugplatz Toulon-Hyères, Tel. (94) 65 10 40.

Informationen: S.I., place Georges-Clémenceau, Tel. (94) 65 18 55.

Unterkunft: 43 Hotels, darunter 2 **** und 5 ***; Camping: 17 Plätze, darunter 1 **** und 4 ***.

Kursaison: Ganzjährig.

Feste: April, Festival der Jungfilmer; Juli, Antiquitätenmesse; August, Knoblauchmesse.

Andenken: Zierpflanzen, Weine.

■ Der Archipel, den das Syndicat d'Initiative – den Dichtern folgend – »les îles d'Or« nennt, setzt sich aus drei Inseln und einigen Inselchen zusammen, die verwaltungsmäßig zur Gemeinde Hyères gehören:
Porquerolles, die ausgedehnteste und am stärksten bevölkerte; Port-Cros, die wildeste, von dem Inselchen Bagaud flankiert; Le Levant, sehr langgestreckt, von der zwei Drittel für die Allgemeinheit gesperrt sind.
Sie sind der obere Teil des Kammes einer unter Wasser abgesunkenen Faltung der Maures, genau parallel mit den drei anderen, die das Massiv auf dem Festland bilden (siehe Angaben unter Bormes). Man findet dort die gleichen Felswände aus grauem Kalkstein, aber hier ragt der Kamm nur 100, 150 und am höchsten Punkt (dem Gipfel von Port-Cros) 196 m über dem Meer empor. Man findet hier die gleiche Vegetation, die die Hänge mit einem gleichförmigen Mantel von Kiefern bedeckt, zu denen sich noch immergrüne Eichen und einige exotische Baumarten gesellen, manchmal eingeführt wie der Eukalyptus; die Feuchtigkeit des Meeres verbunden mit täglicher Sonneneinstrahlung verleiht dem pflanzlichen Gewebe eine Stärke, die in Anbetracht des armen Bodens überrascht: sogar der Rebstock findet es hier schwer, Nahrung zu finden.

Die Goldinseln

Die Südküste fällt überall steil ab. Die Felswände bilden hier winzige Buchten, über deren Boden kristallklares Wasser schimmert. Die weniger gegliederte Nordküste ist von breiten Buchten gesäumt, mit Stränden, deren Sand mit Kiefernnadeln vermischt ist.
Auf den höchsten Erhebungen scheinen Leuchttürme, Semaphore und Radaranlagen und auf den vorspringenden Kaps alte Festungen und Bastionen eines anderen Zeitalters, deren Mauern von den Wellen zernagt werden, dort hingesetzt zu sein, um die Schönheit der Landschaft noch hervorzuheben.
Denn diese Inseln sind schön, märchenhaft schön. Man ist versucht zu sagen: von überirdischer Schönheit.
Wie haben sich diese Oasen ihre Originalität bewahren können? Wieso sind diese dreitausend Hektar (insgesamt) von Felsen und Wäldern nicht vom Beton und von der Menge erdrückt worden, wie es – leider! – an der Küste von Gibraltar bis Neapel der Fall ist?

Kann dieses »Wunder« erhalten bleiben?
Die Geschichte, die Geographie und die »Umweltpolitik« der jüngsten Zeit geben die Antworten auf diese Fragen.
Die strategische Lage des Archipels ist so auffällig, daß sie im Verlauf der Jahrhunderte unweigerlich alle Mächte verlockt hat, die am Mittelmeer interessiert waren. Die ausgezeichneten Ankergründe insbesondere von Porquerolles haben Flotten unter den verschiedensten Flaggen vor Anker gehen sehen. Die Korsaren aus den barbaresken Staaten, Nachfolger jener Männer, die man die »Sarazenen« nannte, selbstverständlich aber auch die Spanier, Holländer, Türken und Engländer haben verschiedentlich versucht, Toulon zu blockieren und den Handel von Marseille zu stören... Aber keiner der Angreifer blieb lange Zeit in diesem Seegebiet: Frankreich war wachsam, und vor allem sind die Inseln nicht zu besiedeln. Wasser ist selten, der Boden arm. Ein Siedlungsversuch lothringischer Bauern mißlang; in einem Bericht aus dem Jahr 1774 heißt es: »Auf Porquerolles leben noch einige Bauernfamilien, aber sie sind so elend, und ihre Zahl ist so gering, daß es nicht der Mühe wert ist, von ihnen zu sprechen.«

Geschützte Natur

In den Augen zahlreicher Immobilienmakler und geschäftiger Vertreter der Touristik stellte die Nicht-Ausbeutung dieses »Paradieses« ganz einfach einen Skandal dar. In den sechziger Jahren wurde der Druck auf die letzten Erben von Porquerolles und Port-Cros immer stärker, und es war zu befürchten, daß die Inseln ihre letzten Jahre des Friedens erlebten. Aber es war die Zeit, in der man die Verteidigung der Natur und der Umwelt endlich ernst nahm: Der Staat reagierte klug und schnell. Im Dezember 1963 erklärte das Landwirtschaftsministerium Port-Cros zum »Nationalpark«. Im Januar 1971 ging Porquerolles, für 30 Millionen Francs erworben, in Staatsbesitz über, und das Umweltministerium verfaßte ein Statut, das, ohne die Insel als »Naturschutzpark« einzustufen, einen vollkommenen Schutz darstellte, wobei das Leben von rund zweihundert Bewohnern erleichtert und für die Bedürfnisse von viertausend Besuchern täglich im Sommer gesorgt wurde.

Porquerolles

Man landet in einem kleinen Hafen, der kürzlich vergrößert und für die Aufnahme von Sportbooten eingerichtet wurde. Die Zufahrten sind eher enttäuschend, von vernachlässigten Militäranlagen verbaut und von Abfall jeder Art übersät. Die Häuser des benachbarten Ortes haben weder Stil, noch sind sie hübsch. Nur der schattige Platz in der Mitte mit seinen Läden unter Säulengängen und seinen Hotels mit den Terrassen voller Blumen hat einen gewissen Charakter, den manche nicht zögern, als »mexikanisch« zu bezeichnen. Auf der Insel gibt es neunzig Autos, aber diese Zahl soll stark herabgesetzt werden; diese Fahrzeuge sollen nach und nach durch elektrisch betriebene Wagen ersetzt werden. Die Hotels verleihen Fahrräder oder stellen sie zur Verfügung, aber jenseits der letzten Häuser sind die Straßen nicht mehr asphaltiert, und man muß eine ziemlich zerklüftete Küste hinter sich bringen, um zu den Aussichtspunkten zu gelangen: Der Semaphor und der Mont des Salins im Südosten, die Landzunge von Galéasson und der Gros Mur du Nord an der Ostküste, der Eichenwald und der Mont de Tiélo im Südwesten, die Landzunge des Grand Langoustier und ihr zu Ruinen zerfallenes Fort an der äußersten Westspitze.
Es gibt keine Straße, keine Piste, die um die ganze Insel herumführen. Nur auf Pfaden gelangt man zu sehr wilden kleinen Buchten. Es kommt auch vor, daß man auf ein Macchia-Gestrüpp stößt, dessen Dornen es unpassierbar machen. Aber eine viertel, eine halbe Stunde zu Fuß von der Anlegestelle entfernt liegen die wunderbaren Strände Plage d'Argent, de l'Aiguadon im Westen, de la Courtade, de Notre-Dame und die Landzunge von Alycastre.
Das außerordentlich klare Wasser eignet sich gut für Fischfang und Beobachtungen unter Wasser. Schwämme und Korallen bedecken den Meeresgrund.
In der Mitte der Insel gibt es einige Felder, auf denen Frühgemüse, Trauben und Blumen angebaut werden. Man kultiviert auch Orangen-, Zitronen- und Mandarinenbäume, jedoch auf dürftigen Flächen. Wohlriechende Macchia hat wie auf Korsika die nicht mehr unter Kultur stehenden Böden erobert. Das Zirpen der Zikaden be-

In Porquerolles, einem kleinen vergessenen Paradies, seit dem Ankauf durch den Staat unter Naturschutz, gibt es noch einsame Strände.

gleitet den Spaziergänger, nur in der Gegend der Südküste vom Schrei der Sturmschwalben und der Seemöwen übertönt.

Port-Cros

Die Insel ist kleiner und geschlossener als Porquerolles: 4,5 km in der Längsausdehnung – verglichen mit 7,5 km – und 2 km breit. Die Bodengestalt mit den drei höchsten Erhebungen von 143 m, 194 m und 196 m ist abwechslungsreicher; hinzu kommt ein kleiner Paß von 115 m, über den die Piste von der Anlegestelle von Port-Cros im Nordwesten zum Ankergrund von Port-Man im Nordosten führt.
Ins Innere der Insel gelangt man auf Pfaden, die in den tief eingeschnittenen kleinen Tälern entlangführen, im Halbdunkel einer ungewöhnlichen baumartigen Macchia, in der Mastixbäume, Sandbeerbäume und Heidekraut in halber Höhe der Aleppo-Kiefern ein Gewölbe bilden. Diese dichte, hochgewachsene Macchia, wie es sie woanders am Mittelmeer nicht mehr gibt, ist auf beiden Seiten des Weges undurchdringlich; hier und da weicht sie vor düsteren Gehölzen aus Steineichen zurück und reißt auch zuweilen jäh auf, wobei sie große, lichtüberflutete Durchblicke auf den Meereshorizont oder auf die alten, die Insel beherrschenden Forts und auf die in der Sonne schimmernden Kämme bietet.
Andere Wege führen zu den Gipfeln der hohen Felswand im Süden, Bereich der Seemöwen und der Schopf-Kormorane. In Port-Cros begegnet man auch Blaudrosseln, Wanderfalken – zwei sehr seltenen Arten – und in der Zeit des Vogelzugs Sperlingsvögeln, Turteltauben, Ringeltauben und sogar rosa Flamingos.
Die Einstufung von Port-Cros als Nationalpark bezieht sich auf das Seegebiet um die Insel und die benachbarten kleinen Inseln auf eine Entfernung von 600 m. Dieses Gebiet birgt eine interessante Fauna und Flora: Fische in den Felsenhöhlen, für diese Gegend eigentümliche Algenarten usw. Diese biologischen Reichtümer sind Gegenstand verschiedener Schutzmaßnahmen: Verbot des Fischens mit Luftdruck-Harpunen und der Verwendung von Grundschleppnetzen, Geschwindigkeitsbeschränkung für Schiffe, aber Schwimmen und Unterwassertauchen bleiben selbstverständlich erlaubt.
Camping und Aufenthalt außerhalb

der beiden Hotels sind untersagt, ebenso wie natürlich die Beschädigung von Pflanzen und offene Feuer.

Ile du Levant

Ein schmaler felsiger Kamm, der auf 8 km Länge Höhen zwischen 100 und 140 m erreicht. Die Insel ist nicht breiter als 1 km. Diese Messerschneide hat viel weniger Vegetation als die reicher gegliederten Nachbarinseln.
Die ganze Mitte und der Norden der Insel Levant gehören der Marine, die dort eine Versuchsstation für Lenkwaffen eingerichtet hat. Seit vielen Jahren hat man durch Eingaben und verschiedenartige Druckmittel vergeblich versucht, vom Staat die Auflösung dieser Marinestation zu erreichen.
Daher steht nur der südwestliche Teil der Insel den Touristen zur Verfügung, aber dieser Teil ist auch fast ausschließlich die Domäne der Anhänger der Freikörperkultur, die dort am Busen dieser unberührten Natur und unter der stets großzügigen Sonne einfache, gesunde Freuden finden. Das Zentrum dieser FKK ist *Héliopolis,* von Dr. Durville gegründet, das internationalen Ruf genießt.

Name: Archipel der Stoechades (griechisch). Porquerolles war früher Prote (die »erste« oder »größere«); Port-Cros, Messe (»mittlere«); Le Levant, Hypea (die »kleinere«). Aureoe Insuleo in der Zeit der Renaissance, »Iles d'Or« (Goldinseln).

Lage: Porquerolles, Zufahrt über La Tour Fondue (äußerster Punkt der Halbinsel Giens), Fahrt 20 Minuten; über Hyères-Plage, 1 Stunde 15 Minuten; Toulon, 1 Stunde 30 Minuten (nur Dienstag); Le Lavandou, 1 Stunde (nur Dienstag); Cavalaire, 3 Stunden (nur Dienstag). *Port-Cros:* über Le Lavandou, 35 Minuten; Hyères-Plage, 1 Stunde 30 Minuten; Cavalaire, 2 Stunden.

Ile du Levant (Héliopolis): Le Lavandou, 35 Minuten: Hyères-Plage, 1 Stunde 30 Minuten; Cavalaire, 1 Stunde 30 Minuten; Port-Cros, 30 Minuten.

Informationen: S.I. in Hyères-Ville, place Georges-Clémenceau, Tel. (94) 56 18 55.

Unterkunft: Porquerolles: 9 Hotels, darunter 2 ***; *Port-Cros:* 1 Hotel *** und 1 Restaurant; *Levant:* 1 Hotel * und Restaurants.
Restaurants: s. Auswahl S. 249

Levens

■ 23 km von der Promenade des Anglais entfernt lebt Levens in der reinen Luft seiner Höhe von 600 m.
Es ist einer dieser zahlreichen Orte im Hinterland von Nizza, die wie Adlerhorste auf der Höhe liegen. In gewisser Weise ist er sogar wegen seiner Lage und seiner zauberhaften Umgebung, aber auch wegen der Probleme der Entwicklung und des Umweltschutzes, die sich diesen Gemeinden stellen, die die Flut der Urbanisierung steigen sehen, ein Prototyp.
Bisher haben die von Blumen umstandenen Zweitwohnsitze, die sich einige glückliche Bewohner von Nizza geschaffen haben, die Lieblichkeit dieses Ortes nicht beeinträchtigt, der, wenn er nur ein wenig in der Geschichte zurückgeht, sich noch an die Zeit erinnern wird, in der man die Barbaresken fürchtete.
Ein herrliches Schwimmbad mit olympischen Maßen liegt auf dem Gipfel des Bergkegels. Von dort aus können die Schwimmer die Abhänge der plötzlich sehr nahen Bergketten betrachten. Gleich unterhalb des Ortes beginnen die wilden Schluchten der Vésubie. Immerhin liegt das Tal des Var, durch einen Felsvorsprung geringerer Höhe getarnt, nur ein kurzes Stück entfernt, dieses untere Tal des Var, dessen Entwicklung rasch voranschreitet und zu Diskussionen und Vorwürfen, zu Plänen und Gegenplänen Anlaß gibt.
Man muß das Rathaus von Levens besuchen. Die Wände des Rathaussaales sind mit naiven, reizenden Fresken bedeckt, die Louis Dussour 1958 geschaffen hat und in denen er die Geschichte des hier geborenen André Masséna schildert, der 1789 Feldwebel bei den Königlichen Jägern der Provence wurde und als Marschall von Frankreich, Herzog von Rivoli und Fürst von Essling starb!
Die Straße D.19 fällt auf die Vésubie zu steil ab: ein schwindelerregender Blick auf die Schluchten am Ortsausgang des Weilers *Duranus.* Diese Stelle heißt »Saut des Français«, zur Erinnerung an eine Gruppe republikanischer Soldaten, die von den »Barbets«, Königstreuen aus dem Süden, in den Abgrund getrieben wurden.

Lage: 06720 Alpes-Maritimes. Höhe: 570 m. 950 km Paris, 24 km Nizza, 38 km St.-Martin-Vésubie.

Informationen: S.I., Rathaus, Tel. (93) 22.

Unterkunft: Einige Hotels und Pensionen.

Lourmarin

■ Die Straße N. 543, Apt–Aix, ist die einzige, auf der man im Wagen die eindrucksvolle Kette des Luberon (siehe Angabe unter Oppède-le-Vieux) durchqueren kann. Sie folgt einer schmalen Schlucht, die nach dem Marktflecken heißt, der an ihrem südlichen Zugang liegt: Lourmarin. Dort tragen am Fuß der Berge, in einer üppig-grünen Landschaft zwei Hügel das Dorf und das Schloß von Lourmarin. Das alles wirkt sehr harmonisch.
Viereckige Türme, Gebäude mit scharfen Kanten, und eine Ringmauer, von Efeu überwuchert, verleihen dem Schloß ein strenges Aussehen. Dieser erste Eindruck verflüchtigt sich sehr bald, wenn man das Innere betritt. Der Hauptteil des Bauwerkes besitzt die Nüchternheit, das Maß und die Eleganz, die für die Zeit der ersten Renaissance charakteristisch sind; es wurde 1540 errichtet.

Internationales Zentrum

Wunderbare Terrassengärten, von kleinen Wasseranlagen unterbrochen, von Balustraden und Blumenschalen gesäumt, bilden einen reizenden Rahmen für dieses Schloß, das man zuweilen als das »Haus Medici der Provence« bezeichnet. Die Akademie von Aix, die durch ein Legat des Industriellen Robert Laurent-Vibert Eigentümerin wurde, empfängt in Lourmarin Künstler und Schriftsteller und organisiert internationale Begegnungen von hohem Niveau.
Die Allgemeinheit kann einen großen Teil der Räume besichtigen (täglich mit Ausnahme des Dienstags im Winter). Sie vermag so den Geschmack zu bewundern, der die Restaurierung, die Dekoration und die Einrichtung bestimmt hat (alte provenzalische Möbel, sehr geschickt angelegte Treppen, gewaltige Kamine usw.).
In einem der letzten Häuser des Ortes an der Straße nach Apt auf der linken Seite wurde 1775 Philippe de Girard geboren, insbesondere Erfinder der Flachsspinnmaschine und der Expansionsdampfmaschine. Ein kleines technisches Museum erinnert an die Tätigkeit dieses bedeutenden Industriepioniers.
Man kann Lourmarin auch als Ausgangspunkt für kurze Ausflüge durch die grüne Landschaft des sanft gewellten Geländes nehmen, das sich zwischen dem Luberon und der Durance erstreckt.

Ansouis

10 km südöstlich von Lourmarin auf der ländlichen D. 135, einige Kilometer mehr auf dem Weg über *Cucuron*, unmittelbar am Fuß des Berges (Turm mit aufgesetztem Glockenstuhl, interessante Kirche, kleines befestigtes Schloß auf einem Felsen hockend) liegt Ansouis, ein winziges Dorf, zusammengedrängt unter einem felsigen Kegel, dessen Gipfel, zu einer Terrasse planiert, eins der schönsten Schlösser der Provence trägt (Besichtigung täglich, nur am Nachmittag).
Die Fassade im Stil Ludwigs XIII. weist eine schöne Ebenmäßigkeit auf, dazu ein sehr schwungvolles Portal mit Pfeilern aus Kragsteinen, die einen Giebel mit Spiralornamenten tragen. Die hängenden Gärten sind mit großen Decken im Stil von Versailles geschmückt und mit komplizierten Arabesken aus gestutzten Buchsbäumen verziert. Die Inneneinrichtung ist von raffinierter Eleganz. Dreißig Jahre lang wurde dieses prächtige Bauwerk mit großer Ausdauer und Liebe unter der Leitung und unter persönlicher Verantwortung des Herzogs und der Herzogin von Sabran-Ponteves restauriert, Erhalter eines Besitzes, der dem Haus Sabran 1178 als Erbgut zufiel!
Die romanische Kirche ist in die alte Burg eingebaut, deren Mauer aus unverputzten Steinen die Fassade bildet. Man betritt sie auf breiten halbrunden Stufen, die von einer ganz mittelalterlichen Unebenheit sind. Das Gotteshaus birgt die Reliquien-Büsten des heiligen Elzéar und der heiligen Delphine, Graf und Gräfin Sabran im 13. Jahrhundert, deren erbauliches Leben sich in Ansouis abspielte.

Die Tour-d'Aigues

6 km östlich von Ansouis liegt ein großer Marktflecken verschlafen im Schatten seiner Platanen. Dort entdeckt man voller Erstaunen sehr seltsame Ruinen. Auf der einen Seite des großen Platzes erhebt sich ein herrlicher Säulengang im klassischen Stil. Es handelt sich nicht, wie man annehmen könnte, um einen Triumphbogen, sondern um den monumentalen Eingang zu dem einstmals grandiosesten privaten Gebäude im Renaissancestil. 1792 durch einen Brand zerstört, sind von ihm außer diesem Säulengang nur noch Lusthäuschen ohne Interesse übriggeblieben.

Man erzählt sich, daß der Baron de Cental dieses Palais um das Jahr 1570 in der Hoffnung erbauen ließ, dort die Königin Margot zu empfangen, in die er wahnsinnig verliebt war ... Er hat dort vergeblich gewartet.

4 km nordwestlich von La Tour-d'Aigues bildet ein großer Stausee, *Etang de la Bonde* genannt, von Landhäuschen und Hütten gesäumt, ein angenehmes Ausflugsziel.

Die untere Durance

Das »Quellwasser«, von Giono geschildert, von Béart besungen, ist ganz entschieden nur noch eine Erinnerung... Der Flußlauf, der zwischen den Kieseln dahingleitet, hat nur noch eine entfernte Beziehung zu dem ungestümen Wasser, das einen Abglanz der alpinen Gletscher und der Wildbäche der Haute-Provence bis in die Niederungen brachte. Serre-Ponçon, Castillon, St.-Laurent-du-Verdon und zehn andere Anlagen von geringeren Ausmaßen haben die stürmische Kraft der Natur gebrochen. Aix und Marseille müssen mit Trinkwasser versorgt werden, die Turbinen der Werke in Berre und Fos müssen sich drehen, die Atommeiler von Cadarache brauchen Kühlwasser und die neu angelegten Wiesen und Gemüsegärten von La Crau müssen bewässert werden. Eingedeicht, kanalisiert, von unterirdischen Rinnen geleitet, findet die Durance zu ihrem alten Lauf zurück und wirft sich in das Mittelmeer, wobei sie der Rhone ein dünnes Rinnsal, wie zur Erinnerung, zukommen läßt.

Die Landschaft in der Höhe des Luberon hat sich dadurch verändert. Verschönert wurde sie nicht. Der neue Kanal, »Canal de Provence« genannt, der eben mit seinen Betonböschungen dahinfließt, wirkt fehl am Ort, in der Nachbarschaft des riesigen Kiesbettes, das er durchzieht, und in dem Unkraut und Weidenbüsche an die Umrisse früherer Inseln erinnern.

In der Nähe von Lourmarin wirkt dieser neue Anblick des Tals besonders überraschend, entweder von der Brücke von Cadenet (8 km südlich), den die N. 543 überquert, oder in der einen oder anderen Richtung am linken Ufer auf der N. 561.

2 km talwärts von der Brücke von Cadenet, ein kleines Stück unterhalb der Straße, liegt die alte *Abtei von Silvacane*. Die Abtei wird als eine der »drei Zisterzienser-Schwestern der Provence« bezeichnet, die anderen sind Sénanque und Le Thoronet (siehe Angaben unter diesen Namen).

Lage: 84160 (Cadenet) Vaucluse. Höhe: 220 m. 730 km Paris, 37 km Aix, 18 km Apt, 58 km Avignon, 53 km Manosque.

Informationen: Bürgermeisterei.

Unterkunft: 2 Hotels *; Camping: 1 Platz.

MANOSQUE

Lage: 04100 Alpes-de-Haute-Provence. Höhe: 387 m. 767 km Paris, 92 km Avignon, 57 km Digne, 100 km Gap, 84 km Marseille.

Informationen: S.I., place Dr. P. Joubert, Tel. (92) 72 16 00.

Unterkunft: Mehrere Hotels, darunter 2 *** und 1 Motel, route de Volx; Camping: 8 km entfernt, route d'Oraison.

MARSEILLE

Name: Massalia (Griechen aus Phokäa, 599 v. Chr.), Massilia (Römer, 1. Jahrhundert v. Chr.).

Lage: 13000 Bouches-du-Rhône. Höhe: Meeresufer. 771 km Paris, 314 km Lyon, 190 km Nizza (250 km auf der Küstenstraße), 125 km Nîmes. Internationaler Hafenbahnhof, Tel. (91) 62 49 99. SNCF: Autoreisezüge mit Liegewagen, Tel. (91) 50 18 07. Internationaler Flugplatz in Marignane: 9, avenue Général Leclerc, (003). Korsika-Linien (Autofähren): Cie Gle Transméditerranéenne, 61, boulevard des Dames, (002), Tel. (91) 20 88 75; Mittelmeer-Linien, Bureau du Port, 25 place de la Joliette, Tel. (91) 20 13 89.

Informationen: O.T. und Accueil de France, 4, Canebière (001), Tel. (91) 33 69 20. Hotelbestellungen: Telex 43681.

Unterkunft: Zahlreiche Hotels aller Kategorien, darunter 4 **** und 19 ***; Camping: 5 Plätze, darunter 3 ***. Zentrum für Meerestherapie. *Marignane:* 1 Motel »Novotel.«

Restaurants: s. Auswahl S. 249

Feste: Erste Hälfte April: Frühjahrsmesse »Promo-loisirs«; Ende September Anfang Oktober: Internationale Messe; Dezember: Messe der Santons (kleine Heiligenfiguren); 24. Dezember: Mitternachtsmesse. *Aubagne:* Mitte Juli — Mitte August: Monat der Keramiken und der Santons.

Andenken: Santons (kleine Heiligenfiguren).

Manosque

■ Gewiß, es ist die Stadt Jean Gionos, und einige Buchhändler besitzen noch seltene oder vergriffene Ausgaben dieses provenzalischen Vergil, dessen Dichtung uns in dieser Zeit der »Verseuchung« durch ihre lyrische Form ergreift. Aber schon mehrere Jahre vor seinem Tod im Jahr 1970 hatte dieser Dichter der bukolischen Provence seinem Entsetzen vor der Erstickung so echt menschlicher Städte wie dieser Ausdruck verliehen, die, bevor sie untergehen, von unpersönlichen Wohnblocks aus Beton belagert werden.
Glücklicherweise machen die alten Stadtviertel, die sich hinter einer doppelten Reihe von Platanen zurückziehen, rund wie die Ringmauer aus früherer Zeit, den Eindruck, ein wenig außerhalb der Zeit zu leben.
Das Tor Saunerie, das auf die Straße nach Aix hinausgeht, und das Tor Soubeyran, das man durchfährt, um auf »die Plateaus« zu gelangen, machen mit der über den Zinnen knatternden Fahne der Provence einen stolzen Eindruck. Die Bogenstellungen des ersteren haben etwas Maurisches. Ein hübscher Glockenstuhl krönt das zweite.

Merowingische Madonna?

Die ein wenig gewundene Rue Grande ist trotz ihres Namens recht schmal. Sie führt zunächst zur Kirche St.-Sauveur, die von einem hohen viereckigen Glokkenturm flankiert wird, dann zum schattigen, eigenartig geformten Platz vor dem Rathaus, wo einem ein hübscher Brunnen, ein Patrizierhaus aus dem 18. Jahrhundert, das seit seinem Bau als Bürgermeisterei dient, und die Kirche Notre-Dame auffallen. In der Kapelle des linken Seitenschiffes dieses Gotteshauses lächelt eine schöne »Madonna mit Kind« aus schwarzem Holz mit dem rätselhaften Zauber eines Buddhas. Die Krone, die merowingisch wirkt und diese Statue krönt, hat zu der Behauptung geführt, es handele sich um die älteste »schwarze Madonna« Frankreichs, aber manche Fachleute datieren sie auf das 12. Jahrhundert.
Man kann Manosque nicht verlassen, ohne den Gipfel wenigstens des einen der beiden Hügel zu besteigen, die über der Stadt aufragen. Im Süden liegt die *Colline de Toutes-Aures*, 466 m, die eine dem heiligen Pankratius geweihte Kapelle trägt. Im Norden der *Mont d'Or*, 528 m, mit prächtiger Aussicht.

Marseille

■ Das Nette an Marseille ist, daß man dort Gott und dem Teufel und noch vielen anderen Persönlichkeiten begegnet!

Das Herz der Stadt

Die Autobahn des Rhonetals wird von einer »Achse« verlängert, die vor einem 1833 errichteten pseudo-römischen Triumphbogen endet. Man befindet sich im Herzen der Stadt, in einem Zentrum, in dem gleichfalls mehrere Straßen aus Toulon und Nizza zusammenlaufen. Nur ein paar Schritte von den Stadtmauern entfernt, die man vom phokäischen Massalia wiedergefunden hat, bezeichnet die auf den Vieux Port mündende Canebière das Nervenzentrum der Innenstadt und die Nahtstelle zwischen zwei Welten.
La Canebière ist eine breite Verkehrsader ohne jeden Stil, die sanft abfällt und wie ein tosender Fluß einen unablässigen Strom von Fußgängern und Wagen mit sich führt. Auf beiden Seiten gibt es nichts weiter als schöne Geschäfte, große Kaufhäuser, Schiffahrtslinien und Fluggesellschaften und von Neonlichtern überstrahlte Kinos; ganz am unteren Ende liegt die *Maison du Tourisme*.
Der *Quai des Belges,* im rechten Winkel zur Canebière, führt am *Vieux Port* entlang. Hier scheint die Zeit nach einer anderen Uhr gemessen zu werden. Dies ist der Bereich der kleinen Kaufleute, der Menschen, die mit allem und nichts handeln: Gewürze, Eis und Leckerbissen, und am Morgen findet man dort die Fischhändlerinnen und Verkäuferinnen von Muscheln aller Art. Seit Jahren haben sie ihren Platz in der Sonne an einem rasch aufgeschlagenen Stand oder an mit Räderchen versehenen Kisten, die mit grellen Farben bemalt sind. Ein paar Zigeunerinnen in bunten Kleidern verkaufen Weidenkörbe und eine glückliche Zukunft. Schwarze haben auf einem Tuch Figuren aus Ebenholz ausgebreitet, und »Sidis« wandern nach alter Art von einer Gruppe zur anderen und bieten Teppiche an. Ein wenig im Hintergrund, den Fuß auf ihren Bootsstegen, rufen Matrosen und Kapitäne der Motorboote, die nach dem Château d'If auslaufen, die Touristen an und fordern sie in einer bildreichen Sprache auf, als handelte es sich um eine Fahrt zu einer Liebesinsel.
Das alte Lacydon, das Pytheas aufbre-

chen sah, ist heute ebenso wie gestern von Masten gespickt; die »Pointus« der Fischer, Hochseejachten, Schwertboote für Anfänger und die Fähre »Rive Neuve – St. Jean«, das archaische Fahrzeug des offiziellen Fährbetriebs!
Die Stadt hat sich um diese Wasserfläche herum aufgebaut, die tief in sie eindringt, und deren mächtiges Festungswerk – Fort St. Nicolas und Fort St. Jean – noch immer die Zufahrt zu verteidigen scheint.

Das alte Marseille

Am Nordufer des Vieux Port, das heißt, rechts, wenn man aufs Meer hinausblickt, bilden neue Wohnblocks in einem nüchternen Stil, der der Umgebung angepaßt ist, eine ununterbrochene Front den *Quai du Port* entlang. Nur in der Mitte unterbricht ein kleines Gebäude mit einer eleganten Fassade im Stil Genueser Paläste diese Linie: Das *Hôtel de Ville*, 1674 fertiggestellt, eins der wenigen Gebäude, das von der Besatzungsmacht 1943 anläßlich der systematischen Zerstörung der alten, damals ungesunden und übel berüchtigten Stadtteile, Zufluchtsort der französischen Widerstandskämpfer und der deutschen Deserteure, verschont wurde. Schüchtern über den Dächern aufragend ein kleiner spitzer Glockenturm zur Kirche Notre-Dame des Accoules gehörend, die vielleicht die erste Kirche von Marseille war, ist gleichfalls der Zerstörung entgangen, ebenso wie die *Maison Diamantée*, ein Gebäude aus der Renaissance, dessen Fassadensteine in Facetten behauen wurden, heute Sitz des *Musée du Vieux Marseille* (Rue de la Prison, am Dienstag ganztägig und am Freitag vormittags geschlossen) und das *Hôtel de Cabre*, ein etwas älterer Nachbar, das 1954 in einem Block verschoben und um 90° gedreht wurde, um den Erfordernissen der »Umstrukturierung« des Viertels zu entsprechen.
Die Abbrucharbeiten haben zu einer wichtigen historischen und archäologischen Entdeckung geführt, zu der der *römischen Hafenanlagen*. Rund dreißig riesige Krüge – sogenannte »Dolias« –, die zur Aufbewahrung von Lebensmitteln dienten, wurden in unmittelbarer Nähe der Quais du Lacydon gefunden. Man hat sie an Ort und Stelle stehenlassen, indem man eine besondere Ausgrabung unter der Erde durchführte. Dokumente, Trümmerstücke, Mosaiken und Skulpturen vervollständigen diese Ausstellung und bilden das *Musée des Docks romains*, ein richtiges Museum der Seefahrt im Altertum (28, Place Vivaux, hinter dem Rathaus; Dienstag ganztägig und am Freitag vormittag geschlossen).

Joliette und Panier

Die ganz in der Nähe verlaufende *Rue Caisserie* bezeichnet die Grenze zwischen den Betonbauten und einem alten, stark bevölkerten, malerischen Stadtteil mit seinen schiefen Häusern und den schwärzlichen Fassaden, vor deren Fenstern die Wäsche hängt, hin und wieder mit schmiedeeisernen Balkonen geschmückt. Die kleine *Place de Lenche* übt auch heute noch immer, wie zu Zeiten der Phokäer, ihre Funktion als *Agora*, als öffentlicher Marktplatz, aus. Hier ist der Treffpunkt einer Bevölkerung, die im Rhythmus eines Dorfes lebt und, wie es scheint, die riesige Metropole, die es einengt, vergißt. Zwei Schritte weiter erhebt sich die Kathedrale mit ihren Kuppeln, die in ihrem Äußeren an eine Moschee erinnert. Napoleon III. hat den Grundstein gelegt. Es ist ein pomphaftes Gebäude, das weniger durch seine immerhin beträchtlichen Ausmaße (es kann zwölftausend Personen aufnehmen) als durch die Anordnung grüner und weißer, in horizontalen Bändern sich abwechselnder Steine überrascht. Die Vorhalle ist mit Figuren des Herrn, des heiligen Petrus, des heiligen Paulus und mit denen der Heiligen der Provence geschmückt: Lazarus, Magdalena, Maximin und Martha. Das Innere beherbergt riesige Statuen der vier Evangelisten von Botinelly.
Im Schatten der »Major« (Ste.-Marie-Majeure) liegt die *Vieille Major*, in anderer Hinsicht reizvoll, obwohl sie beim Bau der neuen Basilika zu drei Vierteln verstümmelt wurde. Man könnte sie für eine von einem mit Zinnen bewehrten Turm flankierte Dorfkirche halten. Der strenge Chor, die Kuppel und die nur wenig gebrochene Halbtonnenwölbung sind eine der schönsten Beispiele für die romanische Kunst der Provence am Ende des 12. Jahrhunderts.
Auf der Höhe des Chors der Kathedrale führt eine Zufahrt zum Hafenbahnhof, *Gare Maritime de la Joliette*, eine der modernsten Anlagen Europas. Gegenüber verläuft die Rue de l'Évêché quer durch das *Quartier du Panier*,

von den Völkern aller Mittelmeerküsten bewohnt, bis vor das Portal der *Vieille Charité*. Dieses alte Hospiz ist eins der ungewöhnlichsten Monumente von Marseille. Riesige Gebäude, in einem Viereck angeordnet, gehen in drei Stockwerken aus Arkadengalerien auf einen Innenhof hinaus. In seiner Mitte liegt eine von einer länglichen Kuppel überwölbte Kapelle, ein Meisterwerk der Barockkunst. Dieser Bau im Stil Ludwigs XIV. und Ludwigs XV., vom Meister Pierre Puget konzipiert und dazu bestimmt, ein Krankenhaus für die Armen aufzunehmen, brachte auf seltsame Weise die strenge klassische Anmut, verbunden mit der barocken Pracht in ein sonst reizloses Stadtviertel. Da die Vieille Charité seit der Revolution auf Grund zahlreicher Besetzungen schwere Schäden erlitten hat, ist sie nun Gegenstand einer langsamen, jedoch vollständigen Restaurierung. Die Stadt hat die Absicht, dort ein Kulturzentrum unterzubringen.

Man sollte die Besichtigung des alten Marseille nicht beenden, ohne von der *Place de la Bourse* auf das *riesige Ausgrabungsfeld* vorzustoßen, dessen Zukunft noch ungewiß ist, das jedoch den Fachleuten ermöglicht hat, in mannigfacher Hinsicht Licht in die Geschichte zu bringen. Hundertfünfzig Meter Stadtmauer und Türme aus der hellenistischen Zeit (3. und 2. Jahrhundert v. Chr.), die Kais des Hafens Lacydon, der Zugang zur Stadt, so wie Cäsar ihn beschrieben hat, eine lange Landstraße auf der Achse der heutigen Grand' Rue, das Hafenbecken mit Süßwasser, wo die Schiffe Proviant aufnahmen, Straßen und Nekropolen bilden ein außerordentlich interessantes Ganzes.

Das Südufer des Vieux Port hat nicht unter Zerstörungen gelitten. Die Gebäude liegen dort weniger gedrängt. Hier ist der Quai de Rive Neuve, in dessen erstem Teil sich zahlreiche Restaurants befinden, Spezialisten der Bouillabaisse, deren Tische bis an den Fahrdamm drängen. Der Quai endet an der großen Verkehrsabzweigung, an der man den Vieux Port in einem Tunnel unterqueren kann. Diese moderne Anlage wird von der *Basilika Saint-Victor* beherrscht, die wie ein befestigtes Schloß wirkt, vom 5. bis 12. Jahrhundert errichtet. Das Innere der Kirche, die zum Teil aus dem Felsen ausgehauen wurde, ist ein lebendiger Zeuge für die ersten christlichen Jahrhunderte in Gallien. Bei einer Reihe von Ausgrabungen, die sich bis in unsere Zeit fortsetzen, wurde ein Komplex von Zimmern und unterirdischen Gängen freigelegt, die die kleine primitive Kapelle aus dem 5. Jahrhundert umgaben. Sarkophage stapeln sich in mehreren Reihen; der eine von ihnen trägt christliche Inschriften aus dem 1. Jahrhundert! Skulpturen in kraftvollem archaischem Stil schmücken die Pfeiler und den Oberteil der Säulen: Schlangen, ein Kopf, angeblich Moses, stilisierte Pflanzen, Schneckenornamente und verschiedene andere geometrische Figuren. Der Boulevard, der den Quai de Rive Neuve verlängert, führt am Fuß des Forts St.-Nicolas vorbei, vor dem Eingang des *Parc du Pharo,* und mündet auf die Corniche.

Seestadt und Badeort

Der *Parc du Pharo* (der zur ehemaligen Residenz der Kaiserin Eugénie gehört) ist ein herrlicher Aussichtspunkt, von dem aus man die Stadt überblickt, die sich ins Unendliche auszudehnen scheint. Man steht hier unmittelbar und einige zehn Meter über dem Fahrwasser des Vieux Port und gleichzeitig über der Einfahrt zum modernen Hafen. Die Molen, Hafenanlagen und Kräne verlieren sich nach Norden zu im Rauch von Mourepiane und von L'Estaque, aber Dampfer und Autofähren, die in das nahe Becken von *La Joliette* einlaufen, manövrieren vor den Augen der Touristen, um an den Piers des Hafenbahnhofs anzulegen. Die hohe zweifarbige Silhouette der Kathedrale überragt Gebäude und Gleise.

La Corniche – offiziell Corniche Président J. F. Kennedy, aber die Einwohner von Marseille bezeichnen sie einfach als »la Corniche« – ist ein Boulevard unmittelbar am Meer, mit einer Länge von 8 km, der aus Marseille einen Badeort macht. Die zunächst felsige Küste bildet winzige Buchten (calanques), in deren Innerem sich Sportanlagen und Restaurants, die Aquarien ähneln, eingenistet haben. Aber es gibt dort auch ein richtiges Aquarium und einige Ankerplätze für Segelboote. In größerer Entfernung ziehen sich lange Sandstrände – Pointe Rouge, Prado – bis zu den Steilabfällen des Cap Croisette hin, überragt von den ausgezackten Kalksteingraten des Massivs von Marseilleveyre. Die Straße endet jenseits des kleinen Hafens Goudes, um den sich viele buntfarbige »Hüttchen« in der engen Schlucht von *Callelongue* drängen, die voller Boote und Segelboote ist. Felswände aus in der Sonne schimmerndem Kalkstein fallen senkrecht ins Meer ab, aus dem in nur geringer Entfernung vom Ufer kahle Inseln mit ihren scharfen Umrissen aufsteigen. Man sollte meinen, hundert Meilen von der geschäftigen Metropole, dem größten Hafen des Mittelmeers entfernt zu sein.

Um in das Zentrum der Stadt zurückzukehren, kann man von dem Strand von Prado aus der Avenue du Prado in der Nähe des Olympiastadions, der Rennbahn und des sehr schönen *Parc Borély* folgen, in dessen Tiefe ein Palais das reiche archäologische Museum beherbergt. Als Verlängerung des *Boulevard Michelet* bildet die Avenue du Prado eine Nordsüdachse, in deren Umgebung neue, blühende Wohnviertel entstanden sind. Dort erheben sich die berühmte »Strahlende Stadt« von Le Corbusier, das neue Hotel Concorde, große Wohneinheiten, eine Sportanlage und Ausstellungshallen, in denen die sehr bedeutende internationale Messe von Marseille stattfindet.

Die *Place Castellane* und ihr riesiger Brunnen am Ende der Avenue du Prado bezeichnen die Grenze zwischen den neuen Vierteln und dem Marseille des zweiten Kaiserreichs und der Jahrhundertwende, deren Geschäftsstraßen um die Präfektur herum liegen: die *Rues de Rome, St.-Ferréol, de Paradis* und der *Cours Lieutaud*. Diese Straßen münden auf die Canebière. Dort herrscht ein völlig mediterranes Treiben. Es ist das Viertel des Kleinhandels. Die Querstraßen dienen vor allem dem Lebensmittelhandel: am Vormittag quellen die Auslagen von Früchten und appetitlichen Gemüsen über, und in der Gegend der *Rue Rouget-de-l'Isle* preisen die Fischhändlerinnen temperamentvoll alle Erzeugnisse des Mittelmeers an, wobei sie den Passanten mit spaßiger Familiarität und in einer ebenso klangreichen wie farbigen Sprache anrufen.

Auf der anderen Seite der Canebière, das heißt, in Richtung auf den Norden der Stadt, führt der Boulevard Dugommier zum Bahnhof St.-Charles, und zur Cours Belsunce, von der Rue d'Aix verlängert und bildet die Zufahrt zum Viertel der Lagerhäuser und der zahllosen Tätigkeiten, die sich um den Handelshafen herum abspielen.

*Hochseejachten, Segelboote und »pointus« der Fischer
drängen sich an den Landungsbrücken des Vieux Port,
in dieser Calanque des antiken Lacydon,
um die herum sich die Stadt seit zweitausendfünfhundert Jahren
unaufhörlich entwickelt.*

Man hätte befürchten können, daß diese Aktivität die kulturellen Werte etwas in den Hintergrund drängen würde, aber das trifft nicht zu. Der Reichtum der Museen und ihre hervorragende Organisation könnten genügen, um das Interesse zu beweisen, das man hier der Kunst und geistigen Dingen entgegenbringt.

Man beachte, daß die Museen in Marseille am Dienstag den ganzen Tag und am Freitagvormittag geschlossen sind.

Ausgezeichnete Museen

Musée des Beaux Arts. Es nimmt den linken Flügel des *Palais Longchamp* (Boulevard de Longchamp, Fortsetzung von La Canebière zum Nordosten der Stadt) ein; es ist ein weiträumiger architektonischer Komplex in einem recht maßlosen romantischen Stil 1869 eingeweiht. In einem Flügel ist das Museum der Schönen Künste, im anderen das Museum für Naturkunde untergebracht. Beide Gebäude sind durch eine Kolonnade verbunden, während Kaskaden und Tiergruppen aus Stein die Gärten und die Treppen schmücken. Im riesigen Treppenhaus hängen zwei große Gemälde von Puvis de Chavannes. Im Erdgeschoß sind drei Säle den Skulpturen, Abgüssen, Gemälden und Zeichnungen von Pierre Puget gewidmet, der 1620 in Marseille geboren wurde. Besonders eindrucksvoll sind der »Faun«, die »Pest in Mailand« und das Marmormedaillon Ludwigs XIV. Andere Säle sind den provenzalischen Malern vorbehalten: Françoise Duparc, Lacroix, Granet, Loubon, Ricard, Guigou, Monticelli, Casile und anderen. Im ersten Stock sind alle europäischen Schulen mit so anspruchsvollen Signaturen wie Perugino, Rubens, David, Corot und Fragonard vertreten. Ein ganzer Saal ist den Lithographien und Skulpturen des aus Marseille stammenden Daumier geweiht.

Musée Grobet-Labadie. Ein kleines Privathaus, gegenüber dem Palais Longchamp, gehörte früher dem Musiker und Maler Louis Grobet. Im Jahr 1926 wurde es mit allen Sammlungen, die dort zusammengetragen worden waren, der Stadt vermacht.

Musée Cantini (19, Rue Grignan, in der Nähe der Rue St.-Ferréol, Stadtviertel der Präfektur). Auch hier handelt es sich wieder um ein Patriziergebäude, das mit seinen Sammlungen von Möbeln, Wandteppichen und Kunstgegenständen der Stadt gestiftet wurde. Aber sein internationaler Ruf beruht vor allem auf den Fayence-Sammlungen, die in einer großen Galerie in bemerkenswerter Weise ausgestellt sind. Sie umfassen fast sechshundert Stücke aus den großen Fayence-Manufakturen des 17. und 18. Jahrhunderts der ganzen Provence.

Musée Borély. Sein eigentlicher Name lautet: *Musé d'Archéologie méditerranéenne.* Einerseits enthält es ägyptische Sammlungen, die in Frankreich nur noch von denen im Louvre übertroffen werden, andererseits die von Louis Borély angelegten antiken Sammlungen ebenso wie griechische, vorrömische und gallo-römische alte Stücke, die aus diesem Gebiet stammen. Das Museum, das mit dem Namen des Gelehrten Fernand Benoît verbunden bleibt, bereichert weiterhin seine Sammlungen mit den in der Provence, in Roquepertuse und in Marseille bei Ausgrabungen entdeckten Stücken und den aus jüngster Zeit stammenden Funden am Meeresboden.

Musée d'Histoire naturelle (rechter Flügel des Palais Longchamp). Die außerordentlich reichen Sammlungen – 33 000 Fossilien, 34 000 Mollusken, 3000 prähistorische Einzelstücke usw. – bilden eine für Fachleute kostbare Dokumentation.

Andere Museen. Ein Teil des Börsengebäudes ist einem *Musée de la Marine* vorbehalten, in dem die Geschichte des Hafens, der Schiffe und des Seehandels von Marseille festgehalten wurde. *Château-Gombert,* kleines Dorf am nördlichen Stadtrand, beherbergt im Privathaus eines Schülers Mistrals ein Museum für provenzalische Kunst, ein Ergebnis langer Jahre der Nachforschungen und liebevoller Arbeit.

Inseln und Häfen

Die Kapitäne am Quai des Belges bieten eine Überfahrt bis zum Château d'If an (eineinhalb Stunden, Besichtigung der Festungsanlage inbegriffen); ferner Besichtigung des Handelshafens (gleichfalls eineinhalb Stunden) und am Dienstag, Donnerstag und Sonntag im allgemeinen die »Calanques« als einen Tagesausflug.

Das *Château d'If* ist keine Operettenfestung. Es handelt sich um ein mächtiges Verteidigungswerk, das 1524 während der Kriege zwischen dem Königreich Frankreich und dem Haus

Österreich erbaut wurde. Vom 17. Jahrhundert an dienten seine Kasematten, seine engen Verliese und die dunklen Zellen als Gefängnis für Spione, Aufrührer, Söhne aus verschwenderischen Familien, Revolutionäre von 1848 und Kommunarden.

Der *Port de Commerce* (Handelshafen) umfaßt sieben große Hafenbecken, die zwischen dem Vieux Port und L'Estaque gestaffelt liegen. 11 km Kaianlagen, 190 Kräne, 456 000 qm Lagerhäuser, 9 riesige Trockendocks, Schwimmkräne und -docks und Hafenbahnhöfe für Autofähren stellen eine moderne, leistungsfähige Anlage dar, die unaufhörlich verbessert wird, um der Zunahme und der Vielgestaltigkeit des Verkehrs zu entsprechen.

Darüber hinaus nimmt Marseille mit 75 % der Schiffsreparaturen in Frankreich auf diesem Gebiet den ersten Platz ein. Aber in einer Zeit, in der die Schiffe, insbesondere die Tanker, unheimliche Tonnagezahlen erreichen, in der sich die technischen Verfahren der Instandhaltung ständig weiterentwickeln, bekommt man die Grenzen der Anpassungsfähigkeit des traditionellen Hafens zu spüren. Dies ist einer der Gründe, warum man sich für die Anlage des Hafens von Fos (siehe Angaben unter Fos und Martigues) entschieden hat. So wird der Hafen von Marseille bis Berre und Port-Saint-Louis erweitert.

Die Calanques

Das Wort stammt von »cal«, einer ligurischen oder prä-ligurischen Wurzel, die »Zuflucht« bedeutet. Einige von ihnen sind vollständig ausgebaut: Dies ist der Fall des Vieux Port. Es gibt andere, die nur teilweise für die Sommerfrische, das Wochenende, das Baden oder für den Wassersport hergerichtet wurden: Dies trifft auf Sormiou und Morgiou im Südosten von Marseille zu, für Port-Miou und Port-Pin in der Nähe von Cassis (siehe Angabe unter diesem Namen). Und dann gibt es jene Fälle, in denen die geschützte Natur ihren Charakter wilder Schönheit bewahrt hat: so bei Sugitton und vor allem bei En-Vau.

Diese Art mediterraner Fjorde sind Meeresarme, die zwischen hohen, schimmernden, ausgezackten Felswänden eingeschlossen sind. Ein völlig glattes Wasser läßt den Grund mit seinen unwahrscheinlichen Farben erkennen. Ringsum und weit im Hintergrund zeichnen sich die Massive von *Marseilleveyre* (442 m) und des *Puget* (564 m an seinem höchsten Punkt) ab, von spitzen Gipfeln, Felstürmen und scharfen Kalksteingraten starrend, in denen sich Alpinisten, erfahrene Bergsteiger ebenso wie Neulinge üben. Ein Netz beschilderter Wege und genaue Führer, die von der Association des Excursionnistes in Marseille herausgegeben werden, sind für die Wanderer eine große Hilfe, denen sich auf diese Weise herrliche Touren eröffnen. Aber der nicht ausgerüstete und wenig geübte Spaziergänger muß sich damit zufriedengeben, aus der Ferne diese eindrucksvollen Massive zu entdecken und auf den üblichen Wegen an die Calanques zu gelangen.

Zu den Calanques von *Sormiou* und *Morgiou* kommt man vom Obelisken de Mazargues, am äußersten Ende des Boulevard Michelet, aus, indem man die Richtung nach Cassis einschlägt. Nach Sormiou folgt man dem Chemin du Roi d'Espagne und nach Morgiou dem Chemin de Morgiou (in der Nähe des berühmten Gefängnisses von Les Baumettes). Am Ende der Teerstraße muß man den Wagen stehenlassen und zu Fuß weitergehen (ein Weg von einer knappen Stunde). Nur die Anlieger und die verschiedenen Rettungsdienste dürfen den Forstweg befahren. Im Innern der beiden Calanques findet man einige Hütten, Erfrischungsstände und eine kleine Hafenanlage. Die Ruhe an diesem Ort wird dadurch nur am Sonntag gestört. Im übrigen kann man leicht die Großartigkeit dieser Landschaft genießen, indem man von Sormiou nach Morgiou auf einem Kammweg geht (blaue Beschilderung: eineinhalb Stunden) oder auf dem Rückweg nach Marseille, genauer nach Callelongue (Cap Croisette), indem man am Fuß der Felswände von Marseilleveyre den herrlichen, hochgelegenen Weg entlanggeht, dem sogenannten »Sentier de la douane« (schwarze Beschilderung: 3 Stunden). Die Calanque von *Sugiton* ist von Morgiou aus zugänglich (rote Beschilderung: 30 Minuten).

En-Vau, die schönste aller Calanques, die an Bilder aus dem Fernen Osten erinnert, ist von Cassis aus auf dem Weg über Port-Pin (siehe Angabe unter Cassis) erreichbar oder vom Forsthaus de la Gardiole (Abzweigung eines Forstweges an der N. 559 am km 17 von Marseille aus).

(Fortsetzung s. S. 126 unten)

Martigues

■ Martigues-zwischen-zwei-Welten! So sollte diese alte Stadt und dieser Kreuzungspunkt heißen, Kreuzung von Straßen, Autobahnen, Eisenbahnen und Kanälen, aber in noch höherem Maße Angelpunkt zwischen gestern und heute, zwischen Natur und Industrie, zwischen der Kunst zu leben und der Kunst zu produzieren.

Die »Blaue Küste«

Von der Anhöhe aus, die von der ältesten in Frankreich freigelegten griechischen Mauer gekrönt ist, hat man einen Überblick über Fos und seine zyklopenhaften Baustellen (siehe Angabe unter Fos). Von den von kleinen Kieferngehölzen umsäumten Stränden der »Côte Bleue« aus sehen Tausende von Bewohnern von Marseille, die ihren Sonntag weit von der Stadt verbringen, die größten Schiffe der Welt vorbeiziehen. Auf dem grünlichen Wasser des Brackwassersees von Berre kreuzen Segelboote mit bunten Segeln, und Wasserskiläufer zeichnen Kurven ihres Kielwassers vor den Raffinerien und den petrochemischen Komplexen, deren lodernde Fackeln sich gegen das tiefe Blau des Himmels abheben.

Durch den Kanal von Caronte, der Martigues durchschneidet, strömt die Rhone bis Marseille und wirft sich die Durance ins Meer. Ein überraschendes bildhauerisches Motiv wurde 1968 vor dem EDF-Werk von Saint-Chamas errichtet, dort wo sich die Durance in den Etang de Berre ergießt: eine kraftvolle, riesige Männerhand, die die rohe Kraft des Flusses bändigt... Das hindert jedoch nicht die Zikaden daran, in der Einsamkeit von Constantine und in den unberührten kleinen Tälern der Chaîne de L'Estaque zu zirpen.

In Martigues selber gibt es stets am Quai Brescon, in der Nähe der Brücke St.-Sébastien, dort wo Ziem, Corot und andere ehemals ihre Staffelei aufstellten, ein paar Sonntagsmaler. Der »Miroir aux Oiseaux« wirkt immer wie eine lebendige, romantische Ansichtskarte, wo die ganze Provence in dem sich bewegenden Spiegelbild einiger Fischerboote und in den Reihen rosa, gelber oder grüner Häuser, deren vorspringende Dächer nur ungenügend gegen die brennende Sonne schützen, enthalten ist. Fischernetze trocknen an den Gestellen aus Knüppelholz am Ufer des *Canal St.-Sébastien*, überragt vom viereckigen Glockenturm der Kirche de la Madeleine. Parallel zu diesem »folkloristischen« Kanal verbindet der breite, moderne Canal de Caronte Marseille mit der Rhone. Am Südufer liegt in Höhe einer großen Kirche aus dem 17. Jahrhundert mit einem mit Schneckenornamenten geschmückten Glockenturm die kleine *Chapelle de l'Annonciade*, ein barockes Juwel mit von Gold schimmernder Decke und Mauer. Im nördlichen Stadtteil erzählt das *Musée du Vieux Martigues*, einer dritten Kirche gegenüber, den Besuchern vom Fischfang mit dem viereckigen Schwingnetz, von den »Marlusiers«, den Neufundlandfahrern des Mittelmeers, den »Bordiguiers«, die fischten, indem sie den Fisch in Reusen aus Schilfrohr lockten, die sie am Ausgang des Kanals auslegten, und von den »Targues«, einem Fischerstechen, in denen sich die Vorkämpfer von drei Dörfern gegenübertraten: Ferrières, Brescon und Jonquières, die heute nur noch Ortsteile von Martigues sind. Im ersten Stock sind Bilder moderner provenzalischer Maler und rund dreißig Zeichnungen Ziems ausgestellt, der 1911 in Martigues gestorben ist.

Nördlich der Stadt bietet eine Anhöhe, auf der sich eine Kapelle erhebt, *Notre-Dame de Miséricorde* oder Notre-Dame des Marins, einen weiten Blick auf diese Landschaft, die ein Mittelding ist zwischen Meer und Land, und wo die Industrieanlagen dicht neben den unfruchtbarsten Böden liegen. Im Vordergrund zeichnet sich der *Nouveau Viaduc* der Autobahn A. 55.

Rundfahrt um den Etang de Berre

Dieser Ausflug von einem guten halben Tag führt den Besucher von einem Aussichtspunkt zum anderen, und die einzelnen Stationen lassen ihn einen Zickzackkurs durch dreitausend Jahre Geschichte einschlagen.

Das *Plateau de Saint-Blaise* (11 km nordwestlich von Martigues auf D. 5 und D. 51), schmaler, von Kiefern gekrönter Höhenzug, der düstere Brackwasserseen begleitet. Auf seiner höchsten Erhebung liegt eine kleine romanische Kapelle. Von dieser Stelle aus beherrschte man einen der Zugangswege nach Marseille und zum Meer. Die Griechen hatten sie bereits vor dem 6. Jahrhundert besetzt. Die Stadt, die sie dort gründeten – wie man annimmt, mit dem Namen Mastromela – soll älter sein als Massalia. Bei Ausgrabungen seit 1935 wurde eine sehr gut erhaltene Mauer von 400 m Länge freigelegt, die den südlichen Teil des Plateaus absperrte. Die Steine zeigen noch immer eingehauene Inschriften mit Buchstaben des punischen Alphabets und andere von archaischer Form mit dem griechischen Alphabet. Im 4. Jahrhundert, jener Epoche, in der die Macht Massalias ihren Höhepunkt erreichte, stellte die Festung Mastromela für den großen phokäischen Hafen eine vorgeschobene Verteidigungsstellung gegenüber dem »gallischen Aufruhr« dar. Das Plateau von Saint-Blaise weist auch Überreste aus jüngerer Vergangenheit auf, insbesondere Ruinen von Kapellen aus dem 5. und 8. Jahrhundert. 874 wurde die Stadt von den Sarazenen zerstört.

Istres (6 km nördlich von Saint-Blaise). In der Stadt besitzt das *Musée du Vieil Istres* griechische und römische Keramiken, sowie Amphoren, die hauptsächlich aus den Gewässern des Etang de l'Estomac geborgen wurden, dem alten Hafen von Fos, wo die Umladungen zwischen den Hochseeschiffen und den Kähnen, die die Rhone hinauffuhren, stattfanden. Im Norden der Stadt trägt ein Hügel die nur noch undeutlichen Überreste eines römischen Stützpunktes; er beherrscht einen Brackwassersee, der rund ist wie ein Kratersee.

Altertum und Zukunft

Saint-Chamas (15 km nordöstlich von Istres auf D. 16, die am Etang de Berre entlangführt). Am Südausgang der Stadt zwei sehr schöne Säulengänge mit kannelierten Pfeilern und Löwenskulpturen; sie bezeichnen die Endpunkte einer Brücke, die die Römer im 1. Jahrhundert bauten. Dieser *Pont Flavien* überspannt den Touloudre, einen kleinen, für gewöhnlich trockenen Wildbach, der jedoch jäh einsetzende Hochwasser kennt.

Kraftwerk und Fall von Saint-Chamas (2,5 km nach dem Pont Flavien auf D. 10). Dort mündet die kanalisierte Durance in den Etang de Berre.

Oppidum von Constantine (4 km vom Kraftwerk von Saint-Chamas entfernt auf D. 10; einbiegen auf einen unbefestigten Weg links von der Straße gleich nach der Eisenbahnbrücke). Achtzehn Rundtürme, dem Erdboden gleichgemacht, aber doch noch gut erkennbar, stellten am Rand des den Etang de Berre beherrschenden Plateaus die Umwallung eines keltischrömischen Militärstützpunktes dar.

Berre-L'Etang (10 km südlich des eben erwähnten Ortes auf D. 10 und D. 21). Die kleine Stadt liegt eingeengt zwischen den Salzsümpfen und den ungeheuerlichen Rohrleitungen der Shell-Raffinerie und des petrochemischen Werkes Shell-Saint-Gobain. Am Abhang eines Hügels wurde ein Aussichtspunkt geschaffen.

Vitrolles. Bevor man nach Marignane gelangt, zweigt an einer Stelle mit Namen Agneau eine kleine Straße links von der N. 113 ab, führt unter der Eisenbahn und Autobahn hindurch und steigt bis zu diesem Dorf auf, das 200 m über dem See und am Hang des unbewohnten Kalksteinhöhenzuges von Vitrolles liegt.

Marignane. Das Publikum kann den internationalen Flugplatz von Marseille, der sehr modern und auf einen zunehmenden Verkehr eingestellt ist, besichtigen.

Von Marignane kann man auf N. 568, die an der Erdölraffinerie der BP vorbeiführt, unmittelbar nach Martigues zurückkehren, aber es ist empfehlenswerter, die wilde *Chaîne de L'Estaque* (auf D. 9, D. 5) zu überqueren, und an der »Côte Bleue« entlangzufahren.

Fast an jeder Calanque liegt ein kleiner Badeort, am Sonntag übervölkert, jedoch während der Woche bezaubernd und sehr ruhig. Die bekanntesten von diesen sind *Carry-le-Rouet*, *Sausset-les-Pins* und *Carro*, das sich rasch entwickelt. Ein Abstecher zum Erdölhafen von *Lavéra* (den man von *Port-de-Bouc* aus, am gegenüberliegenden Ufer, besser sieht) läßt den Besucher erneut in die phantastische Welt der modernen Industrie eintauchen.

Lage: 13500 Bouches-du-Rhône. Höhe: Meeresufer. 770 km Paris, 43 km Aix, 50 km Arles, 40 km Marseille.

Informationen: S.I., 2, quai Paul-Doumer, Tel. (91) 07 04 63.

Unterkunft: Mehrere Hotels, darunter 2 ***. *Carry-le-Rouet*, Relais de Campagne »L'Escale«; Camping: Mehrere Plätze, darunter 3 *** und zahlreiche andere.

Feste: 24. Juni, Johannisfest; erste Hälfte Juli, »Venezianische Feste«; Dezember, *Istres*, Fest der Hirten.

Andenken: »Poutargue« oder »Provenzalischer Kaviar« (gepreßter Rogen der Seebarbe in Öl).

Menton

■ Menton vereint in sich die meisten Eigenschaften, die den Zauber der Côte d'Azur ausmachen, und weist so gut wie keine ihrer Fehler auf.
Meer und Berge bilden eine zugleich gegensätzliche wie harmonische Umgebung. Hier verdienen die Alpen tatsächlich ihr Beiwort »maritim«. Auf dem am weitesten vorspringenden Felsrücken klammert sich die alte Stadt mit ihren Häusern mit den hohen Fassaden an, die Cocteau als »erlesene kleine Festungen in Pastellfarben, deren asymmetrisches Äußere an das eines menschlichen Gesichts erinnert« bezeichnete.
Die letzten Wellen des Mistral verebben an der Barriere des Mont Agel. Sollten einige Böen noch über ihn hinweggelangen, so würden sie sich in den Windungen der drei Täler, die das Hinterland Mentons bilden, verlieren: Gorbio, Borrigo, Carei. Daher erfreut sich Menton eines wegen seiner Milde berühmten Klimas; dort ist der Winter der am wenigsten strenge von ganz Frankreich; dort trägt die Vegetation ein üppiges Kleid.

»Zitronenfest«

Im Innern dieser Bucht wachsen die Palmen mit einer in Europa seltenen Kraft. Blumen und Pflanzen verleihen den Boulevards das Aussehen exotischer Gärten. Sogar die Hotelhöfe sind mit ihnen geschmückt, es sei denn, daß sich die Hotels von vornherein in Gärten niederlassen, die wie Kunstwerke angelegt sind... so Le Domaine des Colombières! Die Flora des vom Staat 1966 erworbenen Parks (die ehemalige Villa Val Rahmeh) zählt tausend bekannte und unbekannte Arten. Alleen, Treppen und mit viel Verständnis angelegte Terrassen laden zu romantischen Spaziergängen ein. Im übrigen braucht man nur dem ersten ansteigenden Weg zu folgen, um sich mitten in der Natur zu befinden. Kiefern und Zypressen verbergen die am Hang des Höhenzugs erbauten Villen. An der Stadtgrenze beginnen die Gärten mit den Zitrusfrüchten. Die Dekoration von Menton ist ewig grün.
Mentons touristische Berühmtheit kann auf eine lange Vergangenheit zurückblicken. Diese Stadt hat es verstanden, sich gegen die Auswüchse der Mode zu schützen, ob es sich nun um überspannte Vergnügungen handelt oder um das Delirium des Betons, wenn auch die Bebauung der letzten dem Meer abgewonnenen Flächen viel Tinte hat fließen lassen...
Aber diese Vorsicht hindert Menton nicht daran, »gut in Führung« zu liegen: Olympisches Schwimmbad mit filtriertem Meerwasser unter freiem Himmel; Vergrößerung des Touristenhafens; neuer Sporthafen; Ausbau und Neubau von Hotels, deren Äußeres niemals aggressiv wirkt.
Die Feste und kulturellen Ereignisse haben stets einen originellen Charakter. Beim »Zitronenfest« (Fastnacht) sind die Wagen mit hunderttausend Orangen und Zitronen geschmückt, und sie bilden in den Gärten ungewöhnlich hübsche Dekorationen. Die »Biennale der Malerei« macht mit den gegenwärtigen internationalen Richtungen der Malerei, der Skulptur und der kinetischen Kunst bekannt. Das »Festival der Kammermusik« (im August) findet abends bei Fackelschein auf dem *Parvis St.-Michel* statt, einem schmalen, mit einem Kieselmosaik gepflasterten Platz, eingeengt zwischen zwei Kirchen mit barocken Fassaden und zur einen Seite hin sich zur Baie de Garavan öffnend, ein harmonisches Zusammenspiel, von dem man hat sagen können, daß es »die reizendste italienische Dekoration, die man in Frankreich zu sehen bekommen könnte«, darstellt.
Wie hätte Menton einen so seltsamen und empfindsamen Geist wie Jean Cocteau nicht verführen und dann erobern können? Viele Künstler haben dieser Stadt gehuldigt (ihre Werke finden sich im Musée du Palais de l'Europe und schmücken die Plätze; Villen und Straßen zeigen noch die Spuren ihres Aufenthalts). Cocteau hat Menton adoptiert. Die Stadt hat ihm ein kleines, sehr schlichtes Museum gewidmet, jedoch in einer Lage, die den Dichter entzückt haben muß: ein vom Meer gepeitschtes Bollwerk vor dem Hafen. Die Stadt hatte sehr viel mehr erhalten: eins der ein wenig verrückten Werke, auf die sich Cocteau so gut verstand, ein »Hochzeitssaal« für das Rathaus, ganz nach den Ideen des Künstlers: Wanddekoration, Spiegel, Türen, Möbel, Teppiche, Beleuchtung... alles entsprang seiner Phantasie.

Das grüne Land von Menton

Man kann zwei kurze Ausflüge unternehmen, indem man ganz einfach der Küste folgt: Richtung Italien, die *Jardins Hanbury* (4 km jenseits des Grenzpostens von Garavan), wo man zehntausend seltene Pflanzenarten akklimatisiert hat; Richtung Monaco, *Cap-Martin,* vorspringende Landzunge mit schönen Besitzungen inmitten von Kiefern, Zypressen und Ölbäumen. Ein hübscher Weg ermöglicht es, zu Fuß bis in die Umgebung von Monte Carlo zu gelangen.

Cap-Martin gehört ebenso wie zahlreiche unter den Mimosen der benachbarten Hügel verstreute Villen verwaltungsmäßig zu einem Dorf, das man von der Küste aus kaum erkennen kann, so sehr verschwimmen die Häuser des Ortes mit dem Steilhang, auf dem sie sich in 300 m Höhe anklammern: *Roquebrune.* Aus dem Gewirr der Dächer erhebt sich ein mächtiger Hauptturm mit Zinnen, der noch durch die Überreste einer Umwallung vervollständigt wird, ein Festungswerk, das, als es um das Jahr 1000 erbaut wurde, den Sarazenen jede Lust zu einer Rückkehr an diese Ufer genommen haben muß. Die Felswand von Roquebrune besteht aus Puddingstein, von dem eine einsame Spitze den kleinen Aussichtsplatz überragt. Die Gassen des Dorfes, die zum Schloß führen, haben ihren alten Charme bewahrt; dort bieten Künstler und Kunsthandwerker ihre Erzeugnisse an.

Die Grande Corniche (auf die die Straßen von Roquebrune münden) führt nach 4 km auf eine Anschlußstelle der Autobahn. An diesem Punkt erhebt sich ein überraschender verglaster Käfig, der 300 m senkrecht über dem Ufer aufragt. Es ist das *Vistaëro,* Hotel-Restaurant der Kette der »Relais de Campagne«. Man hat nach allen Seiten eine atemraubende Aussicht.

Die Adlerhorste

Das Land um Menton ist, noch mehr als das Land um Nizza, das Gebiet der »Adlerhorst-Dörfer«. Kleine, sehr kurvenreiche Straßen steigen von Menton in den Tälern des Gorbio, Borrigo und des Carei bergan; andere überqueren steil die Kämme, die diese Täler voneinander scheiden. So gelangt man in alte Ortschaften in außergewöhnlicher Umgebung: *Gorbio, Sainte-Agnès, Castellar.* Jenseits von Sainte-Agnès kann man auf der noch immer sehr hochgelegenen Straße über den Paß de la Madone, 927 m, und *Peille,* ein anderes erstaunliches, hochnistendes Dorf, von einem schlanken Glockenturm in romanisch-lombardischem Stil überragt, nach Nizza gelangen.

San Remo und die *Riviera dei Fiori* können das Ziel eines besonders schönen Tagesausflugs sein.

Lage: 06500 Alpes-Maritimes. Höhe: Meeresufer. 955 km Paris, 210 km Aix, 28 km Nizza auf der Moyenne Corniche (31 km auf der Grande Corniche, 30 km auf der Corniche Inférieure), 30 km San Remo.

Informationen: Office de Tourisme, Palais de l'Europe, Tel. (93) 35 93 81 und Bureau d'accueil »Tourisme en France«, 16, avenue Carnot, Tel. (93) 35 81 03. *Roquebrune-Cap-Martin:* S.I., Hôtel de Ville (93) 35 62 87.

Besichtigungen mit Vorträgen: 1. Juli—15. September, Besichtigung der alten Stadt (Dienstag, Donnerstag, Samstag).

Unterkunft: Menton, 63 Hotels, darunter 3 **** und 3 ***; *Roquebrune-Cap-Martin,* 22 Hotels, darunter 2 »Luxus«, 1 **** und 2 *** und 1 Relais de Campagne »Le Vistaëro«. Camping: *Menton,* 3 Plätze **; *Roquebrune,* 4 Plätze, darunter 2 ****. *Restaurants:* s. Auswahl S. 249

Feste: Menton: Februar, »Zitronenfest«; August, Musikfestival auf dem Parvis St.-Michel; im Sommer Biennale der Malerei von Menton; 24. Dezember, Weihnachtsfest in der alten Stadt. *Roquebrune:* Dritter und letzter Sonntag im Juni, legendäres Ginsterfest (Umzug von als Ginsterblüten verkleideten Kindern); 5. August, Dankesprozession mit Darstellung der Passion.

Andenken: Kandierte Früchte, Orangenblütenwasser.

Monaco

■ Die Straße geht ohne Unterbrechung weiter, und man wird sich im Augenblick gar nicht dessen bewußt, daß man auf ein neues, fremdes Gebiet vorgedrungen ist. Zwar stehen auf dem Gehsteig ganz weiße Grenzsteine mit dem Wappen von Monaco, aber sie fallen nicht weiter auf... Schade, denn dieses Wappen mit seinen zwei bärtigen Mönchen, die seltsamerweise ein langes Schwert tragen und das schachbrettartig rot und weiß gemusterte Wappenschild flankieren (rautenförmig in die Länge gezogen, in Silber und Dunkelrot), die die Blechschilder der Autos bekanntgemacht haben, könnte so manches Rätsel aufgeben. Diese bewaffneten Mönche sind Zeugen dafür, daß das Fürstentum, weit davon entfernt, ein Operettenstaat zu sein, eine sieben Jahrhunderte alte Monarchie ist. An einem Januarabend des Jahres 1297 erschien Francesco Grimaldi, aus einer vornehmen Genueser Familie, der Partei der Guelfen lehnsmäßig verbunden, vor dem Tor der Burg von Monaco, die von einer Besatzung der Ghibellinen auf Befehl von Pisa gehalten wurde (seit der Zeit der Phönizier hat es auf diesem Felsen immer eine Festung gegeben). Nachdem man dem Genuesen das Tor geöffnet hatte, der sich nur in Begleitung einiger Kapuziner befand, warfen diese, kaum daß sie im Innern waren, ihre Kutte ab, zogen die Schwerter und bemächtigten sich der Festung!

Die Kunst des Empfangens

Welche Expansion ist noch möglich, wenn die 148 Hektar des Territoriums zwischen Frankreich und dem Meer eingezwängt sind? Bleibt nur der Himmel. Daher diese Turmbauten, die seit einigen Jahren immer mehr in die Höhe wachsen und sich über das Gewimmel der rosigen Wohnhäuser erheben. Und es bleibt auch noch das Meer.
Hier ist ein Land – das einzige Land – dessen erste Sorge es ist, Reisende aus aller Welt zu empfangen. Sie nicht nur aufzunehmen, sondern richtig zu empfangen...

Aufenthalt in Monaco

Entspannung. Sehr häufig verbinden die Hotels den Charme eines Rahmens

*Einhundertachtundvierzig Hektar für einen Staat,
aber dieses kleine Land ist das einzige auf der Welt,
dessen Hauptsorge der Betreuung,
dem Komfort und der Unterhaltung der Touristen gilt.*

aus der schönen Zeit um die Jahrhundertwende mit den letzten Errungenschaften des Komforts. In bezaubernden Gärten finden sich Blumen, Bäume und Büsche aus fast allen Kontinenten zusammen. Traumhafte Schwimmbäder lassen das Fehlen eines Strandes vergessen.

Zerstreuung. Alle Sportarten werden hier betrieben, oder man sieht ihnen zu (was das Auto betrifft, so ist der Grand Prix nur ein Beispiel für einen Terminkalender mit anspruchsvollen Begegnungen). Es gibt alle möglichen Aufführungen, Feste und Galaabende, die zu den großen Begebenheiten zählen. Aber vor allem gibt es das Kasino, dank dessen Monaco vor hundert Jahren seine Berufung entdeckt hat, jenes Kasino, das unterirdisch unmittelbar mit den beiden berühmtesten Hotels verbunden ist, mit dem »Hôtel de Paris« und mit dem »Ermitage«, wirkliche, verehrungswürdige Nationaldenkmäler. Im Gegensatz zu diesem Barockstil stellt sich der neue Hotel- und Unterhaltungskomplex Spalugues mit seiner Belebtheit und seinem Publikum wie ein »Las Vegas« vor, wo alle Spiele, angefangen bei den Münzautomaten oder »Craps«, bis zum »Baccara« allen Amateuren gestattet sind.
Der »Monte-Carlo Sporting Club«, ebenfalls auf einem künstlichen Fundament erbaut und im Jahr 1974 eröffnet, stellt ein modernes, aber traditionelles Unterhaltungszentrum dar. Regine hat hier das »Jimmy'z« eröffnet, das sofort eines der berühmtesten Kabaretts der Côte d'Azur wurde.

Neugier und Kultur. Das Schloß stellt seine Kunstwerke aus, das Ozeanographische Museum besitzt ein sehr berühmtes Aquarium, das Museum für prähistorische Anthropologie bewahrt die Überreste eines unserer ältesten Vorfahren auf, das Zentrum für zoologische Akklimatisierung soll noch durch ein »Marinarium« ergänzt werden, in dem sich Delphine und Tümmler in Freiheit entwickeln sollen. Mehrere Kirchen bieten der Neugier des Touristen ihre Umzüge und ihre wundersamen Überlieferungen dar. Und schließlich hat der Jardin exotique wegen seiner sechstausend Exemplare dickblättriger Pflanzen, die an Felswänden wachsen, weltweite Berühmtheit erlangt.

Besichtigung Monacos

Das Fürstentum, das früher aus drei Städten, von denen jede von einem Bürgermeister verwaltet wurde, bestand, stellt heute eine einzige Stadtgemeinde dar, in der sich aber doch sechs Stadtviertel deutlich voneinander abheben:

– *Monaco-Ville,* das alte, auf einer nach drei Seiten steil ins Meer abfallenden Halbinsel angelegte »castrum«, eine natürliche Verteidigungsstellung, an den schwachen Punkten durch mächtige Mauern und mit Zinnen bewehrte Türme verstärkt. Dort befinden sich Schloß, Rathaus, Kathedrale, Ozeanographisches Museum, die Gärten St.-Martin mit dem Blick auf das Meer und das alte Viertel mit seinen engen Straßen, in denen sich einige Antiquare niedergelassen haben. Vom Schloßplatz aus, einer riesigen Fläche, auf dem die Wachtposten hin und her gehen, die sich so gern ein gestrenges Aussehen geben möchten, hat man einen prachtvollen Blick auf das städtische Wirrwarr des Fürstentums und seine doppelte Kulisse von Meer und Gebirge.

– *La Condamine,* Hafenviertel am großen rechteckigen Becken, in dem es zu jeder Jahreszeit von hohen Masten wimmelt. Nach Norden zu läßt ein Spalt in der Flut der Wohnhäuser die Schlucht von Ste.-Dévote erkennen, überragt von der der Schutzheiligen des Fürstentums geweihten Kapelle.

– *Fontvieille,* im Westen des Felsens jene Industriezone von gestern, heute ein weiträumiger Parkplatz und riesiger Bauplatz, der morgen ein ungewöhnliches, dem Meer abgewonnenes Viertel sein wird, von zwei Sporthäfen flankiert, wo sich auf vier künstlichen Hügeln Wohn- und Geschäftshäuser terrassenförmig aufbauen werden. An der Grenze von Fontvieille, am Fuß des Felsens, liegt das zoologische Zentrum.

– *Moneghetti,* ein hochgelegenes, Fontvieille beherrschendes Viertel, in das man durch Straßen mit Haarnadelkurven und über endlose Treppen gelangt. Dort findet man auch den Eingang zum Jardin exotique und zum hübschen Parc Princesse Antoinette. Der Boulevard du Jardin mündet in Frankreich auf der Moyenne Corniche.

– *Monte-Carlo* nimmt die gesamte

Mitte des kleinen Staates ein. Der Name dieses Viertels erinnert an den Fürsten Charles III., der vor einem Jahrhundert die erstaunliche Entwicklung des Fürstentums einleitete. Der obere Teil von Monte-Carlo ist von Geschäftsstraßen durchzogen: Boulevard Princesse Charlotte, Boulevard des Moulins, Avenue de la Costa mit ihren Geschäften, Filialen des Faubourg St.-Honoré, der Place Vendôme und der Fifth Avenue. Herrliche Gärten ziehen sich majestätisch in Richtung des Kasinos hinab, dessen Silhouette aus der Jahrhundertwende in der ganzen Welt berühmt ist. Oberhalb der Gärten ein großer Pavillon für den monegassischen Tourismus. Rechts vom Kasino das Hôtel de Paris, das es verstanden hat, sich zu verjüngen, ohne seine zierlich gerundeten Balkons, die von rosa Säulen und Rokoko-Karyatiden flankiert sind, zu opfern. Ein Stückchen weiter bildet das Hôtel Ermitage sein Gegenstück. An den Tischen der Cafés und Eisdielen, die im Schatten der Bäume stehen, inmitten von Blumenbeeten, lassen sich ihre Muße genießende Gäste, während sie auf die Gnade eines Kellners hoffen, von Geigenklängen wiegen. Das Kasino (gleichzeitig Opernhaus) wurde auf einem Plateau mit dem Blick aufs Meer errichtet. Der Name dieses Plateaus scheint von der Vorsehung bestimmt, »Les Spelugues«, was vom deutschen Wort »Spelunke« abgeleitet sein soll, was wiederum dem französischen »Tripot« entspricht, dem die Bedeutung Börsenschwindel naheliegt. An der Spitze von »Les Spelugues« gab es bis gestern noch einen Tontauben-Schießplatz. Im Jahr 1974 wurde dort ein überraschender Komplex erbaut: Casino new-look, das Hotel »Loews« mit 660 Zimmern, drei Restaurants im nord- und südamerikanischen Stil, und der Palais des Congrès, der größte Europas. Die Gebäude auf einem sechseckigen Grundriß wirken wie Blätterteig aus Beton und Marmor, steil über dem Meer aufragend, wobei die obere Kante in gleicher Höhe mit dem Plateau liegt und dieses verlängert.

– *Larvotto,* östlicher Teil des Fürstentums. Auch dort sind Veränderungen im Gang: Der Sea-Club und der alte (1935!) Sporting d'Eté, wo man während des Schwimmens zwischendurch tanzen ging, weichen einem Kasino im modernsten Stil, einem großen See und einem Palmenhain am Ufer des Meeres ... Ein Stück Polynesien!

Einige Einzelheiten

Das Schloß. Der Ehrenhof wird auf der einen Seite von einer Galerie mit feinen Bogenstellungen begrenzt, zu der eine seltsam geformte Treppe, vom »Hufeisen« in Fontainebleau inspiriert, hinaufführt. Die Mauern auf der anderen Seite sind mit schönen Fresken geschmückt, die die Taten des Herkules verherrlichen, ein genuesisches Werk aus dem 17. Jahrhundert. Im Sommer werden Konzerte im Hof abgehalten, wobei das Orchester zwischen den beiden Treppen sitzt. Die für Besichtigungen freigegebenen Säle des Schlosses sind prächtig eingerichtet und dekoriert: der Thronsaal im Empirestil, das York-Schlafzimmer, 18. Jahrhundert, für in Monaco zu Besuch weilende königliche Gäste oder Staatsoberhäupter reserviert. Die Wehrtürme der Umwallung sind mit eigenartigen Zinnen mit zwei Spitzen gekrönt, ein Überbleibsel einer für die Partei der Guelfen, der die Grimaldis angehörten, typischen Architektur.

Das Ozeanographische Museum, ein echtes »Meeresmuseum«, besitzt nicht nur unschätzbare wissenschaftliche Sammlungen und die Erinnerungsstücke der Expeditionen des Fürsten Albert I., eines großen Seemanns und Entdeckungsreisenden. Auch die neuesten Funde (Unternehmungen der »Calypso« des Kapitäns Cousteau unter der Schirmherrschaft des Fürstentums) und die neuesten technischen Errungenschaften (tauchende Untertassen) sind dort ausgestellt. Die Besichtigung des Museums und des Aquariums wird noch durch Filmvorführungen über das Meer vervollständigt. Laboratorien, eine Bibliothek und ein Schiff im Dienst der Ozeanographie machen aus diesem Museum eine lebende Institution. Von der Terrasse vor dem Gebäude aus hat man einen ungewöhnlich schönen Blick.

Die Kathedrale, 1903 fertiggestellt, ist eine Wiederbelebung des romanischen Stils. Sie besitzt eine schöne Altarwand, 1500 von Louis Bréa, dem berühmten »Primitiven« aus Nizza, gemalt. Zu Ehren der heiligen Dévote findet am 27. Januar das Kirchweihfest statt. Vor der Kapelle, die ihr geweiht ist, zwischen den Stadtvierteln La Condamine und Monte-Carlo, wird ein Boot verbrannt, zum Andenken an die wunderbare Ankunft des Leichnams der Heiligen (in Korsika im 3.

Jahrhundert den Märtyrertod gestorben) an Bord eines Bootes an diesem Ufer, das von einer Taube geleitet wurde.

Das Kasino. Zwischen 1863 und 1880 erbaut, veranschaulicht es zur Vollkommenheit eine prunkvolle Epoche, in der das Überladene, die Übertreibung und die Maßlosigkeit jeder Art die anerkannten künstlerischen Regeln waren. Im Schein des elektrischen Lichts wirken Marmor, Stuck, Bronze, Vergoldungen und Kristalle heute noch strahlender als in früheren Zeiten. Das Innere der Oper, geradezu ein extremer Ausdruck dieses Stils, ist Charles Garnier zu verdanken, der sie als Dank für einen Kredit, den das Fürstentum ihm für die Vollendung der Oper in Paris eingeräumt hatte, baute. Bevor sie das Kasino betreten, sollten sich die Anhänger des Glücksspiels in der Halle des Hôtel de Paris die kleine Reiterstatue Ludwigs XIV. ansehen und das Knie des Pferdes berühren, wie es heißt, ein Glücksbringer. Die Bronze hat durch die hastigen, wiederholten Berührungen der Spieler, die sich an die Roulette- oder Bakkarattische begeben, einen ganz besonderen Schimmer erhalten...

Außergewöhnliches

Das Automatenmuseum, kürzlich in einer Villa aus der »Belle Epoque« eingerichtet, bietet in seiner Ausstellung vierhundert Puppen, siebenundachtzig betriebsfertige Automaten und zweitausend Miniaturgegenstände, die den Alltag, die Bräuche und die Trachten vom 18. Jahrhundert bis 1900 veranschaulichen.

Das Museum für prähistorische Anthropologie zeigt nicht nur die Knochen von Menschen und von in den Höhlen dieses Gebiets gefundenen Tierfossilien (Baoussé, Roussé, in der Nähe von Menton, und Monaco). Man kann dort auch, hervorragend präsentiert, einen »Schatz« bewundern: Römische Münzen, punische Münzen und eine Sammlung von Schmuckgegenständen und Medaillen, ebenso wie die Büste eines Kaisers, die gegen Ende des 3. Jahrhunderts am Fuß der Steilwand von Monaco versteckt wurden.

Der am Steilhang, mit Blick aufs Meer, angelegte exotische Garten enthält zahllose tropische, ebenso empfindliche wie eigenartige Pflanzen.

Der Jardin exotique (der exotische Garten). Angesichts der Ungewöhnlichkeit, der Menge und der Üppigkeit der Pflanzen vergißt man die außergewöhnliche Schönheit der Lage: Eine senkrecht zum Ufer abfallende Steilwand, dem Felsen gegenüber. Die Feuchtigkeit des Meeres leckt an dieser ständig von der Sonne erwärmten Wand: Diese Verbindung von Elementen ist die Erklärung für die erfolgreiche Akklimatisierung tropischer, ebenso empfindlicher wie seltsamer Pflanzen unter diesem Breitengrad. Man steigt auf in den Fels gehauenen Wegen von Terrasse zu Terrasse hinab (und kann im Fahrstuhl wieder hinauffahren). Im unteren Teil des Gartens öffnet sich eine 65 m tiefe Höhle (der Rückweg ist ziemlich anstrengend). Der unterirdische Rundgang führt eine halbe Stunde lang zu schönen, sehr mannigfaltigen Versteinerungen. So ist sogar die Höhlenforschung auf der Palette der Attraktionen dieses überraschenden Staates vertreten, dessen Kleinheit selber einen zusätzlichen Anziehungspunkt zu bilden scheint.

Name: Portus Herculis Monoeci (nach lateinischen Schriftstellern), Hafen des »einsamen Herkules«.

Lage: Fürstentum Monaco, Höhe: 65 m. 945 km Paris, 198 km Aix, 18 km Nizza auf der Moyenne Corniche (26 km auf der Grande Corniche), 210 km Marseille, 9 km Menton, 45 km San Remo.

Informationen: Pavillon du Tourisme, 2, boulevard des Moulins in Monte-Carlo, Tel. (93) 30 60 88.

Unterkunft: Zahllose Hotels aller Kategorien, darunter 5 »Luxus«, 2 ****, 10 ***.

Feste: 27. Januar, Fest der heiligen Dévote; Karfreitag, Prozession des »Toten Christus«; 19. November, Nationalfeiertag. Internationale Autorennen: Januar, Auto-Rallye von Monaco; Mai, Großer Preis von Monaco. Das ganze Jahr hindurch sportliche, kulturelle und mondäne *Veranstaltungen.*

Andenken: Monegassische Puppen.

Das Aquarium des Ozeanographischen Museums von Monaco entführt den Touristen auf eine märchenhafte Reise, aber es ist nur ein Teil dieses ungewöhnlichen Meeresmuseums, das sich ständig um neue Schätze bemüht, seitdem Fürst Albert I. es vor einem Jahrhundert gründete.
(Photo Fronval)

Montélimar

■ Die Bienen summen über den Lavendelfeldern der Provence, über den blumenübersäten Almen der Voralpen. Aus Honig und Mandeln entsteht das Nougat. Die Einheimischen haben es schon sehr früh verstanden, diese beiden Köstlichkeiten mit Eiweiß zu vermischen, aber erst 1910 kam ein schlauer Konditor aus Montélimar auf den Gedanken, das Nougat zu kommerzialisieren, indem er unmittelbar an der großen Straße Paris–Nizza einen Laden eröffnete. Der Ruf der Stadt als »Hauptstadt des Nougat« sollte über die Grenzen dringen.

Seitdem die Autobahn in einiger Entfernung vorbeiführt, drängt man sich weniger vor den Verkaufsständen, durch die in der Hochsaison die Stadt das Aussehen einer Kirmes erhält. Aber die Autofahrer, die die A. 7 an der Ausfahrt von Montélimar-Nord verlassen, sind noch immer zahlreich: Hier »spürt« man zum erstenmal den Süden. Vor den Toren der Stadt schimmert der erste Ölbaum; mächtige Platanen beschatten die großen Parkplätze; die Nougat-Verkäuferin verrät den Anflug eines anderen Akzents. Und alle wissen, daß in dieser Gegend die »Küche« berühmt ist und manches Restaurant ganz hübsche »Sterne« aufzuweisen hat.

Die Adhémars

Im übrigen dient Montélimar schon seit vielen Jahrhunderten als Zwischenstation, Pferderelais und Refugium. Ein hoher viereckiger Hauptturm, von einem runden Turm flankiert und von Mauern eingeschlossen, die von Efeu überwuchert sind, ist ein Zeuge dieser Vergangenheit. Dieser Komplex wird zur Zeit restauriert. Die Stadt will dort ihr Museum einrichten: Man wird von der Geschichte der Familie der Adhémars erfahren, die bereits im 10. Jahrhundert das Château du Teil, auf dem anderen Ufer der Rhone, bewohnte (Montélimar ist die Zusammenziehung von: Mont – Teil – Adhémar). Neun schöne Fenster in romanischem Stil, durch Pfeiler hervorgehoben und mit Laubwerkornamenten verziert, öffnen sich in den dicken Mauern. Man hat von hier aus einen unendlichen Blick auf die Stadt, die Rhone, die Cevennen und gerade gegenüber die von Zinnen gekrönte Silhouette von Rochemaure, dessen Name allein schon an die Schrecken des Mittelalters erinnert.

In der Stadt selber gibt es nur wenige Zeugen der Vergangenheit, drei oder vier alte Patrizierhäuser; insbesondere in der Nähe des Platzes Emile Loubet mit seinem modernen Rathaus, das Haus mit der Renaissancefassade, das Diane de Poitiers gehört haben soll, und das Hôtel du Puy-Montbrun, im Jahr 1706 erbaut.

Umgebung von Montélimar

Vallée de la Drôme: *Crest* und sein herrlicher Hauptturm; *Die,* am Ende der steilen Straße vom Col du Rousset (Paß), stolz auf seine römischen Mauern und auf seine »Clairette« (schäumender Muskateller); *Forêt de Saou* (Wald), riesiger, bewaldeter Talkessel, in den man nur auf einer einzigen Straße gelangt, und den man zu Fuß auf Wegen erkundet, die an unzugänglichen Steilwänden entlangführen.
Die Wunder der Ardèche: Der *Pont d'Arc,* der Cañon (ein Tagesausflug auf einem Flachboot, 50 km einer Höhenstraße), die runden Kalksteinschluchten (insbesondere *Marzal* und *Orgnac*); *Villeneuve-de-Berg,* die vergessenen Schluchten der Ibie; *Viviers* (siehe Angabe unter diesem Namen) und die mittelalterlichen Dörfer am rechten Ufer.
Der Ausbau der Rhone: Großer Kanal, Kraftwerke, riesige Schleusen (siehe Angabe unter Donzère-Mondragon).
Aber dies alles ist noch nicht sehr provenzalisch. Erst mit *Saint-Paul-Trois-Châteaux, Grignan* und *Nyons* verwirklicht sich die »edle Provinz« (siehe Angaben unter diesen Namen).

Name: Mont-Teil-Adhémar (nach dem Château Teil, von den Adhémars seit dem 10. Jahrhundert bewohnt).

Lage: 26200 Drôme. Höhe: 81 m. 604 km Paris, 145 km Aix, 170 km Marseille, 247 km Lyon.

Informationen: Maison du Tourisme, allées Champs de Mars, Tel. (75) 01 00 20.

Unterkunft: Zahlreiche Hotels, darunter 2 *** und 2 »Châteaux-Hôtels«; 2 Motels: »Logiroute« in der Nähe der Ausfahrt Montélimar-Nord und »Euromotel-Vallée du Rhône« an N. 7 südlich der Stadt; Camping: 2 Plätze, darunter 1 ***.
Baix (19 km nördlich, rechtes Rhoneufer), Relais de Campagne »La Cardinale«.

Andenken: Nougat (Besichtigung einer Fabrik, siehe Text); »Clairette« aus Die.

Moustiers-Sainte-Marie

■ Moustiers bekäme einen Preis, falls es einen Wettbewerb um das schönste Dorf Frankreichs gäbe ...
Ein Gewirr purpurvioletter Dächer klammert sich an den Fuß eines Steilhangs, der auf seltsame Weise von einem Säbelhieb getroffen zu sein scheint. Ein Glockenturm von großer Eleganz mit drei Stockwerken mit jeweils einem Paar Zwillingsfenstern, die auf vier Seiten hinausgehen, beherrscht das Durcheinander der in der Sonne bratenden Häuser. Wie festgewachsen auf dem linken Ausläufer der majestätischen Schlucht, die in den Berg einschneidet, verbirgt sich eine kleine Kapelle hinter einem Zypressenwäldchen: Es ist Notre-Dame de Beauvoir, die berühmte; im Innern findet man zahlreiche Votivtafeln und moderne Keramikmotive aus Moustiers. Beim Anstieg, halb Pfad und halb Treppe, hat man einen sehr schönen Blick auf die Dächer des Städtchens und die fruchtbare Mulde von Aiguines, in der Wiesen und Felder, Reihen von Olivenbäumen und hohe italienische Pappeln, deren gewundene Linie den Lauf des Maïre nachzeichnet, einander ablösen. Der Maïre, ein Gebirgsfluß, der, nachdem er zwischen den Häusern des Ortes in Kaskaden herabstürzt, friedlich zum Verdon weiterfließt.
Wie ein Anhänger an einer riesigen Kette, die an den beiden Felswänden des Gebirges verankert ist, funkelt ein metallischer Stern im Sonnenschein 150 m über Moustiers. Die Kette ist 227 m lang. Dieser Stern ist ein ungewöhnliches Votivbild, das ein Seigneur des Baux nach einem im Heiligen Land abgelegten Eid um das Jahr 1250 dort angebracht haben soll.
Beim Betreten der Stadt wird der Tourist unweigerlich von den Auslagen der Andenkenhändler angezogen, die unter dem dreifachen Zeichen des Honigs, des Lavendels und vor allem der Fayence stehen, wodurch jene handwerkliche Kunst wieder in Erinnerung gerufen wird, die lange Zeit Moustiers' Ruhm ausmachte. Die weiße milchige Glasur ist für das echte »Moustiers« charakteristisch. Schöne Exemplare findet man im kürzlich renovierten *Museum*, das im Rathaus (an der Terrasse am Südausgang des Ortes) dank der Gemeindeverwaltung und der Akademie von Moustiers eingerichtet wurde, deren Mitglieder sich mit der Geschichte der Haute-Provence befassen. Man findet dort Stücke aus verschiedenen Epochen: Fayencen in Scharffeuerfarben und mit blauem Grundton, Fayencen mit individuellem und unterschiedlichem Dekor, Fayencen aus dem 18. Jahrhundert mit vielfarbigen Verzierungen, andere mit zarten Farben und mythologischen oder ländlichen Motiven. Das Museum enthält auch noch eine Sammlung »Brennkästen« oder Formen, Gegenstände und Werkzeuge, die früher von den Fayence-Arbeitern benutzt wurden. Man beachte, daß sich die wesentlichsten Sammlungen aus Moustiers' großen Epochen im Nationalmuseum für Keramik in Sèvres und im Musée Cantini in Marseille befinden.
In unserer Zeit hat man die Öfen wieder angezündet und die Fabrikation erneut aufgenommen.

Im Herzen der Provence

Moustiers ist eins der drei »Tore« zum Grand Canyon du Verdon; die beiden anderen sind Castellane und Draguignan (siehe Angaben unter Verdon). Aber in einem beschränkteren Ausmaß bietet Moustiers die Möglichkeit zu kurzen Ausflügen inmitten einer Landschaft, die man als eine der typischsten und schönsten der Provence betrachten kann. Der Ausbau alter Feldwege zu kleinen Straßen, »wild« aber befahrbar, und das Aufstauen des Sees von Sainte-Croix-du-Verdon sollten aus Moustiers nicht nur eine Zwischenstation für die Rundfahrt durch das Gebiet des Verdon, sondern auch einen wirklichen Ort der Erholung und des längeren Aufenthalts machen. Schon gibt es hübsche Campingplätze, und auf dem Plateau von Riez entstehen Wohnanlagen. Was der Stadt fehlt, ist ein modernes, ausreichend großes Hotel.
Zwei kleine Rundfahrten sind besonders empfehlenswert:
– Man verläßt Moustiers auf N. 552 in Richtung Riez; nach ungefähr 4 km rechts Abzweigung eines Weges am Hang entlang. Diese kleine Straße führt um die Höhenzüge herum, die Moustiers beherrschen. Sie ist durch große Höfe gekennzeichnet: Naverre, Vincel und Vénascle inmitten von Lavendel. Von Vénascle kann man auf die Höhe der Felswand gelangen, die steil über Moustiers aufragt, oder bis zum verlassenen Dorf *Châteauneufles-Moustiers* weiterfahren und über *La-Palud-sur-Verdon* zurückkehren (siehe Angabe unter Verdon). Rundfahrt von etwa 50 km.
(Fortsetzung s. S. 159)

Nice (Nizza)

■ »Nizza, Arbeit und Freude«. So lautet der Text auf einem Werbeplakat, das Henri Matisse für die Hauptstadt der Côte d'Azur angefertigt hat. Der Maler hatte sich in Cimiez niedergelassen, wo er sich ein Atelier einrichtete, das nach den Worten eines seiner Freunde aus den dreißiger Jahren ein »richtiges Theater war, von dem aus er das Meer in der Baie des Anges betrachten konnte, so blau, daß es jeden anderen Maler außer ihm (mit Ausnahme Dufys) zur Verzweiflung gebracht hätte«.

Arbeit und Freude! Das könnte der Wahlspruch dieser Stadt sein.

Freude, die ganz bestimmt... Refrains der »Prinzengarde« und das Knattern der Raketen beim Karneval, Festival und Ausstellungen, Regatten und Pferderennen, »Galaabende« und »Nächte«, abwechselnd »strahlend«, »phantastisch«, »märchenhaft«... Das Bild Nizzas könnte gar nicht anders sein als leuchtend, das Leben Nizzas ein stets sich veränderndes Fest, so wie die Kaskaden des berühmten Feuerwerks, dessen Detonationen mitten in der Nacht die geschwungene, so vollkommene Linie der Bucht sichtbar machen.

Eine Metropole

Aber so wie Nizza eine Stadt des Vergnügens ist, ist es auch eine arbeitsame Stadt. Seiner Einwohnerzahl nach die viertgrößte Stadt Frankreichs (fast 400 000 Einwohner), zweitgrößter Flughafen im Personenverkehr, so daß Nizza seinen Ruf als regionale Metropole damit bestätigt. Die Hauptstadt der Alpes-Maritimes hält ihre Distanz vom Marseille des Rhonegebiets und legt Wert auf die Originalität ihrer Unternehmungen.

Als weltweit bekannter Touristenort bietet Nizza heute eine touristische Infrastruktur, die sich in bemerkenswerter Weise den Verhältnissen angepaßt hat. Diesen Ruf genießt es, seit vor zwei Jahrhunderten der Schotte Smolett, der zur Heilung seiner Bronchien dieses ideale Klima aufgesucht hatte, die Neugier seiner britischen Freunde gerade durch die übertriebene Kritik weckte, die er an dem Land und seinen Menschen übte. Mehr als 20 000 Menschen können zu jeder Jahreszeit in seinen zweihundertsiebenundsechzig Hotels aller Kategorien wohnen. Kongresse, die gleichzeitig einige zehntausend Teilnehmer in sich vereinen können, halten ihre Sitzungen in zahlrei-

S. M. der Karneval (der 1973 hundert Jahre alt wurde) herrscht,
jedes Jahr mit einem neuen Gesicht, im Februar über eine Stadt,
die ein fröhliches Treiben, phantastische Einfälle, entfesselte Phantasie,
das Krachen der Feuerwerkskörper und der Konfettiregen
zu einem mitreißenden Lachen treiben.
(Photo Charles Lénars-Atlas-Photo)

chen, besonders dafür eingerichteten Hallen ab. Es gibt eine ungewöhnliche Auswahl von Restaurants, von dem für seine örtlichen Spezialitäten berühmten Gasthaus bis zur »erlesenen Küche«, die die Feinschmecker anlokken. Drei Kasinos für die Anhänger von Roulette und Bakkarat. Nightclubs, Music-Halls, Konzerte, Theater, Oper und Feste unter freiem Himmel ermöglichen das ganze Jahr hindurch ein Nachtleben. Museen, Ausstellungen und historische und künstlerische Kostbarkeiten ziehen die Neugierigen an... Messen, wie das Festival des Buches, um nur die jüngste dieser Erscheinungen zu nennen, finden in Nizza die Voraussetzungen und das Personal, die ihren Erfolg verbürgen.

Nizza zu jeder Jahreszeit

Dieses Gesicht einer großen, modernen Stadt veranlaßt zusammen mit den Vorzügen des Klimas zahlreiche Besucher, dort ihren Wohnsitz aufzuschlagen... Und somit hat sich das Baufieber der Stadt bemächtigt. Trotz einer geographischen Gestaltung, die die Städtebauer und Wirtschaftler vor schwere Probleme stellt, werden ganze Viertel (zum Beispiel das alte Tal des Paillon) und Zonen an der Peripherie, so das untere Tal des Var, unaufhörlich Veränderungen unterworfen. Sie sehen dann wie riesige Bauplätze aus, die der Tourist, noch im Bann eines altmodischen Zaubers von gestern und vorgestern, zuweilen voller Mißtrauen betrachtet.
Aber Nizza lebt nicht nur vom Tourismus und vom Beton.
Der Hafen – ehemals griechische Niederlassung, dann Stützpunkt der Küstenschiffahrt zwischen Marseille, Toulon und Genua – kennt nur noch das Einlaufen und Auslaufen der Vergnügungsdampfer und die fast tägliche Abfahrt und Ankunft der Autofähren nach Korsika. Olivenöl, Teigwaren, Frühgemüse, Obst und Blumen werden nicht mehr auf dem Seeweg befördert. Eisenbahn und vor allem Flugzeuge verbinden Nizza mit der Außenwelt. Aber es wurde bereits hervorgehoben (siehe Kapitel Überblick), in welchem Ausmaß eine durchgreifende und harmonische Entwicklung des Landes um Nizza vom spürbaren Ausbau der Verkehrsmittel abhängt. Man hat zum Teil riesige Arbeiten in Angriff genommen: Landgewinn aus dem Meer, um die Kapazität des internationalen Flugplatzes zu verdoppeln, Ausbau der Corniches auf vier Fahrbahnen, Anschluß an die Autobahn des Estérel und an die »Autoroute des Fleurs« durch eine große Zubringerstraße im Norden der Stadt. Der Straßentunnel von Mercantour ist im Gespräch, und auch die Wiedereröffnung der Eisenbahnstrecke Cuneo–Tende–Nizza, die die Wiederherstellung zahlreicher technischer Anlagen erfordert, wurde durch eine Vereinbarung zwischen der italienischen und französischen Eisenbahn beschlossen.
Nizza ist eine touristische Metropole, eine Wohnstadt und ein Geschäftszentrum, aber darüber hinaus zeichnet es sich auch als Universitätsstadt und noch mehr als Forschungszentrum aus, sowohl auf dem Gebiet der Geistes- als auch der Naturwissenschaften. IBM hat den Anfang gemacht, als es sich in den sechziger Jahren in La Gaude (in der Nähe von St.-Jeannet) niederließ. 1969–1970 wurden eine Internationale Kunstschule, ein Musikkonservatorium und ein Theaterzentrum gegründet, das über eine Bühne verfügt, die den jüngsten Vorstellungen von Theateraufführungen entspricht.
Dank dieser übersprudelnden Aktivität gerät der Tourist niemals in Gefahr, sich in Nizza zu langweilen, das keine tote Saison kennt. Die Stadt zeigt zu keiner Jahreszeit (der November ist vielleicht der ruhigste Monat) das trübselige Gesicht jener Touristenzentren, die doch nichts weiter als »vorübergehende Aufenthaltsorte« sind.

Nicht nur für die Engel und die Engländer

Die vier Kilometer lange *Promenade des Anglais* erstreckt sich von »La Californie« am Rand des Flugplatzes, im Westen der Stadt, bis zu der sogenannten »Butte du Château« im Osten, deren Steilwand ein kleines felsiges Kap bildet, um das die Straße herumführt, um den Hafen zu erreichen. Diese den Winden ausgesetzte Landzunge wird Rauba Capéu genannt, wörtlich übersetzt »Raubt Hut«.
Die »Promenade« führt oberhalb eines weiten Strandes entlang, bei dem manche bedauern, ihn mit Kies und nicht mit reinem Sand bedeckt zu sehen, und das trotz aller Bemühungen der Stadtverwaltung, ihn zu »veredeln«. Die Fußgängerzone ist so breit, daß zahlreiche Besucher aus aller Welt und die Menge der Einheimischen ungestört

dort spazierengehen, umherschlendern und zu jeder Zeit des Tages und der Nacht den auf die weite Baie des Anges sich öffnenden Ausblick genießen können, diese harmonische Bucht mit ihrem himmlischen Namen. Weiter im Hintergrund eine Reihe von Palmen und Blumenbeete, die die ungestüme Flut der Wagen in zwei Strömungen unterteilt. Unter den weißen Gebäuden am Rand der Promenade hebt sich in der Mitte das *Palais de la Méditerranée* ab, Kasino, prächtiger Saal für Ausstellungen und kosmopolitischer Treffpunkt zugleich. Ein wenig vom Palais entfernt beherbergt eine Villa im italienischen Stil des Ersten Kaiserreiches, hinter den Bäumen eines hübschen Gartens verborgen, nachdem sie allen Ruhm des vergangenen Jahrhunderts an sich hat vorbeiziehen sehen, heute das *Musée Masséna*. Eine schmale Straße trennt das Museum von dem vielleicht berühmtesten Palasthotel der Welt: von dem stets jungen »Negresco«.

Die *Butte du Château* (92 m) bietet einen herrlichen Blick auf diese ungewöhnliche Uferfassade. Auf diesen Aussichtspunkt gelangt man entweder mit einem Fahrstuhl oder auf einer Treppe (Escaliers Lesage), die vom Fuß eines runden, recht massiven Gebäudes her nach oben führt, die Tour Ballanda, ein keineswegs altes Gebäude, in dem das *Musée naval* untergebracht ist. Ein mit Kiefern bestandener und mit exotischen Gewächsen bepflanzter Park wurde auf dieser Anhöhe angelegt, die die eigentliche Wiege dieser Stadt ist. Von den einander folgenden Zitadellen, deren Aufgabe von den Griechen aus Massalia bis zu Ludwig XIV., der die Festungswerke schleifen ließ, es war, den in der Anse de Lympia angelegten Hafen zu beschützen. Bei Ausgrabungen wurden nur sehr dürftige antike Überreste und einige Teile der Fundamente von Kathedralen aus dem 11. und 12. Jahrhundert freigelegt.

Das alte Nizza

Die »Vieille Ville« (Altstadt) liegt zwischen der Butte du Château und dem ehemaligen Flußbett des Paillon eingeengt. Dieser Gebirgsfluß, der durch Nizza floß, ist heute in seinem Lauf durch die Stadt überdeckt, was die Möglichkeit zur Schaffung großer Parkplätze, einer langen Esplanade, einem Fernstraßen-Bahnhof, zum Bau des städtischen Kasinos und zur großartigen Anlage der Place Masséna in ihrer länglichen Form geboten hat. Dieser Platz ist von Häusern mit pompejanischem Verputz gesäumt, und man hat auch noch jene echte Oase mit Palmenhain pflanzen können, die den Namen Jardin Albert I trägt. Das »alte Nizza« hat also nur geringe Ausdehnung.

Die Pfarrgemeinden deuten noch die verschiedenen Stadtviertel an: Ste.-Réparate, St.-Jacques, St.-François-de-Paule... Das Leben dort ist laut und lebhaft, insbesondere am Morgen in der Umgebung des *Marché aux fleurs* (Blumenmarkt vor der Präfektur), obwohl dieser seine malerische Note seit der Rationalisierung des Großhandels eingebüßt hat.

In den Gassen, die häufig als Treppe enden, wird ewig Wäsche gewaschen. Kleine Plätze, auf die die Sonne herabprallt, lassen die engen Straßen noch düsterer und die Fassaden der Häuser mit den hohen Fenstern und ihren Holzjalousien noch dunkler erscheinen.

»Primitive« aus Nizza

Auf diesen kleinen Inseln eingeengt, beherbergen Kirchen mit barocken Giebeln in dunklen Kapellen einige Schätze: »Vierge« von Miralhet (*Chapelle de la Miséricorde*). »Communion de saint Benoît«, ein Gemälde, das Carl van Loo zugeschrieben wird, einem in Nizza geborenen Flamen (*St.-François-de-Paule*), ein Schwelgen in Vergoldung und Verspieltheiten im Stil des Rokoko, wobei der »Gesù« in Rom imitiert wird (*St.-Jacques*), eine »Pietà« von Louis Bréa, dem Meister dieser allzu verkannten »Primitiven aus Nizza«, bei dem man zuweilen an Fra Angelico erinnert wird (*St.-Augustin*). Ein vornehmes Haus aus dem 17. Jahrhundert, das *Palais Lascaris* (kürzlich restauriert), besitzt mit Fresken verzierte Decken, die lebhafte Motive aufweisen, der Stil macht den großen Palästen in Genua alle Ehre, und die Fresken ähneln denen, die man im Schloß von Cagnes zu sehen bekommt (siehe Angaben unter diesem Namen).

Im Norden der Altstadt, Place Sincaïre (Stadtviertel St.-Augustin), zeigt ein in der Mauer eines alten Bollwerks eingelassenes Hochrelief eine junge Frau mit wehenden Haaren, die in der einen Hand eine Fahne und in der anderen ein Waschbleuel schwingt: Es ist *Catarina Segurana*, »eroïna nissarda«, die Heldin aus Nizza, die anläßlich der Belagerung der Stadt durch die Türken im Jahr 1543 die Verteidiger anfeuerte. Noch immer im Norden, aber außerhalb der alten Stadtteile, liegt das *Musée d'Histoire naturelle*, 60, Boulevard Risso (Sammlung von Fischen, Pilzen usw.). Seine Besichtigung sollte man durch die des seltsamen *Musée de Malacologie* (Mollusken) vervollständigen, wo man mehr als 15 000 Muschelarten bewundern kann, einige von ihnen sehr schön. Das zuletzt genannte Museum liegt im Süden der Altstadt, 3, Rue Saleya, der Markthalle gegenüber.

Auf der anderen Seite des Marktes, zum Meer hin, bilden eigenartige, langgestreckte Gebäude mit überwölbten Passagen, die unter einem einzigen Stockwerk hindurchführen, eine Art Bollwerk, das die Altstadt isoliert: Es handelt sich um das ehemalige Arsenal der sardischen Marine, das heute den Namen *Galerie des Ponchettes* trägt. Hier sind zahlreiche kleine, freundliche Restaurants untergebracht; dort ißt man Fische und Schalentiere, die auf dem Markt auf der anderen Seite des Bürgersteigs eingekauft wurden.

Weitere malerische Bistrots findet man am *Hafen* (le port). Dort erhält man Spezialitäten aus Nizza: pan bagna, pissaladiera, socca, ravioli usw.

In der Tiefe des Hafens ein schattiger Platz, der *Place Ile-de-Beauté;* er zieht sich in der ganzen Breite des großen Hafenbeckens hin; hohe, ein wenig überalterte Häuser mit grell gestrichenem Verputz und eine Kirche mit Kolonnaden verleihen dem Ganzen einen »italienischen« Charakter..., ein Italianismus ganz aus dem 18. Jahrhundert. Aus dem gleichen Geist entstanden scheint der *Garibaldi* geweihte Platz (der Held aller Unabhängigkeitsbestrebungen wurde in Nizza geboren). 1780 angelegt, bildet er die nördliche Grenze der Altstadt und ihre erste Ausdehnung über die Stadtmauern hinaus. Das umliegende Viertel ist das der Lagerhäuser und Werkstätten.

Geschäfte und Wohnhäuser

Die *Place Masséna* und die *Rue Masséna*, beide von Arkaden gesäumt, die Rue de France und der Boulevard Jean Médecin, die ihre Fortsetzung bilden, sind das Nervenzentrum der

Seit Gründung des MIN, der Marktorganisation, hat der Blumenmarkt von Nizza an Bedeutung verloren; dennoch bietet er weiterhin ein malerisches Schauspiel.

modernen Stadt. Geschäfte aller Art, von den banalsten bis zu den luxuriösesten, locken zu jeder Tageszeit eine wogende Menge von Menschen an und führen zu einer Verstopfung durch die Autos. Die Auslagen übertreffen einander an Schönheit und Fülle, aber das Wesentliche dieses Schauspiels liegt in dieser Menge von Menschen, die aus allen Richtungen auftauchen und aus allen Ländern kommen. Trotz des Gedränges und des chaotischen Verkehrs, den Polizisten in weißen Uniformen zu regeln versuchen, fehlen hier die Gereiztheit, die Nervosität, die für Paris und die großen Hauptstädte typisch sind. Sogar die Einheimischen machen den Eindruck, auf Urlaub zu sein ...

Nach Norden zu steigen Straßen und schattige Boulevards schachbrettartig an, stoßen auf die Eisenbahngleise, führen am Bahnhof vorbei und bilden schließlich die Stadtteile La Bouffa, St.-Philippe (wo sich die prächtige *russisch-orthodoxe Kathedrale* befindet), St.-Etienne und St.-Bartélemy (mit dem *Musée du Vieux Logis*: sehr schöne Nachbildung der Einrichtung eines reichen Bürgers des 15. Jahrhunderts). Aber diese schnurgeraden Straßen, das Webmuster von Nizza aus der ersten Hälfte des 20. Jahrhunderts, finden am Fuß grüner Hügel und bewaldeter Hänge, die eine der Dekorationen des Ballungsgebietes von Nizza bilden, bald ihr Ende: im Osten der *Mont Alban* (222 m), der *Mont Boron* (178 m) zum Meer hin sich erstreckend und von Befestigungsanlagen gekrönt, ferner der Mont Vinaigrier und der Mont Gros mit seinem Observatorium, umschlungen von den ersten Haarnadelkurven der *Moyenne* und der *Grande Corniche;* im Westen die Hänge des kleinen Tals von Magnan und Les Baumettes mit der Universitätsstadt; im Norden St.-Pancrace und der Aussichtspunkt von *Gairaut* (302 m). Nur wenige hundert Meter von der Place Masséna entfernt steigen Avenuen in weiten Kurven die Hänge des »besten Wohnviertels« von Nizza empor: *Carabacel* und führen zwischen den luxuriösen Villen und Gärten bis auf das Plateau von *Cimiez*.

Die beherrschende Stellung von *Cimiez* wurde von den Römern 14 v. Chr. für die Anlage einer Garnisonsstadt gewählt, die vom massaliotischen Hafen Nikaia unabhängig war: das war Ce-

*Symphonie in Blau ...
Das ist die Côte d'Azur.*

menelum. Als wichtige Etappe auf der Via Julia Augusta – Heerstraße ins narbonnensische Gallien und nach Spanien und sicherer als die Küstenstraße – nahm die Stadt einen schnellen Aufschwung. Im 2. Jahrhundert besaß sie bereits eine richtige »Thermalanlage«, die aus drei voneinander geschiedenen Häusern bestand. Im 3. Jahrhundert wurde sie zur Hauptstadt der Provinz »alpes maritimes« erhoben. Mit Anbruch der christlichen Zeit erhielt sie, kurz nach Nizza, ihren eigenen Bischof, der nicht dem gleichen Erzbistum unterstand wie sein Nachbar. Dann aber wurde Cimiez nach und nach zu einem ländlichen Ort. Schafe weideten unter den Ölbäumen, die ihre Wurzeln zwischen die Trümmer der antiken Stadt trieben. Nizza sog das Territorium auf. An den luftigen Hängen des Höhenzuges entstand ein aristokratisches Viertel. Auf der höchsten Erhebung umschloß ein großer Park ein großes Gebäude mit sehr schlichten Linien und edlen Proportionen inmitten von Ölbäumen und Zypressen: Das war die *Villa des Arènes,* wegen einiger offensichtlich römischer Säulen, Bögen und Stufenbänke so genannt.

Im Jahr 1954 erwarb die Stadt Nizza die Villa des Arènes und den umliegenden Besitz. Es wurden methodische Ausgrabungsarbeiten vorgenommen, die zur Entdeckung bedeutender Überreste führten: Thermen, Amphitheater, Taufkapelle und christliche Basilika. Statuen (insbesondere die Figur eines sehr schönen jungen Mädchens: Antonia, die Nichte des Augustus), Sarkophage, Stelen und mit Steinmetzdekorationen versehene Altäre wurden im Erdgeschoß der Villa ausgestellt. Man hat diese Funde noch durch solche von anderen Stellen vervollständigt: durch das Ergebnis der Nachforschungen auf dem Meeresgrund vor Nizza und Antibes und durch den archäologischen Bestand des Musée Masséna, einen »Schatz«, der aus der Bronzezeit stammt und in Clans im Tal der Vésubie entdeckt wurde, eine Sammlung erstaunlicher Statuetten, etruskischen, römischen und hellenistischen Ursprungs. In einem besonderen Saal kann man die Geschichte der Keramik von der griechischen bis zur römischen Epoche ohne Unterbrechung verfolgen. Diese Sammlung hat es Fernand Benoît, dem großen Gelehrten, dessen Name mit allen historischen Forschungen in der Provence verbunden ist, ermöglicht festzustellen, daß die Villa des Arènes »das« archäologische Zentrum der östlichen Provence geworden ist.

Matisse in Cemenelum

Aber die Villa und ihr Park stellen noch viel mehr dar.

Zunächst einmal ist diese Besitzung von Cimiez ein herrlicher Ort zum Spazierengehen. Im Sommer dient er als Umrahmung für kulturelle Darbietungen unter freiem Himmel. Im April ist er traditionsgemäß seit dem 15. Jahrhundert der Sammelplatz für das Volksfest: *»Festin des Cougourdons«,* das im übrigen bis auf den Platz und den Garten des benachbarten Klosters übergreift. Die »Cougourdons« sind jene Kürbisse, Kalebassen und Koloquinten, die lange Zeit als Gefäße benutzt wurden und heute zu Gegenständen der Dekoration aufgestiegen sind. Die Bewohner von Nizza ernteten sie einmal im Jahr auf dem Höhenzug von Cimiez. Heute bieten die »Cougourdonniers«, die immer mehr aussterben, bemalte Flaschenkürbisse in allen Größen und Formen an; manche von ihnen sind echte Meisterwerke. Prozession, Hauptmesse mit Liedern im Dialekt von Nizza, Segnung der Flaschenkürbisse, großer folkloristischer Umzug und Volksfest lösen einander den ganzen Tag hindurch ab.

Aber es gibt noch mehr. Die Villa des Arènes enthält auch das *Musée Matisse.* Das ganze erste Stockwerk ist dem Andenken an jenen Mann gewidmet, der der Maler der Reinheit und der Farbe war. Einige seiner Paletten hat man unter Glas ausgestellt: Dort findet man das »orientalische Blau«, das »Karmesinrot«, das »orientalische Gelb«, das »Lichtblau« und das »rosige Rubikon«... die einem in allen »Matisse« entgegenleuchten. Gleich daneben das berühmte »Stilleben mit Granatäpfeln«, das für das am Anfang dieses Abschnitts erwähnte Plakat verwendet wurde. Hier sieht man auch eine riesige, unvollendete Komposition aus ausgeschnittenem Papier, das zuvor mit blauen, roten, orangenen und grünen Wasserfarben vom Maler in den letzten Tagen seines Lebens bemalt wurde. Aber vielleicht noch ergreifender als die Werke und die Andenken sind die zahlreichen Versuche, zu denen sich Matisse zwang, in der Überzeugung, die Vollkommenheit in der äußersten Entsagung seines Pinselstrichs zu finden. Dutzende von einander folgenden Skizzen mit dem gleichen Motiv wurden sehr geschickt auf drehbaren Gestellen angebracht, so daß man Blatt um Blatt der Entwicklung des Schaffenden in Richtung auf eine immer extremere und erregendere Stilisierung folgen kann.

Verläßt man den Park der Villa des Arènes nach Osten, gelangt man auf einen breiten Vorplatz gegenüber einem *Franziskanerkloster* (Couvent franciscain). Aus dem benachbarten Garten hat man einen schönen Blick auf das Tal des Paillon. In der Mitte des Platzes erhebt sich eine von einem kleeblattförmigen Kreuz überragte gewundene Säule.

Bréa, Chagall, Chéret

Die Kirche mit ihrer Fassade aus dem Jahr 1850, ein Beispiel für den sogenannten »gotischen Troubadourstil«, verlockt nicht zur Besichtigung. Dennoch kann man im Innern dieses Gotteshauses (erste Seitenkapelle rechts) das zweifellos vollkommenste Werk von Louis Bréa bewundern: eine Pietà unter dem Namen »Vierge de pitié« aus dem Jahr 1475. »Bréas Kunst offenbart hier eine große religiöse Bedeutung, ohne daß das Abstrakte ihm etwas von seiner beschwörenden Macht nimmt« (Pierre Cabanne). In anderen Kapellen (in der dritten links und in der dritten rechts) sind weitere interessante Werke zu sehen: »Kreuzigung« vom gleichen Louis Bréa und »Kreuzabnahme« von seinem Bruder Antoine.

Kehrt man nach Nizza auf dem Boulevard de Cimiez zurück, stößt man auf der Höhe der Rue du Dr Ménard auf das *Mémorial Chagall*, ein Gebäude, das mit der Absicht errichtet wurde, die »Biblische Botschaft« von Marc Chagall darzustellen. Mehrere Episoden aus dem Alten und Neuen Testament, insbesondere das Hohelied Salomos, werden in großen, in den Jahren 1955 bis 1958 gemalten Kompositionen heraufbeschworen. Einige Skulpturen, Kupferstiche, für Bibelausgaben bestimmte Guaschmalereien und 1930 angefertigte Zeichnungen veranschaulichen seine mystische Entwicklung.

Das *Musée municipal des Beaux-Arts* (Avenue des Baumettes, im Westen der Stadt) wurde dem Andenken des Zeichners, Malers und Plakatentwerfers *Jules Chéret*, 1836 in Nizza geboren, gewidmet.

Das Chéret-Museum besitzt alle Fehler von Vorkriegsmuseen: ein düsteres, feierliches Gebäude, eine trübselige pedantische Darbietung und eine richtungslose verstaubte Anhäufung. Aber es besitzt auch ihren Charme.

Abgesehen von Chéret, dem zwei Säle gewidmet sind (Frauen mit Blumen, Rundtänze, Karneval, Tänzerinnen...), macht man noch die Bekanntschaft zahlreicher begabter Maler aus Nizza: Joseph Fricero (Schüler von Ingres), Pierre-Paul Combe (Landschaftsmaler, Aquarelle), die Brüder Frachel, Vincent Fossat, Auguste Carlome und vor allem Alexis Mossa (1844–1926), von dem tausend (!) bemerkenswerte Aquarelle für den heutigen Touristen eine wahrhafte Enzyklopädie der Landschaft darstellen.

In einem abgelegenen Raum am Ende eines Gangs im ersten Stock entdeckt man alle möglichen Zeichnungen, Gemälde und Skizzen, die sich mit dem Karneval befassen.

Es wäre leicht, dem Trödelkram vom Musée Chéret die Gradlinigkeit und die Herrlichkeit des *Musée Masséna* gegenüberzustellen. Im übrigen liegt das erstere in einer Vorstadt, die schwierig zu finden ist, während das zweite mit den hohen Fenstern seiner Salons über einen wunderbaren Garten hinweg auf die Promenade des Anglais hinausgeht. Schon in der Diele begegnet man dem Ersten Kaiserreich mit einer Büste des Marschalls Masséna von Canova und einer anderen, liebenswürdigeren, von Pauline Bonaparte, Fürstin Borghese. Porträts, Möbel und andere Gegenstände lassen die ruhmreiche Epoche wieder aufleben. Aber im Musée Masséna gibt es nicht nur kaiserliche Erinnerungen. Drei Räume im ersten Stockwerk verdienen besondere Aufmerksamkeit: eine Galerie mit den »Primitiven aus Nizza«, ein Raum, der den französischen Impressionisten gewidmet ist, und ein anderer für Raoul Dufy. Wendet man sich einen Augenblick von den Ölbildern, den Aquarellen und den Zeichnungen dieses großen Liebhabers der Côte d'Azur ab, um vom Fenster aus das Treiben auf der Promenade, die schwungvolle Linie der Baie des Anges, das sich paarende Blau des Himmels und des Meeres zu betrachten, bemerkt man nicht nur, daß diese »Augenblickseindrücke« des Lebens von Nizza nicht getrogen haben, sondern auch, daß Nizza mehr denn jemals »la bella« ist.

(Fortsetzung s. S. 161)

Nîmes

Nîmes gehört zum Languedoc und nicht zur Provence. Aber sein eigentlicher Charakter, die Schönheit seiner Bauwerke und die Nähe des Rhonetals rechtfertigen, daß Nîmes bei einer Entdeckungsreise durch die untere Provence miteinbezogen wird. Dabei ist Nîmes nicht wie Arles eine Stadt der Rhone, wie Avignon eine mittelalterliche Stadt, wie Aix eine Hauptstadt oder wie Marseille eine Handelsniederlassung am Meer.

Nîmes war eine Stadt von Kolonisten, die Wein anbauten. Die Veteranen des Augustus, die sich hier am Rand der fruchtbaren Ebene und der Heideflächen niederließen, kamen aus der afrikanischen Legion, die im Niltal die Aufrührer im Sold von Antonius und Kleopatra bekämpft hatte. Unter einer Sonne, die kaum weniger großzügig war als die Ägyptens, müssen sie lange Zeit ihre ruhmreichen Erinnerungen ausgetauscht haben, denn zweitausend Jahre später weist das Wappen der Stadt noch immer ein Krokodil in Ketten auf!

Die Kolonie gedieh. Ein riesiges Siegeszeichen, auf dem benachbarten Hügel in 150 m Höhe errichtet: die *Tour Magne* (die von Schatzsuchern geplündert wurde), verkündete schon auf Entfernung die Macht der Stadt. Die *Arena*, die man dort erbaute, gehörte mit ihren 21 000 Plätzen zu den zwanzig größten des Reiches. Der Haupttempel – die berühmte *Maison carrée* – wurde den Tempeln in Athen nachgebildet.

Die Stadt wollte nicht nur schön sein, sondern auch Bequemlichkeiten bieten. Eine kühle Quelle, Nemausus (die Nîmes ihren Namen gab), wurde von einem *Tempel* überragt, der anscheinend Diana geweiht war und heute den Archäologen einige Rätsel aufgibt. Diese Quelle (heute die »Fontaine« inmitten eines herrlichen Parks) reichte jedoch nicht aus, um die Stadt zu versorgen, und so faßte man das Wasser, das reichlich am Fuß der Cevennen sprudelt, und baute, um es an seinen Bestimmungsort zu leiten, einen langen Aquädukt, der das tiefe Tal des Gardon auf einer Brücke mit Bögen in drei Stockwerken überquert, eine außerordentliche technische Leistung, die uns bis heute fast unversehrt erhalten geblieben ist: der berühmte *Pont du Gard* (23 km nordöstlich von Nîmes auf N. 86 und N. 581, Gemeinde Remoulins). In der Stadt wurde das Wasser durch ein kunstreiches Leitungssystem, das heute noch sichtbar ist, verteilt: das *Castellum Divisotium* (Rue de la Lampèze, im nördlichen Stadtteil).

Eine bemerkenswerte technische Leistung, von der Straße aus sichtbar, ist die *Pumpstation von Pichegu*, die der Rhone eine Wassermenge entnimmt, die der Wasserführung der Seine bei Paris entspricht. (20 km südöstlich von Nîmes, oberhalb der D. 38, zwischen Bellegarde und Saint-Gilles.)

Römisch und klassisch

So aktiv und betriebsam Nîmes auch ist, bleibt es doch von seiner römischen Vergangenheit, aber auch vom 18. Jahrhundert gezeichnet. Der *Jardin de la Fontaine* mit dem raffinierten Zusammenspiel der Gebäude mit ihren Balustraden, die Flächen mit dem Springbrunnen einrahmen, ist ein wunderbarer Erfolg der Landschaftsgestaltung. Lange, breite, schattige Avenuen durchqueren die Stadt. Große Plätze unterbrechen die Monotonie der langweiligen kleinbürgerlichen Viertel, aber man sucht vergeblich die Springbrunnen, die in der Provence an allen Kreuzungen ihr Lied singen, und die Patrizierhäuser, von denen die Phantasie des Barock einem entgegenlächelt. Darin haben wir den Charakter des Languedoc in Nîmes, er ist bürgerlich und streng, und dieses Nîmes war, bevor es protestantisch wurde, Sitz der Westgoten und Katharer.

Das aber hindert die Leute von Nîmes nicht, völlig entfesselt zu sein, wenn im Sommer die *corridas de muerte* in dem anspruchsvollen Rahmen der antiken Arena abgehalten werden.

Mehrere Museen bieten Sammlungen, die höchst interessant sind. In erster Linie das *Musée des Antiques,* das in der Maison carrée untergebracht ist: große Mosaiken, eine riesige Apollostatue, Venus von Nîmes, Köpfe in Bronze und Marmor, häufig in hellenistischem Stil... Das *Musée archéologique* (Boulevard Amiral Courbet) ist die notwendige Ergänzung des eben genannten. Ein Saal ist der römischen Glasmacherkunst vorbehalten, ein anderer den griechischen Statuetten, Vasen und Bronzen. Das *Musée d'Histoire naturelle* ist im gleichen Gebäude untergebracht, einem ehemaligen Jesuitenkolleg (diese Museen sind nur am Sonntagvormittag geschlossen). Das *Musée du Vieux Nîmes* (im alten Bischofspalast in der Nähe der Kathedrale; am Samstag und am Sonntagnachmittag geschlossen) zeigt Trachten, Stickereien und Seidengewebe aus der Zeit, in der die Seidenweberei eine der wesentlichsten wirtschaftlichen Zweige der Cevennenregion war. Die Anhänger des Stierkampfs werden dort voller Genugtuung auf eine Abteilung »Stierkampf« stoßen.

Im *Musée des Beaux-Arts* (Rue Cité-Foulc, Dienstag geschlossen) empfängt den Besucher in der Eingangshalle ein großer restaurierter römischer Mosaikfußboden. Ein Saal ist James Pradier vorbehalten, einem Bildhauer aus Nîmes, Victor Hugos Vorgänger im Herzen von Juliette Drouet. Sie diente ihm sogar als Modell, um Nîmes auf dem großen Brunnen, der die Place de la Libération (in der Nähe der Arena) schmückt, zu symbolisieren. Dort findet man auch Werke von Rodin und Bourdelle sowie mehrere große Maler der verschiedenen europäischen Schulen. Die Art der Ausstellung ist leider sehr konventionell.

In der Umgebung von Nîmes kann man, abgesehen von dem Ausflug zum

Der uns fast unversehrt hinterlassene Pont du Gard leitete das frische Wasser der Cevennen nach Nîmes.

Nyons

Pont du Gard, den man unbedingt unternehmen sollte, von der Besichtigung von dem bereits erwähnten Pichegu und von Saint-Gilles (siehe Anmerkung) an den dafür offenen Tagen die technischen Anlagen der *Mineralquelle von Perrier* besichtigen (5 km südlich des Dorfes Uchaud, auf N. 113).

Name: Colonia Augusta Nemausus (nach dem Namen des Schutzgottes einer heiligen Quelle).

Lage: 30000 Gard. Höhe: 39 m. 700 km Paris, 108 km Aix, 30 km Arles, 245 km Lyon, 125 km Marseille, 211 km Perpignan. Flugplatz für regelmäßigen Inlanddienst Nîmes—Garons, Tel. (66) 87 92 34.

Informationen: S. I., 6. rue Auguste, Tel. (66) 67 29 11. Telex 499 26. Pont du Gard (Gemeinde Remoulins), Maison du Tourisme, Tel. (66) 87 03 30.

Unterkunft: Zahlreiche Hotels, darunter 1 **** und 2 *** und 1 Motel »Margueritres« (7 km auf N. 86); Camping: 1 Platz. *Pont du Gard:* 5 Hotels, darunter 1 ***; Camping: 3 Plätze **.

Feste: Im Sommer Stierkämpfe und folkloristische Vorführungen in der Arena.

Andenken: Obst, Gebäck mit »croquants«, Weine (Tavel, Costières du Gard).

NYONS

Name: Noviomagus, der »neue Markt« (römisch).

Lage: 26110 Drôme. Höhe: 270 m. 653 km Paris, 106 km Gap, 51 km Montélimar, 196 km Lyon.

Informationen: S. I., place de la Libération, Tel. (75) 2 27.

Unterkunft: 7 Hotels, darunter 4 ** und kleine Hotels in den Nachbardörfern; Camping: 3 Plätze **.

Andenken: Oliven, Trüffeln, Drosselpastete, Obst, Fruchtpaste (man kann eine Fabrik besichtigen), Weine, Lavendelextrakt, geflochtene Platten, zwischen denen man die Oliven preßt, provenzalische Teppiche aus Stroh. Ausstellung im Pavillon des S. I.

■ Wenn man den Leuten aus Nyons zuhört, ist ihr Land nichts weniger als das »Paradies auf Erden« ... Es trifft zu, daß Jean Giono es ihnen versichert hat! Vielleicht ist es nicht das Paradies, aber wenn man den Prospekten für den Tourismus glauben darf, in denen die verschiedenen Erzeugnisse dieses gesegneten Landes aufgezählt werden, so ist es doch das Schlaraffenland. Abgesehen von den Oliven (ein durch die Gründung einer »Bruderschaft der Ritter des Ölbaums« öffentlich bestätigter Ruhm) erzeugt oder stellt das Land noch anderes her: Kirschen, Aprikosen, Trüffeln, Honig, Lavendel, Lindenblüten, Drosselpastete, Fruchtpasteten, die sogenannten Weine des Haut-Comtat und Parfümessenzen.

»Ensouleiado tou l'an«

Die Erklärung für diesen Überfluß, der sich mit Qualität verbindet, liegt für die Experten der Landwirtschaft in einem Schlüsselwort: »Mikroklima«. Was schon seit langer Zeit die Leute vom Lande auf ihre Weise ausdrücken: »Ensouleiado tou l'an«, Sonne das ganze Jahr hindurch, noch dazu vor dem Mistral geschützt. Das Hochtal des Eygues besteht aus einer Reihe kleiner Mulden, geschützt von Hügeln, die Höhen zwischen 800 und 900 m erreichen und deren günstig gelegene Hänge und Täler natürliche Gewächshäuser bilden.

Liebliches Frankreich

Zu dem jungfräulichen Charme der Umgebung kommen noch die Annehmlichkeiten einer kleinen hübschen, blumenreichen und liebenswürdigen Stadt hinzu. Eine kluge Stadtverwaltung und ein besonders aktives Syndicat d'Initiative bemühen sich, die Voraussetzungen für die Erholung zu vervielfältigen. Am Flußufer, abseits vom Stadtzentrum, sind neue Hotels entstanden. Wenn die Gebäude auch nichts Ungewöhnliches sind, so schaffen doch ein schöner Platz mit Arkaden, einige alte Häuser, überdeckte Straßen, ein alter, von einer »gotischen« Fabrik überragter Hauptturm und vor allem der schöne Schwung der Brücke, die seit dem 14. Jahrhundert in einem einzigen Bogen den Fluß überspannt, eine Atmosphäre des »lieblichen Frankreich«, die in dieser Stadt, die sich mit den Problemen von heute auseinandersetzt, nicht anachronistisch wirkt.

Oppède-le-Vieux

■ Diese Beschreibung könnte ebensogut als Überschrift haben: »Ménerbes«, »Lacoste«, »Bonnieux« oder ganz einfach »Luberon«: vier Dörfer und ein Berg, von Natur und Geschichte vereint. Seltsame kleine Insel, auf der wie durch ein Wunder Schönheit und Ruhe bewahrt wurden. Die Einstufung des gesamten Massivs des Luberon als Naturschutzgebiet ist rechtzeitig erfolgt, um die Ursprünglichkeit dieses echten Reservats zu erhalten, wo sich in harmonischer Weise die Wildheit der Landschaft und der Zauber der alten Städte, die Einsamkeit der Gipfel und die liebenswürdige Aufnahme durch die in halber Höhe, an der Grenze zwischen Obstgärten und Felsen, sich anklammernden Gemeinden miteinander verbinden.

Der Luberon

Man beachte, daß man in dieser Gegend den Namen Lub'ron und nicht Lubéron ausspricht. Der Luberon zieht sich von Manosque bis Cavaillon, von Osten nach Westen wie eine mächtige Barriere (höchster Gipfel 1125 m) hin, nur von einem einzigen Einschnitt unterbrochen, der Schlucht von Lourmarin, durch die sich die Straße Apt–Aix nur mühsam hindurchwindet.
Der fast schnurgerade Kamm, überall schmal, ist an seinem westlichen Ende scharf wie eine Klinge. Auf der Höhe von Oppède verschmilzt der Kamm mit der dort kaum 4 m breiten Straße. Der Blick schweift vom Dauphiné bis zu den Cevennen und bis zur Camargue mit dem Ventoux und den Bergen von Vaucluse im Norden, in etwas größerer Nähe, und den Hängen der Alpilles und der Sainte-Victoire im Süden. Eine *Touristenstraße* mit einer Länge von rund 30 km ermöglicht es, diese ungewöhnliche Landschaft zu genießen. Lange Zeit einfacher Forstweg, ist sie heute asphaltiert und in gutem Zustand. Etwas oberhalb des Dorfes Bonnieux zweigt sie von der D. 36 ab, folgt dem Kamm und fällt dann schwindelerregend in einer Reihe enger Haarnadelkurven bis Cavaillon ab. Diese Panoramastrecke bietet darüber hinaus den Vorteil, eine in Frankreich einzigartige Sehenswürdigkeit zu entdecken: einen riesigen *Zedernwald*.
Diese großartigen Bäume in ihrer besten Kraft bedecken mehr als tausend Hektar. Dieser Wald wurde 1862 nach dem Willen eines Forstmanns gepflanzt, eines gewissen Renou, der entgegen der herrschenden Meinung behauptete, es sei möglich, die Zeder in der Provence zu akklimatisieren, da, wie es scheint, die Römer diese Erfahrung bereits gemacht hätten. Hundert Jahre später verkaufte Frankreich junge Zedern vom Luberon an den Libanon, der die Absicht hatte, seinen »Wald« wiederherzustellen, der durch die Romantiker zwar Berühmtheit erlangt hatte, aber doch recht blutarm war...
Durch den östlichen Teil des Luberon verläuft gleichfalls eine Höhenstraße, die vor kurzem hergerichtet wurde, und zwar von Vitrolles bis über den Hauptgipfel, den Grand Luberon, 1125 m, hinaus, von wo aus man entweder nach Apt oder nach Lourmarin wieder hinunterfahren kann. Von Aussichtspunkten hat man Ausblick auf ein weites Gebiet, und die Einsamkeit ist absolut.
Außerdem gibt es ein sehr gut ausgebautes Wegenetz für große Wanderungen (Grande Randonnée): G.R. 9, G.R. 92 überqueren die Kette und haben Verbindung zu den Fußwegen des Vaucluse und der oberen Provence über Buoux und Saignon.

Dörfer in der Defensive...

Inmitten der lieblichen Provence ist die Gegend um den Luberon ein rauhes Land. Der Strenge der Hochplateaus, die der Mistral kahlfegt, die der Frost zerfurcht, die die Sonne versengt, entsprechen Orte in der Defensive, die sich näher an unzugänglichen Schluchten zusammenkauern als an den Verkehrswegen der Ebene. In der Nähe der höchstgelegenen Quellen wurden Kastelle, Kernwerke von Festungen und Burgen errichtet. Liguirer, Römer, Sarazenen und, uns näher, alle Splittergruppen, die der religiösen Intoleranz entsprangen, haben sich am Hang der Berge festgesetzt, entweder um sie zu beherrschen oder um dort Zuflucht zu suchen.
Die dramatischste Periode, die dieses Gebiet erlebte, war die der Verfolgungen der Waldenser (siehe Schilderung auf der nächsten Seite) im Jahr 1545. Dörfer wurden dem Erdboden gleichgemacht, ganze Dorfgemeinschaften durch Feuer und Schwert ausgerottet. Der Baron d'Oppède führte die Operation um so vollständiger aus, als er es auf die seinem Lehnsgut benachbarten Ländereien, die von den »Ketzern« bearbeitet wurden, abgesehen hatte. Als Präsident des Parlaments der Pro-

vence besaß er alle Vollmachten. Die Nähe der Grenze zu den päpstlichen Territorien erleichterte seine Aufgabe auf militärischem und diplomatischem Gebiet. Aber seine Willkür und seine Grausamkeit waren so groß, daß sich die Stimmung gegen ihn wandte und er sechs Jahre nach den Metzeleien vor das Parlament in Paris gestellt wurde. Aber trotz einer ihn schwer belastenden Anklage ließ er sich in keiner Weise beunruhigen.

Manche Gemeinden, die von der Karte verschwanden, haben sich niemals mehr erhoben. In andere kehrte das Leben nach und nach wieder zurück, trotz neuer Verwüstungen während der gegen die Protestanten geführten Kriege, der revolutionären Wirren und, in jüngerer Vergangenheit, der allgemeinen Landflucht, von der die hochgelegenen Dörfer betroffen wurden.

Oppède-le-Vieux (die neue Gemeinde von Oppède liegt in der Ebene) war der am meisten verwüstete Ort. Vor wenigen Jahren gab es von ihm nur noch Ruinen. Efeu und dorniges Gestrüpp überwucherten die schönen Fassaden mit den hohen Fensterkreuzen der vornehmen Häuser, die zerfallenen Gebetskapellen, die mächtige romanische, völlig quadratische Kirche, deren Mauern nur von einigen Fensterschlitzen durchbrochen waren. Am höchsten Punkt drohten die baufälligen Mauern des im Jahr 1207 von einem Grafen von Toulouse errichteten Schlosses einzustürzen... Heute kommt Oppède allmählich wieder zum Leben. Man spürt dort noch die Melancholie, die aus toten Städten aufsteigt, aber die Geranien und die Kletterrosen blühen vor den wiederaufgebauten Fassaden.

...und einige andere Orte

Weniger in die Berge zurückgezogen und kultivierbaren Böden näher haben manche Dörfer des Luberon keinen so völligen Verfall kennengelernt wie Oppède. Im übrigen bringt ihnen die Ära der Zweitwohnsitze und der Rundreisen der Touristen zusätzliche Betätigungsmöglichkeiten, ohne daß bis jetzt ihr Zauber allzu sehr darunter gelitten hätte.

Ménerbes (5 km östlich von Oppède), auf einem schmalen Kamm in die Länge gezogen, liegt in beherrschender Stellung oberhalb der Obstgärten in

DIE WALDENSER

Pierre Valdo, Kaufmann aus Lyon, predigte um das Jahr 1170 die Rückkehr zu einem entsagenden, geläuterten Christentum. Er verwarf die Verehrung der Heiligen, das Fasten und die Beichte. Er sprach für die Armut. Seine ersten Anhänger nannte man die »Demütigen«, die »Armen von Lyon« oder sogar die »Holzschuhträger«, denn sie wollten bis zu ihrer Kleidung einfach sein. Es ist die Epoche, in der sich im Languedoc die Lehre der Katharer verbreitete, auch sie dem Manichäismus entlehnt.

Die »Waldenser« (Anhänger der Lehre des Valdo) breiteten sich im Verlauf der folgenden Jahrhunderte in der Provence, im Dauphiné, in Piemont und in der Lombardei aus. Zufällig hatten zwei große piemontesische Familien Besitzungen im Luberon erworben und siedelten dort waldensische Bauern an. Zu Anfang des 16. Jahrhunderts liehen Bauern der benachbarten Grafschaft, unzufrieden mit der päpstlichen Verwaltung, der Propaganda der »Ketzer« aus dem Luberon ein aufmerksames Ohr. Der Papst und die königliche Gewalt begannen sich zu beunruhigen. Man beschloß ein gemeinsames Vorgehen. 1540 fällte das Parlament der Provence ein Urteil, das sogenannte »Urteil von Mérindol« (ein Marktflecken am Südhang des Luberon), in dem bestimmt wurde, daß dieser Ort und die anderen Dörfer der Provence, die von der Ketzerei erfaßt waren, dem Erdboden gleichgemacht würden und daß die ketzerischen Familienoberhäupter lebendig verbrannt werden sollten. Inzwischen unterzeichnete der davon in Kenntnis gesetzte Franz I. Freibriefe, in denen »er allen Waldensern und allen Abtrünnigen des Glaubens im Land der Provence verzeiht...«. Unglücklicherweise aber erhielt drei Jahre später ein Fanatiker den Vorsitz im Parlament aus Aix, Jean Meynier, Inhaber der Freiherrschaft von Oppède, deren Ländereien sich gerade nördlich des Luberon erstreckten. Die Folgen waren grausam.

Am 18. April 1545 beginnt die systematische Ausrottung der Bevölkerung. Diejenigen, die Feuer und Schwert entgehen, werden auf die Galeeren geschickt. Paris weiß nichts oder will nichts wissen. Erst im September wird ein königlicher Gnadenakt wirksam. Die Entkommenen suchen die Täler von Piemont auf.

Nach HENRI-PAUL EYDOUX
»Cités mortes et lieux maudits
de France«
(Plon, Paris, 1959)

der Ebene von Apt. Eine malerische Burg nimmt die Spitze des Vorgebirges ein (man kann sie nicht besichtigen). An diesem bescheidenen Zufluchtsort widerstanden hundertzwanzig Protestanten länger als ein Jahr (September 1577 bis Dezember 1578) der Belagerung durch königliche Truppen, deren Zahl tausend Mann überstieg.

Wahrhaft Malerisches

Lacoste (6 km östlich von Ménerbes) kauert sich auf einer Kuppe zusammen. Die großartigen Ruinen einer Burg beherrschen den Marktflecken. Mit großer Ausdauer vollzieht der gegenwärtige Eigentümer eine langsame Restaurierung dieses Bauwerks, in das der Marquis de Sade zwischen zwei Gefängnisaufenthalten flüchtete. Im Ort wurden mehrere alte Häuser geschmackvoll renoviert. Im Wald hinter dem Schloß und auf den benachbarten Höfen findet man einige naive, grob mit dem Meißel bearbeitete Statuen: Sie sind das Werk eines Mannes, der in der Art Chavals arbeitete, also eines provenzalischen Chaval, eines Müllers, der Malachier hieß und zu Anfang des Jahrhunderts lebte.

Bonnieux (5 km östlich von Lacoste) ist das wichtigste und aktivste Dorf des Luberon. Die weißen Häuser bauen sich stufenartig am Hang einer pyramidenartigen Kuppe auf, die, von Wäldchen bestanden, in Terrassen ansteigt. Am Fuß des Hügels eine neue Kirche. Auf der Höhe die alte Kirche, angelehnt an die Ruinen einer Festungsmauer und von Zedern umgeben. Das Bürgermeisteramt liegt in einem reizenden alten Patrizierhaus. Der Hauptaltar besitzt ein schönes Portal aus Schmiedeeisen. Es gibt nicht wenige alte Häuser in sehr gutem Bauzustand; man braucht nur ein bißchen durch die Gassen zu schlendern, um sie zu entdecken. Auf den kleinen Plätzen murmeln mit Skulpturen geschmückte Brunnen.

Der östliche Teil des Luberon, fast ausschließlich Weidegebiet, weist nur einige Marktflecken und Weiler auf. Der durch seine Lage malerischste Ort ist *Saignon* (4 km südöstlich von Apt), dessen wenige Häuser sich um einen riesigen Felsen scharen, in den früher Stufen und Gänge gehauen wurden, um ihn als befestigtes Bollwerk zu benutzen.

In der Nähe des Weilers *Buoux* (10 km östlich von Bonnieux) sind zwei Sehenswürdigkeiten zu besichtigen: eine alte Befestigung, zugleich Beobachtungsstand und Widerstandsnest der Protestanten, unter Ludwig XIV. geschleift (die Lage ist außergewöhnlich, ein fast kreisförmiger Rundblick), und eine alte Priorei, unter dem Patronat von St.-Symphorien, die durch ihren hohen romanischen Glockenturm weithin sichtbar ist. Soweit das Auge reicht, nichts als Wälder immergrüner Eichen und duftende Macchia, in der alle Kräuter der Provence wachsen. (Die Dörfer südlich vom Luberon betreffend, auf der Ebene, die sich bis zur Durance erstreckt, siehe Angaben unter Lourmarin.)

Name: D'oppeta, oppidum, »Festung«.

Lage: 84580 Vaucluse. Höhe: 300 m. 720 km Paris, 40 km Avignon, 23 km Apt, 14 km Gordes.

Informationen: Mairie in Oppède Tel. (90) 71 90 06 oder S. I. in Apt. Tel. (90) 74 03 18

Unterkunft: In Gordes, Roussillon, Apt usw. Kein Hotel in Oppède, aber eine Wirtschaft.

MOUSTIERS-STE-MARIE (S. 145)

Name: Monasterium (vom Bischof Maxime de Riez 432 gegründetes Kloster).

Lage: 04360 Alpes-de-Haute-Provence. Höhe: 631 m. 790 km Paris, 86 km Aix, 45 km Castellane, 48 km Digne, 60 km Draguignan.

Informationen: Mairie, Tel. (92) 10.

Unterkunft: 2 Hotels *; Camping: 2 Plätze, darunter 1 **.

Andenken: Künstlerische Fayencen (siehe Text); Essenz von Lavendel und von Lavandin; Honig; Mandeln.

Orange

■ Die N. 7, die Via Agrippa des Altertums, stößt unmittelbar auf die mächtige, gedrungene aber völlig proportionierte Masse eines der schönsten römischen Triumphbogen, die es in Frankreich gibt. Er wurde um das Jahr 10 n. Chr. errichtet, zum Andenken an die Ansiedlung der »Veteranen« in der gallischen Stadt.

Das Theater liegt auf der entgegengesetzten Seite des Triumphbogens, ganz im Süden der Stadt. Die Stufenbänke sind in den Hang eines Hügels gehauen, der den Ort überragt; 10 000–15 000 Zuschauer konnten dort Platz finden. Die Bühnenmauer, 27 m hoch, und die Außenfassade, mehr als 100 m lang, sind im großen und ganzen unversehrt geblieben. Das ist sehr selten; nur die Statuen, Dekorationen und sonstiger Zierat aus Marmor sind verschwunden. Der Stein ist rauh, verfärbt und verwittert, aber dieses zweitausend Jahre alte Gebäude vermittelt einen seltsamen Eindruck von Kraft und Dauerhaftigkeit. Im Jahr 35 v. Chr. gebaut, dann aufgegeben, im Mittelalter in eine Festung verwandelt, wurde das Theater vor etwas mehr als einem Jahrhundert der Kunst und dem Schauspiel zurückgegeben.

Seitdem sieht dieser antike, geschlossene Platz, zur Nationalbühne erhoben, alljährlich ein Publikum von Liebhabern herbeiströmen, die hier Theatervorstellungen, Balletts, Konzerte und andere Veranstaltungen mit Interesse verfolgen. Diese haben sich unter der Bezeichnung »Chorégies d'Orange« einen Namen gemacht.

Weinmesse

Ein drittes Überbleibsel der antiken Stadt ist zwar weniger bekannt, aber deshalb doch nicht weniger ungewöhnlich. Es handelt sich um Fragmente von drei Katastern, die um das Jahr 77 unter Vespasian angelegt wurden. Dort kann man, in Marmor graviert, die Zuweisung an diese oder jene Kategorie von Eigentümern von Parzellen, die 50 oder 100 unserer Hektare entsprechen, das Tal entlang zwischen Orange und Montélimar nachlesen. Es ist das einzige Dokument dieser Art, das bis zum heutigen Tag im römischen Reich gefunden wurde. Es ist im Museum (in der Nähe des S. I., dem Theater gegenüber) ausgestellt.

Orange kann man nicht verlassen, ohne (im Wagen oder zu Fuß) auf dem Gipfel des Hügels St.-Eutrope gewesen zu sein, wo ein Park, ein Campingplatz und ein Schwimmbad angelegt wurden. Man findet dort zahlreiche antike Steine und die Überreste des Schlosses der Prinzen von Oranien-Nassau. Von hier aus hat man einen Blick hinunter auf das Theater, im Hintergrund auf der einen Seite die Dentelles de Montmirail und den Ventoux und auf der anderen die Rhone.

In den malerischen Naturhöhlen, in die man über die Ringmauer des Theaters gelangt, wird Ende Juli und im August eine Weinmesse abgehalten, gefolgt von einer Weinbau-Ausstellung. Wir befinden uns im Land des Gigondas und des Châteauneuf-du-Pape!

Umgebung von Orange

Das Fürstentum, dessen Hauptstadt Orange war, erstreckte sich auf fünf Orte: Courtezon, Violès, Jonquières, Gigondas und Suzette, mehr als ein halbes Dutzend Schlösser (siehe Karte der Ausflüge im Kapitel »Reise durch die Provence«).

Die Touristengegend von Orange entspricht ungefähr diesem Territorium. Der Weinstock, der edle Weinstock wächst in der Ebene, an den Hängen und bis in die geschützten Dörfer am Fuß der *Dentelles de Montmirail*. Hier gedeihen Aprikosen, Pfirsiche und die empfindliche Mandelbaum, vor dem Mistral geschützt, in den zuweilen schwer zugänglichen Einschnitten dieses erstaunlichen Massivs.

Es ist tatsächlich ein echtes Bergmassiv, das sich zwischen Vaison und Beaumes-de-Venise erhebt (siehe Angabe unter Carpentras). Ein dreifacher Kamm, Sägezähnen ähnlich, aus einem schimmernden Kalkstein, breitet sich fächerartig und ausgezackt (daher sein Name) aus und ragt in abweisenden Steilwänden empor, die von geübten Bergsteigern nicht verachtet werden. Eine kleine befahrbare Straße, die Malaucène über das Dorf Suzette mit Beaumes verbindet, bietet eine Reihe von Ausblicken. Aber es ist empfehlenswerter, sich in das Kernstück des Massivs zu begeben, indem man furchtlos einen der zahlreichen steinigen Wege benutzt, deren sich die Obstbauern während der Ernte bedienen: von Suzette nach Crestet, Séguret, Gigondas, Barroux und Montmirail, der Weiler, nach dem die Gegend benannt ist.

Einen Kilometer westlich von Beaumes-de-Venise ragt abseits von der Straße ein herrlicher rechteckiger Glockenturm

einer einsam gelegenen Kapelle auf, ein schlanker Campanile in einem reinen romanisch-provenzalischen Stil, der zu einem der Symbole der Provence geworden ist: Es ist *Notre-Dame d'Aubune*.
Nördlich von Orange hat *Camaret-sur-Aigues* Überreste einer Umwallung aufzuweisen; *Sérignan-du-Comtat* hält die Erinnerung an Henri Fabre lebendig, den berühmten Entomologen, dessen bescheidenes Haus man besuchen kann; es liegt gleich neben einem Stück Ödland, das das bevorzugte Beobachtungsgebiet des Gelehrten war. *Mornas* wird von einer Felswand überragt, die von mittelalterlichen Mauern gekrönt ist.

Name: Colonia Julia Firma Secundanorum Aurasio; Aurasio war der Name des Schutzgottes einer heiligen Quelle. Was die Verbindungen zum Haus Oranien-Nassau betrifft, siehe Kapitel »Überblick: Geschichte einer Provinz«.

Lage: 84100 Vaucluse. Höhe: 46 m. 650 km Paris, 30 km Avignon, 200 km Lyon, 27 km Vaison.

Informationen: S. I., place Frères-Mounet, Tel. (90) 34 06 00.

Unterkunft: Mehrere Hotels, darunter 2 ***, Camping: 1 Platz **. *Rochegude* (14 km nordöstlich), Château-Hôtel de Rochegude.

Feste: Juli, die »Chorégies d'Orange« (lyrische Kunst, Drama, Tanz, Musik) im antiken Theater (Informationen, Hôtel de Ville, Tel. (90) 34 15 52); Juli bis Ende September, Aufführung »Klang und Licht«; August, Weinmesse.

Andenken: Weine, kandierte Früchte.

NIZZA (S. 146)

Name: Nikaia (»der Sieg«, Griechen aus Phokäa); Cemenelum (Cimiez) von den Römern außerhalb der Stadt gegründet.

Lage: 06000, 06100, 06200, 06300 (je nach Stadtteil) Alpes-Maritimes. Höhe: Meeresufer. 930 km Paris, 337 km Grenoble.

Unterkunft: Sehr zahlreiche Hotels aller Kategorien, darunter 2 »Luxus«, 6 ****, 24 *** (insgesamt fast 10 000 Zimmer); Camping: 4 Plätze von geringer Größe. *Restaurants:* s. Auswahl S. 250

Andenken: Kandierte Früchte; Weine (La Gaude, St.-Jeannet); »Cougourdons« (Flaschenkürbis); Puppen. Zahlreiche Kunsthandwerker in den Dörfern.

Port-Grimaud

■ »Das ist doch wohl ein Scherz... Was soll dieses Pseudo-Venedig aus Beton?« Das ist die Reaktion der meisten Besucher, die zum erstenmal das Tor hinter sich lassen, das den Zugang zu dieser neuen »Pfahlbautenstadt« bildet, die sich ganz im Innern des Golfes von Saint-Tropez eingenistet hat.
Aber sehr schnell erliegt man einem gewissen Charme, und noch bevor man damit fertig ist, das Labyrinth der Straßen ohne Autos zu erforschen, alle Innenhöfe in ihrem Blumenschmuck zu entdecken und (in einem Elektroboot) die Kanäle zu pflügen, muß man zugeben: »Es ist etwas anderes und es ist besser!« Es ist etwas anderes als die Betonblöcke und es ist besser als die meisten überzüchteten »Komplexe«, die heute die Côte d'Azur säumen.
Wenn erst einmal die Sonne die runden Ziegel gebleicht und die Patina die Ockerfarbe, das Rosa und die Sandtönung der Fassaden gemildert hat, wird Port-Grimaud ganz den Charakter eines provenzalischen Dorfes haben, jedoch eines Dorfes unserer Zeit, für den Ferienaufenthalt, den Müßiggang und die Erholung gedacht. Es handelt sich nicht um eine »Wohnanlage«, die von zwölf Monaten acht Monate tot ist. Die Geschäfte, alle Geschäfte, die für eine echte Stadt notwendig sind, werden dauernd geöffnet sein, auch findet der Markt auf dem Platz regelmäßig statt und Bistrots und Restaurants werden ihre Sonnenschirme Tag für Tag aufspannen. Ein wenig abseits, mit der Frontseite zum Meer, nimmt ein Hotel die Durchreisenden auf. Und eine Gemeinschaftskirche, Symbol echter Gemeinsamkeit, spiegelt sich im stillen Wasser, einer Art See, in der Mitte des Ortes. Gewiß, das alles ist ein wenig neu und auffällig. Aber »das ist, wie die Jugend, ein Übel, das mit der Zeit vergeht...«

Lage: 83360 Var. Höhe: Meeresufer. 863 km Paris, 7 km Saint-Tropez, 48 km Hyères.

Informationen: Capitainerie, Tel. (94) 43 82 00 oder S. I. in Grimaud, 3, Boulevard Saint-Joseph, Tel. (94) 43 20 71.

Unterkunft: Wohnungen und 1 Hotel ***. und 1 Hotel **
Restaurants: s. Auswahl S. 250

*Diese Landschaft um Apt, Herz der Provence,
mit zahllosen Sehenswürdigkeiten bedurfte noch dieses Überschwangs,
dieses Deliriums in Farben:
Roussillon und die Ockergruben.*

Roussillon

■ Ein Himmel von köstlicher Klarheit, ein Licht, das die Reliefs hervorhebt und die Schatten plastisch erscheinen läßt, eine Palette mit den zarten Tönungen von Ziegeln, großflächigen Felswänden, Lavendel, Weinbergen und Wäldern genügte also nicht für die Schönheit dieses Landes um Apt, Herz der Provence. Es bedurfte dieses Überschwangs.

Ein von Kiefern gekrönter Bergkegel beherrscht die Ebene auf halbem Weg zwischen Apt und Gordes. Steilhänge auf allen Seiten machen aus ihm eine kleine, im Blau des Himmels verlorene Insel. Nicht viele Häuser (weniger als tausend Einwohner) und zwei oder drei bekannte Restaurants drängen sich auf dem Gipfel zusammen. Eine derartige Lage ist im Bereich des Mittelmeers nicht selten. Aber hier erhebt ein neues Element Roussillon zu einem sonderbaren und zweifellos einzigartigen Fall: Der Sockel, auf dem der Ort liegt, wirkt überall wie eine offene Wunde.

Die Verletzungen dieser Erde bieten eine unendliche Folge von Nuancen, von einem grellen Safrangelb über Karmesin und Zinnober bis zu einem violetten Dunkelrot. Als Kontrast dazu sind die grünen Tönungen der Vegetation ringsum von erstaunlicher Kraft. Die wie aus dieser Tonerde geformten Häuser fügen sich übergangslos in diese bunte Umwelt ein.

Aus tonigen Sanden, mit Eisenoxyden vermischt (mit dem roten Hämatit und dem braunen Nadeleisenerz), besteht der Boden dieses Hügels von Roussillon aus Ocker im Rohzustand.

Reiner Ocker

Die synthetischen und chemischen Farben haben in unserem Zeitalter der Industrie der Farbgewinnung aus natürlichem Ocker einen schweren Schlag versetzt. Seit 1947 wurde der Abbau der Steinbrüche von Roussillon aufgegeben. Auf jeden Fall hätte man den Ort unterhöhlen müssen, um weiter vorzudringen. Da aber der Farbstoff aus dem Vaucluse für gewisse Zwecke unersetzlich ist, werden heute noch im Jahresdurchschnitt fast 4000 Tonnen Ocker in die ganze Welt verfrachtet. Die noch betriebenen Lagerstätten liegen etwa 20 km östlich von Roussillon in einem Hügelland, das südlich der Straße D. 22, Apt–Banon, zwischen den Gemeinden *Rustrel* und *Gignac* (9 bzw. 14 km nordöstlich von Apt) aufsteigt.

Sainte-Baume (La)

Hier sind die Ockergruben zahlreicher und größer als in der unmittelbaren Umgebung von Roussillon; der Abbau wird nicht in einem isolierten Bergkegel von geringer Ausdehnung durchgeführt, sondern in einem ganzen Gebirgsstock von mehr als zehn Kilometern. Zahlreiche Anlagen wurden aufgegeben, aber einige sind noch immer in Betrieb. Ein im Prinzip sehr einfacher Betrieb. Ein Netz von Rohrleitungen läßt dünne Wasserstrahlen über die Wand, die abgebaut werden soll, laufen. Der tonige Sand wird zum Fuß der Grube geschwemmt und dann in eine Reihe von Klärbecken geleitet.

Der »provenzalische Colorado«

Zuerst setzt sich der Sand ab, dann am Ende der Klärstrecke der Ockerstaub (Ton plus Eisenoxyd). Die geformten Stücke, die in der Sonne trocknen, sind von sehr reiner Farbe, und das Pulver, aus dem sie sich zusammensetzen, darf nicht angerührt werden (der Besucher wird ermahnt, keine der Anlagen zu berühren und nichts mitzunehmen). Von der Straße D. 22 zweigen Wege ab, die zum Fuß der Gruben führen. Der Blick auf die steilen, stark gefärbten Wände ist eindrucksvoll, aber ein weit ungewöhnlicheres Schauspiel belohnt den Besucher, der einen halben Tag für diese Gegend opfert, indem er südlich des Dorfes *Gignac* dem Fußweg G.R. 6 (weiße und rote Markierung) auf der rechten Seite folgt. Nach einem Weg von etwa viereinhalb Stunden gelangt man wieder in die Nähe der D. 22 auf der Höhe eines Werkes mit dem Namen Usine Gavot. Dieser ganze Weg ist ein einziges Zauberland von Formen und Farben. Steilwände und Bergkessel lösen einander ab. Rosa oder gelbe Flächen schließen Vegetationszonen ein. Spitze Nadeln, vom Wasserstrahl nicht getroffen, aber vom Wind zernagt, stehen wie blutige, vorgeschobene Wachtposten vereinsamt in einer Einöde von Ocker oder vom wiederbelebten Wald bereits umzingelt...

Lage: 84220 Vaucluse. Höhe: 390 m. 721 km Paris, 11 km Apt, 46 km Avignon, 42 km Carpentras.

Informationen: S. I., Tel. (90) 17.

Unterkunft: 1 Relais de Campagne »La rose d'or«; Camping: 1 Platz **.
Restaurants: s. Auswahl S. 250

■ Ganz am Ende des Weges, hoch oben in der Felswand, ganz am Ende der Grotte, fallen unaufhörlich einige Wassertropfen aus dem düsteren Gewölbe herab... Erinnerung an die Tränen der Maria Magdalena.
Dreiunddreißig Jahre lang hat nach der frommen Überlieferung die »reuige Sünderin«, jene, die mit ihren Haaren Jesus die Füße abgetrocknet hatte, jene »der viel verziehen wurde, denn sie hatte viel geliebt«, im Gebet und in der Betrachtung in der Tiefe dieses feuchten Loches gelebt. Sie nährte sich nur von Beeren und Wurzeln, löschte ihren Durst mit dem Wasser des Himmels, wusch sich in einer in Abständen sprudelnden Quelle, jedoch siebenmal am Tag führten die Engel, die sie bis zu dieser unzugänglichen Grotte getragen hatten, sie an den höchsten Punkt der Felswand (heute der Saint-Pilon, durch eine Kapelle anstelle einer Gedenksäule gekennzeichnet), um sie die himmlische Musik hören zu lassen... In ihrer Sterbestunde stieg Maria Magdalena zur Einsiedelei von Maximin, ihrem Gefährten, hinab, der in früheren Jahren mit den heiligen Marien am Ufer der Camargue gelandet war. Sie erhielt die Tröstungen einer letzten Kommunion, und ihr Leichnam wurde in einer Krypta beigesetzt, über der man später die schöne Basilika St. Maximin errichtete (siehe Angaben unter diesem Namen).

Maria-Magdalena

Sehr bald wurde La Sainte-Baume zu einem Ort der Verehrung (es trifft, wie es heißt, zu, daß viele Menschen schon seit langem den Weg zu diesem Berg kannten, da der benachbarte Wald ein Ort des Druidenkultes war). Aber erst um das Jahr 400 schlugen Cassien von der Abtei von Lérins und seine Mönche einen Pfad und eine Treppe in den Felsen, die es ermöglichten, die Höhle zu erreichen. Päpste, Herrscher und demütige Pilger sollten in der folgenden Zeit zu Millionen diesen schwierigen Aufstieg bewältigen. 1895 siedelte der Pater Lacordaire eine Gemeinschaft von Dominikanern als Hüter des Heiligtums dort an und gründete in der Nähe der Straße eine Klosterherberge, die heute zum Internationalen Zentrum von La Sainte-Baume geworden ist, das zweihundertfünfzig Personen aufnehmen kann und wo Seminare abgehalten werden. Die große alljährliche Wallfahrt findet am 22. und 23. Juli statt. Die Touristen und die nur »Neu-

gierigen« sind noch zahlreicher als die Pilger. Denn die Landschaft selber, die wirklich großartig ist, gehört zu den außergewöhnlichsten Erlebnissen.
Eine lange steile Kalksteinwand, deren Kamm in etwa 1000 m Höhe verläuft, überragt um 300 m ein Plateau, ausgedörrt und mit einer dürftigen Vegetation von Steineichen, Ginster, Mandelbäumen und knorrigen Olivenbäumen bestanden. Im Frühling wachsen aus dem Geröll hohe Affodillen, und in der heißen Sommersonne strömen alle Kräuter der Provence berauschende Düfte aus. Nur eine einzige Stelle von echtem, frischem Grün hebt sich davon ab: Im Schatten der Felswand, in ihrem höchsten Teil, das heißt unmittelbar am Fuß der heiligen Grotte, bietet ein Waldstück von etwa 140 ha Schatten und Kühle.

Ein kostbarer Wald

Man findet dort im mediterranen Süden sonst seltene Bäume: Buchen, Linden, Ahorn, Eschen, Pappeln, Espen und andere; die Botaniker haben dort eine große Vielfalt von Pflanzen und Blumen des Nordens und des Südens festgestellt. Dieser ungewöhnliche Wald wurde schon zu allen Zeiten geschützt, und heute pflegt man ihn als einen ungewöhnlichen Schatz. Lange Zeit war dieses Hochplateau – das Plateau von Aups, das sich fast 30 km lang bis kurz vor Brignolles erstreckt – so gut wie unbewohnt. Einige Gehöfte, die sich nur kärglich von Mandeln, Roggen, Honig und der Aufzucht von Ziegen ernährten, waren vereinzelt in der Landschaft verstreut. Heute breiten sich Parzellensiedlungen aus, fast überall entstehen stillose Häuser, dort, wo es zufällig Wasser gibt. Der Charakter dieser wunderbaren Landschaft ist in Gefahr, rasch verändert zu werden, wenn nicht Schutzmaßnahmen getroffen werden.
Auf den Plan d'Aups und nach La Sainte-Baume gelangt man von verschiedenen Punkten aus: von Toulon aus durch das Tal des Gapeau und *La Roquebrussanne*, einem typisch provenzalischen Marktflecken am Fuß einer Schloßruine; von *St.-Maximin* und *Nans-les-Pins* aus auf einem steilen Weg durch die Kiefernwälder; von Aix und *Auriol* aus, einem wegen seines Zwiebelanbaus bekannten Ort. Schließlich, und das ist der bei weitem schönste Weg, von Marseille, Aubagne und Gémenos aus: Die kleine, sehr kurvenreiche Straße D. 2 bietet zahlreiche Ausblicke auf die Südseite des Massivs, sie ist auch die steilste, die an ihrem äußersten Ende von einer absolut vertikalen Felswand aus fast weißem Kalkstein begrenzt wird: vom *Pic de Bertagne*, 1041 m, dessen Silhouette wie die Kopfbedeckung eines Gendarmen sich gegen den vom Mistral gefegten Himmel abhebt.

Name: Von Balma, »Loch am Fuß eines Felsens, Grotte«.

Lage: 83640 Var (Post in der Gemeinde St.-Zacharie). Höhe: 670 m. 46 km Marseille, 45 km Aix, 21 km St.-Maximin, 57 km Toulon.

Informationen: L'Hôtellerie, Tel. (94) 09 in St.-Zacharie, oder S. I. in Nans-les-Pins, Tel. (94) 45 in Nans.

Unterkunft: »Hôtellerie de la Ste.-Baume« und kleine Hotels in der Umgebung; *Nans-les-Pins*, 1 Schloßhotel »Domaine de Châteauneuf«; *Gémenos*, 1 Schloßhotel »Relais de la Magdeleine«.

Feste: 22. Juli, Wallfahrt zur Sainte Madelaine; *Gémenos:* letzter Sonntag im Juli, Fest des St.-Eloi; *Nans-les-Pins:* im August, Fest der provenzalischen Selbständigkeit.

Andenken: Honig, Liköre, Lavendel, aromatische Pflanzen; Trauben in Nans.

Saintes-Maries-de-la-Mer

■ Im allgemeinen spricht man von »Les Saintes«.

Die Heiligen, denen dieser Ort am Ende der Welt seinen Namen verdankt, waren Maria Jacobäa, die Schwester der Jungfrau Maria, und Maria-Salome, die Mutter der Apostel Jakobus des Älteren und Johannes. Der Überlieferung nach gingen sie »auf der Insel Camargue« an Land, begleitet von ihrer ägyptischen Dienerin Sara, zugleich mit Martha, Maria Magdalena, Maximin und Lazarus. Während sich ihre Gefährten in der Provence zerstreuten, um dort das Wort Christi zu verbreiten, blieben Jacobäa und Salome »wegen ihres vorgerückten Alters« zusammen mit der getreuen Sara am Ort. Dort errichteten sie einen »Altar aus gestampftem Lehm« und bekehrten mit Erfolg die Einwohner der Camargue, die aus Dankbarkeit »für ihre materiellen Bedürfnisse sorgten« (Brevier von Aix; Testament des heiligen Cézaire, aus dem Jahr 543; Goldene Legende). Nach ihrem Tod wurden ihre Namen verehrt, Rom sprach sie heilig, ein Ort entstand um ihre Gräber herum, und eine Kirche wurde errichtet.

Im 9. Jahrhundert, zu einer Zeit, in der die Provence Überfällen ausgesetzt war, das heißt der Besetzung durch die Mohammedaner (die berühmten Sarazenen), verwandelte man das Gotteshaus in eine richtige Burg.

Das Mittelalter hat uns dieses außergewöhnliche Bauwerk unversehrt hinterlassen. Dies allein schon rechtfertigt den Besuch dieser fernen Küste. Die 15 m hohen Mauern, verstärkt durch mächtige Stützpfeiler, sind von Wurfschächten durchbrochen; das Dach ist von einem Wehrgang mit Zinnen und Pechnasen gesäumt; Chor und Apsis werden von einem halbkreisförmigen Donjon und einer schlichten Glockenarkade überragt. Ein in das Kirchenschiff gegrabener Brunnen versorgte im Notfall die Belagerten mit Wasser.

Den ganzen Sommer hindurch kommen zahlreiche Touristen, um diese heilige Zitadelle zu stürmen. In Gruppen steigen sie auf die Steinplatten des Daches, um den weiten Blick über das flache Land zu genießen, wo in flimmerndem Licht Meer, Sumpf und Erde miteinander verschwimmen.

Die Prozession mit den Heiligenfiguren zum Meer bildet den Höhepunkt des Festes der Gardians und der Zigeuner.
(Photo Fronval)

Das Innere dieser fensterlosen Kirche, die sehr häufig nur vom zitternden Schein der Hunderte von Kerzen erleuchtet wird, ist eindrucksvoll. Schöne romanische Kapitelle schmücken den oberen Teil der Bogenstellungen. In einer Nische stehen, mit lebhaften Farben bemalt, die Statuen der Heiligen aufrecht in einem Boot. In der Nähe ein abgenutzter Stein (vielleicht ein ehemaliger Altar des Mithra) soll den beiden Marien als Kopfstütze gedient haben. Im Jahre 1448 wurde auf Befehl des Königs René, nachdem man an dieser Stelle Überreste der Heiligen gefunden hatte, eine Krypta angelegt. In der Tiefe der Krypta wurde ein Altar errichtet, der aus einem Sarkophag aus dem 3. Jahrhundert bestand. Links entdeckt man einen Altar, der der christlichen Gottesverehrung diente, und rechts eine Statue der schwarzen Sara und den Schrein, der die Reliquien jener Frau enthält, die die Zigeuner als ihre Schutzheilige verehren. Die Reliquien der Maria Salome und der Maria Jacobäa liegen im alten Saal der Wache, der sich im ersten Stockwerk des Hauptturms befindet und in eine Kapelle umgewandelt worden ist. Wegen dieser wundersamen Vergangenheit, in der Geschichte und Legende einander durchdringen, ist die Stadt der Heiligen zweimal im Jahr Schauplatz großer Volksfeste. Am 24. und 25. Mai strömen Zigeuner aus ganz Frankreich und sogar Europa herbei. An dem Sonntag, der dem 22. Oktober am nächsten liegt, ein der heiligen Salome geweihter Tag, kommen die Einwohner der Camargue – Gardians zu Pferd, den Dreizack in der Hand, hübsche Arlesiennerinnen in traditioneller Tracht – am Strand zusammen, wohin die Statuen der Heiligen im Verlauf einer feierlichen Prozession getragen werden. Bei diesen Veranstaltungen vermischen sich in seltsamer Weise mystische Inbrunst, militanter Partikularismus, folkloristische Tradition, die Neugierde der Touristen und der Geschäftssinn, der stets auf seine Rechte bedacht ist. Die Landschaft trägt zur Originalität der Feste der heiligen Marien bei. Nicht etwa der Ort, der banal ist (abgesehen von seiner Kirche), aber die grenzenlose Weite der Umgebung, der mit den brackigen Gerüchen beladene Wind der Camar-

Die Wallfahrt nach Saintes-Maries und das Fest der Gardians bieten den hübschen Arlesierinnen die Gelegenheit, zur großen Freude der Fotografen und der Touristen, ihre traditionelle Tracht zu tragen...
(Photo Freddy Tondeur-Atlas Photo)

gue und das häufig bewegte Meer.
Im Ort beherbergt die alte Bürgermeisterei (rechts von der Kirche) das *Musée Baroncelli*, auch »Musée Camarguais« genannt. Der Laie findet dort Gelegenheit, etwas über das Leben, die Traditionen und die Natur dieses Landes zu erfahren, das eifersüchtig über seine in unserer Zeit gefährdete Persönlichkeit wacht.
Der Marquis Folco de Baroncelli, ein Grand-Seigneur, Anhänger Mistrals, lebte in Saintes. Er war der letzte, der die »nation gardiane« zusammenhielt. Er wollte unter einer einfachen Steinplatte, eben mit dem Sand, in der Nähe der Mündung der Kleinen Rhone begraben sein, wo die Fischer ihre Boote auf den Strand ziehen. Zu diesem Monument gelangt man auf der D. 38, die man nach etwa 2 km verläßt, um auf einen Sandweg links einzubiegen, der an einem Campingplatz entlangführt.
4 km vom Ort entfernt, auf der N. 570, hat die Gemeinde einen kleinen *zoologischen Park* angelegt, der die Möglichkeit bietet, eine große Zahl von Vögeln aus der Nähe zu beobachten, die in dem ganz in der Nähe gelegenen Naturschutzpark des Vaccarès nisten, der jedoch – glücklicherweise – für die Allgemeinheit gesperrt ist.
Die Saintes-Maries entwickeln sich auch zu einem Badeort, der weite Strand, der den Brackwassersee von Vaccarès nach Osten zu abschließt, ist im Auto erreichbar. An jedem Sonntag lassen sich während des Sommers Tausende von Badenden, von Campern und Caravanfahrern dort nieder.

Name: La Villo de la Mar (im Mittelalter); auf provenzalisch Li Santo.

Lage: 13460 Bouches-du-Rhône. Höhe: Meeresufer. 760 km Paris, 40 km Arles, 32 km Aigues-Mortes, 53 km Nîmes.

Informationen: S. I., avenue de la Plage, Tel. (91) 02 55.

Unterkunft: In der Stadt und in der Umgebung zahlreiche Hotels, Hotelklubs und Wohnanlagen, darunter 1 ****, 1 ***; Camping: 1 Platz der Gemeinde **.

Feste: 23., 24., 25. Mai, Wallfahrt der Zigeuner; der dem 22. Oktober nächste Sonntag, provenzalische Wallfahrt; letzter Sonntag im Juli, das Fest »Virginenco« (folkloristisch). Im Sommer große »Feria mit Abrivado« (Freilassen der Stiere im Ort), Stierkämpfe.

SARA, SCHUTZHEILIGE DER ZIGEUNER

Seitdem die Zigeuner im 15. Jahrhundert in der Provence erschienen, waren sie dort Ausgestoßene, Unerwünschte, von Dorf zu Marktflecken gejagt . . . Die wilde Camargue war ihnen nicht unbekannt, und man weiß, daß sie zuweilen dort auftauchten, um sich Pferde zu verschaffen. Sie kamen nach Saintes, um Sara anzubeten. Tatsächlich weiß niemand genau, wer Sara ist . . . In der Überlieferung der Zigeuner wird behauptet, daß während ihrer langen Wanderungen, die sie aus entlegenen Ländern des Ostens zum Meer führten, eine Frau mit schwarzer Haut ihnen inmitten der tückischen Schwierigkeiten der Wege als Führerin gedient habe. Diese sagenhafte Heldin stellten sie mit Sara gleich und machten sie zu ihrer Schutzheiligen. Diese parallel verlaufende Verehrung ärgerte lange Zeit den Klerus, aber (. . .) von 1935 an genehmigten die kirchlichen Behörden die Prozession mit der schwarzen Statue zum Meer. Obwohl Sara niemals die Ehrung durch die Heiligsprechung zuteil wurde, sind dennoch kirchliche Persönlichkeiten anwesend, und seit 1968 wird in den offiziellen Predigten während der Prozession, zur größten Freude der Zigeuner, die »heilige« Sara genannt!

Am 24. Mai beginnen die Festlichkeiten mit dem Hinausführen der Statue Saras, die bis zum Meer getragen wird, und mit dem Hinablassen der Schreine. Nach Beendigung des Nachmittagsgottesdienstes werden die Kästen aus bemaltem Holz, die die Reliquien enthalten, durch eine Zugwinde langsam aus dem hochgelegenen Raum hinabgelassen. Jedes in einer sehr alten Liturgie vorgesehene Anhalten wird von Chorälen und Rufen: »Es leben die heiligen Marien« begleitet, die die in der Kirche versammelten Pilger und jene — noch zahlreicheren —, die auf dem Vorplatz durch Lautsprecher vom Ablauf der Feierlichkeit unterrichtet werden, ausstoßen. Schließlich gelangen die Schreine zum Chor. Die Gläubigen in den ersten Reihen, Zigeuner wie Provenzalen, springen auf, strecken die Hand aus, häufig durch eine Kerze verlängert, um als erste den kostbaren Reliquienschrein zu berühren. (. . .) Später bieten einige Zigeunerkinder draußen auf dem Platz eifrig einen Fetzen bunten Tuchs, »der die Schreine berührt hat«, zum Kauf an . . .

FREDDY TONDEUR
»Revue du TCF«
(Mai 1970)

Saint-Etienne-de-Tinée

Außerhalb der Schluchten, die im übrigen nur geringe Ausdehnung haben, ist die Tinée in der Nähe ihrer Einmündung in den Var (Schluchten von La Mescla) ein verhältnismäßig friedlicher Gebirgsfluß, der in der Tiefe eines grünen, weit offenen Tals über seine Kiesel dahinfließt. Dörfer sind selten. *Saint-Sauveur* und *Isola* sind durch ihren großartigen viereckigen Glockenturm gekennzeichnet.
Saint-Etienne baut sich terrassenförmig auf. Die Häuser mit dem hellen Verputz sind verhältnismäßig neu, denn das Dorf brannte 1929 fast vollständig nieder. Die von einem schlanken lombardischen Glockenturm flankierte Kirche, schlanker als der von Isola, und drei Kapellen, deren Mauern mit höchst interessanten Fresken bedeckt sind, wurden glücklicherweise von dem Feuer nicht zerstört.
Das Syndicat d'Initiative führt Besichtigungen dieser Gebäude durch. In der Kapelle St.-Maur berichten die Wandmalereien (16. Jh.) vom Leben des Schutzheiligen. In der Kapelle St.-Sébastien trifft man wieder auf den schwungvollen Pinselstrich des Jean Canavesio, der auch Notre-Dame des Fontaines ausgemalt hat (siehe Angaben unter Tende). In der Chapelle des Trinitaires handelt es sich um die in diesem abgelegenen Bergort unerwartete Schilderung der Seeschlacht von Lepanto; im übrigen wurde die Figur der Notre-Dame de Bon Romède, die hier verehrt wird, in früheren Zeiten von den Mohammedanern zurückgekauft, ein Vorgang, der das Thema einer eigentümlichen Freske bildet.
Es fehlt nicht an Ausflugsmöglichkeiten in der Umgebung von Saint-Etienne. Mit dem Wagen nach *Auron* (1610 m) und *Isola 2000*, die ihren lebhaftesten Betrieb im Winter wegen ihrer sonnigen Lage und der guten Schneeverhältnisse haben (siehe Kapitel »Reise durch die Provence«: Ferien im Schnee), aber die auch im Sommer wunderbare Erholungsgebiete sind; *Roya*, talwärts, und *Saint-Dalmas-le-Selvage*, bergwärts, ländliche Orte, in die man durch die bewaldeten Täler gelangt. Zu Fuß führt die schönste Wanderung zum *Grand Lac de Rabuons*, 2500 m.
Seit Eröffnung der schwindelerregenden Straße über den *Col de Restefond* (oder über die *Cime de la Bonnette*) ist Saint-Etienne auch ein Ort für vorübergehenden Aufenthalt. Der Paß liegt auf 2678 m Höhe, und der Gipfel, um den die Straße herumführt, erreicht 2860 m. So ist die D. 64, die Verlängerung der N. 205, die höchste Fahrstraße Europas. Im allgemeinen ist sie von Juni an bis zum ersten Schneefall geöffnet. Sehr gut angelegt, ist sie für alle Fahrzeuge befahrbar. Vom Gipfel aus hat man einen herrlichen Rundblick; im Norden schimmert die Barre des Ecrins in der Sonne. Die Fahrt hinunter in das Ubaye-Tal ist weniger interessant. In Jausiers (siehe Angaben unter Barcelonnette) stößt man auf die Straße N. 100.

Lage: 06660 Alpes-Maritimes. Höhe: 1144 Meter. 792 km Paris, 58 km Barcelonnette, 91 km Nizza, 57 km St.-Martin-Vésubie.

Informationen: S. I. in der Mairie, Tel. (93) 02 40 39. *Auron*, O. T., Tel. (93) 0 66. Bezüglich *Isola 2000* wende man sich an SAPSI, Bezirksstraße 41 in 06270 Villeneuve-Loubet-Plage, Tel. (93) 31 57 84.

Unterkunft: Einige kleine Hotels, darunter 1 **; *Auron*, mehrere Hotels, darunter 1 Relais de Campagne »Le Pilon« und 3 ***; *Isola 2000*, 2 Hotels ***.

*Auron war der erste Wintersportplatz,
der in den Südalpen geschaffen wurde;
er ist auch heute noch der größte
und steht als Skigebiet an erster Stelle.*
(Photo Fronval)

Saint-Gilles-du-Gard

■ Von Arles her fährt man an den ersten Reisfeldern der Camargue entlang; von Nîmes aus durchquert man die fruchtbaren Obstgärten und die Weinberge der Costières du Gard, die einen berühmten Wein liefern; kommt man von Aigues-Mortes, ist man ganz von der verzaubernden Sumpflandschaft in Anspruch genommen. So lebt Saint-Gilles vereinzelt im Herzen einer unendlichen Natur, deren Unendlichkeit ihren Zauber ausmacht. Nur in der Ferne erblickt man vereinzelte Siedlungen, weitab von der Straße. Hier ein kleines mit Schilf gedecktes Gehöft, mit einem Dutzend weißer Pferde hinter einem Holzzaun, dort die fensterlosen Mauern eines Weinkellers oder am Ende einer Kiefernallee eine Art behäbiger römischer Villa inmitten einer Domäne, den Rücken dem Wind zugekehrt. Auf der Seite der Brackwasserseen (man sollte nicht verfehlen, die eigenartige Straße D.779 entlangzufahren, die zwischen Gallician und dem Gehöft von Iscles den Brackwassersee du Charnier säumt) einige Häuser, die meiste Zeit über verlassen, angelegt für den Betrieb der Wehre an einem der von Entengrütze bedeckten Abzugsgräben, und Hütten für die Schilfmäher in der Nähe der Schilfschober, neben denen im stillen Wasser ein paar schwarze Boote mit flachem Boden schlummern...

In der Mitte dieser Landschaft mit ihren verschiedenartigen Ausblicken liegt verschlafen im Sonnenschein Saint-Gilles zwischen zwei Kanälen. Der eine ist eine ganz neue Betonrinne, in der bis zum Rand das aus Pichegu herabgepumpte Wasser (siehe Angaben unter Nîmes) für die dürstenden Böden des Unteren Languedoc fließt, der andere, der alte Schiffahrtskanal, eingeengt zwischen seinen Steinböschungen, der Beaucaire mit Sète verbindet, aber keine Flußkähne mehr vorbeiziehen sieht. Diese Verbindung der Rhone mit dem Meer bildet nun die Petit-Rhone, die wiederum mit dem für internationalen Tiefgang ausgebauten Mündungskanal verbunden ist. Dieser Kanal ist zwei Kilometer flußaufwärts von Saint-Gilles, mit einer modernen Schleuse ausgestattet.

Vom vergangenen Glanz sind einige schöne Spuren zurückgeblieben. Die Gilles (Ägidius), einem frommen Einsiedler, der sich um das Jahr 700 hierher zurückgezogen hatte, geweihte Kirche weist eine Fassade mit *drei Portalen* auf, die über und über mit Skulpturen von Menschen, ungewöhnlichen Tieren und verschiedenartigen Szenen geschmückt sind. Das Mittelportal, um 1180 von Künstlern aus dem Languedoc vollendet, hat nach den Religionskriegen Restaurierungen erfahren. Die Seitenportale stammen aus dem Jahr 1240 und zeigen eine andere Art der Ausführung. Das Ganze bietet jedoch etwas beglückend Harmonisches, geprägt von Erinnerungen an die Antike. Rhythmus, Bewegung, Realismus und Neigung für das Detail machen aus der langen Portalwand oberhalb der Säulen, wie man gesagt hat, ein herrliches, frommes »Bilderbuch«, das die Frische und Unmittelbarkeit der besten romanischen Meisterwerke aufweist. Auf der linken Seite des Portals erkennt man die Anbetung der Hl. Drei Könige, aber auf eine ganz eigentümliche Weise, da die Jungfrau sitzend unter einem Portal mit dreieckiger Seitenabbildung verwirklicht ist; eine Szene, die an die Stelle des Evangeliums erinnert, wo der Engel des Herrn Joseph befiehlt, das Kind zu nehmen und nach Ägypten zu fliehen.

Die Mittelfreske stellt Christus als Hoheit dar. Die rechte in der Mitte die Kreuzigung.

Das Datum der Erbauung der Krypta kann bis jetzt nicht genau angegeben werden. Die breiten tiefen Spitzbogen waren die ersten, die im Süden gebaut wurden. Am Schlußstein des Gewölbes scheint ein Christuskopf zu lächeln. Dieser unterirdische Raum wurde am 12. Juni 1209 zum Schauplatz eines berühmten, dramatischen Auftritts: Graf Raymond VI. von Toulouse wurde hier, des Paktierens mit den Katharern angeklagt und beschuldigt, Helfershelfer beim Mord an Pierre de Castelnau, des päpstlichen Legaten, zu sein, ein Mord, der drei Jahre früher auf dem Vorplatz der Abtei von Saint-Gilles verübt wurde, in aller Öffentlichkeit ausgepeitscht und nackt vor die Überreste des ermordeten Kardinals geführt: seine Unterwerfung geschah nur zum Schein, und diese Demütigung bestärkte ihn in seinem Kampf gegen Simon de Montfort und seine »Kreuzfahrer«, und hier hat der grausame Krieg gegen die »Albigenser« begonnen.

Vom Chor der alten Kirche, 1791 dem Erdboden gleichgemacht, sind nur wunderbare Säulensockel und ein starker Mauerblock übriggeblieben, auf dem sich der nördliche Glockenturm erhebt. Die Treppe, die sich im Innern (Fortsetzung s. S. 173)

Saint-Martin-Vésubie

■ Wenn man unmittelbar aus Nizza kommt, indem man das Tal der Vésubie hinauffährt, das hier von wilden Schluchten eingeengt wird, dort sich in kleinen grünen Mulden ausbreitet, taucht an einer Biegung der Straße plötzlich Saint-Martin auf, ein Dorf wie ein Horst, dessen Häuser sich auf gut Glück oberhalb eines Gebirgsflusses festklammern.

Nähert man sich Saint-Martin aus dem Tal der Tinée und von den Kämmen von Valdeblore, hat man von oben her einen Blick steil hinunter auf die Stadt, die sich in die Tiefe eines grünen Bergkessels einschmiegt, ringsum von kleinen Häusern mit rosigen Dächern, auf Bergterrassen verstreut, entlang den Wegen und am Fuß der Hänge umgeben. Das Ganze ist in üppiges Grün und in die leichte Luft von tausend Meter Höhe getaucht.

Beide Beschreibungen treffen zu. Der alte Marktflecken liegt eng zusammengedrängt auf einem schmalen felsigen Kamm, aber die ganze Siedlung ist in der Tiefe eines Kessels verstreut, in den mehrere Hochtäler münden.

Die Besichtigung der alten Stadt erfordert nur wenig Zeit. Es genügt, in einer einzigen, aber sehr malerischen Straße umherzuschlendern, die steil und mit grobem Geröll gepflastert ist. In ihrer Mitte fließt ein Bach mit klarem Wasser. Die Häuser mit weit überstehenden Dächern drängen sich manchmal so dicht aneinander, daß ihre Balkone fast so aussehen, als berührten sie sich, oder aber sie weichen an winzigen Plätzen auseinander, an denen die buntfarbigen Stände der Gemüse- oder Andenkenhändler stehen. Eine von einem Glockenturm mit Zwiebeldach flankierte Kapelle zwängt mit Mühe ihre rosa, ein wenig schiefe Fassade dazwischen, während die Kirche die Ehre hat, über eine schmale Terrasse zu verfügen.

In diesen Gotteshäusern verraten Altäre aus geschnitztem vergoldetem Holz aus dem 17. Jahrhundert den Einfluß des transalpinen Stils.

Die Place de la Frairie hinter dem Chor der Kirche bietet einen schönen Ausblick auf das Tal.

Wälder und Höhe

Saint-Martin-Vésubie ist für viele Urlauber entweder eine Zwischenstation oder ein Zentrum für Ausflüge in das Innere der benachbarten Hochtäler. Heute ausgezeichnet befahrbare Straßen ermöglichen es, überraschende Landschaften aufzusuchen, die ihrerseits Ausgangspunkte für Besteigungen und Fußwanderungen sind. Dichte Lärchenwälder bedecken die Hänge dieser Täler, deren Höhe fast 2000 m erreicht. Schutzhütten, Campingplätze und, in Boréon, Hotels bieten Gelegenheit, sich inmitten einer unversehrten Natur aufzuhalten.

Le Borécon. Auf 8 km steigt man um 500 m. Der am Ufer eines kleinen Sees gelegene Weiler bildet den Zugang in ein Gebiet, das ehemals Jagdreservat der italienischen Könige war und das nun zum *Parc national du Mercantour* werden soll (angrenzend an den Parco di Valdieri auf der anderen Seite der Grenze). Das bedeutet, daß die Natur dort in einem Zustand völliger Wildheit erhalten geblieben ist. Um sich davon zu überzeugen, genügt es, das kleine Tal von Salève westlich von Boréon hinaufzufahren. Die Straße, nun ein Forstweg, ist bis zum Weiler Mollières (14 km) befahrbar, nachdem man mitten im Wald einen kleinen Paß in 2030 m Höhe überquert hat. Der Wanderweg G.R. 52 beginnt oberhalb des Wildbachs, und auf ihm kann man entweder in das Tal der Tinée oder nach La Madone de Fenestre, nach Osten zu, gelangen. Ein anderer Weg führt rasch zur Grenze, die man in 2543 m am Col de Cerise überschreitet. Die Stille von Boréon ist in Gefahr, in naher Zukunft durch das Vortreiben eines langen, grenzüberschreitenden Straßentunnels gestört zu werden, der augenblicklich im Gespräch ist und eine rasche Verbindung zu jeder Jahreszeit zwischen dem Tal des Po und der Côte d'Azur ermöglichen würde.

Madone de Fenestre

Sehr schöne Spazierfahrt. Das enge Tal, durch das die D. 94 ansteigt, hat ganz deutlich den gleichen Charakter wie das des Boréon: Wildbach, Wasserfälle, Wälder und kurze Ausblicke auf verschneite Gipfel. Auf 13 km gelangt man von den 960 m von Saint-Martin auf 1900 m. Das Ende der Straße entspricht der Baumgrenze. Nur einige vereinzelte prachtvolle Lärchen haben sich auf eine von riesigen Gesteinsbrocken übersäte und von sprudelnden Bächen zerfurchte Fläche vorgewagt. Die Landschaft verbreitert sich zu einem Bergkessel, wo sich der Firnschnee an steilen Gipfelhängen hält. Das Gras ist dicht und voller Blumen.

Hier und dort sind blaue und goldfarbene Zelte verstreut, und jeder dieser Zeltler ist davon überzeugt, den schönsten »Winkel« in dieser unendlichen Weite einer geschützten Natur gefunden zu haben. Es ist allerdings untersagt, sich näher als 500 m um die Kapelle niederzulassen.

Ein wenig abseits liegt eine Schutzhütte neben einer Kapelle, die im Sommer eine Statue der »Madone«, die hier verehrt wird, beherbergt. Es handelt sich um eine schwarze Madonna aus Zedernholz, die der heilige Lukas persönlich geschnitzt haben soll. Man stellt sie prächtig geschmückt auf, und am 15. August sowie am 8. September findet eine Wallfahrt statt. Danach wird die Statue in einer Prozession wieder ins Tal gebracht, um sie den Winter über in der Kirche von Saint-Martin einzuschließen.

Es führen Wege bis zum Col de Fenestre und nach Italien, in die benachbarten Täler des Boréon und der Gordolasque.

La Gordolasque

Es ist das dritte, mit den vorhergehenden fast parallel verlaufende Tal; es ist weniger bewaldet, aber es ziehen sich kleine Weiler bis in ziemliche Höhe den Wildbach entlang hinauf. Die Weiden sind mit unzähligen Blumen übersät. Von Saint-Martin aus gelangt man dorthin, indem man die Vésubie 10 km weit hinunterfährt. Links steigt dann sehr steil die D.71 an, die das hübsche Dorf mit dem passenden Namen *Belvédère* berührt (Hotels, Restaurants und Geschäfte jeder Art ermöglichen einen angenehmen Aufenthalt). Auf mehr als 1700 m Höhe, am Fuß einer langen, mit Felstrümmern versperrten Schlucht, die von steilen Felswänden von seltsam gelber und grünlicher Farbe überragt wird, bricht die Straße jäh ab. Endlose Kaskaden scheinen unmittelbar aus dem Himmel herabzustürzen. Aus dem Tal der Gordolasque führen mehrere Fußwege hinaus, auf denen geübte Wanderer verhältnismäßig leicht in das Vallon des Merveilles gelangen können (siehe Angaben unter Tende).

Valdeblore

Jenseits von Saint-Martin führt die Straße N.565 nach La Tinée. Der Gebirgszug, der die beiden Täler voneinander scheidet, wird am Col de St.-Martin, 1500 m, in der Nähe des Weilers *La Colmiane*, Gemeinde *Valdeblore*, überquert. Die kahlen Bergrücken ermöglichen die Anlage von Skipisten, und Lifte führen bis auf 1800 m.

In *Saint-Dalmas* schöne romanische Kirche mit hohem Glockenturm. 18 km von Saint-Martin entfernt, wo die N.565 in das Tal der Tinée hinabtaucht, zweigt eine kleine Straße am Berghang ab und führt nach *Rimplas*, ein auf der äußersten Spitze eines Felsvorsprungs errichtetes Dorf.

L'Aution

L'Aution ist ein Massiv oberhalb des Col de Turini, 28 km südöstlich von Saint-Martin. Besser als ein Ausflug von diesem Ausgangspunkt aus ist vielleicht eine Variante, die Anfahrt nach Vésubie von der Küste aus. Dabei handelt es sich tatsächlich um eine Rundfahrt mit weiten Ausblicken. Die Armee hatte hier früher eine Militärstraße gebaut, um mehrere in beherrschender Stellung liegende Forts zu versorgen. Diese Forts wurden ihrer ursprünglichen Bestimmung entzogen und die Straße dem friedlichen Verkehr der Touristen überlassen.

Lage: 06760 Alpes-Maritimes. Höhe 960 m. 900 km Paris, 65 km Nizza.

Informationen: S. I. Tel. (93) 128

Unterkunft: Mehrere Hotels ** und *; *Le Boréon* 1 Hotel **; mehrere kleine Gasthäuser in den umliegenden Ortschaften. Schutzhütte C. A. F. bei der »Madone de Fenestre«. Ende der Straße in 1900 m Höhe. Camping: 2 Plätze ** in St-Martin und in den Tälern.

SAINT-GILLES-DU-GARD (S. 171)

Name: Vielleicht das antike Heraclea, ein wichtiger, Herakles geweihter Hafen.

Lage: 30800 Gard. Höhe: 7 m. 721 km Paris, 17 km Arles, 37 km Aigues-Mortes, 19 km Nîmes, 24 km Beaucaire.

Informationen: S.I. im Romanischen Haus, Tel. (66) 87 34 26.

Unterkunft: 2 Hotels *; auf der Straße nach Arles 1 Motel *** »Les Cabanettes«.

174 SAINT-MARTIN-VÉSUBIE

*Die Provence, das ist auch das Hochgebirge.
In weniger als zwei Stunden Fahrt von der Côte d'Azur
warten z. B. die Wiesen von La Madone de Fenestre
auf die Menschen, die reine Luft, Stille
und die Freiheit der Natur suchen.*

Saint-Maximin

■ Jahre hindurch war für die Autofahrer der Name dieser kleinen Stadt im Sommer gleichbedeutend mit einer besonders zähen Verkehrsstauung. Die Eröffnung der Autobahn wird es ihnen endlich ermöglichen, Saint-Maximin so zu betrachten, wie es das verdient, nämlich als Zwischenstation für Kunstliebhaber und Ausgangspunkt für Ausflüge. Tatsächlich ist die sehr große Basilika ohne Glockenturm, die mit ihrem mächtigen Block die Dächer der Stadt überragt, mindestens eine Stunde Aufmerksamkeit wert. Und das bewaldete Hügelland, das sich nach Nordosten zu abzeichnet, bietet dem, der einen halben Tag dafür opfern will, eine üppig grüne Provence, von Wildbächen mit Forellen durchzogen und von friedlichen, hübschen Dörfern gesäumt. Schließlich ist Saint-Maximin — dessen offizieller Name »Saint-Maximin-la-Sainte-Baume« lautet — ein sehr geeigneter Ausgangspunkt, um die kleinen Straßen auf dem Hochplateau von Aups entlangzufahren und die Grotte und jene Orte zu besuchen, wo die Erinnerung an Maria Magdalena noch lebendig ist (siehe Angaben unter Sainte-Baume).

Von der »Marseillaise« gerettet

Die Basilika besitzt das größte gotische Kirchenschiff der Provence: 72,60 m Länge und fast 30 m Höhe unter dem Gewölbe des einzigartigen Mittelraums. Ihr Bau wurde von Charles von Anjou, König von Sizilien und Graf der Provence beschlossen, um die sterblichen Überreste der Maria Magdalena zu ehren, deren in der Zeit der Einfälle der Mohammedaner verstecktes Grab gerade freigelegt worden war. Der mit Gold überladene Stil vom Ende des 17. Jahrhunderts hat die schlichte Harmonie der Spitzbögen des Kirchenschiffs durch den Bau eines mit im übrigen sehr schönen Holzschnitzereien und Stuckdekorationen abgeschlossenen Chors durchbrochen. Die vierundneunzig Chorstühle, die vier Altäre und die zwei Bischofssitze sind Werke eines einfachen Laienbruders. Sie stammen aus dem Jahr 1692. Achtzig Jahre später baute ein anderer Klosterbruder die große Orgel, die zu den schönsten des 18. Jahrhunderts zählt, und auf der jeden Sommer im Verlauf der »Sechs Abende französischer Musik« berühmte Künstler spielen.
Dieser Orgel und der Geistesgegenwart von Lucien Bonaparte ist es zu verdanken, daß wir heute noch diese Kirche bewundern können. 1794 bemächtigte sich der revolutionäre Eifer dieser kleinen Stadt, die in »Marathon« umgetauft worden war; der Präsident des Jakobinerklubs war der älteste aus einer unruhigen korsischen Flüchtlingsfamilie, ein gewisser Lucien Buonaparte, der sich »Brutus« nennen ließ und soeben die Tochter seines Herbergsvaters geheiratet hatte. In Marathon bekleidete er die bescheidene Stellung eines Magazinverwalters. Ein Magazinverwalter, der den Wert der Dinge kannte und der einen genialen Einfall hatte, um dem Zerstörungswillen der Menge zu begegnen, die an einem Vormittag, der heißer war als die anderen, beschlossen hatte, die Basilika in Brand zu stecken: Er ließ auf der großen Orgel die »Marseillaise« spielen!
Der interessanteste Teil dieses Gotteshauses ist die Krypta. Vier mit schlichten Skulpturen geschmückte Sarkophage und vier Steinplatten mit gravierten Umrißzeichnungen (insbesondere ein bemerkenswerter Daniel in der Löwengrube) zählen zu den ältesten christlichen Steindenkmälern Galliens. Auf dem Altar enthält ein Reliquienschrein aus vergoldeter Bronze aus dem 19. Jahrhundert einen Schädel, von dem versichert wird, er sei der der heiligen Maria Magdalena.
Der Platz, an dem die Basilika liegt, ist von schönen Gebäuden gesäumt, Überreste des königlichen Klosters, das die Dominikaner bis 1957 bewohnten. Das Gästehaus aus dem 18. Jahrhundert dient heute als Rathaus, und ein Kollegium für zeitgenössischen kulturellen Austausch organisiert in anderen Nebengebäuden internationale Begegnungen.

Die Provence der Bäche

Alle Orte, die in den kleinen Tälern nördlich und östlich von Saint-Maximin liegen, sind einen Besuch wert. Ruhe, Entspannung und Kühle sind dort mit Sicherheit zu finden. Es folgt eine empfehlenswerte kurze Rundfahrt von Barjols oder Brignoles aus.
N.560, 5 km: *Seillons-Source-d'Argens*, ein Dorf, das 2 km von der Quelle des Argens (links von der N. 560) auf der Höhe liegt. Der Argens mündet in der Nähe von Fréjus nach 116 km eines sehr gewundenen Laufes, auf lange Strecken hin reißend und reich an

ländlichen Schönheiten, ins Mittelmeer.
N. 560, 14 km jenseits der Quelle: *Barjols*. Diese reizende Stadt wurde wegen der 33 Brunnen, die auf seinen kleinen Plätzen murmeln, das »Tivoli der Provence« genannt.
N. 554, Tal des kleinen Gebirgsflusses L'Eau Salée, in den ein Wasserlauf mit dem vielversprechenden Namen Bach der Krebse einmündet; 8 km, der Weiler Chateauvert an der Einmündung in den Argens; D. 45, Beginn des *Vallon Sourn*, eine frische, grüne Gegend. 6 km, *Correns*, ehemals befestigtes Dorf, von Bachläufen durchzogen.
D. 45, D. 222, Montfort-sur-Argens, Carcès, D. 13, 15 km von Correns entfernt: *Lac de Carcès*, schöner Stausee in bewaldetem Gelände am Zusammenfluß der Cassolle und des Caramy; 6 km weiter Abbaye du Thoronet (Abtei, siehe Angaben unter diesem Namen). D. 13, 5 km: *Cabasse*, ein Ort, in dem zahlreiche prähistorische und römische Funde aufbewahrt werden; in der Kirche schöne Altarwand; grünes Tal der Issole.
D. 79, 14 km, *Brignoles*, in gewisser Weise die Hauptstadt dieser Provence der Bäche, so unerwartet für den, der nur die Küste besucht. Es ist eine aktive Stadt, stolz auf ihre Weine, die sich außerdem »Hauptstadt des Bauxits« nennt. An der Felswand von Candelon wird gleichfalls ein harter, bunter Marmor abgebaut, unter den Namen »Geäderter Rosé«, »Gelber Ocker« und »Rotvioletter der Provence« bekannt. Das Museum des »Pays Brignolais« besitzt vor allem einen christlichen Sarkophag aus dem zweiten Jahrhundert, zweifellos der älteste, der jemals in Gallien gefunden wurde. Das Palais des Comtes de Provence, in dem das Museum untergebracht ist, ist eines der seltenen profanen Baudenkmäler aus dem 11. und 12. Jahrhundert. 2 km südlich der Stadt liegt die alte Abtei *La Celle*, zu einem behaglichen Hotel der Kette »Relais de Campagne« umgebaut.
D. 5, D. 205, 11 km: *Tourves*, wo man eine schöne klassische Kolonnade sehen kann, einziger Überrest eines Schlosses aus dem 18. Jahrhundert, und ein Obelisk, Nachbildung der Pyramide des Sextius in Rom.
Rückkehr nach Saint-Maximin, in 7 km Entfernung, auf N. 7.

Name: Villa Lata oder Castrum Rhodani (existierte bereits im 1. Jahrhundert).

Lage: 83470 Var. Höhe: 303 m. 785 km Paris, 38 km Aix, 70 km Draguignan, 53 km Marseille, 56 km Toulon.

Informationen: S. I., Maison du Pays, 22 rue du Général-de-Gaulle, Tel. (94) 78 01 57. *Brignoles*, S. I., Hôtel de Ville, Tel. (94) 69 01 78.

Unterkunft: 2 kleine Hotels; *Nans-les-Pins*, 1 Hôtel-Château »Domaine de Châteauneuf« ***; *Brignoles*, mehrere Hotels, darunter 1 **** (Relais de Campagne »Abbaye de la Celle«) und 1 ***; mehrere andere in den benachbarten Orten. Camping: In den Orten der Umgebung.

Feste: Juli—August: »Musikalische Abende« im königlichen Kloster und in der Basilika; Informationen: couvent royal, Tel. (94) 78 01 93. *Brignoles:* Im April Messe und Ausstellung der Weine des Var. *Barjols:* 16. Januar alle vier Jahre Fest der »Kleinen Kaldaunen von St.-Marcel« (Opfer eines zuvor gesegneten Ochsen, sehr beliebtes folkloristisches Fest).

Andenken: Barjols und Brignoles, Weine und Keramiken.

ST-PAUL (S. 178)

Lage: 06570 Alpes-Maritimes. Höhe: 150 m. 920 km Paris, 22 km Grasse, 20 km Nizza, 4 km Vence.

Informationen: S. I. im Museum, Tel. (93) 32 80 70.

Unterkunft: 1 Hotel Relais de Campagne *** »Mas des Serres«; 1 Hotel *** »La Colombe d'Or« und mehrere Hotels verschiedener Kategorien in der Stadt und in der Umgebung.
Restaurants: s. Auswahl S. 250

Feste: Juli: »Nächte der Maeght-Stiftung«.

Andenken: Arbeiten zahlreicher Kunsthandwerker.

Saint-Paul

Es gibt »Fans« von Vence und die Liebhaber von Saint-Paul. Ein schwindelerregender Viadukt verband früher die beiden Städte; von ihm ist nur noch ein Pfeiler mitten in einer Schlucht übrig. Saint-Paul, das offiziell Saint-Paul-de-Vence heißt, läßt gern den Teil seines Namens fallen, den man als Zeichen der Unterordnung bewerten könnte. Die Streitigkeiten des Mittelalters, in denen die Einwohner der beiden benachbarten Städte lange Zeit zu Gegnern wurden, haben sich nun zu einem gesunden Wettbewerb auf dem Gebiet der Kunst, der Gastronomie und des Tourismus entwickelt. Und so ist es gut. Der Besucher ist der einzige Schiedsrichter.

Saint-Paul liegt auf dem Gipfel eines steilen Kegels, an dessen Hang sich weiter unten einige Weinberge und weiter oben kleine Kieferngehölze anklammern. Mit Bastionen versehene Mauern engen die Stadt ein, seitdem Franz I. die Grenze am Var überwachen wollte. Diese noch intakte Umwallung hat der Stadt ihren mittelalterlichen Charakter bewahrt. Die Kleinheit des als Fundament dienenden Felsens hat die Ausdehnung in modernen Stadtvierteln nicht erlaubt. Schließlich hat der Schönheitsdrang Künstler und Leute mit Geschmack zum Handeln getrieben, und ihnen verdankt man die Restaurierung der bereits baufälligen alten Häuser. Diese Umstände machen aus Saint-Paul heute einen der gesuchtesten Wohnorte im Hinterland der Côte d'Azur, und dem Durchreisenden bietet es eine bezaubernde, wahrhaft malerische und sehr wenig verdorbene Welt. Man findet hier kleine Läden von Kunsthandwerkern und die Auslagen von Künstlern aller Art. Man kann auch einen Rundgang auf der Stadtmauer machen, von der aus man einen weiten Blick hat. Die steile, enge Hauptstraße endet an einem amüsanten kleinen, dreieckigen Platz, auf dem ein hübscher Brunnen plätschert. Alle Häuser sind reich mit Blumen geschmückt. Im höchsten Teil der Stadt liegt die Kirche mit schönen Kunstwerken: ein Bild von Tintoretto, ein Schatzkasten der Goldschmiedekunst, ein moderner Kreuzigungsweg aus Nußbaum, nach einem alten Verfahren bemalt, mit Leim verbundene Wasserfarben, ein Werk von Manfredo-Borsi. Am Platz der Grande Fontaine stellt ein Musée Provençal mit getreuer Genauigkeit die Möbel und Einrichtungsgegenstände früherer Zeiten in den sechs Räumen eines Hauses aus dem 16. Jahrhundert aus.

Die berühmte *Auberge de la Colombe d'Or* (außerhalb der Stadtmauern) ist ein echtes Museum zeitgenössischer Malerei.

»Montparnasse 80«

Die *Fondation Maeght*, eine 1964 gegründete Stiftung, hat Saint-Paul ohne weiteres in die berühmtesten Kunststädte der Welt eingereiht.

Aimé Maeght, ein ehemaliger Drucker, der Bilderhändler und großer Sammler wurde, hat mit Hilfe seiner Frau in einer großartigen natürlichen, typisch mediterranen Umgebung etwas geschaffen, das man ein »Anti-Museum« zu nennen geneigt ist.

Der Eingang liegt 800 m von der Stadt entfernt (auf Parkplatz Beschilderung).

Unter den großen Kiefern, von den Wohlgerüchen der Hügel der Provence umweht, werden hier rund fünfzehnhundert Kunstwerke, signiert von den größten Namen der Malerei und der plastischen Künste von heute, unter geradezu idealen Ausstellungsbedingungen gezeigt, entweder unter freiem Himmel oder in eigens dafür geschaffenen Gebäuden. In jedem Jahr werden die Bestände des Museums noch durch zeitlich begrenzte Ausstellungen vervollständigt. Die Geschichte dieser Stiftung ist von aufsehenerregenden Ausstellungen zeitgenössischen wie retrospektiven Charakters gekennzeichnet: Kandinsky, Chagall, Miro, Calder, Matisse usw., ebenso wie durch einen Überblick über die Werke modernster Kunst.

Die Fondation Maeght ist auch ein bevorzugter Ort für Begegnungen und lebhaften Meinungsaustausch. Sie beherbergt bereits zwei Bibliotheken, ein Kino und Atelier für Künstler. Ein Theater mit 1200 Plätzen nach neuesten Gesichtspunkten ist geplant. »Mit diesem Zentrum revolutionären Schauspiels«, so sagt Aimé Maeght, »wird die Stiftung dann so sein, wie ich sie mir erträume: der Montparnasse der achtziger Jahre.«
(Fortsetzung s. S. 177)

Saint-Paul-Trois-Châteaux

Eigentlich sollte man es Saint-Paul-Tricastin nennen, nach dem Namen dieses kleinen »pagus« (ländlichen Bezirks), der sich auf dem die Rhone zwischen Donzère und Bollène beherrschenden Hochplateau erstreckt und dessen Hauptstadt Saint-Paul ist. Es handelt sich um einen Übersetzungsfehler, der seit alter Zeit von den »drei Schlössern« sprechen läßt. Aus weißem, heute von Patina überzogenem Kalkstein sind die Dörfer erbaut, die die Jahrhunderte haben über sich ergehen lassen. Es gibt nur einen Höhenunterschied von 100 m zwischen dem Tal und La Garde-Adhémar oder Saint-Paul. *Barry*, der höchste Aussichtspunkt (südlich von St.-Restitut) erreicht 300 m. Aber ein Jahrtausend trennt das Unterland vom Oberland. Dort oben lebt man noch im Rhythmus der Jahreszeiten und betrachtet das Blühen in den Gärten und das Reifen der Früchte in einer Umwelt von Kirchen, Kapellen und Türmen eines anderen Zeitalters. Unten herrscht die Ära des Gewinns und der Geschwindigkeit, es ist das Atomzeitalter: die Anlagen von Donzère-Mondragon (siehe Angaben unter diesem Namen), Autobahn A. 7, Atomanlage von Pierrelatte mit ihren riesigen Hallen, gewaltigen Schornsteinen und seltsamen Rohrleitungen.

Der Tricastin

Der Tricastin ist also in erster Linie eine bestimmte Umwelt, was gewisse Sehenswürdigkeiten nicht ausschließt. In *St.-Paul* bietet die alte Kathedrale (hier lag eines der ältesten Bistümer Frankreichs) den Kontrast zwischen seiner fast kahlen Fassade und dem Inneren mit den eleganten Proportionen und feinen Dekorationen. In *La Garde-Adhémar* veranschaulichen die beiden einander gegenüberliegenden Apsiden einer Kirche auf seltsame Weise einen Einfluß der romanischen Schule von den Ufern des Rheins. Auffällig sind auch mehrere gallo-römische Steine (heidnischer Altar, Opfertisch und Gedenkstein für die Seelen der Abgeschiedenen), Festungsmauern, befestigte Tore, Erinnerungen an Adhémar de Monteil, päpstlichen Legaten, Schöpfer des »Salve Regina«. Ein Kirchenfenster aus dem Jahr 1943 zeigt singende Kreuzritter. 2 km von La Garde (D. 133 und Fußweg) erheben sich die Ruinen einer Kapelle im sogenannten *Val des Nymphes*, ehemals heidnischer Tempel, in der Nähe einer Quelle errichtet, in der man noch im 12. Jahrhundert badete.

St.-Restitut (3 km südlich von St.-Paul) ist zweifellos das charakteristischste der Dörfer des Tricastin. Am Fuß eines steinigen Hügels schmiegen sich schöne Bauernhäuser in das Oval der alten Wehrmauer. Der Ursprung des Dorfes soll auf jene gottesfürchtigen Zeiten zurückgehen, in denen die heiligen Marien auf wunderbare Weise im Rhonedelta an Land gingen. Unter ihren Gefährten befand sich auch Sidonius, der Blinde, dem Jesus die Sehkraft zurückgegeben hatte: Er beendete seine Tage an diesem abgelegenen Ort. Die Kirche, die sich über der Grabstätte des Heiligen erheben soll, ist aus dem schimmernden Stein des Landes erbaut. Ihr einziges Schiff weist eine sehr klare Form auf. Neben der Kirche ein Haus mit Namen »Maison de la Tour« aus dem 13. bis 14. Jahrhundert. Im Turm befindet sich heute das Kunst- und Kulturzentrum des Tricastin: Ausstellungen von Gemälden, kunsthandwerklichen Erzeugnissen, Vorträge und Konzerte folgen einander während der Saison. Einige hundert Meter abseits vom Dorf steht an der Straße nach St.-Paul eine Kapelle mitten in der Landschaft, schlicht, aber von vollkommenen Proportionen: Es ist Saint-Sépulcre, im 16. Jahrhundert von einem Bischof Adhémar nach seiner Rückkehr aus dem Heiligen Land errichtet. Weiter im Süden (10 km von St.-Paul auf D. 59) ist *Suze-la-Rousse* schon durch den Block seiner Burg erkennbar, deren mächtige Türme zu den von zahlreichen Fenstern durchbrochenen Fassaden im Stil der Renaissance einen starken Gegensatz bilden. In tadellosem Zustand und ständig unterhalten, beherbergt dieses Schloß heute ein Kulturzentrum.

Name: Abgeleitet von Tricastin, das »weiße Land«.

Lage: 26130 Drôme. Höhe: 111 m. 632 km Paris, 28 km Montélimar.

Informationen: »Les Amis de St.-Restitut et du Tricastin«, Maison de la Tour in St.-Restitut.

Unterkunft: St.-Restitut, »Auberge des 4 Saisons«; mehrere kleine Hotels in den Dörfern des Tricastin.

Saint-Rémy-de-Provence

■ Saint-Rémy-de-Provence... Saint-Rémy-des-Alpilles sollte man es nennen!
Die Alpilles: fünfundzwanzig Kilometer lang, sieben Kilometer breit, weniger als vierhundert Meter hoch... Dieser bescheidene Höhenzug aus Kalkstein besitzt Vorzüge, die zahlreichen großen Massiven fehlen.
Die Alpilles sind eines der echtesten Symbole der Provence. Angesichts dieser kahlen Kämme und dieses »Emporsprudelns blauer Felsen« denkt man leicht an Griechenland.
Eine einzige große Straße durchquert die Alpilles an ihrer schmalsten Stelle: die D.5, die Maussane, in der Nähe von Baux (siehe Angaben unter diesem Namen) mit Saint-Rémy verbindet. Ein heute befahrbarer Weg, der von dieser Straße am Abhang auf der anderen Seite abzweigt, verläuft eine Weile am Hang entlang und führt auf 387 m Höhe zum Gipfel der Kette, dem *Belvédère de la Caume*.

Glanum

Die Stadt Saint-Rémy hat sich an der Grenze der Anbauflächen am Fuß des Nordhangs entwickelt. Es ist eine gute Lage. Griechische Kaufleute, die mit den Ligurern, den Kelten und vor allem mit ihren Landsleuten in Massalia an der Küste Handel trieben, hatten sie vor rund zweitausendzweihundert Jahren ausgesucht.
1942 begann man, die Ruinen von *Glanon*, das unter den Römern zu *Glanum* wurde, freizulegen. Hier handelt es sich um den größten städtischen Komplex aus dieser Epoche, der in Frankreich entdeckt wurde. Die Innenstadt wurde um eine heilige Quelle herum erbaut, die aus den Alpilles hervorsprudelte, noch immer in der Tiefe ihrer von Agrippa im Jahr 20 v. Chr. restaurierten Ummauerung zu sehen. Dieses Becken ist von Altären umgeben, die Herkules-Herakles geweiht waren, »dem Gott und Entdecker der Quellen, dessen Name«, wie Fernand Benoît uns erklärt, »stets mit felsigen Schluchten und steiniger Wildnis verbunden ist...« Glanum war mit seiner zauberhaften Lage auch eine Art »Wochenendaufenthalt«, ein Ort der Entspannung für die reichen phokäischen Kaufleute, die dort »Zweitwohnsitze« besaßen. Sie erholten sich an den sprudelnden Wassern. Man hat die Fundamente reicher Häuser, von Friseursalons, Theatern und Häusern von Kurtisanen gefunden. Glanum ist also nicht nur ein Arbeitsplatz für Archäologen, sondern auch ein lebendes Zeugnis der Geschichte Galliens, einer Stadt griechischen Ursprungs auf provenzalischem Boden, die sich in der Zeit der Pax Romana entwickelt, vergrößert und entfaltet hat.
Glanum ist die erste Stadt der Provinz Gallia narbonensis (der heutigen Provence), die vor ihrer Stadtgrenze ein Monumentaltor erhielt. In den ersten Jahren der Regierungszeit des Augustus errichtet (etwa 25 v. Chr.), ist es uns, wenn auch beschädigt, so doch noch höchst eindrucksvoll erhalten geblieben. Die Pfeiler dieses *Monumentaltors* sind mit Gefangenen geschmückt, halbnackten Männern und Frauen in griechischen Gewändern; auf der Girlande, die den Bogen hervorhebt, wurden alle Früchte der Provence eingemeißelt. Einige Meter von diesem Tor entfernt erhebt sich ein anderes römisches Monument, eine Art schlanken Türmchens auf quadratischem Sockelgeschoß, überragt von einer kegelförmigen Haube auf schlanken Säulen. Es handelt sich um ein *Mausoleum* zum Gedächtnis an die Enkel des Augustus, die der Kaiser als Erben ausersehen hatte und die in der Blüte ihrer Jugend dahingerafft wurden. Das Sockelgeschoß des Mausoleums ist mit Flachreliefs geschmückt: Themen aus der griechischen Sage und Darstellung der Familie des Augustus. In der Rotunde, unter dem Dach in Form eines Kiefernzapfens, stehen die Statuen der beiden als Jünglinge verstorbenen Enkel.
In der Nähe der »Antiques« (so bezeichnet man dort das Monumentaltor und das Grabmal) liegt am Ende einer langen Allee in einer angemessenen Stille die Heilanstalt, das ehemalige *Kloster Saint-Paul-de-Mausole*, in sich van Gogh von Mai 1889 bis Mai 1890 aufhielt. Man kann das Zimmer besichtigen, niederziehend wie die Zelle eines Verurteilten, die der Künstler nur verließ, um (unter Aufsicht eines Wärters) wirbelnde Sonnen über einer Welt des Wahnsinns zu malen.
Der moderne Teil der Stadt Saint-Rémy strebt in allen vier Windrichtungen auseinander, aber es gibt noch einen zentralen Kern, der der mittelalterlichen Stadt entspricht, wie häufig in der Provence von kreisförmigen, von riesigen Platanen beschatteten Boulevards umsäumt.
Fast einander gegenüber findet man

in der Biegung der alten Rue du Parage zwei Bürgerhäuser aus der Renaissance: links das Hôtel Mistral de Mondragon, das das *Musée des Alpilles* (provenzalische Folklore) beherbergt, rechts das Hôtel de Sade (das der »göttliche Marquis« niemals bewohnt hat) und in dem sich das von der Stadtverwaltung mit großer Bescheidenheit so genannte *Dépôt Archéologique* befindet. Tatsächlich sind die hier in einer reizenden Unordnung ausgestellten Stücke von höchstem Wert für alle, die sich für die gallo-griechischen und gallo-römischen Epochen interessieren. Skulpturen, Altäre, Kapitelle und Gegenstände des täglichen Lebens, die in Saint-Blaise (siehe Angaben unter Martigues) und in Glanum gefunden wurden, sind hier versammelt.

Leuchtende Alpilles

Eine Fahrt durch die reiche Landschaft, die sich zwischen den Alpilles und der Durance erstreckt, sollte zwei wichtige Stationen enthalten: *Maillane* (7 km nordwestlich von St.-Rémy), wo Frédéric Mistral neunundfünfzig Jahre lang wohnte (das Haus, in dem er starb, ist mit seinen Nippsachen und Andenken erhalten geblieben); *Eygalières* (12 km östlich von St.-Rémy), ein Dorf, eingenistet auf einer felsigen Kuppe, von der aus man, vor allem morgens und abends, den schönsten Blick auf das gewinnt, was ein Einheimischer, der Schriftsteller Maurice Pezet, als »die steinernen Segel« der Alpilles bezeichnet.

Name: Glanon (Griechen, 6. Jahrhundert v. Chr.), Glanum (Römer, 49 v. Chr.).

Lage: 13210 Bouches-du-Rhône. Höhe: 60 m. 704 km Paris, 24 km Arles, 21 km Avignon, 90 km Marseille, 37 km Salon.

Informationen: S. I., 11 boulevard Marceau, Tel. (91) 313.

Unterkunft: Mehrere Hotels, darunter 1 ***; Camping: 1 Platz **.
Noves, 1 Relais de Campagne »L'Auberge de Noves«; Camping: 1 Platz **.

Feste: Letzter Sonntag im September, *Maillane,* Fest des heiligen Eligius (traditionelles Fest der Landbevölkerung).

Saint-Tropez

■ »Der Fliegenfänger der Welt...«
Die Reichen sitzen auf den Jachten, die Bürger auf den Terrassen, die Langhaarigen auf der Straße. Wer beobachtet wen?
Die Künstler allerdings bleiben im Schutz ihrer Mauern, im Schatten der Kiefern und im Duft des Eukalyptus. Françoise Parturier hätte ihre Kontrastschilderung noch weitertreiben können (siehe auch weiter unten). Hätte sie sich mit ihrem Schwung und ihrer Schärfe der Stadt selber zugewandt, so hätte sie Saint-Tropez nicht dem Hinterland gegenübergestellt, sondern Saint-Tropez mit Saint-Trop verglichen.
Denn innerhalb der gleichen Kulissen werden mehrere Stücke gespielt. Eine Frage des Kalenders!

Komische Leute...

Eine Boutique wirbt: »Komische Dinge für komische Leute«. Aber die komischen Leute sind nicht immer da. Wechselndes Programm. Das Lustspiel mit unzähligen Darstellern, mit entfesselter, improvisierter Geräuschkulisse steht zwei Monate, höchstens drei auf dem Programm. Es trifft jedoch zu, daß unaufhörlich gespielt wird, rund um die Uhr. Und das eine gleicht das andere aus... Happening oder, richtiger, Folklore im Urzustand.
Das übrige Jahr hindurch dient die Kulisse des Quai de Suffren, der bepflanzt zu sein scheint, damit man Molières Scapin spielen kann, nur noch den Einheimischen für die große Aufführung des Alltagslebens: »Tropez den Tropezianern«, und einmal im Frühling für eine burleske historische Schau mit dem Titel »La Bravade«: Folklore mit Schüssen aus der Knallbüchse und mit Fahnen, mit der rotweißroten Fahne, dem Emblem dieser sehr alten Stadt. Was man darüber auch denken mag, Saint-Tropez ist zunächst folgendes: ein ganz normaler, kleiner Mittelmeerhafen, der ebenso wie die anderen von den Griechen gegründet wurde, es sei denn, es wären die Phönizier gewesen, von den Barbaresken niedergebrannt, von den Feudalherren dem Erdboden gleichgemacht, von den Spaniern beschossen, es sei denn, es wären die Engländer gewesen... Nichts weiter als sehr Banales. Ein kleiner Hafen mit seinen Werften, seinem Leuchtturm, seinen rosa und gelben Fassaden, die über den Mastenwald hinwegblicken, mit

seinem lokalen Ruhm (einem Landeshauptmann de Suffren, ganz aus Bronze), seinen um den Glockenturm sich drängenden Dächern, seinen schlecht gepflasterten Straßen, die sich unter Ausfallpforten verlieren, um auf sandige Rechtecke zu stoßen, die gerade groß genug sind, um drei Boote aufzunehmen, und auf den kleinen Erdhügel im Hintergrund, der aus einem Kiefernwäldchen aufsteigt, mit einer Zitadelle, die schon seit langem keinen Krieg mehr führt. Die Marktleute halten ihren Markt unter freiem Himmel ab. Einige Fischer laufen jeden Abend aus, um ihre Netze in der Bucht auszuwerfen. Die ganze Bevölkerung verehrt ihren Schutzpatron, jenen Tropez, einen von Neros Zenturionen, im Jahr 68 gemartert, dessen mit einem Federbusch geschmückter, lächerlich herausgeputzter und in grellen Farben bemalter Kopf in der Kirche ausgestellt steht, während der Abende der »Bravade« auf den Straßen spazierengetragen und – Höhepunkt der Ehrungen – als »Andenken« für Touristen reproduziert wird, wie ein einfacher Napoleon in Ajaccio!

Und dennoch ist Saint-Tropez auch etwas ganz anderes »als nur eine brave, kleine Stadt, wie eine Muschel im Wasser gewachsen«, denn so hat sie einmal Guy de Maupassant geschildert.

Die Kunst und die Verrücktheiten

Zwei Daten kennzeichnen das neue Schicksal dieser Stadt.
1892: Paul Signac stellt seine Staffelei auf dem Quai de Suffren auf. Er zieht seine Freunde Person und Turin nach, dann Matisse, Bonnard, Marquet, Camoin, Manguin . . . Damit war die Mediterrane Schule, die Weltruhm erlangen sollte, geboren.
1935: Die Übernahme eines örtlichen Bistrots durch eine Pariserin, von einigen Tanzlokalen in der Zeit des Tangos ergänzt, hatte zur Folge, daß sich plötzlich das tonangebende Paris aus der Zeit zwischen den beiden Weltkriegen im »L'Escale« oder bei »Sénéquier« wiederfand. Für die Haute-Couture, das Theater, die Dichtkunst, die Intelligenz, das Chanson, die Großindustrie, die Banken und sogar die Politik (von Edouard Herriot bis Marcel Cachin) wurde dieser Ort zu einer Gewohnheit und sogar zu einer Verpflichtung. Leon Volterra wurde zum Bürgermeister gewählt.
Der Krieg: Besetzung, Beschießung,

Ein hübscher kleiner Strand . . .
(Photo Fronval)

SAINT-TROPEZ

Zerstörung des Hafens. Zehn Jahre waren nötig, damit Saint-Tropez »das erste befreite Stück Erde der Provence«, seine Wunden heilen konnte. 1954 brandete Saint-Germain-des-Prés gegen die Côte d'Azur an, erdachte sich die lächerlichsten Gags und lancierte Moden und Rhythmen, die sogleich in der alten und in der neuen Welt ihren Widerhall fanden...
Seit einem halben Jahrhundert beruht die Berühmtheit von Saint-Tropez auf der Phantasie, das heißt auf dem Talent einiger einzelner Persönlichkeiten. Das heißt, daß man seine Zukunft nicht an den von einem Computer ausgespuckten Gleichungen ablesen kann, dies noch weniger als alle anderen touristischen Werte... Wie sie auch aussehen mag, es wird die Tropezianer nicht daran hindern, ihre Partie Pétanque zu spielen. Ist das nicht die Hauptsache?
Zwei »ernsthafte«, jedoch höchst interessante Besichtigungen sind unumgänglich: die Zitadelle und die Annonciade. Das *Marinemuseum* in Paris hatte den glücklichen Einfall, eine Abteilung in der Zitadelle von Saint-Tropez unterzubringen. Es handelt sich dabei nicht um eine Festungsanlage mit eindrucksvollen militärischen Einrichtungen, obwohl sie viele Kämpfe bestehen mußte, sogar noch 1944, als die von der Landung überraschten deutschen Soldaten sich dort verschanzten. Es ist eher ein fünfeckiger Hauptturm, dessen Terrasse gerade hoch genug ist, damit der Blick über die Wipfel der Schirmkiefern hinwegschweifen kann. Ein herrliches Panorama!
Im Innern schildern Modelle, Pläne, Waffen, Bilder und Stiche die Geschichte von Saint-Tropez, Schlupfhafen, Kriegshafen, Handelshafen. Mehr als 150 Schiffe waren dort stationiert. Noch 1860 lief auf einer Werft von Saint-Tropez »La Reine des Anges«, einer der schönsten Dreimaster der französischen Handelsmarine, vom Stapel. Selbstverständlich werden auch die Heldentaten des Landeshauptmanns de Suffren, ein Landeskind, Schrecken der Engländer auf dem Indischen Ozean, in Erinnerung gerufen. Satirische Karikaturen zeigen, wie wenig Seeleute für Paraden übrig haben.

SOMMERLICHES RÄTSEL

Es ist ein Land in Blau und Grün, wo die Winde die Bäume nicht daran hindern, zu wachsen, und die Sonne nicht das Wasser, emporzuquellen; es ist ein Land, wo die Weinberge trapezförmig in die Kiefernwaldungen einschneiden; wo die Trauben, schwarze und weiße gemischt, im Sand reifen; wo die Korkeichen irreführend die Rolle des geschundenen Marsyas spielen; ein Land, in dem die Wälder die Hügel langsam bis zum Meer hinabsteigen; Land der Einsamkeit und der Stille, wo man stundenlang zwischen den Mimosen umherwandern kann, ohne einer Seele zu begegnen...
Die Eukalyptusbäume und die Kiefern werfen ihren Schatten bis an den Rand des Wassers, an verborgenen Stränden, die schwer zugänglich sind und die man nur zu Fuß oder über das Meer erreichen kann; dort findet man gleichzeitig die Sonne, die Kühle und den Frieden, mit dem Blick auf eine blaue, stets gleiche und stets neue Unendlichkeit. Hier gehorchen das Meer und die Schiffe den Dichtern, und wenn der Abend die Segler aus der Bucht vertreibt, bedecken sich die Fluten mit Tauben.
Es ist ein Land, in dem die Grillen zirpen, wenn die Zikaden verstummen, in dem die Sterne mit gutem Vorbedacht auf erwartungsvolle Herzen hinabregnen, in dem man nicht müde wird, den Himmel einzuatmen.
In jedem in der Tiefe der Wälder verirrten Haus lauern Glückseligkeiten und Tragödien, denn es ist das Land der Liebenden, der Künstler und der Wahnsinnigen, ein unbeständiges, ein unruhiges Volk, das hierher kommt, um für einige Wochen oder einige Monate seinem Körper Urlaub zu geben, unter der sanften Narkose der Sonne von der Tyrannei des Geistes befreit.
Aber da man von allem müde werden kann, sogar davon, glücklich zu sein, und da wie in jedem Paradies der Teufel nur wenige Kilometer entfernt umherschweift, tanzen Narren, verkaufen Hausierer ihren Schund und der Jahrmarkt dreht sich.
Der Fliegenfänger der Welt, aber gewiß, das ist Saint-Tropez.
Dreihundert Meter Narrentreiben, und rings umher zu Tausenden von Hektar, auf den Hügeln der Halbinsel — Ramatuelle, Gassin, Camarat... — diese heute verleumdete Schönheit, die dennoch das verlorene Paradies des nächsten Jahrhunderts sein wird, und die ich, ich, in der Gegenwart besingen will.

FRANÇOISE PARTURIER
»Le Figaro«
Chronik vom 26. August 1969

Ein Raum ist dem letzten Krieg vorbehalten. Die Entwicklung des Wassersports, eine neue Aufgabe für Saint-Tropez, wird gleichfalls veranschaulicht.

Die Schlüssel zur modernen Kunst

Das *Musée de l'Annonciade* wurde am 10. Juli 1955 eingeweiht. Eine alte Kapelle aus dem Jahr 1510, die auf den Hafen hinausgeht, jedoch noch so abseits, daß sie nicht unter seinem Trubel leidet, wurde besonders hergerichtet, um rund sechzig bedeutende Werke, die für die gesamte zeitgenössische Malerei charakteristisch sind, auszustellen. Nur sechzig Bilder (und einige Skulpturen), aber hier haben wir alle Schlüssel zur modernen Kunst, in Augenhöhe zu betrachten, in der Kahlheit und der Stille der Kapelle. Die Darbietung der Werke folgt ziemlich genau der chronologischen Reihenfolge von »Le pin parasol aux Canoubiers« von Signac (1898) bis zum »Jardin d'une villa à Saint-Tropez« von Camoin (1938). Diese Ausstellung ist Georges Grammont (Radio- und Fernseh-Industrieller) zu verdanken, einem »ebenso großzügigen wie erfahrenen Mäzen«, der viele Jahre mit Unterstützung von Dunoyer de Segonzac und Louis Süe an diesem Projekt gearbeitet hat; diese beiden waren die ersten Konservatoren dieses Museums (das Museum ist am Dienstag und im November geschlossen, geöffnet von 10 bis 12 und von 15 bis 19 Uhr; im Winter bis 18 Uhr).

Die Halbinsel

Halbinsel Saint-Tropez oder Halbinsel Ramatuelle? Beide Bezeichnungen werden unterschiedslos gebraucht, die erstere zweifellos, wenn man eher an die herrlichen Strände von *Salins*, *Tahiti* und *Pampelonne* denkt, Ableger des brodelnden Seebades (obwohl Pampelonne mit seinem 4 km von Kiefern, Eukalyptus und Lorbeer gesäumten Sandstrand fast einsam anmutet). *Ramatuelle* aber ist eine andere Welt, eine Hügellandschaft mit in den Weinbergen verstreuten rosa Häusern. Das Dorf liegt auf halber Höhe, und seine Häuser bilden nach außen eine ununterbrochene Verteidigungsstellung. Einmal mußten die Sarazenen, wie es heißt, die Flucht ergreifen, von den Bienen angegriffen, deren Körbe die Bewohner auf sie hinabwarfen. Auf dem kleinen Platz steht eine gewaltige Ulme, wie viele andere in der Provence auf Sullys Anweisung hin gepflanzt. Dem Friedhof gegenüber (auf dem Gérard Philipe ruht) ein recht schlichtes Ehrenmal zur Erinnerung an die dreihundert »Widerstandskämpfer und Angehörigen der Sondereinheiten der nationalen Streitkräfte, die für Frankreich gefallen sind«.

Kleine Straßen und Wege führen durch schöne Kiefernwaldungen bis zu den steil abfallenden Landzungen, die ins Meer hinausragen: die Kaps Camarat, Lardier und l'Escalet. Prächtige einsame Villen haben dort eine ganz ungewöhnliche Lage, hoch aufragend über der steilen, wilden Küste. In *La Bastide-Blanche* erstreckt sich der Weinberg bis zum Strand hinunter. Das Gehöft von Brouis, nur auf dem Weg der Zöllner erreichbar, der Cap Lardier mit dem Strand von *Gigaro* verbindet, erinnert in seiner Lieblichkeit und Abgeschiedenheit an Inseln im Stillen Ozean. Vom höchsten Punkt der Halbinsel (326 m) kann man mit bloßem Auge den Buchten der Küste folgen und das dunkle Massiv des Höhenzugs der Maures erkennen. Die *Moulins de Paillas*, die auf dieser Anhöhe liegen, sind heute private Wohnsitze. Ein wenig weiter nördlich schmiegt sich das Dorf *Gassin* an eine aus der grünen Vegetation aufragende Kuppe. Die große Straße mit ihrem Wagenstau liegt nur 3 km entfernt.

Name: Athenopolis (gallisch-griechische Stadt).

Lage: 83990 Var. Höhe: Meeresufer. 867 km Paris, 122 km Aix, 75 km Cannes, 37 km St.-Raphaël, 69 km Toulon.

Informationen: S. I., quai Jean-Jaurès, Tel. (94) 97 03 64.

Unterkunft: Zahlreiche Hotels aller Kategorien, darunter 1 »Luxus«: »Le Byblos«, 2 ****, 2 ***; Camping: 1 Platz **. *Ramatuelle*, 1 Hotel *** (Relais de Campagne »Le Baou«); Camping: 4 Plätze ****.

Restaurants: s. Auswahl S. 251

Feste: 16., 17., 18. Mai, die »Bravade«; 15. Juni, »Bravade der Spanier«; Juli—August, »Nächte in der Zitadelle« (Musik, Varieté); den ganzen Sommer hindurch Veranstaltungen verschiedenster Art.

Andenken: Zahlreiche kunsthandwerkliche Gegenstände; Weine.

Salon

■ Wer gerade die glühendheiße, vom Mistral gepeinigte Ebene von La Crau durchquert hat, dem erscheint Salon mit seinen Brunnen und seinen im Schatten riesiger Platanen eingeengten Plätzen wie eine Oase. Die kreisförmigen Boulevards zeichnen die Linien der alten Stadtmauern nach, von denen noch zwei Tore übrig sind. Sie zwängen die alte Stadt ein, deren ansteigende Straßen zu einer Burg führen, die um so eindrucksvoller wirkt, als man ihre Existenz nicht vermutet. Sie ist eine der am besten erhaltenen in der Provence und die größte nach Tarascon und Avignon. Ihr länglicher Grundriß folgt dem Felsen, der ihr als Fundament dient. Diese Burg aus dem 13. und 15. Jahrhundert, das heißt aus der Zeit des sogenannten *Emperi* (gleichbedeutend mit dem Heiligen Römischen Reich), beherbergt ein sehr seltsames Museum, hervorragend angeordnet und dem Gedenken und dem Ruhm der französischen Armeen von 1700 bis 1914 geweiht. Die Waffen, Gegenstände, Dokumente und zahlreiche Uniformen, mit denen sehr realistisch wirkende Figuren bekleidet sind, wurden von zwei leidenschaftlichen Sammlern zusammengetragen: von Jean Brunon und seinem Sohn Raoul. Heute ist es das *Musée national d'Art et d'Histoire militaires*.

Nostradamus

Dem Schloß fast gegenüber bietet die Kirche *St.-Michel* ein romanisches Giebelfeld, das aus einer seltsamen Zusammenstellung von recht ungeordnet wirkenden Skulpturen besteht.
Im Norden der Stadt ist die Kirche *St.-Laurent* ein bedeutenderes Bauwerk und eines der seltenen der Provence, das den gotischen Stil veranschaulicht. Die vierte Seitenkapelle links weist eine schöne Jungfrau Maria aus Alabaster und das (moderne) Grabmal des berühmten Astrologen Michel Nostradamus auf, der in Salon lebte – wo die Königin Katharina von Medici häufig mit ihm zusammentraf – und dort genau an dem Tag und zu der Stunde, die er vorausgesagt hatte, starb, nämlich am 1. Juli 1556.
Salon ehrt noch eine zweite Persönlichkeit, die nicht so allgemein bekannt wurde, aber deren Leistungen konkreter und dauerhafter waren. Adam de Craponne, 1525 in Salon geboren, ein Wasserbauingenieur, der ein System von Bewässerungskanälen zwischen der Durance, der Rhone und dem Brackwassersee von Berre entwarf, womit er die riesigen Anlagen, die in unserer Zeit entstehen, vorweggenommen hatte. Die Büste dieses Vorläufers schmückt einen Brunnen gegenüber dem Rathaus von Salon, dessen Wasser unmittelbar aus dem »Canal de Craponne« herangeführt wird.

La Crau

La Crau. Eine Rundfahrt von ungefähr 80 km ermöglicht es, von Salon aus auf der einen Seite der Straße die geradezu an Wunder grenzenden Auswirkungen einer Bewässerung zu beobachten, die auf einem bis dahin unfruchtbaren Boden nach wissenschaftlichen Erkenntnissen durchgeführt wurde, auf der anderen die dürre Steppe – nach einer örtlichen Bezeichnung der »Coussoul« –, die sich noch immer westlich von Istres bis zum Horizont ausdehnt. Es genügt, der N. 113 in Richtung Arles bis Saint-Martin-de-Crau zu folgen und auf der D. 24 links abzubiegen, dann die N. 568 in Richtung Fos zu nehmen. Nach Salon kehrt man auf N. 569 über Istres, auf D. 5 und H. 112 zurück (siehe auch Angaben unter Fos und Martigues).
Grotten von Calès. Ein felsiger Gebirgskessel markiert 8 km nördlich von Salon in der Nähe des Dorfes *Lamanon* den äußersten östlichen Ausläufer der Kette der Alpilles. In den Felswänden aus grauem und ockerfarbenem Kalkstein dieses Kessels, die eine fruchtbare Ebene beherrschen, haben zahlreiche Höhlen seit prähistorischen Zeiten bis in eine nahe Vergangenheit als Behausungen gedient. Die größten dieser Höhlenwohnungen messen an der Stirnseite bis zu 10 m und haben eine Tiefe von 5–7 m. Sie waren mit einem hölzernen Vorbau versehen, dessen Stützpfeiler in noch sichtbaren Vertiefungen im Felsen eingesetzt waren.

Von Salon nach Aix

Château de La Barbem (10 km östlich von Salon auf N. 572 und D. 22a). Auf einem riesigen Felsen am Zusammenfluß zweier Wildwasser errichtet, liegt dieser Herrschaftssitz inmitten eines schönen Parkes in französischem Stil. Die Räume sind vollständig eingerichtet, und die Decken weisen Verzierungen von seltenem Reichtum auf (Besichtigung täglich mit Ausnahme des Dienstag).

Sénanque

Von Salon nach Aix. Die direkten Straßen N.572, N.7 sind überlastet und haben nichts Besonderes zu bieten. Es ist daher empfehlenswerter, von Pélissanne ab (5 km von Salon auf der N.572) der alten Via Aurelia zu folgen. Sie verläuft schnurgerade wie alle römischen Straßen durch eine herrliche Landschaft, deren Anpflanzungen den gesamten Reichtum der Provence zeigen. Das einzige Dorf, das man auf einer Strecke von 25 km durchfährt, ist *Eguilles,* über dem die Ruinen einer mittelalterlichen Burg aufragen. So gelangt man unmittelbar in die Vororte von Aix. Eine Variante könnte einen rund 10 km weiter südlich zum *Aquädukt von Roquefavour* führen, eine moderne Kopie des berühmten Pont du Gard, der es dem Kanal von Marseille ermöglicht, über das tiefe Tal des Arc hinwegzufließen.

Name: Castrum Sallyum (Hauptstadt der Salyer), Villa Salone (ligurisch), Salo (römisch). La Crau: campus lapideus, campus cravensis, dann Cravus, »Kiesel« (römisch).

Lage: 13300 Bouches-du-Rhône. Höhe: 82 m. 724 km Paris, 50 km Avignon, 53 km Marseille, 33 km Aix. Flugplätze für Touristen in Salon und Eyguières.

Informationen: S.I., rue Fileuses-de-Soie, Tel. (91) 56 27 60.

Unterkunft: Mehrere Hotels ** und *; Camping: 1 Platz ****. *Mallemort-Pont-Royal* (16 km nordöstlich), 1 Schloßhotel »Moulin de Vernègues«.
Restaurants: s. Auswahl S. 251

Feste: Ende Juli, Musikfestival im Hof des Château de l'Empéri.

■ »Die wahrhafte Tradition in den großen Dingen liegt nicht darin, das nachzumachen, was die anderen gemacht haben, sondern den Geist wiederzufinden, der diese großen Dinge hervorgebracht hat und zu einer anderen Zeit ganz andere daraus erschaffen würde.«
Dieser Gedanke von Paul Valéry, den man im Wartesaal lesen kann, definiert auf recht glückliche Weise die Absicht, die der kürzlichen Wiederbelebung von Sénanque zugrunde lag.
Dieser großartige Komplex bietet heute der Neugier der Besucher und dem Unternehmungsgeist der Kenner eine Reihe von Veranstaltungen, deren Qualität und Themen noch durch die Umgebung hervorgehoben und gesteigert werden, ob es sich dabei um den liebenswürdigen Ernst der Natur oder um die Vollkommenheit der Architektur handelt.
1968 mußten die Mönche, deren Zahl zu gering war, in ihr Mutterhaus in Lérins zurückkehren. Da die alte Zisterzienserabtei für eine Gemeinschaft von rund fünfzig Brüdern gedacht war, die in Abgeschiedenheit lebten, ein wenig nach Art eines heutigen Kibbuz, konnte sie sich selber nicht mehr versorgen und die Schäden reparieren, die immer mehr um sich griffen. Sollte Sénanque auch zu der langen Reihe von aufgeopferten Meisterwerken gehören? Konnten der Staat oder ein Mäzen große Ausgaben auf sich nehmen, um Gebäude wiederherzustellen, so schön sie auch sein mochten, wenn sie keinem Zweck mehr dienten und aus denen sich jedes Leben zurückgezogen hatte? Das hätte im Gegensatz zu den richtigen Vorstellungen gestanden, von denen heute die Schaffung von Naturschutzgebieten ebenso wie die Rettung von Kunstwerken bestimmt werden. So wurde gemäß dieser neuen Betrachtungsweise ein Vertrag zwischen dem Abt von Lérins, dem Eigentümer der Besitzung Sénanque, und einer großen Industriefirma, nämlich Berliet, geschlossen.

»Abbild der erschaffenen Welt«

Man kann also ohne weiteres die Hauptgebäude des Klosters, die Kirche, die Wärmestube, den Kapitelsaal und den Kreuzgang mit den Dreiergruppen seiner Bögen besichtigen. Aber zu der Begeisterung über diesen wunderbaren Ausdruck klösterlicher Architektur gesellt sich das sehr wirk-

lichkeitsnahe Interesse an mehreren Ausstellungen und Sammlungen.
Zunächst einmal eine großartige Darbietung der Grundlagen der Kunst der Zisterzienser, deren Reinheit, Strenge und Schönheit alles andere als ein ästhetisches Spiel sind. Hier beruht alles auf den Eigenschaften der »Zahl«, alles ist mathematischer Ausdruck. Literarische, mystische oder gelehrte Zitate, die sehr geschickt ausgewählt wurden, begleiten diese Darstellung.
Fotos und Skizzen führen den Touristen von heute in die Welt der Symbole ein, in der sich der Mensch des Mittelalters, für den alles Sichtbare nur Zeichen der unsichtbaren Welt war, mühelos bewegte. Hier der Himmel: Sonne, Mond und Sterne in ihrer ausgewogenen Schwerkraft; der Berg, der Baum, das Wasser; schließlich die einfachen geometrischen Figuren in ihren engen Beziehungen zwischen den Formen der Natur und denen der Kunst. So begreift man die Idee der »Zahl«, und das Gotteshaus erscheint als das Abbild der erschaffenen Welt.

Haute-Provence und ... Sahara

In der renovierten Abtei gibt es künstlerische und kulturelle Darbietungen, für die sie einen besonders schönen Rahmen abgibt. Drei Gemeinschaftssäle und rund fünfzehn bequeme Zimmer stehen für die Aufnahme von Kongreßteilnehmern zur Verfügung.
Abgesehen von diesen einzelnen Veranstaltungen ist Sénanque auch der Sitz von zwei dauernden Ausstellungen.
Die eine, verhältnismäßig begrenzt, befaßt sich mit den Erzeugnissen eines *ländlichen Kunsthandwerks* von hoher Qualität, das sich mit Hilfe von Impulsen eines in Vachères, in der Nähe von Oppedette (siehe Angaben) 1960 gegründeten Zentrums gut entwickelt. Die von den Landbewohnern der Haute-Provence hergestellten Gegenstände, bei denen in diesem Landesteil traditionell verwendete Materialien benutzt werden, sind im allgemeinen einfach, funktionsgerecht und schön.
Die andere Ausstellung ist weit wichtiger, obwohl sie dort in der Tiefe des Vauclusetals als etwas Ungewöhnliches erscheinen mag. Es handelt sich um ein *Sahara-Museum*, zweifellos das vollständigste in Frankreich.
Die Ausstellung nimmt die beiden Stockwerke des sehr geräumigen Gutsgebäudes ein, das im 19. Jahrhundert errichtet wurde und außerhalb der eigentlichen Abtei liegt. Dort wurden mit viel Geschick und Können Gegenstände, Fotos und Dokumente versammelt, die das Leben der Völkerstämme der Sahara von der Vorgeschichte bis zum Abenteuer des Erdöls erzählen. Zur Vervollständigung der Ausstellung wurde ein Zentrum für Saharastudien, dem eine Bibliothek angegliedert wurde, mit Sitz in Sénanque gegründet.
Die Abtei und ihre Museen sind für das Publikum täglich von 9–18 Uhr vom 1. Juli bis zum 15. September geöffnet; während des übrigen Jahres von 14–18 Uhr.

Lage: 84220 Vaucluse, Gemeinde Gordes. Höhe: 300 m. 4 km nordwestlich von Gordes, 25 km südöstlich von Carpentras.

Informationen: S.I. in Gordes, dem Schloß gegenüber, Tel. im Rathaus (90) 08 und Association des Amis de Sénanque, Abtei in Gordes, Tel. (90) 05.

Unterkunft: Gordes oder Carpentras.

Feste: Von Ende Mai bis Anfang September am Freitag und Samstag Festbeleuchtung und Schallplattenkonzerte; Juli, August, Konzerte und Vorträge.

Andenken: Likör »La Sénancole«, Honig, Lavendel; Schallplatten mit Gregorianischen Gesängen.

Sisteron

■ Eins der »Tore« der Provence wie die Talenge von Donzère oder der Col du Rousset (Paß), aber hier wird die Grenzlinie zwischen zwei Klimazonen und zwei Arten der Vegetation durch einen »Riegel« im strengsten Sinne, in dem die Geographen es verstehen, gezogen. Ein Kalksteingrat, buchstäblich vom Fluß zersägt, erhebt sich auf beiden Seiten des Tals. Der Durchlaß ist hier so eingeengt, daß man vom rechten Ufer aus einen Tunnel in den Felsen treiben mußte, um den Verkehrsfluß auf der Straße zu erleichtern.

Die Menschen haben das Werk der Natur vervollständigt und zu allen Zeiten diesen engen Durchgang befestigt, der so gut wie unumgänglich ist, wenn man sich aus dem Dauphiné in die Provence begeben will. Die Logik der Strategie hat bewirkt, daß noch im Jahr 1944 Sisteron seinen Tribut an den Krieg entrichten mußte. Die Stadt und die gewaltige Festung, die sie überragt, wurden am Tag der Landung der Alliierten in der Provence heftigen Bombenangriffen ausgesetzt. Wiederaufbau und Restaurierung sind abgeschlossen, und die friedfertigen Legionen der Touristen können eine komplizierte Festungsarchitektur bewundern, deren Kern von einem Ingenieur Heinrichs IV. ausgearbeitet wurde, von Jean Erard, einem genialen Vorgänger Vaubans. Die Besichtigung dieser *Zitadelle* wird durch eine ausgezeichnete Tonbandführung im Innern erleichtert. Das bemerkenswerteste Element dieses Bauwerks ist das »Schilderhaus des Teufels«, ein Vorwerk, das in einer schwindelerregenden Lage am äußersten Punkt des Felsens errichtet wurde. Von dort aus hat man einen atemberaubenden Blick auf das Tal und die alten Stadtteile. Von diesem *Aussichtspunkt* aus kann man auch in aller Ruhe die erstaunliche Formation von Gesteinsschichten betrachten, in deren Spalten der Wind heult. Ein anderer nicht weniger bemerkenswerter *Aussichtspunkt*, von dem aus man einen Blick auf diese ungewöhnliche Landschaft hat, liegt am Hang auf dem linken Ufer, 2 km von der Stadt entfernt, auf der kleinen D. 17.

In der Stadt sollte man durch die nur wenig ausgedehnten alten Viertel schlendern. Die überwölbten Passagen werden hier »andrônes« genannt. Ein schlanker quadratischer Glockenturm ragt über den Dächern der Vorstadt La Balme am linken Ufer auf. Er gehört zum ehemaligen Kloster St.-Dominique, von Beatrix von Savoyen im Jahr 1248 gegründet, dessen Kirche heute als Rahmen für Konzerte und literarische Abende dient.

In der Nähe des Syndicat d'Initiative weist das *Petit Musée,* auch »Musée du Vieux Sisteron« genannt, Skulpturen aus der römischen Epoche auf.

Ausgangspunkt für Ausflüge

Sisteron ist ein interessanter Ausgangspunkt für kleine Autorundfahrten durch die Täler und die wenig besuchten Bergmassive, die von bescheidenen Dörfern und einsamen Weilern inmitten einer friedlichen Natur gesäumt werden, die noch keine schädliche Veränderung erfahren hat.

Der schönste Weg führt durch das Tal des Jabron zum Signal de Lure, mit Rückkehr über St.-Etienne-les-Orgues, oder, noch besser, über Forcalquier und Ganagobie (siehe Angaben unter Forcalquier).

Man kann auch den Jabron fast bis zu seiner Quelle hinauffahren und in *Séderon* (schöne Gebirgslandschaft) durch das Tal der in Schluchten in ihrem unteren Lauf eingeengten Méouge hinabfahren (N. 546, N. 542, N. 548, 90 km). Am linken Ufer ermöglichen Wege und sehr kurvenreiche kleine Straßen eine Kombination von Ausflügen außerhalb der üblichen Routen. Die Sisteron nächste interessante Landschaft ist der Engpaß von *Pierre Ecrite* (ungefähr 30 km Hin- und Rückweg auf D. 3), dessen Name auf römische, in die Felswand eingemeißelte Inschriften zur Erinnerung an die Väter dieser in den Felsen gehauenen Straße zurückzuführen ist.

Name: Segustero, Hauptstadt der Sogiontier, dann römische Zitadelle.

Lage: 04200 Alpes-de-Haute-Provence. Höhe: 482 m. 700 km Paris, 107 km Aix, 140 km Grenoble, 100 km Nyons. Flugplatz für Touristen bei Château-Arnoux.

Informationen: S. I., Sous les Arcades, Tel. (92) 2 03.

Unterkunft: Mehrere Hotels, darunter 1 ***; Camping: 3 Plätze. *Château-Arnoux* (14 km südlich), 1 Relais de Campagne, »La bonne Etape«.

Feste: Ende Juli—Anfang August, »Nuits de la Citadelle«, Festival des Theaters und der Musik (in der Zitadelle, in der Kathedrale, im Kloster Saint-Dominique).

Sospel

■ Der Zusammenfluß der Bévera (Nebenfluß der französisch-italienischen Roya) mit dem Merlanson und zwei oder drei anderen Wildwassern von geringerer Bedeutung hat einen kleinen, zwischen den Alpes de Tende und den zerklüfteten Massiven des Hinterlandes von Menton eingeengten Kessel geschaffen. Die Kreuzung der Straßen Nizza–Tende–Coni und Menton–Saint-Martin-Vésubie (N. 204, N. 566) konnte nur in dieser Senke angelegt werden. Die Eisenbahnstrecke Nizza-Coni, deren Ausbau im Gange ist, führt ebenfalls hier durch, bevor sie durch kurvenreiche Tunnels zum Kamm an der Grenze gelangt.

Wegkreuzung aus alter Zeit

Sospel markiert diese Wegkreuzung und hat sich auf beiden Seiten der im Verlauf der Jahrhunderte erbauten Brücken entwickelt.
Sospel ist nicht nur ein angenehmer Sommeraufenthalt, sondern auch eine günstige Zwischenstation zum Vallon des Merveilles und zur oberen Vésubie (siehe Angaben unter Tende und Saint-Martin). Die Place St.-Nicolas wirkt durch ihre Arkaden, ihren Brunnen und ihre Pflasterung in Form eines Mosaiks aus bunten Kieseln sehr reizvoll. Die Kirche bietet den seltsamen Kontrast einer klassischen Fassade und eines schlichten romanischen Glockenturms. Diese ehemalige Kathedrale offenbart durch ihre Proportionen die Bedeutung, die Sospel als Grenzstadt in der Vergangenheit besaß. Im Innern kann man zwei sehr schöne Werke aus der Schule von Nizza bewundern: die Altartafel mit der »Pietà« und die mit der »Immaculata« von François Bréa. Wenn man durch das Tal der Bévera nördlich von Sospel fährt, führt die Straße hoch über schönen Schluchten entlang, bevor sie in den Schatten des *Forêt de Turini* (Wald) eintaucht, um dann den Col de Turini (Paß) zu erreichen, Zufahrtsweg zu den Aussichtspunkten des Aution (siehe Angaben unter Saint-Martin-Vésubie).

Lage: 06380 Alpes-Maritimes. Höhe: 350 Meter. 970 km Paris, 22 km Menton, 43 km Nizza, 54 km St.-Martin-Vésubie, 40 km Tende.

Informationen: S. I., Mairie, Tel. (93) 19.

Unterkunft: 3 Hotels ** und *; 1 Hotel ** am Col de Brouis, 10 km an der Straße nach Tende; Camping: 2 Plätze **.

Tarascon

■ Würde Tartarin seine Stadt wiedererkennen? Fast überall sind seelenlose Wohnblocks entstanden. Eine Stahlbrücke überquert eine vernünftig gewordene Rhone. Mit Frühgemüse beladene Lastwagen verstopfen die kreisförmigen Boulevards.
Glücklicherweise ist das Schloß noch geblieben! Ein ganz weißes Schloß, völlig auf »Abendgäste« eingestellt... Die Türme, hier rund und dort rechteckig, scheinen erst gestern erbaut. Es fehlt nicht ein Kragstein, nicht ein einziges Mauerstück zwischen den Zinnen. Nicht eine Kugel hat eine Bresche in diese großen Flächen der auf dem Felsen verankerten Mauern gerissen, die mit einer Höhe von rund 50 m unmittelbar zum Fluß hin abfallen. Durch fünf oder sechs Jahrhunderte der Geschichte unversehrt gebliebene Burgen sind in Frankreich selten. Diese, im 12. Jahrhundert begonnen, wurde am Ende des 15. unter dem »guten König René« fertiggestellt. Manchmal dient sie als Hintergrund für abenteuerliche Ritterfilme. Im Innern (Besichtigung täglich außer Dienstag) erzeugen die riesigen Räume den unangenehmen Eindruck von Leere und Tod.
Das Syndicat d'Initiative, das gegenüber dem Eingang der Burg untergebracht ist, beherbergt die berühmte »Tarasque«, ein Ungeheuer aus Leinwand mit einem Skelett aus Weidenholz, das man alljährlich am 29. Juli, am Tag der heiligen Martha, und am letzten Sonntag im Juni aus Anlaß der »Rückkehr Tartarins«, dieses anderen sagenhaften Helden, durch die Stadt führt.
Die Kirche, eine alte königliche Stiftskirche (in der Nähe der Burg gelegen) wurde selbstverständlich der heiligen Martha geweiht. Die von ihren Skulpturen entblößte Vorhalle ist in einem schönen romanischen Stil erbaut. Das gotische Kirchenschiff besitzt in seinen Kapellen Gemälde von Mignard, Carlo Vanloo, Vien und Parrocel. Neben der Treppe, die in die Krypta hinabführt, schützt ein schönes schmiedeeisernes Gitter ein mit großartigen Skulpturen im Stil der italienischen Renaissance geschmücktes Grabmal. In der Tiefe der Krypta wird in dem marmornen Mausoleum aus dem 17. Jahrhundert, das das Grab der heiligen Martha enthält, das Leben jener Frau veranschaulicht, die, bevor sie an den Ufern der Rhone strandete, um dort dann die Wilden zu bekehren, die Gastgeberin Christi gewesen war.

Beaucaire

Es ist das Gegenstück von Tarascon am »französischen« Ufer.
Die Bewohner von Beaucaire, die in dieser Hinsicht sehr spitzfindig sind, rühmen sich einer Bedeutung, die der von Tarascon weit überlegen und viel älter ist. Seit der Zeit der Römer lag der Hafen an der Rhone am rechten Ufer. Die Messe von Beaucaire, die 1217 zum erstenmal abgehalten wurde, war eine Stätte der Begegnung zwischen den Erzeugern am Mittelmeer und den Kaufleuten, die aus ganz Europa kamen: Im Juli strömten 300 000 Besucher in der Stadt zusammen! Der Tourist muß sich in jenes vier Jahrhunderte alte Haus in der Rue Barbès 27 begeben, in dem das *Musée du Vieux Beaucaire* untergebracht ist. Eine Wendeltreppe, die in einem Hof beginnt, bildet den Zugang zu drei schlecht beleuchteten Stockwerken, in denen es eine Fülle von Erinnerungsstücken gibt.
Das mit Ulmen und herrlichen Platanen bestandene Messegelände erstreckt sich noch immer auf eine Länge von fast 1 km am Ufer der Rhone; Ende Juli lassen sich dort die Schausteller nieder, Arenen werden gebaut, und es findet ein Volksfest statt.
Mitten in der Stadt liegt die Bürgermeisterei in einem vornehmen Gebäude aus dem 17. Jahrhundert, das man wegen seiner Vollkommenheit eine Zeitlang Mansart zugeschrieben hat. In geringer Entfernung steht die Kirche *Notre-Dame des Pommiers*, kaum 200 Jahre alt. An der Außenmauer auf der rechten Seite wurden in einem bemerkenswerten Fries romanische Skulpturen wiederverwendet, die Szenen der Passion veranschaulichen. Beaucaire darf man nicht verlassen, ohne zur *Burg* hinaufzusteigen, von der nur noch die äußeren Umwallungen und ein eigenartiger dreieckiger Hauptturm übrig sind. Von der Terrasse aus aber hat man einen endlos weiten Blick.

La Montagnette

Auf den duftenden Heideflächen jenes Kalksteinmassivs, das sich nördlich von Tarascon bis zur Durance hinzieht, haben Daudets muntere »Chasseurs de Casquettes« ihre Taten vollbracht. Und im Herzen dieses Massivs,

LA TARASQUE

In früheren Zeiten erschien in der Rhone zwischen Arles und Avignon ein fürchterliches Tier, das im Wasser wie an Land leben konnte. Die einen sagten, die heilige Martha habe die Tarasque gebändigt, indem sie sie mit ihrem Gürtel fesselte. Andere schildern das Ende dieses Tieres folgendermaßen: Eines Tages beschlossen sechzehn Ritter aus der Umgebung, sich dem Ungeheuer entgegenzustellen. Es kam zu einem erbitterten Kampf, in dem acht Ritter umkamen. In der Erregung beim Anblick des Ungeheuers hatte der Mut sie verlassen. Die anderen acht jedoch vermochten ihr Entsetzen zu bezwingen, umklammerten mit ihren Fingern ihren Talisman und griffen die Tarasque mit solcher Hartnäckigkeit und Gewandtheit an, daß sie sie schließlich trotz ihres Schuppenpanzers mit ihren Schwertern durchbohrten. Die acht siegreichen Ritter gründeten am Kampfort eine Stadt: »Tarascon«.
Seit diesem Tag feiert man dort alljährlich den Sieg über die Tarasque. Acht Männer von Tarascon begleiten zum Klang von Trommeln und Querpfeifen das Ungeheuer aus Pappe: Sie stellen die acht siegreichen Ritter dar und tragen ein festliches Kostüm: Fahlrote Stiefel mit karmesinroten Schleifen, weiße Seidenstrümpfe, karmesinrote Hose mit Fransen und einen dreifarbigen Gürtel. In der Hand halten sie einen Spieß und auf dem Kopf haben sie einen Federhut. Acht weitere Männer, die von der Tarasque verschlungenen Ritter darstellen, sind innerhalb ihres Panzers verborgen und schieben sie vorwärts, wobei sie den mächtigen Schwanz, der die Zuschauer umzuwerfen droht, nach links und rechts ausschlagen lassen. Die Zuschauer springen zur Seite, um ihm zur großen Belustigung der Menge auszuweichen, die um den Festzug herum die Farandole tanzt.

MADELEINE GILARD
»Contes et images d'autrefois«
Ed. La Farandole, 1968

Tende

in der *Abtei Saint-Michel-de-Frigolet*, hat Pater Gaucher sein berühmtes »Elixier« destilliert und – zuweilen ein wenig zu eifrig gekostet... Die Abtei liegt in eine Geländefalte geschmiegt. Dort lebt, Weinbau treibend, Mandeln erntend und die Bienenkörbe überwachend eine kleine Gemeinschaft von Stiftsherren der Prämonstratenser. Ostermontag ist Anlaß zu einem großen Zusammentreffen von jungen Leuten und folkloristischen Gruppen. Die Abteikirche aus dem 19. Jahrhundert ist banal, aber sie birgt auch die Kapelle Notre-Dame de Bon-Remède aus dem 12. Jahrhundert mit wertvollen Bildern Mignards, ein Geschenk der Königin Anna von Österreich nach der glücklichen Geburt des künftigen Ludwigs XIV. Der anschließende Kreuzgang ist romanisch, ebenso die alte Kirche Saint-Michel.

In der Tiefe einer Mulde am Westhang der Montagnette liegt das Dorf *Boulbon*, das aus dem Schlaraffenland sein könnte. Obst, Gemüsekulturen und Wein scheinen dort ohne Mühe zu gedeihen. Der malerisch gelegene Ort wird von den Ruinen einer mächtigen Festungsanlage überragt.

Name: Javarnica (Handelsniederlassung Massalias), heute der Vorort Jarnègues auf einer Insel, später Tarusco, der »Drachen« (römisch). Beaucaire: Ugernum (römisch), Pagus Argenteus oder Argence (merowingisch)

Lage: 13150 Bouches-du-Rhône. (Beaucaire: 30300 Gard). Höhe: 9 m. 704 km Paris, 17 km Arles, 25 km Avignon, 26 km Nîmes, 15 km St.-Rémy.

Informationen: S. I. Tarascon, boulevard du Roi René, Tel. (91) 3 52. S. I. Beaucaire, Hotel de Ville, Tel. (66) 87 10 06.

Unterkunft: 4 Hotels ** und *; Camping: 1 Platz ***. Beaucaire, 3 Hotels ** und *; Camping: 1 Platz **.

Feste: Tarascon, letzter Sonntag im Juni, Fest der Tarasque (siehe Text); 29. Juli zweites Fest der Tarasque; Anfang September, alljährliche Messe; *Beaucaire*, 21. bis 28. Juli, große Messe; im Sommer Stierkämpfe; *Boulbon*, 2. Juni, Fest des heiligen Marcellin, Schutzpatron der Weinberge und Ernten, Prozession der »Fioles« (Flaschen), Segnung des Weins, jeder trinkt seine Flasche, »um für immer vor dem Fieber von Arles geschützt zu sein«; *St.-Michel-de-Frigolet*, 24. Dezember, provenzalische Mitternachtsmesse.

Andenken: Trauben, Obst.

■ Mit 2603 Stimmen gegen 218 bestätigten die Einwohner von Tende, Saint-Dalmas und La Brigue am 12. Oktober 1947 ihre Eingliederung in Frankreich, die durch den Friedensvertrag, der am 10. Februar des gleichen Jahres mit Italien unterzeichnet wurde, beschlossen worden war. Schon im Jahr 1860 hatten ihre Vorfahren gefordert, unter der gleichen Regierung zu leben wie die Bewohner der Grafschaft Nizza, aber Napoleon III. beschloß mit Rücksicht auf Victor-Emmanuel II., der in diesen Bergen eine Jagd besaß, die zurückgewonnenen Gebiete des Hochtals der Roya zu zerschneiden. Heute folgt die Grenze logischerweise der Kammlinie, die königliche Jagd ist zum Nationalpark von Mercantour geworden, und die Urlauber von der Côte d'Azur können, ohne die Zollstation passieren zu müssen (die im übrigen nur noch recht symbolhaften Charakter besitzt), einige ganz außergewöhnliche Wunderwerke der Natur und der Kunst entdecken. »Wunderwerk« ist hier das durchaus richtige Wort...

Das Tal der Merveilles

Sind es 30 000, 40 000, 50 000? In manchen Dokumenten wird sogar von 100 000 Zeichnungen gesprochen. Sie sind zahllos, aber für den einfachen Spaziergänger wie für den Kenner der Frühgeschichte genügt es, nur einige von ihnen zu entdecken, um voller Erstaunen und Verblüffung vor ihnen stehenzubleiben.

Es handelt sich um mit dem Meißel in Felswände und überhängende Felsvorsprünge aus einem festen zumeist geschmeidigen Sandstein von schöner Orangefarbe gehämmerte Zeichnungen. Die meisten dieser Felszeichnungen haben nur geringe Ausmaße: im Durchschnitt 20–25 cm. Sie sind gut erkennbar, denn das Werkzeug hat den Stein tief eingeritzt. Der Frost, die Sonne und der Schnee, der in manchen Schluchten bis in den Sommer hinein liegt, haben die Zeichnungen nicht verwischt. Man findet dort drei Hauptthemen: Schriftähnliche Zeichen (das sind die zahlreichsten), Rechtecke, diese zuweilen in einem Würfelmuster (eingerahmt) und Spitzen, die vielleicht Waffen, Messer oder Pfeile darstellen. Man erkennt auch Werkzeuge aus dem Bronzezeitalter, Pflüge, Gitter, bei denen es sich vielleicht um Zahlentafeln oder um Pläne der

Feldereinteilung handelt, verschlungene Verzierungen, Sonnensymbole usw. Eine kleine Anzahl dieser Zeichnungen, schon besser in der Ausführung, scheinen Menschen darzustellen; die Tradition und die Neigung der Besucher hinter allem den Menschen zu sehen, führen dazu, daß sie zum Beispiel »Christus« mit der Dornenkrone entdecken, den bärtigen »Zauberer« der mit Dolchen droht, den »Magier«, der auch »Stammeshäuptling« genannt wird, eine Person in der Stellung eines Betenden mit einem Brustschild, auf dem ein schriftähnliches Zeichen eingemeißelt ist. Aber das alles ist nur Phantasie, denn die eigentlichen Fragen bleiben zum großen Teil unbeantwortet.

Warum hier? Warum in so großer Zahl? Seit wann? Durch wen?
Die am häufigsten geäußerte Hypothese läßt sich folgendermaßen zusammenfassen. Sie wird vor allem vom Schriftsteller Samivel vertreten, dem Präsidenten der sehr aktiven »Gesellschaft für das Studium, den Schutz und die Aufklärung der Rätsel des Val des Merveilles« (Sekretariat 4, avenue Vismara in Nizza).

Bégo, Berggott?

Die Täler, in denen man die Felszeichnungen findet, laufen am *Mont Bégo* zusammen, einem einsamen Gipfel, einer Art schwarzer Pyramide, die 2872 m erreicht. War dieser Berg für die Hirtenstämme (ligurische oder vorligurische), die in den unteren Tälern wohnten, eine Art Olymp? Handelte es sich, genauer gesagt, um einen »Berggott«, dessen Schutz man suchte? Wären in diesem Fall die Zeichnungen eine Art von Votivtafeln? Der Bégo liegt tatsächlich in der Mitte eines ganz besonders von schweren Gewittern heimgesuchten Gebietes. Rings um diesen Berg gibt es reichlich Wasser; die zahlreichen Seen, kleinen Täler und Bäche sichern dem unteren Tal eine regelmäßige und reiche Bewässerung. Die glatten, ockerfarbenen oder rosa Felsen, riesige Gesteinsplatten, boten eine ausgezeichnete reiche Grundlage für die Felszeichnungen. Es gibt also in der großartigen Gesteinswildnis dieses hochgelegenen Ortes das Feuer des Himmels, das segensreiche Wasser, den heiligen Stein und das Rot des Lebenskraft, alles Elemente, die auf magische Weise mit fruchtbaren oder gefürchteten Kräften geladen sind, jedenfalls für Menschen einer heute verschwundenen Kultur, die von primitivem, unerschütterlichem Glauben durchdrungen waren, der aus der Tiefe aller Zeiten stammte.

Wie besucht man das Val des Merveilles? Der Bégo bildet mit einigen benachbarten Gipfeln ein kleines Massiv, das von drei miteinander verbundenen Tälern umgeben ist, die eine vollständige Rundfahrt ermöglichen. Das kleine Tal der Minière zweigt in der Höhe von Saint-Dalmas, einem Weiler bei Tende, von der Roya ab, und sein höher gelegener Kessel bildet das eigentliche Tal der Merveilles, unmittelbar am Fuß des Bégo, auf der Westseite. Das kleine Tal von Valmasque, im Norden, steht mit dem Tal der Merveilles durch einen leicht befahrbaren Paß in 2459 m Höhe in Verbindung und verlängert das Tal von Casterine, das sich mit dem Tal der Minière in seinem unteren Teil verbindet. Der Zusammenfluß ist an einem kleinen See und einem Sägewerk mit dem Ortsnamen Mesches erkennbar.

Tour durch das Tal der Merveilles

Von Saint-Dalmas (4 km südlich von Tende) steigt eine Teerstraße, D. 91, bis zum See von Mesches (10 km) an und bleibt bis zum Weiler Casterine (3 km weiter) befahrbar. Von diesen Punkten gehen Forstwege ab, die nur mit dem »Jeep« zu befahren sind. Sie führen links, in der Tiefe des Tals von Valmasque, nach einem sehr zerklüfteten Waldgelände bis zum Ufer des Long-Sees, der von düsteren Steilhängen des Bégo überragt wird.
Der Weg führt links um den See herum, und der Pfad steigt in 20 Minuten bis zu einer felsigen Verengung des Tals an. Hier beginnt die an Felszeichnungen reichste Gegend. Der Pfad steigt weiter in Richtung des Passes, Baisse de Valmasque (2549 m), ungefähr eineinhalb Stunden vom Long-See aus, ohne sich bei den Felszeichnungen aufzuhalten. Jenseits des Passes schweift der Blick über eine Reihe recht ausgedehnter Seen, an denen man rechts entlanggeht: Lac du Basto, Lac Noir, Lac Vert. Rings um diesen See findet man hübsche Felszeichnungen. Der Abstieg, um wieder auf die Straße nach Casterine zu gelangen, geht ziemlich rasch vor sich.
Zwei Schutzhütten liegen an dieser Strecke. Sie sind dem französischen Club Alpin zu verdanken. Die eine

liegt in der Nähe des Lac Long, die andere in der des Lac Vert. Eine dritte, die dem Skiklub von Nizza gehört, befindet sich im kleinen Tal von Fontanalbe, das man von Casterine aus hinauffahren kann, und in dessen oberem Teil man weitere Felszeichnungen entdeckt (in der Nähe der Schäferei Jas des Pasteurs).

Die ganze Bégo-Tour kann man zu Fuß unternehmen: Es ist eine Wanderung, die jeder, der einigermaßen gut zu Fuß ist, machen kann. Zwei Tage genügen dafür, wobei man in einem Zelt oder in einer Schutzhütte übernachten muß. Aber glücklicherweise kann jeder Tourist die geheimnisvollen Zeichen im Tal der Merveilles *in einem Tagesausflug von Saint-Dalmas aus* besichtigen. Die beiden Werkstätten in diesem Weiler vermieten »Jeeps« (mit Fahrer), die den Besucher bis zum Lac Long bringen. Die Fahrt ist schwindelerregend, voller Überraschungen und großartig. Die Abfahrt findet für gewöhnlich morgens und die Rückkehr in der Mitte des Nachmittags statt, wodurch man drei bis vier Stunden für die Besichtigung der Felszeichnungen hat.

Notre-Dame-des-Fontaines

Dies ist das zweite »Wunderwerk« in diesem Gebiet um Tende, das allzu lange verkannt wurde.

Vier Kilometer östlich des Dorfes La Brigue liegt eine nach außen hin bescheidene, sogar banale, von Tannen und Linden umstandene Kapelle auf einer mit Gras bedeckten Fläche. Zu ihren Füßen murmeln Quellen und Bäche. Man öffnet eine niedrige Tür mit dem großen Schlüssel, den man vom Pfarrer in La Brigue oder vom Syndicat d'Initiative erhalten hat und bleibt wie gebannt stehen ... Die Mauern sind völlig mit Fresken bedeckt. Große bemalte Tafeln ziehen sich in zwei Reihen hin, ganz ähnlich wie Bildergeschichten. In jedem der sechsundzwanzig Rechtecke sind erregte Gestalten zu sehen, die sich gegenseitig bedrängen und sich voller Dynamik an häufig grauenvollen Handlungen beteiligen.

Das Leben der Jungfrau Maria, das Jüngste Gericht und vor allem die Passion werden voller Realismus und Härte dargestellt. Die Kunst des Malers ist durch den Willen zu expressionistischer Verzerrung gekennzeichnet, der die Gesten Jesu, der Apostel und

*Tende mit seinem etwas »tibetanischen« Charakter
ist ein sehr interessanter Ort und Zentrum eines Bezirks
mit einer Fülle ungewöhnlicher Sehenswürdigkeiten.*

der Henkersknechte noch verstärkt. Der aufgehängte Judas, dessen verdammte Seele dem aufgeschlitzten Leib, dem die Eingeweide herausfallen, entweicht, ist besonders entsetzlich. Aber die Personen von sekundärer Bedeutung wirken in ihrer untergeordneten Rolle, voller Haß und Überzeugung gemalt, zuweilen noch überzeugender.

Diese Fresken wurden zwischen 1485 und 1492 von Canavesio, einem lombardischen Künstler, gemalt, der vielleicht Mönch war, und auf den man in Savoyen und in mehreren Orten der Grafschaft Nizza (Saint-Etienne-de-Tinée, Peillon, Pigna...) immer wieder stößt.

Die Fresken, die den Chor von Notre-Dame des Fontaines schmücken, in einem lebhafteren Kolorit gehalten, wurden erst 1959 freigelegt. Sie sind einem anderen Maler aus dem 16. Jahrhundert zu verdanken, Jean Balaison, aber wirken viel konventioneller.

La Brigue und Tende

Brigue besitzt ebenso wie Tende alte Teile, die von malerischen Gassen durchzogen sind. Die Häuser sind häufig aus grünem und schwarzem Schiefer errichtet; weit vorgezogene Dächer (zum Schutz gegen den Schnee) und Balkone auf allen Stockwerken verleihen ihnen einen etwas »tibetanischen« Charakter. Dies ist vor allem in Tende der Fall, das in halber Höhe über dem Wildbach auf einem Vorsprung erbaut ist. Tende wird im übrigen von einem riesigen blockartigen Turm von 20 m Höhe überragt.

In Brigue wie in Tende und in Saint-Dalmas besitzen die Kirchen zahlreiche Kunstwerke.

Von Tende aus kann man durch einen 3 km langen Straßentunnel leicht nach Italien gelangen. Das Tal auf der anderen Seite des Kamms ist offener und bewaldeter. *Limone-Piemonte,* in 6 km Entfernung, ist eine Sommerfrische und im Winter ein sehr besuchtes Skizentrum. Es herrscht dort viel Betrieb, und es gibt zahlreiche Hotels. 18 km jenseits von Limone liegt Borgo San Dalmazzo an jener Straßenkreuzung, von der aus man entweder nach *Cuneo* (Coni auf französisch), Provinzhauptstadt an der Straße nach Turin, gelangen oder nach Frankreich zurückkehren kann, über den kleinen Paß de la Lombarde, Isola und durch das Tal der Tinée oder über den Col de Larche und Barcelonnette. Dieser Abstecher nach Italien ermöglicht eine hübsche Rundfahrt.

Saorge

Unterhalb von Tende und Saint-Dalmas stürzt sich die reißende Roya in mächtige Schluchten.

Der Zugang zu diesem Engpaß wird von einem Ort beherrscht, der möglicherweise noch ungewöhnlicher ist als die vorhergenannten: *Saorge.*

Die Häuser, dicht aneinander gedrängt wie die Bienen in einem Korb, klammern sich an den steilen Hang. Ein doppelter Glockenturm mit Zwiebeldach, mit glasierten Ziegeln gedeckt, durchbricht das Gewirr der ausgeblichenen Dächer. Höher hinauf verbergen auf einem ebenen Gelände Zypressen und ein paar große Olivenbäume zum Teil die italienische Fassade und den rosa Glockenturm eines reizenden, aufgegebenen Klosters der Franziskaner. Im Innern weist der Kreuzgang Freskenmalereien auf, die sich leider in einem elenden Zustand befinden. Dort werden manchmal Konzerte gegeben.

Über Breil-sur-Roya am Ausgang der Saorge-Schluchten gelangt man rasch nach *Ventimiglia* (Vintimille). Menton über die Küstenstraße oder Monaco auf der Autobahn sind nur ein kurzes Stück entfernt. Diese italienische Abzweigung ist schneller, aber weniger malerisch als die sehr kurvenreiche Straße N. 204, auf der man mehrere Pässe überwinden muß, bevor man nach Nizza gelangt. Sie ermöglicht im übrigen einen kleinen Umweg über San Remo.

Lage: 06430 Alpes-Maritimes. Höhe 815 m (La Brigue 765 m). 1016 km Paris, 88 km Nizza, 68 km Menton, 45 km Cuneo (Coni), 131 km Turin (Straßentunnel und Schienenbus).

Informationen: S.I. de la Haute-Roya et du Val des Merveilles, Mairie de Tende, Tel. (93) 02. Association pour l'étude, la défense et l'illustration du Val des Merveilles, 4, avenue Vismara, 06000 Nizza.

Unterkunft: Einige Hotels ** und * in Tende, La Brigue und Saint-Dalmas-de-Tende; Camping: Tende, Saint-Dalmas. Schutzhütten C.A.F. im Val des Merveilles.

Feste: Im Sommer Orgelkonzerte in La Brigue.

Théus

■ »Der Ballsaal der Jungfern mit Kopfputz«: Diese Bezeichnung – man fühlt sich versucht, sie eine Einladung zu nennen – findet sich auf manchen Karten und auf amtlichen Plakaten. Der Ort entspricht in seiner Seltsamkeit jener Sehenswürdigkeit, der diese ausgefallene Bezeichnung zuzuschreiben ist. Eine »Jungfer mit Kopfputz« ist das, was die französischen Geologen sonst mit dem nicht minder phantastischen Namen »Schornstein der Feen« bezeichnen: Eine Felsnadel aus Puddingstein, drei, vier, zuweilen zehn Meter hoch, auf der sich ein flacher Stein im Gleichgewicht hält. Die Erosion hat den brüchigen Teil des Sockels zernagt, und der flache Stein schützt diesen Obelisken und verleiht ihm ein wunderliches Aussehen.

Solche Formationen kann man am Col de l'Izoard (südlich von Briançon), südlich von Savines (Ufer des Sees von Serre-Ponçon) und an verschiedenen Stellen in den Alpen finden, aber nirgends begegnet man einer so großen Ansammlung von hohen, sich verjüngenden »Schornsteinen« wie in diesem engen, steilen Tal an einem Nebenfluß der Durance, das Théus beherrscht.

Zahlreiche Autofahrer, die sich auf der N. 100 in Richtung Barcelonnette oder Sisteron bewegen, fahren vorbei, ohne das Dutzend von am Steilhang oberhalb einiger Morgen Weinberge sich anklammernder Häuser zu beachten. Diese Weinberge sollen übrigens einen beliebten Wein ergeben. Eine Straße, kaum breiter als ein Wagen, jedoch asphaltiert, klettert buchstäblich im Zickzack zwischen zwei Schluchten den Hang hinauf. Sobald man das Dorf hinter sich hat, erblickt man die ersten »Jungfern« in der linken Schlucht; eine von ihnen ragt mächtig unmittelbar neben der Straße empor. Aber die ungewöhnlichste Landschaft liegt im rechten Tal (beim Hinauffahren), in dem des Gebirgsflusses von Vallauria. Ein offizieller Hinweis für die Touristen gibt die Stelle an, wo es sich empfiehlt, den Wagen zu verlassen und einem Weg zu folgen, der am Rand der Felswand entlangführt.

Tausend Feenschornsteine

Hunderte von »Jungfern mit Kopfputz« stehen aufgereiht, erheben sich innerhalb der Schlucht auf niedrigeren Felsrücken oder stehen in Gruppen beieinander in den Vertiefungen des Geländes, dort, wo bestimmt Wind und Regen um sie herumwirbeln. Eine Zeitlang folgt man dem **Weg** in Richtung des Hochtals, aber man muß wieder talwärts absteigen: Dort entdeckt man sonst nicht sichtbare »Schornsteine« und erhält einen Überblick über das ganze Gebiet. Die Mutigen steigen bis in das (trockene) Bett des **Wildbachs** hinunter, um das Gefühl der Verlorenheit in dieser grauen, erstarrten phantastischen Welt voll auszukosten!

Jenseits dieser Landschaft steigt die kleine Straße weiter an, umgeht die Tiefe der Schlucht von Vallauria und gelangt dann durch einen Kiefernwald zum Gipfel des Colombis, 1733 m, der schon von weitem an seinem Fernsehturm zu erkennen ist. Von diesem Aussichtspunkt aus hat man einen kreisrunden Blick auf die Alpen der Provence und des Dauphiné. Am Fuß des Berges zeichnet das grüne Wasser des Lac de Serre-Ponçon ein großes V in die Landschaft, hier von grünen, dort von rötlichen und woanders wieder von schwarzen steilen Felswänden gesäumt.

Lage: 05200 Hautes-Alpes. Höhe: 1000 m. 29 km Gap, 48 km Embrun, 52 km Barcelonnette, 54 km Sisteron.

Informationen: S. I. Gap, 16 rue Carnot, Tel. (92) 149 oder S. I. Embrun, place Général-Dosse, Tel. (92) 1 80.

Unterkunft: Gap, Embrun, Barcelonnette oder Sisteron.

Dieser »Judas« ist nur eine der sechsundzwanzig Fresken von Notre-Dame des Fontaines, in denen Canavesio, ein lombardischer Maler des 16. Jh., seinem Können Ausdruck gegeben hat.

Thoronet (Le)

■ Von allen Zisterzienserabteien, die in ihrem raffinierten Ebenmaß so elegant, in ihrer gewollten Schlichtheit so majestätisch wirken, ist dies die reinste, die vollkommenste. Sie ist auch eine der echtesten. Die Restaurierungsarbeiten, im vorigen Jahrhundert begonnen und geschickt und mit Respekt vor dem Alten fortgeführt, hatten als Hauptziel, einiges Beiwerk aus dem 18. Jahrhundert zu entfernen und uns ein geschlossenes Ganzes dieser Gebäude zu bewahren, die uns fast unversehrt erhalten geblieben sind. Diese Mauern stammen nämlich aus dem Jahr 1146. Die Lage dieser Klosterbesitzung abseits der großen Verkehrsstraßen und weit entfernt von jedem größeren Ort (bis zum kleinen Dorf Thoronet sind es 5 km) ist bis zu einem gewissen Grad eine Erklärung für diese Unversehrtheit und trägt zur Erzeugung einer besonderen Atmosphäre bei, der sich der Besucher nicht entziehen kann. Man hat das Gefühl, hier sei die Zeit wirklich stehengeblieben; man zweifelt auch nicht daran, vor einem der Meisterwerke menschlichen Geistes zu stehen.

Reinster Zisterzienserstil

Die Abtei, von mehreren Morgen von Weinbergen und Feldern umgeben, die den Mönchen die Existenz ermöglichten, liegt am Ufer eines Baches in der Tiefe eines wilden, von Kiefern bestandenen Tals, in dem die Zikaden zirpen. Der von Bauxit durchsetzte Boden ist rot.
Von außen wirkt die Kirche fast wie eine mittelalterliche Scheune, nur von einem kleinen Glockenturm mit pyramidenartigem Abschluß überragt. Keine Skulpturen, keine Gesimse, keine Auskragungen. Ein tief eingelassenes Rundfenster, zwei schmale Fenster mit Rundbogen und ein einziges Portal von Manneshöhe öffnen sich in der Fassade. Das Mauerwerk ohne Verzierungen besteht aus regelmäßig gesetzten Blöcken, sorgfältig aus einem harten Kalkstein herausgehauen, der eine warme Patina angenommen hat. In der Mauer auf der rechten Seite wurde eine Begräbnisnische eingelassen.
Die Schlichtheit wird im Innern genauso streng eingehalten, aber die Harmonie der Proportionen, der Schwung der Gewölbe, hervorgehoben durch leicht gebrochene Arkaden, die Ausmaße des Gebäudes, die größer sind, als man es sich vorstellen kann, lassen den Besucher auf der Schwelle wie gebannt stehenbleiben. Das Licht ist ein weiterer Grund zum Staunen: das Sonnenlicht fließt durch kleine, schmale und tief eingelassene Fenster bis in das Herzstück des Gebäudes, wobei es auf seinem Weg den goldfarbenen Stein auflodern läßt.
Der Kreuzgang ist noch eindrucksvoller. Die vier Galerien, die die Seiten eines Trapezes bilden, sind mit einem Gewölbe aus unverputzten Steinen bedeckt. Durch einige kahle Stufen wird das natürliche Gefälle des Geländes ausgeglichen. Die Sonne fällt durch eine Reihe von Rundbogenarkaden, durch zwei kleinere Bögen unterteilt, auf die Bodenplatten, und durch ihre Öffnungen schweift der Blick auf einen Garten mit Buchsbäumen und Rosen.
In den Garten schneidet ein kleines sechseckiges Gebäude ein, das sich zur längsten Seite des Klostergangs hin öffnet und einen steinernen Brunnen mit sechzehn Aushöhlungen beherbergt. Man kann sich den Zug schweigender bäuerischer Mönche vorstellen, die bei der Rückkehr von den Feldern dorthin kamen, um ihre Waschungen zu vollziehen, bevor sie das nahe Gotteshaus betraten.
Dann gelangt man in das große Dormitorium, das von achtzehn allen Winden offenen Fenstern erhellt wurde, den Vorratsraum mit Spitzbogengewölbe mit der Kelter, den gemauerten Behältern für Wein und Öl und verschiedenen anderen Gegenständen von geringerer Bedeutung.
Vor kurzem hat man eine Scheune für den Zehnten restauriert, gleichfalls das Gebäude für die Laienbrüder, die alte Klosterherberge und ein schönes Rundbogengewölbe, das früher als Haupteingang zur Abtei diente.

Lage: 83970 Var. Höhe: 145 m. 830 km Paris; die Abtei liegt 4,5 km westlich des Dorfes; 22 km Draguignan, 47 km St.-Raphaël, 64 km Toulon, 44 km St.-Maximin.

Informationen: Mairie, Tel. (94) 68 57 11; Abtei, Tel. (94) 68 57 13.

Unterkunft: Draguignan, Brignoles und Umgebung.

Feste: Juli, August, Musik, Gesang im Rahmen des Festivals von Toulon (Informationen: Centre de Châteauvallon, 83190 Ollioules, Tel. (94) 93 11 76.

Toulon

■ Die Flotte? ... Es gibt keine Flotte mehr! Bestenfalls einige Versorgungsschiffe eines Geschwaders. Toulon ist nicht länger Toulon ... Es bleiben uns verschiedene Arten von Docks: dreizehn, von denen zwei lange Zeit die größten der Welt waren. Man befaßt sich also mit der periodischen Überprüfung der U-Boote, man rüstet die in La Ciotat gebauten Erdgastanker aus und nimmt die beschädigten Handelsschiffe auf, zum Beispiel diesen Tanker von 300 000 Tonnen mit dem aufgerissenen Rumpf ...

So etwa drückt sich voller Wehmut der vereidigte Führer aus, der französische Touristen einen Teil des Arsenals besichtigen läßt (die Vorlage eines französischen Personalausweises ist vorgeschrieben).

Ja, wo sind die Flotten früherer Zeiten? Die Kaianlagen – Kilometer von Kais – liegen verödet da. Einige Matrosen sind mit nicht genau definierbaren Arbeiten beschäftigt. Eine Aktivität, die nichts Fieberhaftes an sich hat, konzentriert sich in der Tiefe der Trockendocks, in der ausgeweidete Ungeheuer liegen, nackt und verrostet, die hier, im Trocknen, allen Glanz und alles Geheimnisvolle eingebüßt haben. Die »Archimède«, das erste Bathyskaph des Kapitäns Cousteau ruht auf einem Holzgerüst, wie ein Invalide auf seinen Krücken. Alles trägt zur Melancholie bei: die weiträumigen mit Steinplatten ausgelegten Flächen, die in der Sonne braten, die Kapelle, die in eine Hafenkommandantur verwandelt wurde, und deren Glocke in ihrem Glockenstuhl aus Schmiedeeisen nur noch eine Nachbildung aus Holz ist (die Glocke aus Bronze ruht auf einem Betonsockel am Boden). Das riesige Portal, ein Zeugnis der militärischen Architektur des 18. Jahrhunderts, in den letzten Jahren hastig restauriert, ist nur noch eine Fassade ohne Funktion, da der Einlaß zum Arsenal, wie der zu allen Kasernen heute, durch ein unpersönliches Gittertor erfolgt. Im übrigen stellt dieses Portal so ungefähr das einzige historische Überbleibsel ruhmreicher, harter Zeiten dar. Von dem zu unangenehmer Berühmtheit gelangten Gefängnis sind nur noch einige verfallene Mauern und ein paar gewölbte Zellen übrig, die allen Winden ausgesetzt sind. Es waren Sträflinge und politisch Geächtete, Brüder von Jean Valjean, die diese riesigen Hafenbecken ausgehoben und diese endlosen Kais angelegt haben ...

Toulon, das Touristenzentrum

Wenn auch der Kriegshafen nicht mehr das Schauspiel bietet wie früher, ist doch Toulon nichtsdestoweniger eine Touristenstation von großem Interesse. Die Einbuße seiner traditionellen Rolle war im übrigen dafür entscheidend, daß sich die Stadtväter seiner Berufung im Bereich des Tourismus bewußt wurden.

Toulon besitzt eine großartige Lage. Die Stadt ist nach Süden gewandt und lehnt sich an einen richtigen Berg an, den *Mont Faron*, 542 m; sie liegt in der Tiefe einer geräumigen Reede, besitzt eine buchtenreiche Küste, die durch eine lange Halbinsel geschützt wird, deren Umrisse sich zum Meer hin abzeichnen. Ein hoch gelegener Boulevard: der »Balkon« oder die »Corniche« des Mont Faron ermöglicht es, dieses Gesamtbild von Stadt, Berg und Meer mit einem Blick zu überschauen. Vom Gipfel des Mont Faron (auf den man über eine Serpentinenstraße oder mit einer Seilbahn gelangt) schweift der Blick allerdings noch weiter und reicht bis zu den Hyères-Inseln.

Raimus Stadt

Das Leben und Treiben in den *alten Stadtteilen* ist nicht mehr so wie früher, aber viele ihrer engen Straßen, die vom Boulevard de Strasbourg (große Verkehrsader des unteren Toulon) zum Arsenal und der Vieille Darse (Hafenbecken) führen, sind sehr typisch, vor allem am Abend, mit ihren Bistrots mit den vielsagenden Schildern, den kleinen Restaurants und Lebensmittelläden, aus denen Düfte aufsteigen, die an Afrika erinnern. Und vor ihren Türen sitzen die Klatschbasen, die Babel-Oued noch nicht vergessen haben ... Am Morgen wird mit großem Stimmenaufwand auf dem Markt des Cours Lafayette eingekauft, wo es die schönsten Früchte und Gemüse der Welt und eine Fülle von Blumen gibt. Von fünf bis sieben Uhr findet der stets sich erneuernde Bummel in der geschäftigen Rue d'Alger statt. Im oberen Teil dieser Straße gelangt man auf einen kleinen Platz mit dem Brunnen der Drei Delphine, die unter einer wuchernden Vegetation fast verschwinden. Auf einem anderen, noch kleineren Platz, nur zwanzig Meter von dem ersten entfernt, steht eine Büste Raimus, der 1883 in Toulon geboren wurde.

Vor dem Krieg mündeten die Straßen

unmittelbar auf die *Vieille Darse*, ein riesiges, zur Reede offenes Hafenbecken, das den Handelsschiffen vorbehalten war. Dieses ganze Viertel war im August 1944 schweren Kämpfen und Bombenabwürfen ausgesetzt. Heute erheben sich moderne Wohnblocks von angenehmer Einheitlichkeit im Stil zwischen den alten Vierteln und dem Meer. Eine weit ausgedehnte Fußgängerzone, der *Quai Stalingrad,* ist zum beliebten Treffpunkt der Jugend von Toulon geworden. Einladende Terrassencafés und Restaurants, die in ersten Stock der Wohnblocks liegen, gehen auf die Reede hinaus, die von dem Hin und Her der bunten Segel belebt wird, und die die Motorboote nach La Seyne, Tamaris oder Saint-Mandricr mit einer Regelmäßigkeit von Bussen durchpflügen.

In der Mitte des Kais durchbricht das Ancien Hôtel de Ville (altes Rathaus) die geraden Reihen der Neubauten. Das monumentale Portal von zwei mächtigen Karyatiden, sehr lebensvollen Werken des Barock, flankiert, berühmte Figuren des Bildhauers Pierre Puget (1656) aus Marseille, die »Kraft« und die »Ermattung« symbolisierend.

Historische Berufung

Im alten Rathaus befindet sich das *Musée Naval* (Dienstag geschlossen). Dort findet man zahlreiche Erinnerungsstücke, die die von Toulon als Seehafen gespielte Rolle veranschaulichen, Waffen aus verschiedenen Epochen, zahllose Schiffsmodelle und Strandgut, das an Dramen wie das der »Seymillante« erinnert. Bei den Bildern handelt es sich um Seestücke, die die Signaturen von Victor Courdouan, Isabey und Joseph Vernet tragen.

Zu diesem Museum gehört noch eine Anlage, die manche wegen der dort ausgestellten Stücke (insbesondere wegen der riesigen Galionsfiguren) und noch mehr wegen des Gebäudes selber für interessanter halten. Es handelt sich um die Tour Royale, besser bekannt unter dem Namen *Grosse Tour de la Mitre,* mächtiges Kernwerk mit dem ungewöhnlichen Durchmesser von 60 m und Mauern mit einer Stärke von 7 m! An der Landzunge von Mourillon errichtet, beherrschte dieser Turm die Einfahrt zur Reede. Diese weist zwischen dem äußersten Punkt der Mole, die das Kap verlängert, und der Küste von Saint-Mandrier eine Breite von nicht einmal 400 m auf. Von der Plattform hat man einen großartigen Blick. Die unteren Geschosse des Turms dienten lange Zeit als Gefängnis; man kann dort ergreifende Inschriften an den Mauern erkennen, deren älteste in das Jahr 1707 zurückreichen, von Gefangenen in die feuchte Mauer der Zellen und Kasematten geritzt.

Das *Musée d'Art et d'Archéologie* (Boulevard Général-Leclerc, im Zentrum der Stadt, am Montag und Mittwoch geschlossen) besitzt eine Abteilung für »Malerei«, die reich an Werken großer Meister vom 13. bis zum 20. Jahrhundert ist. Die ehemalige Berufung Toulons als maritimer, militärischer und kolonialer Stützpunkt ist hier noch gegenwärtig; in einem Saal sind zahlreiche Gegenstände und Kunstwerke aus fast allen Gegenden Asiens untergebracht, und die Abteilung »Altertum« umfaßt alle Küsten des Mittelmeers.

Aber die ergreifendste historische Erinnerung, denn sie betrifft die Geschichte der Gegenwart und bedient sich der spektakulärsten Methoden der Information, wird durch das *Mémorial national du Débarquement de Provence* geliefert. Dieses ist in einem alten kleinen Fort untergebracht, in der Tour Beaumont, auf dem Gipfel des Mont Faron (täglich geöffnet). Durch erregende Dokumente werden die vielseitigen Aspekte des Unternehmens veranschaulicht, und es werden die Leistungen der französischen, anglo-amerikanischen Soldaten und ihrer Führer dargestellt: Patch, de Lattre, de Montsabert, die am 15. August 1944 östlich von Toulon Fuß faßten. Die Franzosen griffen die Verteidigungsstellungen der Stadt am 19. an, schlossen sie am 21. ein, stürmten sie am 26. und beendeten am 28. die Säuberung von Marseille, während die Alliierten auf Nizza, Grenoble, Avignon und Lyon vorstießen. Diese Folge kühner Unternehmungen wird mit Hilfe eines riesigen Dioramas mit Tonbegleitung erklärt, ebenso wie durch in einem anderen Raum vorgeführte Dokumentarfilme.

Bonaparte, jener andere Befreier Toulons, wird viel kürzer mit Hilfe einiger Pläne und Zeichnungen im *Musée du Vieux Toulon* (69, Cours Lafayette, geschlossen) behandelt. Aber man darf nicht versuchen, die Spuren jenes vierundzwanzigjährigen Artillerieoffiziers wiederzufinden, der im Dezember in der Altstadt, Montag und Mittwoch 1793, unter Mißachtung der Befehle von oben, die englischen Soldaten zur

Räumung und das Geschwader zum Rückzug zwang. Die Industrieanlagen, die Marinewerften und die Wohnsiedlungen haben die Landschaft umgestülpt, und die militärischen Anlagen, die aus jener Zeit noch übrig sind, befinden sich innerhalb des für Zivilisten verbotenen Sperrbezirks.

Rings um die Stadt Toulon fehlt es nicht an Ausflugsmöglichkeiten. Es folgen einige Anregungen.

Die Rundfahrt zum Mont Faron: kleine Tour über Super-Toulon, zum Mémorial und zum Fort der Croix Faron; große Tour über die D. 46, St.-Pierre des Moulins, D. 846, das Dorf Revest-les-Eaux und seinen Stausee, Kammstraße D. 446, die zum Aussichtspunkt des Forts Lieutenant Girardon führt, Rückkehr über La Valette.

Solliès-Ville. Man fährt über die Autobahn und die N. 97 hinaus. In La Farlède (10 km vom Zentrum Toulons entfernt) links abbiegen auf die kleine D. 67, die inmitten von Olivenhainen ansteigt und bald zu einem sehr schönen Ausblick auf den Ort Solliès-Ville führt, der sich auf halber Höhe des Hangs festklammert (nicht zu verwechseln mit Solliès-Pont und Solliès-Toucas, ländliche Gemeinden im Tal). Wie es gerade traf, wurden Betonhäuser errichtet. Überall zerschneiden Elektrizitätsmaste und riesige Antennen das Blickfeld. Die Kirche, die eine Orgel aus dem Jahr 1499 besitzt, ist fast immer geschlossen, und so ist alles. Trotzdem ist Solliès, die »Stadt der zwei Sonnen« (zu einer bestimmten Jahreszeit taucht die Sonne im Einschnitt von zwei Hügeln noch einmal auf, nachdem sie zuvor bereits ein erstes Mal verschwunden war), einen Besuch wert.

Im Nordwesten von Toulon gibt es andere Aussichtspunkte und andere reizvolle Dörfer.

So den *Mont Caume* mit 801 m Höhe, den man auf der Straße D. 62 erreicht, und der Col du Corps de Garde. Man fährt wieder nach *Evenos* hinunter, ein Dorf auf einem Vulkankegel, in dem zahlreiche Kunsthandwerker leben; alle Häuser und eine mächtige, halb zur Ruine verfallene Burg wurden aus Lavagestein errichtet, was in dieser Ge-

Das Chanson von Gilbert Bécaud über »die Märkte der Provence« hätte eines Morgens auf dem Cours Lafayette in Toulon entstehen können...

Turbie (La)

gend überraschend ist, da dort überall ein weiß schimmernder oder in allen Tönungen des Ockers glühender Kalkstein zutage tritt. Am Fuß von Evenos fließt der Destel in schwer zugänglichen Schluchten. Dann kommt *Ollioules*, berühmt wegen seiner Blumenkulturen (sehr früh am Morgen Auktion) und wegen seines Rosé. Von Ollioules kann man schnell nach Toulon zurückkehren (8 km auf N. 8) oder auf D. 20 bis zum Kamm und zum Gipfel des *Gros Cerveau* hinauffahren, einer der schönsten Aussichtspunkte der Gegend, wo man einen herrlichen Spaziergang inmitten eines Kiefernwaldes und einer von Zikaden vibrierenden Macchia machen kann.

Südwestlich von Toulon birgt die Halbinsel *Six-Fours* noch Gebiete von ungezähmter Wildheit. Dies trifft vor allem in Richtung auf den Wald von Jonas und für das von der neuen Straße erschlossene Gebiet zu, die am Rand der fast 300 m hohen Steilwand zwischen der Calanque von *Fabregas* und der Kapelle *Notre-Dame de Mai* (338 m), oberhalb des Cap Sicié gelegen, entlangführt.

Name: Telo Martius (Anlaufhafen für die römische Flotte).

Lage: 83100, 83200 Var. Höhe: Meeresufer. 827 km Paris, 128 km Cannes, 80 km Draguignan, 96 km St.-Raphaël. Flugplatz Toulon-Hyères, Tel. (94) 65 10 40. Hafenbahnhof (Verbindungen nach Korsika, Sardinien, Balearen), Cie Gle Transméditerranéenne, 15, quai La Sinse, Tel. (94) 92 69 11. SNCF, Autoreisezüge mit Liegewagen.

Informationen: S. I., 3, boulevard Général-Leclerc, Tel. (94) 92 42 14.

Unterkunft: Zahlreiche Hotels aller Kategorien, darunter 1 **** und 2 ***. Zentrum für Meerestherapie. Camping: in Hyères oder an der Küste der Baies du Soleil.

Feste: Mai, Festival der Wassersportausstellung; Juli—August, internationales Festival von Toulon-Châteauvallon: Großes Programm von Vorführungen (Theater, Musik, Tanz, Folklore, Jazz, Film, Vorträge, Forschung) in den beiden Theatern und den vier Sälen des alten kleinen Forts aus dem 17. Jahrhundert (nordwestlicher Ortsausgang), Sitz eines Zentrums für Kultur und Kunst, das ganze Jahr geöffnet (83190 Ollioules, Tel. (94) 93 11 76); 24. Dezember, Solliès-Ville, provenzalische Mitternachtsmesse.

Andenken: Weine; Blumen, Pflanzen; glasierte Töpferwaren.

■ Ein riesiger runder Turm, von einer Kolonnade umgeben, hoch auf einem viereckigen Untergeschoß ruhend, das Ganze mehr als zur Hälfte aufgerissen und eingestürzt, eine schimmernde Masse weißen Steins beherrscht aus 500 m Höhe das Fürstentum Monaco. Es handelt sich um *Le Trophée des Alpes*, auch Trophäe des Augustus genannt, ein Monument, von dem man annahm, auch die Zeit könne es nicht zum Einsturz bringen.

»Dem Kaiser Cäsar-Augustus, Sohn des göttlichen Julius Cäsar, oberstem Priester, zum vierzehnten Mal Kaiser, zum siebzehnten Mal Tribun, der Senat und das Volk von Rom! Weil unter seiner Führung und seinen Auspizien alle alpinen Völkerschaften, die sich vom Oberen Meer (Adria) bis zum Unteren Meer (Mittelmeer) ausbreiteten, dem Römischen Reich unterworfen wurden...« Diese Inschrift, der die Namen der vierundvierzig unterworfenen Völker folgten, war in Goldbuchstaben auf eine Marmorplatte graviert. Sie wurde von Plinius dem Älteren verfaßt. Sie stellt »die erste Seite der Geschichte Frankreichs« dar!

Ein in der Nähe gelegenes Gebäude beherbergt das *Musée du Trophée*, in dem Pläne, Fotografien, Modelle und Fragmente von Skulpturen untergebracht sind. Der ungewöhnliche Charakter des Monuments und die Weite des Panoramas sollten nicht dazu verleiten, den Besuch der Pfarrkirche von La Turbie zu vergessen. Dieses elegante Bauwerk im Stil Ludwigs XV. weist mehrere interessante Kunstwerke auf. 3 km nördlich von La Turbie, auf N. 204a, verbirgt sich eine große Kapelle, von außen nicht besonders anziehend, in einem kühlen kleinen Tal: *Notre-Dame du Laghet*, Ziel einer von den Bewohnern Südfrankreichs viel besuchten Wallfahrt. Die Mauern des Gotteshauses und des Umgangs sind mit Votivtafeln bedeckt. Le Laghet ist geradezu ein Museum der naiven Volksmalerei.

Name: Alpis Summa, der höchste Paß der Küstenstraße (Heerstraßen des Antoninus).

Lage: 06630 Alpes-Maritimes. Höhe: 480 Meter. 945 km Paris, 13 km Menton, 8 km Monte-Carlo, 18 km Nizza.

Informationen: Mairie, Tel. (93) 06 14 12.

Unterkunft: 3 Hotels ** und *.

Feste: Wallfahrten zu Notre-Dame du Laghet.

Utelle

■ Eine Straße mit gleichbleibender Steigung, aber sehr engen Haarnadelkurven, führt oberhalb der reißenden Vésubie von der Gemeinde *Saint-Jean-la-Rivière* zu den Schluchten. Nach 9 km erreicht man Utelle, das auf einem Vorsprung über dem Tal in 800 m Höhe liegt, nach weiteren 6 km Steigung *La Madone d'Utelle* in 1180 m Höhe.

Die ganzen Seealpen

Von diesem einsamen Gipfel umfaßt der Blick den ganzen Horizont. Die beschneiten Alpen, der Grenzkamm, das Mittelmeer, die grauen »Hochflächen« der mittleren Provence und der rote Estérel liegen wie auf einer Karte vor einem. Die Orientierungstafel ist fast überflüssig.

Dieser Ort ist ein berühmtes Wallfahrtsziel (Pfingsten, Mariä Geburt, Mariä Himmelfahrt). Die Kapelle (ohne besondere Anziehungspunkte), die dort in der Zeit des Empire errichtet wurde, enthält eine Statue der Madonna in barockem Stil. Die Geschichte von zwei Fischern, die in einen Sturm gerieten und von einem übernatürlichen Licht, das von diesem Gipfel ausstrahlte, geleitet wurden, liegt dieser Anbetung zugrunde.

Die Kirche in Utelle, das auf halber Höhe liegt, besitzt einige bemerkenswerte Kunstwerke: ein geschnitztes Portal von 1524 (Leben des heiligen Veran), eine Verkündigung aus dem 16. Jahrhundert in sehr frischen Farben, eine große Altarwand mit zahllosen geschnitzten Figuren in einem ziemlich entfesselten Barockstil. In der Kapelle der Weißen Büßer, neben der Kirche gelegen, wurde auf einer Altarwand die Kreuzabnahme von Rubens reproduziert.

Lage: 06114 Alpes-Maritimes. Höhe: 800 Meter. 55 km Nizza, 33 km Saint-Martin-Vésubie.

Informationen: Mairie, Tel. (93) 01 in St.-Jean-la-Rivière.

Unterkunft: An der Küste oder in St.-Martin-Vésubie.

Feste: Wallfahrten zur Madone d'Utelle, Pfingstmontag, 15. August, 8. September.

Vaison-la-Romaine

■ Die »Brille« in Höhe des Erdbodens, die der Stiftsherr Sautel im Juli 1907 freilegte, war nichts anderes als der obere Teil von zwei Bögen des letzten Stockwerks des antiken Theaters. Wenige römische Theater besitzen noch eine solche Säulenhalle. Sehr wenige auch haben so viele, fast unversehrte Statuen hinterlassen, was der Tatsache zu verdanken ist, daß die Bühne zum Teil in den Felsen gehauen war; das hat es auch ermöglicht, die technische Anlage für den Bühnenvorhang aufzufinden. An einen von Zypressen und üppiger Vegetation bestandenen Hügel angelehnt, besitzt das Theater in Vaison, mehr als andere, einen natürlichen Rahmen, in dem auch die modernsten Vorstellungen nicht anachronistisch erscheinen. Ist es nicht bezeichnend, daß zum Beispiel Cocteau Vaison für sein Lustspiel-Festival gewählt hatte und hier (alle drei Jahre) internationale Singfestspiele mit Erfolg abgehalten werden?

Das »römische« Vaison

Wenn das Theater auch das spektakulärste Monument aus den ersten Jahrhunderten des gallo-römischen Lebens darstellt, so ist es doch nicht das einzige.

Bei den Ausgrabungen (die noch andauern) wurden zwei ausgedehnte Stadtteile freigelegt: die von Puymin und von La Villasse. Der eine breitet sich nach rechts, der andere nach links (von der Stadt herkommend) von der großen Place du Chanoine Sautel aus, an dem Parkplätze, Caféterrassen und ein bemerkenswertes Haus des Tourismus liegen, in dem man sich über die Erzeugnisse, das Kunsthandwerk und sonstige Schönheiten des Landes orientieren kann.

Im Stadtviertel Pymin befinden sich das Theater, das Museum (zahlreiche interessante Gegenstände, Büste des Kaisers im Brustharnisch, Kopf der Venus mit Lorbeerkranz usw.), mehrere Patrizierhäuser (unter ihnen das berühmte Haus der Mesii, das Fachleute mit den schönsten Bauten Pompejis vergleichen), der Säulenhof des Pompejus (ein Viereck, das als öffentliche Promenade diente).

Das Stadtviertel La Villasse, kürzlich erst freigelegt, bietet in eindrucksvoller Weise große gepflasterte Straßen, von Säulen und Läden gesäumt, mehr oder weniger große Villen, Thermen und öffentliche Bedürfnisanstalten, kurz, das Alltagsleben einer geschäftigen, angenehmen und wohlhabenden Stadt, deren Abstieg erst mit den Einfällen der Barbaren begann.

Das mittelalterliche Vaison

Die offizielle Bezeichnung »Romaine« für Vaison stellt ganz gewiß keine Anmaßung dar, aber besteht nicht die Gefahr, daß der Besucher dadurch andere, nicht minder interessante Seiten dieser Stadt aus den Augen verliert? Vom 5. bis zum 11. Jahrhundert war Vaison Bischofssitz, dann wurde, in den unsicheren Zeiten des Mittelalters, auf Betreiben des Grafen von Toulouse am Ufer des Ouvèze eine neue Stadt errichtet.

Aus der ersten Periode ist uns eine sehr alte, Notre-Dame de Nazareth geweihte Kathedrale erhalten geblieben. Ein Teil der Mauern, die auf die Epoche der Merowinger zurückgehen, wurde auf den römischen Säulenbasen als Fundament errichtet (insbesondere Apsis und Nebenapsiden). Im Innern wurden gleichfalls beim Altar und bei den Säulen Steine antiker Bauten verwendet. Im angrenzenden Kreuzgang findet man eine gute Auswahl von skulptierten Steinen: gallo-römische, merowingische und karolingische dekorative Motive, Kalvarienfigur mit doppeltem Gesicht, die auf der einen Seite Jesus, auf der anderen Seite Maria darstellt. Der Gewölbeschlußstein am Portal zum Kreuzgang weist auf der Innenseite ein aus Stein gehauenes rätselhaftes Gesicht mit herabhängendem Schnurrbart auf, die Stirn von einem Halbmond oder einem gehörnten Zeichen überragt: »gallischer Christus?« oder vielleicht eine Darstellung des Gottes Mithra?

Am Ortsausgang auf der Straße nach Bollène liegt mitten auf einem Feld eine kleine Kapelle, die den Archäologen gleichfalls Rätsel aufgibt. Es ist die Kapelle St.-Quenin, deren dreieckige Apsis ebensogut von einem antiken Tempel wie von einem merowingischen Gebäude herrühren kann oder ganz einfach romanischen Ursprungs ist. Das skulptierte Giebelfeld und das Motiv, mit dem die Oberschwelle der Pforte geschmückt ist, sind sehr schön.

Von den Ufern des Ouvèze aus, ein wenig oberhalb der Stadt, hat man einen schönen Ausblick auf den mittelalterlichen Ort, der sich terrassenförmig am Felshang aufbaut, und seine auf dem höchsten Punkt errichtete Burg. Die Innenstadt, deren Gassen für Autos nicht befahrbar sind, war lange Zeit vernachlässigt. Heute haben Leute, die für echte alte Häuser schwärmen, Künstler und Kunsthandwerker diesen Ort auf angenehme Weise neu belebt. Ein Antiquar und Kunsthändler ist in die alte Büßerkapelle eingezogen, ein passender Rahmen für eine geschmackvolle Ausstellung.

Das moderne Vaison

Das bereits erwähnte Haus für den Tourismus gibt den Ton an. Die Stadt ist darauf eingestellt, zahlreiche Besucher aufzunehmen. Die Place de Montfort, im Zentrum der modernen Stadt, ist mit ihren schattigen Terrassen ein Ort, an dem es stets lebhaft zugeht. Aber Vaison und die umliegenden Orte sind mehr als nur Zwischenstationen für ein paar Stunden. Die landschaftlichen Schönheiten und die Sehenswürdigkeiten dieser Gegend rechtfertigen einen längeren Aufenthalt: Der Ventoux, die Dentelles de Montmirail, der Nyonçais und die Baronnies bieten die Möglichkeiten zu zahlreichen Rundfahrten in die nähere Umgebung (siehe Angaben unter Nyon, Buis, Carpentras, Ventoux, Orange).

Name: Vasio Vocontiorum, Hauptstadt der Vocontier; Vasiences (römisch).

Lage: 84110 Vaucluse. Höhe: 200 m. 666 km Paris, 46 km Avignon, 28 km Carpentras, 64 km Montélimar.

Informationen: S.I., place Chanoine Sautel, Tel. (90) 36 02 11.

Unterkunft: Einige Hotels ** und * in der Stadt und in Nachbarorten; Camping: 2 Plätze **.

Feste: Juli, Anfang August, Festival im antiken Theater: Musik, Tanz, Theater, Folklore.

Andenken: Ausstellung im Pavillon du Tourisme: Weine, Obst, Gegenstände des Kunsthandwerks.

VALBERG (S. 206)

Lage: 06470 (Guillaumes) Alpes-Maritimes. Höhe: 1670—1882 m. 850 km Paris, 77 km Barcelonnette, 110 km Digne, 85 km Nizza, 58 km St.-Etienne-de-Tinée, 59 km St.-Martin-Vésubie.

Informationen: S.I., Grand'Place, Tel. (93) 02 52 77.

Unterkunft: Zahlreiche Hotels, darunter 4 ***.

Restaurants: s. Auswahl S. 251

Valberg

■ Große Häuser aus Holz und mit weit vorgezogenen Dächern könnten dem sommerlichen Touristen, der nicht darauf vorbereitet ist, verraten, daß es sich bei Valberg um einen Ort für den Wintersport handelt. Ihre Lage, die auf einem Zufall zu beruhen scheint, und Baustellen, die fast überall auftauchen, verraten, daß dieser Ort zur Zeit sehr in Mode ist, zusammen mit den Nachbarorten Launes und Beuil, denn sie bieten den unschätzbaren Vorteil, nur zwei Autostunden von Nizza entfernt zu sein. Die nächsten Hänge, deren Höhen zwischen 1600 und 1800 m liegen, also noch unterhalb der Baumgrenze, sind zum Teil mit Lärchenwäldern bestanden, die sich mit grünen Wiesen abwechseln. Diesen Umständen verdankt es Valberg, daß es im Sommer ebenso verlockend ist wie im Winter. Das ganze Jahr hindurch ist eine Seilbahn in Betrieb, die zum Aussichtspunkt *Croix du Sapet*, 1826 m, führt (auch die Nightclubs und Kabaretts sind geöffnet). Die Ausflüge auf beschilderten Wegen (Lac de Beuil, Tal der Aygue Blanche usw.) oder auf kleinen Straßen versetzen den Menschen in eine erholsame Landschaft.
Die Kirche Notre-Dame-des-Neiges, 1945 mitten im Ort erbaut, besitzt Gemälde und keramischen Schmuck.

Beuil

Beuil (6 km östlich auf D. 28) teilt sich mit Valberg in den touristischen Ruhm, aber es kann als Hauptstadt einer sehr alten Grafschaft ein moralisches und historisches Übergewicht für sich in Anspruch nehmen.
Das Grafenschloß existiert nicht mehr, aber der Ort, der wie ein Adlerhorst auf der Höhe liegt, trotzt noch immer seiner Umgebung. Dabei ist die Landschaft in der näheren Umgebung sehr friedlich.

Die roten Schluchten von Daluis und des Cians

Von Valberg kehrt man in das Hochtal des Var entweder auf der D. 28, einer modernen Straße mit gut angelegten Serpentinen oder auf der D. 29 – »der alten Straße« – mit engeren Kurven zurück. Die zuletzt genannte Strecke bietet den Vorteil, das kleine Dorf *Péone* zu berühren, über dem sehr schöne spitze Kalksteinzinnen aufragen. Die Kirche von Péone besitzt eine hübsche barocke Ausschmückung.

Die beiden Straßen vereinen sich im Tal in Höhe des Ortes *Guillaumes*, dessen Stolz die Ruinen einer mächtigen Burg sind. Ein Stück unterhalb von Guillaumes drängt sich der Var durch einen langen Engpaß, die *Gorges de Daluis* (Schluchten, nach einem Ort an ihrem Ausgang so genannt), die sich in dem roten Schiefergestein gebildet haben. Die abwärts führende Straße verläuft in einer Reihe von kurzen Tunnels, während man auf der aufwärts führenden Straße die Felsvorsprünge, die in das Wildwasser hineinragen, ausfährt. Einige Plätze ermöglichen es, diese eindrucksvolle Landschaft in Ruhe zu betrachten.

Die *Gorges du Cians* sind zweifach: die »unteren Schluchten«, die vielen anderen ähneln, und die »oberen Schluchten«, die man zu den großen Sehenswürdigkeiten Frankreichs zählen muß. Ihr außergewöhnlicher Charakter beruht in erster Linie auf der Farbe der Felsen: rote Schiefer von wunderbarer Farbkraft, noch hervorgehoben durch das zarte Grün einer üppigen Vegetation. Die Enge der Schlucht, der starke Höhenunterschied (1600 m auf 25 km), die seltsamen Umrisse mancher Felsnadeln, die durch die Erosion von der Steilwand getrennt stehen, die enge, kurvenreiche (gefährliche) Straße, neben der Sprengungen in der Felswand vorgenommen werden, das brausende, reißende Wildwasser, manchmal in 100 m Tiefe und dann wieder fast auf gleicher Höhe mit der Straße.

Man streitet sich manchmal darüber, in welcher Richtung man die Rundfahrt unternehmen sollte: Schluchten von Daluis, Valberg, Schluchten des Cians. Das Ideal ist, sie einmal in jeder Richtung durchzuführen. Ist das nicht möglich, so ist aus mehreren Gründen, hauptsächlich deshalb, die Sonne hinter sich zu haben, das heißt, damit die rote Felswand beleuchtet ist, zu empfehlen, die Bergfahrt durch die Schlucht des Cians zu unternehmen, die Talfahrt durch die von Daluis.
(Fortsetzung s. S. 205)

Unter den zahlreichen hochgelegenen Dörfern der Provence wirkt Tourette-sur-le-Loup, in der Nähe von Vence, besonders verführerisch. (Photo Fronval)

Valréas

■ »Valréas: Enklave der Päpste«. »Industrielle Enklave: Zentrum der französischen Pappe-Industrie«. »Landwirtschaftliche Enklave: Weine der Côtes du Rhône, Weine des Tricastin, Lavendel, Lavandin, Trüffel, Lämmer, Spargel, Obst usw.«.
Betrachtet man eine Karte, so fällt einem auf, daß im Süden des Departements Drôme vier Gemeinden von einer Grenze eingeschlossen werden, als handelte es sich um ein unabhängiges Territorium. Die Angelegenheit geht auf die Zeit 1317–1320 zurück. Papst Johannes XXII., Herr der Grafschaft, kaufte zu jener Zeit die Gemeinden Valréas, Visan und Richerenches (später wurde Grillon das gleiche Schicksal zuteil). Während der Revolution wurde Valréas wieder französisch.
Die konzentrische Anlage und mehrere Gebäude dieses aktiven landwirtschaftlichen Zentrums sind Zeugen seiner Geschichte. Die Stadtverwaltung ist in einem schönen Patrizierhaus des 17. Jahrhunderts untergebracht, einem Gebäude mit zwei Seitenflügeln von vollkommener Symmetrie, unter dem Namen Château de Simiane bekannt. Dieses edle Bauwerk beherbergt im Juli/August den »Salon de l'Enclave«, in dem um einen großen Maler herum die besten Bilder provenzalischer Künstler ausgestellt werden. Seit drei Jahrhunderten dient der Ehrenhof als Rahmen für das Fest der »Nuit du Petit Saint-Jean«, ein nächtliches Fest in schillernden Farben, bei dem das Leben in Valréas während des 16. Jahrhunderts wiederauflebt und in dessen Verlauf ein junger Mann, der Johannes den Täufer darstellt, für eine Nacht zum König der Stadt wird.
Die Kirche Notre-Dame ist ein weiträumiges romanisches Gebäude, das ein schönes Portal und eine raffinierte Kombination von Giebeln und Türmen aufweist.

Lage: 84600 Vaucluse. Höhe: 270 m. 37 km Montélimar, 14 km Nyons.

Informationen: S. I., Tel. (90) 35 04 71.

Unterkunft: 2 Hotels ** und *; 2 Campingplätze.

Feste: August, »Nuits théâtrales de l'Enclave«: Theater und Orgelkonzerte; erster Sonntag im August, Lavendelkorso.

Vénasque

■ Auf einem Vorgebirge zusammengedrängt, die Ebene von Carpentras beherrschend, durch steil abfallende Felswände, Gräben und Mauern geschützt, wirkt dieser Ort, der seinen Namen der Landschaft Venaissin gab, wie die Illustration eines Geschichtsbuches. Eines ganz neuen Buches. Seit dem 6. Jahrhundert wird seine militärische, politische und religiöse Rolle bezeugt (die Bischöfe von Carpentras waren zuerst Bischöfe von Vénasque). Die Epoche der Merowinger und das Mittelalter sind noch zu spüren... Der durchreisende Tourist verweilt länger als er vorhatte. Wer aus dem Rhonetal in diese Höhe von 340 m kommt, empfindet die Luft als mild und leicht. Das von dem weißen Kamm des Ventoux abgeschlossene Panorama hat etwas Beruhigendes. Die *Stadtmauern* aus mörtellos gesetzten Steinen erinnern an gewisse Bauten der Mauren in Spanien (zum Beispiel Avila) mit den Rundbogen der Einlaßtore und den Türmen, die ganz zu Recht als »sarazenisch« bezeichnet werden und in einem Halbrund im Verhältnis zur Stadtmauer vorspringen.
Die Gebetskapelle Saint-Jean-Baptiste stellt tatsächlich ein *Baptisterium* aus dem 6. Jahrhundert dar, eins der am besten erhaltenen Frankreichs. Die kleineren korinthischen Säulen sind antiken Ursprungs, und mehrere mit Kannelüren und mit Blumengeflechten verzierte Kapitelle sind merowingisch. Die Grabplatten der Grafen von Toulouse sind mit Metall eingelegt.
In der Kirche mit Kuppel und vier Apsiden, zum Teil romanisch (Kirchenschiff und westliches Portal), sind zwei hübsche Figuren aus vergoldetem Holz aus dem 17. Jahrhundert und vor allem eine Kreuzigung, eine herrliche Arbeit eines Primitiven aus der Schule von Avignon, bemerkenswert.

Name: Venasca oder Vendacenis, daher Venaissin.

Lage: 84670 Vaucluse. Höhe: 340 m. 672 km Paris, 12 km Carpentras.

Informationen: S. I., Tel. (9) 61 33 16.

Unterkunft: 4 kleine Hotels.

Andenken: Kirschen, Mandeln; Kunsthandwerk.

Vence

■ Man könnte Vence mit Windeseile durchqueren. Eine Stunde würde genügen, um durch das befestigte Tor hineinzufahren, das den Zugang zur Altstadt bildet, den Brunnen mit dem vierteiligen Becken zu fotografieren, die Gassen entlang zur Kathedrale zu gehen, einen Blick auf die gotischen Chorstühle zu werfen, die als »die schönsten der Provence« gelten, vielleicht noch die Kunstgalerie aufzusuchen, um einige Werke von Chagall, Dufy, Vlaminck oder Van Dongen zu bewundern und schließlich im Schatten der kleinen Place du Peyra eine Erfrischung zu sich zu nehmen. Man könnte auch noch zur »Chapelle Matisse« gehen, von der so viel die Rede war, die aber schwierig zu finden ist.

Vence verdient jedoch größere Aufmerksamkeit. Die Olivenhaine, die Orangenpflanzungen, die Kulturen von Veilchen, Rosen und Nelken, die Zypressen, die die vereinzelt stehenden Häuser bewachen, die weißen und grauen Felswände im Hintergrund, ist das alles, nur zehn Minuten von der lärmenden »Côte« entfernt, nicht ein Winkel Umbriens, von franziskanischer Heiterkeit geprägt?

Aber auch wegen seiner Sehenswürdigkeiten verlangt Vence mehr als nur einen kurzen Zwischenaufenthalt.

Die Kathedrale besitzt außer den 51 von einem Handwerker aus Grasse geschnitzten Chorstühlen aus dem 15. Jahrhundert einen schönen Sarkophag, angeblich des heiligen Veran, aus dem 5. Jahrhundert und eine mit Blumengeflechten verzierte Steintafel aus der Merowingerzeit.

In der Gemäldegalerie werden Werke von ungefähr allen großen Namen der zeitgenössischen Kunst ausgestellt.

Am Fuß der Altstadt, am Ufer eines Baches, weisen Ölmühlen noch heute ihre Maschinerie aus einer vergangenen Epoche auf: riesige Zahnräder aus Holz, Mühlsteine und steinerne Becken.

Schließlich ist die *Chapelle du Rosaire*, von Henri Matisse entworfen und ausgeschmückt, selbst wenn sie nur am Dienstag und Donnerstag von 10 bis 11.30 Uhr und von 14.30 bis 17.30 Uhr geöffnet ist, einen Besuch wert. Tatsächlich aber lassen die Dominikanerinnen Besucher, die zu etwas anderen Zeiten kommen, auch ein, wenn sie es ermöglichen können. Die Kapelle, neben einem Erholungsheim gelegen, befindet sich in ungefähr 1 km Entfernung an der N. 210 in Richtung Saint-Jeannet. Es ist ein weißes niedriges Gebäude, ein wenig unterhalb der Straße gelegen, das sich von den Nachbarhäusern nur durch ein hohes, ornamentales schmiedeeisernes Kreuz, mit Goldsicheln verziert, unterscheidet. Über der Pforte ein kleines Motiv aus Keramik.

Die eigentliche Kapelle ist ein rechteckiger Raum mat flacher, niedriger, so gut wie kahler Decke, einige Chorstühle aus Holz und ein auf drei Stufen gestellter Altar, und drei Pforten, die den Türen eines gewöhnlichen Hauses gleichen. In diesem leeren, kalten Raum beginnt nach einem Augenblick die Luft zu vibrieren. Das Licht, das warme Licht der Provence, fällt durch die gelben, grünen und blauen Scheiben eines hohen Kirchenfensters ein. Blaue Kakteen erblühen mit goldenen Blüten. Lichtreflexe lassen den Boden aus weißem Marmor auflodern, und die Mauern werden lebendig. Matisses schwarzer Stift hat in die weiße Schicht der Keramik die Leiden der Passion, die Zärtlichkeit der Jungfrau Maria und die Heiterkeit des heiligen Dominikus mit einigen Strichen gezeichnet. Eine sehr schlichte Kunst, die mystische Leidenschaft verrät.

In einem kleinen Raum neben der Kapelle sind mehrere Arbeitsskizzen von Matisse ausgestellt, dazu noch Hunderte von Entwurfzeichnungen und immer neuen Anfängen, die schließlich zu der erhabenen Nüchternheit des vollendeten Werkes führten. Mit diesen Plänen wurde im Herbst 1947 begonnen. Matisse war damals 77 Jahre alt; der erste Stein wurde im Dezember 1949 gesetzt, und die Einweihung der Kapelle durch den Bischof von Nizza fand am 25. Juni 1951 statt.

Name: Vintium, Hauptstadt der Nerusier (alter römischer Militärstützpunkt).

Lage: 06140 Alpes-Maritimes. Höhe: 325 Meter. 925 km Paris, 26 km Grasse, 22 km Nizza.

Informationen: S. I., place Grand-Jardin, Tel. (93) 32 05 40.

Unterkunft: Zahlreiche Hotels, darunter 1 Schloßhotel »Domaine St.-Martin«; Camping: 1 Platz »Tourismus«.

Andenken: Weine, Trauben.

Ventoux (Berg)

■ Der »Olymp der Provence«, von Sagen umwoben, Reich der Feen, des Teufels und der Helden, trägt heute auf der kahlen Kuppe seines Gipfels eine Kapelle, ein Hotel, Restaurants, ein Observatorium, eine Radarstation und einen hohen Fernsehturm. Die Kabel mehrerer Lifte ziehen sich über die Hänge hin.

Petrarca, der als erster am 9. Mai 1336 diesen erstaunlichen pyramidenartigen Gipfel von 1912 m Höhe erstieg, hat einen Bericht hinterlassen, in dem noch die Beschwernisse des Aufstiegs nachklingen. Heute bietet eine Straße eine wunderbare Rundfahrt für Touristen.

Der Ausflug wird im allgemeinen in Richtung *Malaucènes* durchgeführt (von Vaison oder Carpentras aus), am Nordwesthang entlang zum Gipfel; Talfahrt über den Südhang nach *Bédouin*, von wo aus man zum Ausgangspunkt zurückkehrt. Auf halber Höhe führt eine Straße, D. 164, nach *Sault*, inmitten eines von Lavendel bedeckten Hochplateaus, von dem aus man entweder in die Berge des Lure (siehe Angaben unter Forcalquier, Sisteron) oder nach *Brantes* gelangen kann, von wo aus man einen Blick auf den Nordhang des Ventoux hat, dann weiter nach Buis-les-Baronnies oder Vaison.

Eine befahrbare, aber enge und sehr steile Straße verbindet die nördliche Straße (5 km vom Gipfel) mit der südlichen Straße wobei man einen schönen Zedernwald durchquert.

Die Pflanzenwelt, die die Hänge des Ventoux bedeckt, stellt einen der wesentlichen Anziehungspunkte dieses Ausflugs dar. Den Obstgärten, Olivenhainen und Heideflächen mit immergrünen Eichen folgen Buchen, hundertjährige große Eichen, gemeine Kiefern und Zedern. Es gibt eine Fülle von seltenen Blumen und Pflanzen, die von allen Winden hierhergetragen wurden. Unter ihnen finden der Naturliebhaber zum Beispiel den filzigen Grönlandmohn und den Steinbrech aus Spitzbergen. Ende Juni, Anfang Juli ist die Zeit, in der die Üppigkeit der Natur keine Grenzen mehr kennt. Aber der Herbst mit seinem goldenen Laub, das sich mit dem Grün der Nadelbäume vermischt, ist vielleicht die für eine Besteigung des »ehrwürdigen Ventoux« beste Zeit, der, nach Mistral, »über den unter ihm sich anschmiegenden Hügeln sein weißes Haupt bis zu den Sternen erhebt ...«.
(Fortsetzung s. S. 217)

Verdon (Grand Canyon du)

Der Grand Canyon du Verdon, ungewöhnliche, in Europa einzigartige Laune der Natur, sollte in jedes Programm einer Reise durch die Provence aufgenommen werden. Mindestens einen ganzen Tag sollte man ihm widmen.

Verdon (Grand Canyon du)

■ Der Grand Canyon ist »die« Sehenswürdigkeit der Natur, die man in Europa gesehen haben muß, einem Kontinent, dem es dabei nicht an Schluchten, Gipfeln, Wäldern, Buchten und Seen von außergewöhnlicher Schönheit fehlt.

Aus der Nähe betrachtet, von einer der Straßen, die dorthin führen, wirkt die Maßlosigkeit der Elemente dieser Landschaft wie ein Schlag und versetzt alle Sinne in Erregung. Es handelt sich dabei nicht um eine ästhetische Betrachtungsweise, sondern um ein seltsam gemischtes Gefühl, das einem die Gewißheit des »Niemals-Gesehenen« verleiht.

Dann unterwirft sich der Verdon nach und nach seine Besucher. Er zwingt ihnen seinen Maßstab auf, versetzt sie in Staunen und Begeisterung. Die Farben auf einer Palette von Grau, Ocker und Grün, die Kontraste, Schatten und Licht, Hitze eines Backofens und Kühle des sprudelnden Wassers, seit der Zeit des Mesozoikums abgenagte Felsen und die Üppigkeit einer Oase in der Tiefe der Schlucht, die technischen Anlagen, die es dem Neuling gestatten, sich zu nähern, um dann tiefer einzudringen und sich dann dort ganz seinen Eindrücken hinzugeben, das alles trägt zu einer Art Verzauberung bei, der sich nur sehr wenige entziehen. Diese Verzauberung vollzieht sich in Steigerungen. Nachdem man einen Teil dieser Landschaft von einem bestimmten Punkt aus betrachtet hat, sollte man einer der eigens dazu angelegten Panoramastraßen folgen und dann die vollständige Rundfahrt auf der Touristenstrecke durchführen. Dann wird man auch der Verlockung der beschilderten Fußwege nicht mehr widerstehen können, die bis zum Ufer des Wildwassers führen und sich stundenlang unter den herrlichen Bäumen, die den unteren Teil der Hänge bedecken, hin- und herschlängeln. Und schließlich werden sich diejenigen, die Amphibienwanderungen gewohnt sind, unter Wahrung aller Vorsichtsmaßnahmen in die verborgensten Schluchten dieses geheimnisvollen, faszinierenden Verdon vorwagen.

Sechs Meter breit

Der Verdon entspringt in 2500 m Höhe in der Nähe des Col d'Allos. Bei Cadarache mündet er in 270 m Höhe und nach einem Lauf von 175 km in die Durance.

Gestern noch war er von einem Ende zum anderen des Tals ein tosender Gebirgsfluß. Heute brechen die Talsperren von Castillon, Chaudanne (siehe Angaben unter Castellane), Sainte-Croix (im Bau), Quinson, Gréoux (siehe Angaben unter diesem Namen) und Cadarache seine ungestüme Kraft und machen aus ihm einen der wichtigsten Faktoren in der gesamten Wasserbewirtschaftung der Provence (siehe Angaben unter Lourmarin). Glücklicherweise ist der mittlere und der bei weitem eindrucksvollste Teil so geblieben, wie die Natur ihn in ihren Launen geformt hat: Am Ende der Kreidezeit muß sich das Wasser hier einen Durchbruch durch ein Massiv aus hartem Kalkgestein der Jurazeit erzwungen haben. Auf fast 25 km, von der Einmündung des Jabron bis zum Col d'Illoire, fließt der Verdon auf der Sohle eines vielfach gewundenen, 400–700 m tiefen, an seinen Rändern 200–1000 m und am Grund zuweilen nur 6 m breiten Einschnitts hin. Das Gelände ringsum ist äußerst zerklüftet und weist Gipfel von 1462 m Höhe wie den Collet Baris oder 1560 m wie den Barbin auf.

Jadegrünes Wasser

Das Gefälle des Wassers beträgt zwischen 4 und 14 m auf 1000, was zur Bildung von großartigen Stromschnellen und Wasserfällen geführt hat, denen auf kurze Strecken Kessel mit tiefem Wasser folgen, wo sich in aller Ruhe riesige Forellen tummeln. Dort ist das Wasser von einem herrlichen Jadegrün. Der Verdon gilt als der am wenigsten verseuchte Fluß Frankreichs, denn an seinem Ufer liegt nur eine einzige Fabrik: eine Konservenfabrik für Weinbergschnecken in Saint-André-les-Alpes.

Die Wasserführung des Gebirgsflusses schwankte mit ungeheurer Schnelligkeit, und zwar in ganz erheblichen Proportionen: von 30 bis 300 m³ in der Sekunde – bevor flußauf Talsperren angelegt wurden. Heute ist er auf einem ziemlich niedrigen Niveau stabilisiert worden, bis auf die Zeiten, in denen Wasser abgelassen wird (leider unvorhersehbar, da automatisch, was die vollständige Erkundung in der Tiefe der Schlucht weiterhin gefährlich macht). Aber es ist möglich, daß sich diese Bedingungen nach der endgültigen Flutung des Sees von Sainte-Croix-du-Verdon, unmittelbar unter-

halb des Grand Canyon etwa im Jahr 1975 zugunsten der Touristen verändern.
Die Üppigkeit der Vegetation in der Tiefe der Schluchten ist ein weiterer unerwarteter Aspekt. Eichen, Buchsbäume und Linden bilden dort, wohin die Sonne während einiger Stunden des Tages dringt, urwaldähnliche Waldungen. Das Gras ist hoch und das Buschholz dicht. Die Wurzeln reichen durch die Kiesbetten hindurch unmittelbar bis zum Fluß.

Variationen im Erhabenen

Der Verdon hatte seine Entdecker, seine Pioniere. Vielleicht hat man sie nicht genügend gewürdigt. Denken wir an E.-A. Martell, den berühmten Geologen, den Vater der Höhlenforschung, der mit seinem Begleiter Isidore Blanc, Lehrer in Rougon, als erster den Grand Canyon durchquert hat . . . im Gehrock und mit Melone. Die Ausrüstung bestand aus einem erbärmlichen kleinen Holzboot und einer Leiter. Das war im August 1905. Andere sind ihnen gefolgt: der Bergführer Maurel aus La Palud; Abt Pascal, der in La Mescla in einer jäh von Hochwasser überschwemmten Furt ertrank; Dr. Guelton, der 1925 als erster den Canyon de l'Artuby ganz durchquerte; Robert de Joly, Höhlenforscher, der im Taucheranzug die Strecke zurücklegte und dem unterirdischen Verlauf des Imbut folgte; Vidal, Ingenieur bei der Brücken- und Straßenbehörde, dem es gelang, die Trasse für die sogenannte Erhabene Corniche zu finden; noch andere, ohne die namenlosen Männer des TCF zu vergessen, die die Pfade beschilderten. Vielleicht könnte man bei der Benennung der einzelnen Orte des Verdon einen bedeutenderen Platz für diese Forscher finden, denn sie sind es doch, die mit einer treffenden Bezeichnung die landschaftlich bedeutenden Stellen dieser Strecke versehen haben, die von unseren heutigen Aussichtspunkten gesäumt werden.
Um dem Touristen von heute das Zurechtfinden zu erleichtern, kann man den Grand Canyon als in vier untereinander recht verschiedene Sektoren aufgeteilt betrachten.
1. Von jenem scharfen Einschnitt aus, der den Zugang markiert, gegenüber dem Aussichtspunkt mit dem Namen *Point Sublime* bis in die Nähe der Einmündung der Artuby fließt der Verdon fast gradlinig in nordsüdlicher Richtung auf dem Grund einer Schlucht mit oft senkrechten Felswänden. Das ist die sogenannte *Rue d'Eau* des Verdon, dessen bemerkenswerteste Stellen die folgenden sind: der Couloir Samson, die Baume aux Pigeons, die Felsenwildnis von Trescaïre, der Aussichtspunkt von Escalès und die Schlucht der Baumes Fères.
2. *La Mescla,* oder Einmündung der Artuby: eine der schönsten Landschaften für den, der sie von der Höhe der am Rand der Straße vorspringenden Aussichtspunkte betrachtet, ebenso wie für den, der den Pfaden folgt oder sich an den Naturstränden aufhält, an denen ein im Augenblick besänftigter Verdon emporleckt. Hier zwingt ein vorspringender Fels in Form einer sich verjüngenden Klinge den Fluß zu einer starken Krümmung. In der Mitte dieser Biegung vermengt die Artuby ihr Wasser mit dem des Verdon. Es ist ein sehr schwacher Wasserlauf, der dort am Boden einer Spalte fließt, deren Felswände man an manchen Stellen gleichzeitig mit beiden Händen berühren kann. Aber er kann auch unter dem Einfluß eines fernen Gewitters zu einem verheerenden Wildwasser werden. Von La Mescla aus fließt der Verdon eine Weile in ostwestlicher Richtung, so daß man von den Aussichtspunkten an der Straße einen doppelten Ausblick auf die Schluchten hat: Der Blick schweift über die zerklüfteten Reliefs am rechten Ufer und kann dem Verlauf der Straße am linken Ufer, die dort von Tunnels unterbrochen wird, folgen.
3. Von La Mescla zur *Passerelle de l'Estellié.* Die Schlucht, ein kurzes Stück erweitert, verengt sich wieder. Diese Stelle heißt Etroit des Cavaliers, (schöne steile Ausblicke aus den in die Straßentunnels am linken Ufer gehauenen Fensterhöhlen). Diese Straße heißt *Route de Corniche Sublime,* auf die man nach Überquerung der Artuby auf einer kühnen Brücke gelangt. Unmittelbar am Rand des Steilabsturzes liegt ein rustikales Restaurant. Das etwas weniger steile gegenüberliegende Ufer ist bis zu einer ziemlich großen Höhe bewaldet; es ist der *Pas d'Issane.* Im Zickzack zieht sich ein Pfad unter den Bäumen hin. Er zweigt von dem Wegenetz ab, das vom Point Sublime ausgeht und ermöglicht es, von dem einen Ufer ans andere zu gelangen, indem man den Fluß auf einem eisernen Steg über-

quert, auf der Passerelle de l'Estellié; er endet auf dem linken Ufer am *Restaurant des Cavaliers* und auf dem rechten Ufer am *Chalet Martel*, das auch *Chalet de la Maline* genannt wird, Schutzhütte und Restaurant, dessen weiße Mauern schon aus der Ferne zu sehen sind.

4. Von der Passerelle de l'Estellié bis zum Ausgang der Schluchten, das heißt, 10 km auf der Talsohle. Es ist der verborgenste, wildeste, engste und chaotischste Teil des Verdon. Die durch die Berichte jener, die die Durchquerung gewagt haben, berühmt gewordenen Stellen heißen: die Furt des *Styx*, der *Maugué*, *l'Imbut*, wo der Verdon unter den Felsen verschwindet, die *Ralingues*, die *Voûte d'Emeraude* und das *Chaos des Cavalets*. Den meisten dieser großartigen Stellen entsprechen Aussichtspunkte entlang der Straße am rechten oder linken Ufer, aber die steilen Ausblicke, die sie bieten, vermögen dennoch nicht, so grandios sie sind, eine vollkommene Vorstellung ihrer Besonderheit und ihrer Schönheit zu vermitteln. Der Grand Canyon endet ebenso jäh wie er sich geöffnet hat, in einer in die Felswände eingeschnittenen Bresche, die sich wie ein Fächer zu öffnen scheint. Der *Belvédère de Galetas* an der Straße auf dem rechten Ufer, mehrere Aussichtspunkte um den *Col d'Illoire* an der Straße der Corniche Sublime (linkes Ufer) ermöglichen es, seine ganze majestätische Größe zu erfassen. Jenseits von diesem Punkt beginnt der *Lac de Sainte-Croix*, ein riesiger Wasserspiegel.

Der Verdon im Auto

Man beachte die schematische Karte im Kapitel »Reise durch die Provence«. Die traditionellen Ausgangspunkte für Rundfahrten im Gebiet des Verdon sind Castellane, Moustiers-Sainte-Marie oder Draguignan (siehe Angaben). Man streitet sich darüber, in welcher Richtung man die Rundfahrt durchführen soll, um die schönsten Ausblicke und die beste Beleuchtung zu haben. Da die zahlreichen Aussichtspunkte Ausblicke in allen Richtungen erlauben, ist dieser Streit ziemlich unsinnig. Vielleicht gestattet die Strecke auf dem rechten Ufer am Morgen in Richtung Moustiers-Point Sublime, auf dem linken Ufer am Nachmittag in Richtung Mescla-Col d'Illoire eine noch stärkere Annäherung an das »Erhabene«.

Wesentlich ist nur, eine vollständige Rundfahrt zu machen, einschließlich der beiden Sackgassen (deren Verbindung geplant ist): die zu den Aussichtspunkten von La Maline und die zu den Crêtes du Verdon, die 1970 geöffnet wurde. Dafür braucht man, wenn man die zahlreichen Aufenthalte berücksichtigt, fast einen Tag.

Diese Straßen sind hervorragend angelegt.

Bricht man von Moustiers-Sainte-Marie auf die N. 552 auf, entdeckt man nach einem Anstieg durch Kiefern und Steineichen und einem Blick auf den Ausgang der Schluchten den ersten Aussichtspunkt mit Namen *Mayreste* oberhalb einer kleinen landwirtschaftlich genutzten Fläche. Am Col d'Ayens (1032 m) liegt das Dorf *La Palud-sur-Verdon*: einige um einen viereckigen Glockenturm gescharte Häuser. In La Palud endet eine wunderbare kleine »wilde Straße«, die über ein Hochtal von Moustiers herkommt, wo Waldungen, Brachland und Lavendelfelder miteinander abwechseln, und durch das Gehöft Vénascle und das verlassene Dorf Châteauneuf-les-Moustiers führt. In La Palud biegt man rechts auf die D. 23 nach La Maline ein. Nachdem die Straße in ein kleines bewaldetes Tal abgesunken ist, erreicht sie den Rand des Grand Canyon an seiner engsten Stelle. Es folgen mehrere ungewöhnliche Aussichtspunkte: Baou-Béni, Gaston Armanet, l'Imbut, Maugé, Estellié und andere. Das *Chalet Martel* (oder *La Maline*) ist ein angenehmer Aufenthaltsort, 1936 vom TCF geschaffen. Dort sieht man außer Atem und mit dem Rucksack Wanderer zurückkehren, die einige Tage in der Tiefe der Schluchten gezeltet oder biwakiert haben, und andere, die nach einer herrlichen Wanderung von 5 oder 6 Stunden unmittelbar vom Point Sublime kommen. Die einfache Talfahrt bis zum Steg von Estellié durch das schattige Gelände des Pas d'Issane gibt dem Autofahrer eine Ahnung von den Schönheiten des Verdon in seiner Tiefe. Die Bergfahrt entweder nach La Maline oder auf dem linken Ufer zum Restaurant des Cavaliers ist ziemlich mühsam (Hin- und Rückfahrt zwei bis zweieinhalb Stunden). Von La Maline kehrt man nach La Palud zurück.

Die Kammstraße

In La Palud fährt man wieder rechts auf die N. 552 ab, dann nach 1,5 km auf der neuen hervorragend angelegten und ausgebauten *Route des Crêtes du Verdon* weiter. Sie bietet Aussichten auf die »Rue d'Eau« (Wasserlauf) des bis dahin völlig unsichtbaren Verdon. Sie soll über *Jas d'Aïre* verlängert werden, um schließlich La Maline zu erreichen. Am gegenwärtigen Endpunkt fordert eine eigens für die Besucher aufgestellte Tafel diese auf, ihren Weg auf einem beschilderten Pfad bis zur Waldgrenze fortzusetzen, von wo aus man »einen herrlichen Blick auf den Plan de Canjuers und das Plateau von Guègues« hat.

Auf der N. 552 nach rechts gelangt man nach 6,5 km zum hochgelegenen Dorf *Rougon* und zum Aussichtspunkt am *Point Sublime* mit dem Blick auf den majestätischen Zugang zum Grand Canyon. Vielleicht ist dies der eindrucksvollste Blick. Eine Straße führt bis zum Fuß des Einschnitts, in die sich der Gebirgsfluß stürzt, nachdem er zuvor noch das Wasser eines kleinen Nebenflusses, des Baou, aufgenommen hat. Hier beginnen, durch einen Tunnel erreichbar (siehe weiter unten) die beschilderten Wege, die nach Estellié führen.

Auf der N. 552 erreicht man nach 17 km Castellane. Aber es gibt die Gelegenheit, nach 5,5 km den Verdon in *Pont-de-Soleils* zu überqueren. Die kleine Straße N. 555 steigt dann das wilde Tal des Jabron hinauf. Man kann entweder bis *Comps-sur-Artuby* weiterfahren, einem Dorf an einer Kreuzung, und auf der D. 71 zum Verdon zurückkehren, oder 6 km nach Pont-de-Soleils auf eine schmale Landstraße abbiegen, die steil zum Dorf *Trigance* und seiner zu einem Hotel umgebauten Burg aufsteigt. Nachdem man ein Gelände von neuen Kiefernanpflanzungen und duftenden Heideflächen durchquert hat, stößt man am *Balcon de La Mescla* wieder auf den Verdon. Hier ist so etwas wie ein Höhepunkt dieses Ausflugs.

Weitere wunderschöne Aussichtspunkte säumen die *Corniche Sublime* (D. 71): Cavaliers, Imbut, Vaumale und Col d'Illoire. Die Straße fällt dann rasch ab und durchquert das Dorf *Aiguines*, das früher von der Herstellung von Petanquekugeln lebte, die aus dem Holz der Buchsbäume in den Schluchten gedrechselt wurden. Von Aiguines aus kann man leicht nach Draguignan oder Moustiers gelangen (siehe Angaben unter diesen Namen).

Der Verdon zu Fuß

Um das Jahr 1900 erschienen Ingenieure, um die Felswände des Grand Canyon näher zu untersuchen, mit der Absicht, eine Talsperre zu errichten, durch die die Schlucht überflutet worden wäre. Sieben Stollen wurden in die Felswand des rechten Ufers zwischen dem Zugang zur Schlucht und La Mescla getrieben. Da sich aber das Gestein als ungeeignet erwies, wurde dieser Plan glücklicherweise fallengelassen! Aber es sind die Stollen zurückgeblieben, die für Wanderer zu leichten Zugangswegen ins Innere der Schluchten geworden sind. Diese Wege sind weiß-rot gekennzeichnet. In Richtung auf La Mescla gibt es mehrere Alternativen für diese Strecke.

Diese Wanderungen liegen im Bereich aller, die gut zu Fuß sind, und verlangen etwa sechs Stunden. Da man die beiden ersten Stollen nicht umgehen kann, ist es empfehlenswert, eine Taschenlampe mitzunehmen.

Auf der Sohle des Verdon

Man bricht bei Sonnenaufgang vom Steg von Estellié auf.

Man braucht acht bis zehn Stunden, um an den alten Steg von Mayreste zu gelangen, von wo aus man den Hang entlang die Straße am rechten Ufer in Höhe des alten Gehöfts von Mayreste erreicht. Die Gefahr eines möglichen und plötzlichen Ansteigens des Wassers ist auf den rund 1,5 km (45 Minuten bis 1 Stunde) unmittelbar unterhalb der Felswildnis von Imbut besonders groß, da die steilen Felswände keine Möglichkeit bieten, einen Punkt oberhalb des Flusses zu erreichen. An anderen Engstellen kommt man recht leicht vorwärts; es gibt sogar Abschnitte des Weges, die vom Elektrizitätswerk, insbesondere in Höhe der Furt des reißenden Styx, in den Felsen gehauen wurden. Eine Führergruppe, unter Leitung von Roger Verdegen, einem Bewunderer des Verdon, steht Neulingen zur Verfügung. (Informationen im Dorf La Palud).

Der bescheidene Spaziergänger kann über den Steg von Estellié hinaus fast 1 km weit bis zur ersten Furt gehen. Damit hätte er ohne Gefahr eine kleine Ahnung vom verborgenen Verdon.

Informationen: S. I. Castellane, Hôtel de Ville, Tel. (92) 07 und S. I. Moustiers-Ste.-Marie, in der Mairie, Tel. (92) 10.

Unterkunft: Einige bescheidene Hotels in Castellane, Moustiers, La Maline, Aiguines; Trigance, 1 Schloßhotel »Le Château«.

Villefranche-sur-Mer

■ Der Küstenstrich von Villefranche bis Eze ist mit Sicherheit der schönste Teil der Côte d'Azur. Die Natur hat sich hier einige Rechte bewahrt; die Epidemie der Zersiedlung hat noch keine großen Zerstörungen angerichtet; der Mensch hat hier sogar hin und wieder eine glückliche Hand bewiesen. Der weite Blick durch die Mimosen der Grande Corniche auf den Adlerhorst von Eze-Village und darüber hinaus auf die von Kiefern bestandene Halbinsel des Cap Ferrat läßt sich nur noch mit dem entsprechenden Blick von den Kais von Villefranche auf die grünen Hänge vergleichen, deren Vordergrund die rosa und gelben Häuser mit ihren verrosteten Balkons und Fensterläden aus Holz wie aus den Jahren vor dem Zeitalter des Betons bilden.

Da es die Galeeren von früher nicht mehr gibt (deren Gestank, wie es heißt, bis aufs Land trieb), auch keine Flugzeugträger oder keine fürstliche Jacht, bieten die Reede von Villefranche und die Baie des Fourmis in Beaulieu das endlose Schauspiel bunter Regatten und dahingleitender Wasserskiläufer auf einem herrlich blauen, wie Seide schimmernden Wasser.

Villefranche und Saint-Pierre

Die Altstadt steigt mit ihren in Stufen angelegten Gassen die Hänge hinauf, die zur Moyenne Corniche führen. Wie ein Schiffsbug ragt die Zitadelle mit ihren kantigen Mauern über der Reede auf. Die berühmte, völlig überwölbte Rue Obscure erinnert an eine ehemalige Rüstkammer. Auf den Kais kämpft der Geruch der Bouillabaisse mit dem Duft des Pastis.

Die Kirche St.-Michel in italienischem Barockstil ist wegen ihrer vergoldeten Altarwände und eines Christus von eindrucksvollem Realismus, den im 17. Jahrhundert ein Galeerensklave geschnitzt hat, bemerkenswert.

Aber der eigentliche künstlerische Reichtum Villefranches beruht heute auf der kleinen Kapelle St. Pierre in der Nähe des Hafens. Es handelt sich um einen sehr nüchternen Bau in romanischem Stil. Als Gotteshaus aufgegeben, als »Fischereitribunal«, dann als Netzschuppen von der Innung der Fischer von Villefranche benutzt, wurde diese Kapelle schließlich nach vielen Palavern und unerwarteten Ereignissen von der Stadtverwaltung Jean Cocteau für eine vollständige Renovierung anvertraut. Das war 1956.

»Fünf Monate hindurch«, schrieb Cocteau in der von ihm verfaßten Erklärung seines Werkes, »habe ich in dem kleinen Kirchenschiff von Saint-Pierre gelebt und mich mit dem Engel der Perspektiven herumgeschlagen, von Gewölben verhext, verzaubert, von ihnen durchdrungen, möchte ich sagen, wie ein Pharao, darauf bedacht, seinen Sarkophag zu bemalen. (...) Tritt ein, Wanderer. Laß alte ästhetische Neigungen fallen. Es handelte sich darum, eine Kapelle so auszuschmücken, daß der Dichter, ohne ihr etwas von ihren Vorrechten zu nehmen, sie doch allen unmittelbar zugänglich macht..« Wenn der Besucher die zweiflügelige Tür aufstößt, auf der Innenseite als Augentäuschung gemalt, geht er unter dem großartigen Wort des heiligen Petrus hindurch: »Fügt euch selber in die Struktur des Gebäudes ein, als wäret ihr lebendige Steine.«

Saint-Jean und Madame Ephrussi

Von der Halbinsel *Saint-Jean-Cap-Ferrat*, diesem Anhängsel mit seinen gewundenen Konturen, vermag der Besucher nur wenig zu entdecken. Hohe Umfassungsmauern schützen die reichen Besitzungen und ihre Gärten, deren Schönheit man nur ahnen kann, vor allen Blicken. Die Straßen sind nur noch tief eingeschnittene Schneisen ohne jede Sicht, vom Kamm der Zypressen und vom Schatten der Strandkiefern eingeengt.

Drei Stellen sind jedoch der Öffentlichkeit zugänglich und ermöglichen es, sich die Zauberhaftigkeit dieser Landschaft vorzustellen, von der es heißt, sie sei ein Winkel des Paradieses.

Ein schmaler Spazierweg führt an der Pointe Ste.-Hospice entlang, die die Baie des Fourmis (Ameisenbucht) von Beaulieu abschließt und den kleinen neuen Sporthafen schützt.

Westlich der Halbinsel liegt ein *zoologischer Garten*, ein recht eigenartiger Zoo, da die Tiere dort in halber Freiheit leben. Eine der Spezialitäten dieses Akklimatisierungsgartens ist die vorbereitende Abrichtung junger Schimpansen, der man zusehen kann. Man zieht gleichfalls Reptilien und.... exotische Schmetterlinge!

Die *Fondation Ephrussi de Rothschild* (Stiftung) oder Musée Ile de France, ist eine jener außergewöhnlichen Sehenswürdigkeiten dieser Côte d'Azur, von der man allzu leicht annimmt, sie sei nur auf mondäne Überspanntheiten

und das Nichtstun am Strand eingestellt.
Auf der Landenge, die die Halbinsel St.-Jean mit dem Festland verbindet, erhebt sich eine nach italienischem Geschmack erbaute Villa aus einem Komplex prächtiger Gärten. Von der Loggia aus kann man, wie von der Kommandobrücke eines großen Schiffes, auf der einen Seite die Reede von Villefranche, auf der anderen das Meer bis zum Cap d'Ail überblicken. Der Name des Museums, Ile de France, den sich die Stifterin wünschte, soll an jenen Ozeandampfer erinnern, auf dem sie zahlreiche Reisen unternahm.
Madame Maurice Ephrussi, geborene Béatrice de Rothschild, Erbin eines riesigen Vermögens, verbrachte ihr Leben auf der Suche nach den schönsten echten Kunstwerken. Ihre Kultiviertheit und ihr Geschmack führten sie zu den wertvollsten Stücken. Von 1905-1912 ließ sie in Saint-Jean-Cap-Ferrat ein sieben Hektar großes Gelände herrichten und eine große Villa bauen, bei der jeder Raum mit Hinblick auf künftige Einrichtung, Dekoration und die Gegenstände, die ihn zieren sollten, entworfen wurde. Durch ein Testament aus dem Jahr 1933 vermachte diese erstaunliche Frau die Besitzung und alle ihre Kunstschätze dem Institut de France für die Académie des Beaux Arts: »... ich wünsche«, bestimmte sie, »daß das Museum im Rahmen des Möglichen seinen heutigen Charakter eines Salons wahrt...«
Dreißig Jahre lang blieben diese Reichtümer so gut wie vergessen. Es bedurfte einer Pressekampagne und der Halsstarrigkeit von Gabriel Ollivier, damals Generalkommissar für den Tourismus von Monaco, Gründer der Internationalen Akademie für Tourismus, damit der Wunsch von Madame Ephrussi erfüllt und der Allgemeinheit ermöglicht wurde, diese vielleicht sehr verschiedenartigen, jedoch höchst wertvollen Sammlungen zu betrachten.
Der Geschmack der Stifterin erweist sich tatsächlich als äußerst wählerisch, mit einer besonderen Neigung zum 18. Jahrhundert in Frankreich. Die Teppiche der Savonnerie, die Porzellane aus Vincennes, Sèvres oder Meißen und die Tuschzeichnungen Fragonards sind stark vertreten. Der Rest der Sammlungen stellt eine Synthese aller dekorativen Künste Europas, des Nahen und des Fernen Ostens dar.
Die Gärten passen sich dieser Neigung zur Universalität an. Man kommt von den Becken eines spanischen Gartens in einen Winkel mit mexikanischem Urwald, um dann wieder auf einer Eibenallee, gesäumt von gotischen Skulpturen, auf eine Rasenfläche in französischem Stil zu gelangen...
(Man beachte, daß das Museum nur an den Nachmittagen für das Publikum geöffnet ist; die Gärten allein sind von 9-12 Uhr offen; die Besitzung ist am Montag geschlossen.)
In *Beaulieu* besichtigt man (die gleichen Einlaßzeiten wie das Museum Ile de France) die Villa Kerylos in antikem griechischem Stil, vom Archäologen Th. Reinach erbaut.

Eze-Village

Es ist ein Adlerhorst, 430 m über Eze-sur-Mer erbaut, ein kleiner Badeort in der Nähe von Beaulieu. Alle Häuser sind restauriert und verschönt worden, ohne daß der sehr malerische Charakter dieses Ortes darunter gelitten hätte. Ein kleines Museum ist der Heimatgeschichte gewidmet.

Name: Cieuta franca (provenzalisch, 14. Jahrhundert).

Lage: 06230 Alpes-Maritimes. Höhe: Meeresufer. 940 km Paris, 20 km Menton, 10 km Nizza.

Informationen: S.I., square François-Binon, Tel. (93) 807368. Beaulieu, S.I., place Clemenceau, Tel. (93) 010221.

Unterkunft: Villefranche, 11 Hotels, darunter 1 **** und 1 ***; *Eze,* 1 Schloßhotel »Chèvre d'Or«; *Beaulieu,* 19 Hotels, darunter 1 »Luxus«, 1 ****, 1 ***; *St.-Jean-Cap-Ferrat,* 18 Hotels, darunter 2 »Luxus«, 6 ****, 9 ***.

Restaurants: s. Auswahl S. 251

Feste: Sportliche und gesellschaftliche Veranstaltungen.

Andenken: Zitrusfrüchte, Blumen.

VENTOUX (S. 210)

Name: Mons Ventosus (10. Jahrhundert), Vintur oder Ventour (altes Provenzalisch).

Lage: 84670 Vaucluse. Höhe: 1912 m. 700 km Paris, 62 km Avignon, 40 km Carpentras, 58 km Orange, 30 km Vaison-la-Romaine.

Informationen: S.I. in Vaison-la-Romaine, place du Chanoine-Sautel, Tel. (90) 360211 und S.I. in Sault, avenue de la Promenade, Tel. (90) 21.

Unterkunft: Auf dem Gipfel 1 Hotel ***; auf dem Mont Serein, Hotel und Schlafsaal; in den benachbarten Orten Bédouin, Malaucène, Sault, Vaison.

Andenken: Honig, Trüffeln, Lavendel aus Sault.

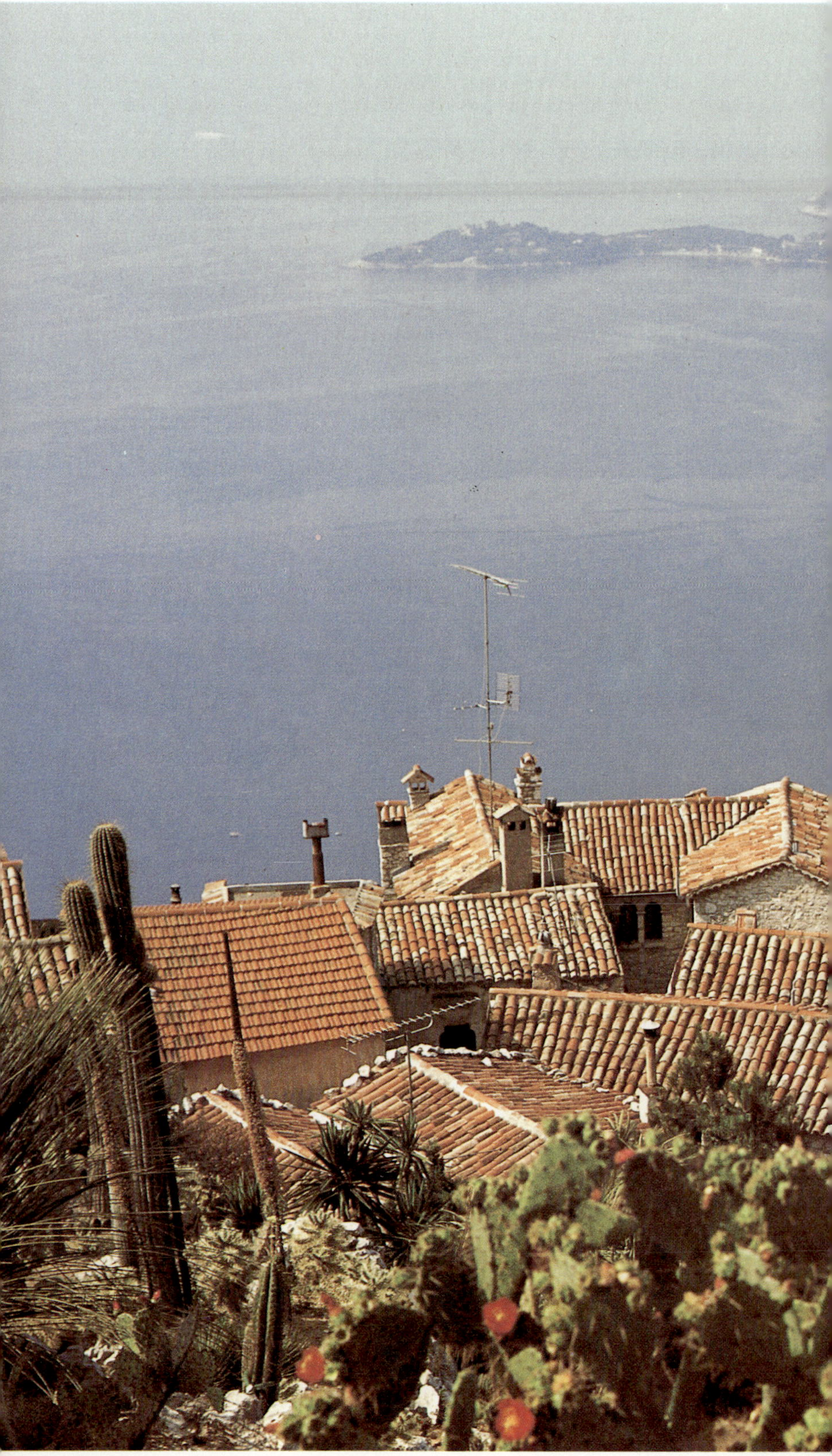

*Eze-Village, befestigter Adlerhorst,
bietet einen der schönsten Ausblicke
an der Côte d'Azur.*

Villeneuve-lès-Avignon

■ Der Ruf Avignons läßt allzu leicht das Interessante an Villeneuve übersehen. Jene Leute aus Avignon, die die Stille dieser vergessenen Stadt suchen und sich, wenn möglich, einen Zweitwohnsitz an dem Hang zwischen Villeneuve und *Les Angles* in der Kühle der Gärten und mit Blick auf eine Landschaft zulegen, die vom Ventoux bis zu den Alpilles reicht, begehen keinen Fehler.

Zwischen seinen Stadtmauern eingezwängt, erscheint Avignon mit seiner Vielfalt von Türmen, Glockenstühlen und Palästen ganz nah. Man kann sich den Lärm und den Trubel dieser Stadt vorstellen, die Mistral als von »Freude klingend« bezeichnete. Die Rhone bildet stets eine Art Grenze. Und man kann die Sorge des Kapetingers verstehen, der am Ufer des Flusses gegenüber jenem Territorium, das, bevor es päpstlich wurde, zum Reich gehörte, die kleine Burg errichten ließ (*la tour Philippe le Bel*), die den Übergang über die Brücke zwischen zwei Staaten beherrschte, sowie auf der Felskuppe, von der aus man die ganze Landschaft übersah, eine uneinnehmbare Festung baute (das *Fort Saint-André*).

Der Turm ist heute ein unerhoffter Aussichtspunkt für die Fotografen. Das Fort scheint aus einem Handbuch der Geschichte Frankreichs für Oberschüler entnommen zu sein.

Aber Villeneuve darf sich nicht nur im Zusammenhang mit seinem berühmten Nachbarn betrachten. Diese Stadt, in der Nähe der reichen Obstgärten der Ile de la Barthelasse gelegen, hat ihr eigenes Leben, das in einem friedlichen Rhythmus verläuft. Und dem Touristen hat sie einige recht eigenständige Sehenswürdigkeiten zu bieten.

»Marienkrönung«

Das bemerkenswerteste Stück ist ein Bild von Enguerrand Charonton (oder Quarton): die »Marienkrönung«. In Laon geboren, aber vom Licht des Mittelmeers überwältigt, gehört dieser Künstler, der das Bild 1453 malte, zu den größten provenzalischen Malern. In der Wiedergabe der Gesichter war er unerreicht; die der Heiligen und der Engel oder der Verdammten besitzen eine ungewöhnliche Ausdruckskraft. Das Gemälde hängt im Musée de l'Hospice (Rue de l'Hôpital; Dienstag geschlossen).

Die ehemalige *Kollegiatkirche Notre-Dame* kündigt sich im Zentrum der Innenstadt durch einen wuchtigen Glockenturm und Wehrturm an. Die Sakristei (Sonntagvormittag und Dienstag geschlossen) beherbergt eine schöne Jungfrau Maria aus dem 14. Jahrhundert aus buntem Elfenbein.

Im nördlichen Teil der Stadt (Rue de la République) bildet ein barockes Tor, eine richtige Theaterdekoration mit einer Fülle üppiger Verzierungen, den Zugang zu einem Komplex verschiedenartiger Gebäude. Noch vor kurzem herrschte in diesem engumgrenzten Raum ein lebhaftes Treiben: das Leben kinderreicher Handwerkerfamilien spielte sich hier gegen einen Hintergrund klösterlicher Zellen, von Klostergängen und sakralen Gebäuden ab.

Eigenartiges Kartäuserkloster

Heute kann, nach siebzig Jahre währenden Verhandlungen und Prozessen, das Amt für historische Monumente diesem Gebäude, der ehemaligen *Chartreuse du Val de Bénédiction*, 1356 von Papst Innozenz VI. gegründet, ein würdiges Aussehen wiedergeben. Man findet dort eine seltsame Kirche mit doppeltem Schiff, in der das Mausoleum von Innozenz VI. liegt, ein eindrucksvolles gotisches, mit Glockentürmchen verziertes Werk, ferner einen gut erhaltenen Kreuzgang und in der Kapelle des päpstlichen Gründers Fresken aus dem 14. Jahrhundert von Giovannetti da Viterbo, der die Gemächer im neuen Palast von Avignon ausmalte (siehe Angaben unter Avignon). Im Gewirr der Straßen, Gassen und Gänge entdeckt man die Gemüsegärten, die Bäckerei und die Herberge dieser Stadt in der Stadt, denn das war die Chartreuse.

Man kann seine Entdeckungen auf ganz Villeneuve ausdehnen, wo man fast überall noch auf geschmückte Fassaden, alte Brunnen in malerischen Höfen, Kapellen, Patrizierhäuser und Paläste aus der Zeit stößt, in der Bischöfe und Kardinäle auf diese Seite des Flusses kamen, um sich hier vom Getriebe am päpstlichen Hof zu erholen.

Lage: 30400 Gard. Höhe: 24 m. 684 km Paris, 42 km Nîmes, 22 km Orange.

Informationen: S.I., Mairie, Tel. (90) 81 45 93.

Unterkunft: Mehrere Hotels, darunter 2 *** und 1 Schloßhotel »Le Prieuré«.

Andenken: Weine (Tavel).

Viviers

■ Zementfabriken überziehen das Tal auf mehrere Kilometer mit einem zähen weißen Staub und speien entsetzliche Rauchfahnen in den blauen Himmel... Dann wird ganz plötzlich die Landschaft wieder zauberhaft. Ein kleiner Gebirgsfluß mit klarem Wasser – l'Escoutay – spielt über Kiesel hin, nachdem er unter den sieben Bögen einer alten gekrümmten Sattelbrücke hindurchgeflossen ist; die Obstgärten sind von Weidengebüschen und Pappelreihen eingerahmt. Nach einer doppelten Kurve erreicht die Straße Viviers.

Hauptstadt des Vivarais

Ein mächtiger Glockenturm mit viereckigem Erdgeschoß und von einem achteckigen Geschoß mit Zinnen gekrönt, ragt über dem Ort auf. Gassen, Straßen kann man sie kaum nennen, winden sich im Zickzack hin und her und setzen sich in Treppen bis zum Fuß des Turms fort, der abseits von einer imposanten Kirche steht; sie führen bis zum Gipfel der felsigen Böschung, die noch von mittelalterlichen Befestigungsanlagen umgeben ist. Der Blick auf das Rhonetal ist eindrucksvoll, nach Norden zu sich weitend und von dem graden Strich des neuen Kanals durchzogen, nach Süden zwischen den hohen, grauen Felswänden des linken Ufers und den Kalksteinböschungen des rechten Ufers, die den berühmten »Engpaß von Donzère« bilden, eingeengt.
Die Festung Viviers beherrschte diesen natürlichen Einschnitt. Es war eine besondere Festung, da sie vom 5. Jahrhundert bis 1308 zugleich die Hauptstadt eines Gebietes war, dem sie ihren Namen gab: »Vivarais«, mit strenger Hand und Starrsinn von Bischöfen regiert. Die Kirche ist eine Kathedrale, und die Wandteppiche, die die Mauern schmücken, erinnern an ihren einstigen Glanz. Einige während der Renaissance dekorierte Fassaden strömen eine Atmosphäre alter Vornehmheit aus.

Umgebung von Viviers

Ohne sich auf dem Gebiet des Vivarais länger aufhalten zu wollen, kann man dennoch an diesem Tor zur Provence einige Augenblicke zwei Dörfern in der Nähe von Viviers widmen.
Mélas (10 km weiter nördlich), ein kleines Dorf an der Straße von Teil nach Villeneuve-de-Berg, N. 540, gelegen, besitzt eine recht ungewöhnliche Kirche (auf der rechten Seite von Teil kommend, nach Überschreiten der Eisenbahn). Eine romanische Kirche wurde im 12. Jahrhundert an ein sehr altes Baptisterium mit hoher Kuppel und kleeblattartigem Grundriß angebaut. Der unverputzte Stein, die Doppelapsiden, die Kapitelle mit geometrischen Motiven von äußerster Einfachheit (die angeblich aus dem 5. und 9. Jahrhundert stammen) bilden in ihrer rustikalen Schlichtheit ein eindrucksvolles Ganzes.
Saint-Montan, südöstlich von Viviers (man folgt der N. 86 auf 7 km, dann rechts der D. 262 auf 3 km, Beschilderung), ist ein sehr altes Dorf am Ende einer steinigen Schlucht; die schartigen Überreste einer Zitadelle und von Festungsmauern steigen den von einer dürftigen Heide bedeckten Hügel hinauf. Seit kurzem beginnt der alte Ort wieder zu atmen. Die Häuser mit ihren hohen Fensterkreuzen finden heute leicht ihre Käufer.
Auf der Höhe von Viviers überquert eine Brücke die Rhone, aber es ist besser, weiter talwärts über eine Hängebrücke zu fahren, die unmittelbar nach Donzère führt und einen schönen Ausblick auf den »Engpaß« bietet. Man hat auch einen hübschen Blick entlang der kleinen Straße, die den Fluß säumt (aber nicht von der N. 86 aus, die hinter felsigen Höckern abseits von der Rhone verläuft).

Lage: 07220 Ardèche. Höhe: 71 m. 620 km Paris, 11 km Montélimar, 44 km Vallon-Pont-d'Arc.

Informationen: S. I., Mairie, Tel. (75) 04.

Unterkunft: 2 Hotels*; Camping: 1 Platz*.

Andenken: Weine.

Reise durch

die Provence

Die Provence im Auto

Zweieinhalb Stunden, um von Lyon nach Marseille »hinunterzufahren«, sieben Stunden von Paris, rund zehn Stunden von Lille... und zuweilen zwei Stunden oder mehr, um auf der Basse Corniche von Nizza nach Menton zu gelangen!

Autobahnen

Mit anderen Worten, die Autobahn – die Autobahnen – ist zu einer gebieterischen Notwendigkeit für diesen Landesteil geworden. Die Hochfluten der Urlauber vereinen sich mit einem ständig wachsenden Industrie- und Geschäftsverkehr. Darüber hinaus schreckt das gebirgige Hinterland mit seinen kurvenreichen Straßen und seinen im Winter nicht befahrbaren Pässen eine beträchtliche Zahl von Autofahrern ab, die die große, jahrhundertealte Heerstraße der Wanderungen verstopfen: das Rhonetal.

Die Autobahn A.7 (gebührenpflichtig von Vienne bis Rognas, 30 km nördlich von Marseille) stößt bis in das Herz von Marseille vor. Nach Osten setzt sie sich noch bis nach La Ciotat, Toulon, Hyères und Le Lavandou fort. Jenseits von Aubagne – A. 52 – soll eine Abzweigung nach Aix führen. Jenseits von Salon bildet die A. 8 eine Abzweigung der A. 7 und führt durch Aix, St. Maximin, Fréjus und Cannes. Der letzte Abschnitt (der als erster gebaut wurde) ist unter dem Namen Autobahn des Estérel bekannt.

Jenseits von Cagnes, ihrem heutigen Endpunkt, wurde die A. 8 durch eine Straße mit doppelter Fahrbahn bis zur Promenade des Anglais verlängert, dann durch die auf vier Fahrbahnen verbreiterte Moyenne Corniche. So findet sie Anschluß an den Abschnitt, der Monaco und Menton verbindet, und durch eine Reihe von Straßentunnels und Viadukten an die Autostrada dei Fiori, die San Remo berührt und bis Genua reicht. Die Vereinigung der gegenwärtigen Endpunkte durch eine neue Brücke über den Var und eine schwierige Trasse quer durch das Hügelland nördlich von Nizza ist für 1977 vorgesehen. Das wäre dann Dünkirchen-Brindisi ohne ein rotes Licht!

Napoleon und Hannibal

Glücklicherweise wird es immer Leute geben, die sich gern der alten Nationalstraßen und anderer Verkehrswege bedienen, um auf den wenig verstopften »Entlastungsstraßen« gemütlich entlangzufahren, obwohl auch diese fast ebenso schnell sind wie die großen Verkehrsadern.

Die »Route Napoléon« vereint die Vorteile einer trotz einer ziemlich schwierigen Trassierung recht schnellen Straße mit einer touristisch interessanten Strecke. Die einzelnen Etappen sind Grenoble, Gap, Sisteron, Digne, Castellane, Grasse und Cannes. (Die Geschichte dieser Strecke betreffend siehe Angaben unter Digne.) Der Abschnitt Grenoble–Gap ist wegen der Enge der Fahrbahn verhältnismäßig schwierig. Die N. 75, Grenoble–Sisteron über den Col de la Croix-Haute und Aspres-sur-Buech, ist besser angelegt.

Es gibt auch eine durch ihre Schnelligkeit, gute Befahrbarkeit und Schönheit der Landschaft, durch die sie führt, interessante Diagonalverbindung. Man muß dazu die Autobahn A. 7 bis Portes-les-Valence (Valence Süd) nehmen und das Tal der Drôme entlangfahren: Crest, Die, Luc-en-Diois (N. 93, von den örtlichen Behörden »Route Hannibal« genannt: »Da niemand genau weiß, auf welchem Weg der Feldherr und seine Elefanten die Alpen überquert haben, warum sollten sie dann nicht bei uns vorbei und über den Col de Larche gezogen sein?...«, was im übrigen keineswegs unwahrscheinlich ist!). Der Col de Cabre, 1180 m, immer für den Verkehr geöffnet, bietet keine Schwierigkeiten. Durch das Tal des Buech – N. 75 – erreicht man Sisteron und die »Route Napoléon«, Digne usw. Es ist die kürzeste Verbindung zwischen Paris und Nizza.

Es gibt zahlreiche Entlastungsstraßen, »routes parallèles«. Die meisten von ihnen sind in der Zeit des Urlaubsverkehrs besonders beschildert. Wir geben einige von ihnen auf der folgenden Karte an.

Wunderschöne »wilde Straßen«

Es gibt viele Nebenstraßen, die für Ausflüge und Rundfahrten von den Urlaubsorten aus geeignet sind. Jeder wird mit großer Freude kleine Straßen entdecken, die zu vergessenen Dörfern, durch üppige Wälder, in eine farbenfrohe Landschaft, in Schluchten, Gesteinswüsten und Einöden führen.

In der Provence ist das Netz der Nebenstraßen, schon immer »Touristenstraßen«, seit einigen Jahren durch eine stattliche Anzahl von Strecken bereichert worden, die man wirklich als »wild« bezeichnen kann.

Die »wilde Straße« war gestern noch ein Maultierpfad, ein sandiger Landweg oder ein Feldweg, die kaum besser trassiert war als die anderen. Zur Straße erhoben, weist ihre Fahrbahn weniger als 3 m Breite auf, aber dafür ist sie hervorragend geteert. Die Kurven folgen einander, wodurch man alle 100 m neue Ausblicke gewinnt, aber die Böschungen sind befestigt, die Höhenwege abgestützt und gewisse Strecken an Abgründen durch Geländer gesichert; an den geeigneten Stellen ist für eine genaue Beschilderung gesorgt. Straßen, die den Wagen wieder zu einem beglückenden Gefährt der Freiheit machen...

Bei den im Kartenteil vorgeschlagenen Ausflügen werden einige dieser »wilden Straßen« angegeben. Ohne Anspruch auf Vollständigkeit zu erheben, wollen wir einige Beispiele anführen:
– auf den Hochebenen des Vaucluse die ungewöhnlich schöne Kammstraße des Luberon, die Straße von Gordes nach Vénasque, die von Sisteron zum Signal de Lure und eine Reihe kleiner Bezirksstraßen nach Vachères, Oppedette, Simiane usw.;
– südlich von Digne die »echte Route Napoléon« über den Col de Corobin;
– zwischen dem Tal des Var und der Route Napoléon ein ganzes Straßennetz, das das Gebiet des Estéron durchzieht und zu den »Klausen« der Provence führt;
– in Richtung des Grenzkamms, die Sackstraßen nach Boréon, la Madone de Fenestre, la Gordolasque, die Rundstrecke um den Aution usw.

Und warum sollte man nicht zu den »wilden Straßen« die höchste Straße Europas zählen, die das Tal der Tinée mit dem Tal des Ubaye über die Cime de la Bonnette, 2861 m!, verbindet?

Gesperrte Pässe

Die Route Napoléon – N. 85 –, die Route des Col de la Croix-Haute – N. 75 –, die Route Hannibal – N. 93 –, die Route de l'Ubaye, über den Col de Larche – N. 100 –, die Route durch das Tal der Durance über den Col de Montgenèvre, Briançon, Gap, Sisteron, Aix, Marseille – N. 94, N. 96 – sind normalerweise das ganze Jahr hindurch für den Verkehr geöffnet. Die Pässe werden durch Schneepflüge offen gehalten.

Bei den weniger wichtigen Straßen ist es anders: Es sind Zufahrtsstraßen in die Provence wie die über den Col du Rousset, von Vercors nach Die – N. 518 –, oder über den Col de Vars, der die Hochtäler der Durance und des Ubaye verbindet – N. 202; Verbindungsstraßen im Innern der hochgelegenen Provence zwischen den Tälern des Ubaye und des Var. Der Col d'Allos (Tal des Verdon), der Col de la Cayolle (Tal des Var), der Col de Restefond (Tal der Tinée) sind in manchen Jahren bis Mitte Mai gesperrt. Der Hinweis darauf erfolgt bei den Abzweigungen der Zufahrtsstraßen. Die Rundstrecke um den Ventoux ist gleichfalls einen großen Teil des Winters durch Schnee blockiert, aber eine der Abzweigungen der N. 574 wird im allgemeinen freigehalten, damit die Skiläufer zum Gipfel gelangen können. Das gleiche gilt für die Zufahrt zu den Wintersportorten: Valberg, Auron, Isola 2000, St.-Dalmas-Valdeblore usw.

Die »Tore« nach Italien

Von der Provence gelangt man auf sechs Straßen nach Italien. Von Nord nach Süd:

– *Col de Larche* (oder colle della Maddalena), 1997 m, Straßen N. 100 und 21, Barcelonnette–Cuneo (Coni auf französisch), Grenzstation zu jeder Jahreszeit Tag und Nacht geöffnet. Für den, der von Norden kommt, erleichtert diese Strecke den Zugang zum Gebiet von Tende, in das Vallon des Merveilles usw., insofern einfacher als die inneren Verbindungsstraßen der Provence. Es genügt, die N. 21 in Borgo San Dalmazzo zu verlassen, um dann in Richtung Limone-Piemonte und des Tunnels von Tende weiterzufahren.

– *Col de la Lombarde* (colle della Lombarda), 2351 m, Zoll in Isola und Santa Anna. Diese kleine Ausflugsstraße wurde seit der Eröffnung des Wintersportortes Isola 2000 auf französischer Seite hergerichtet; der Paß ist im Winter gesperrt.

– *Straßentunnel von Tende* (galeria di Tenda), 1279–1321 m, 3 km Länge; Zoll in Tende und bei der italienischen Tunneleinfahrt; empfehlenswerte Straße, die die Küste (Ventimiglia, Menton, Nizza) mit dem Tal des

Po über Cuneo (Coni) verbindet. Die Talfahrt nach Italien ist einfach, ebenso die Steigung über Ventimiglia und das Tal der Roya, aber der Abschnitt L'Escarène, Sospel, la Giandola ist besonders kurvenreich. Der Tunnel ist so gut wie das ganze Jahr geöffnet. Auf Grund der sehr engen Kurven, über die man von Tende aus zum Tunnel gelangt, sind Fahrzeuge oder Fahrzeuge mit Anhängern von mehr als 9 m Länge auf dieser Straße nicht zugelassen. Zwischen Tende und Limone-Piemonte gibt es die Möglichkeit der Verladung auf die Eisenbahn.

– *Grenzstation von Piene Basse–Fanghetto* im Tal der Roya, auf den Straßen N. 204 b und 20, die Tende mit Ventimiglia und der Autostrada dei Fiori verbinden. Die Fahrt durch das Tal der Roya hinunter bietet keinerlei Schwierigkeiten, diese Strecke ist die bequemste, um von Tende aus zur Côte d'Azur zu gelangen (auch umgekehrt), seitdem die Autobahn Ventimiglia–Menton eröffnet wurde und der Grenzübergang zwischen Frankreich und Italien keine Probleme mehr bietet (man braucht nur die „Grüne Versicherungskarte").

– *Grenzstation auf der Autobahn:* große, sehr moderne Anlage auf der italienischen Seite, kurz vor dem Grenztunnel. Die Straßenschilder führen die abgekürzte Bezeichnung »XX-Miglia« (zwanzig Meilen = Ventimiglia).

– *Station Ventimiglia – Menton Garavan,* auf der Küstenstraße N. 7–1. Dieser üblicherweise verstopfte Übergang ist seit der Eröffnung der Autobahn entlastet.

Das Projekt des *Internationalen Tunnels von Mercantour* ist weit fortgeschritten, aber das Datum der Eröffnung kann noch nicht genau angegeben werden. Dieser Straßentunnel, der unter dem Massiv de l'Argentera hindurchführt, wird länger sein als der des Mont Blanc. In Frankreich wird er in Boréon enden, oberhalb von St.-Martin-Vésubie, und in Italien unterhalb des kleinen Badeortes Valdieri.

Auto-Reisezüge mit Liegewagen

Avignon, Nîmes, Marseille, Hyères und St.-Raphaël sind durch die SNCF an das europäische Netz der Auto-Reisezüge mit Liegewagen angeschlossen.

Straßenkarten

Die als Grundlage für die Ausflüge dienenden Karten sind die von Michelin im Maßstab 200 000, Nr. 81 (Montélimar–Gap im Norden, Arles–Nizza im Süden) und Nr. 84 (Avignon und das gesamte Gebiet der Seealpen als nördliche Grenze). Für die Randgebiete ist es empfehlenswert, die Karte Nr. 77 nördlich von Gap und die Nr. 80 und 83 für den Teil des Languedoc und der Camargue zu benutzen.

Eine Karte von Michelin im Maßstab 100 000, also sehr ins einzelne gehend, mit der Bezeichnung »Environs de Nice« ist für anspruchsvollere Ausflüge in den Seealpen unerläßlich.

Die Karte I. G. N. im Maßstab 100 000 umfaßt die gesamte Provence in fünfzehn Ausschnitten. Die Qualität dieser Karte mit ihren Schraffierungen und Reliefdarstellungen sowie ihre Genauigkeit sind bemerkenswert.

In der Sammlung der »Grandes régionales« bietet Recta-Foldex eine Provence auf einem einzelnen Blatt an. Der Maßstab 250 000 hat eine erstaunliche Fülle von Informationen über das Straßenwesen, wie auch speziell für den Tourismus.

Die Karte »Provence–Côte d'Azur« von Cartoguides Shell im Maßstab 500 000 greift weit auf die Cevennen und die Küste des Languedoc über. Sie ist für die üblichen Rundfahrten und Ausflüge in ihrer Genauigkeit ausreichend. Ein Netz von »Entlastungsstraßen« wird dort deutlich hervorgehoben. Der Begleittext zählt 115 wesentliche Städte oder Orte auf. Die Karte wie der Text werden immer wieder auf den jüngsten Stand gebracht. In dieser Gegend, die sich in einer ständigen Entwicklung befindet, ist es, mehr noch als woanders, unerläßlich, welche Karte oder welchen Führer man auch wählt, stets die neueste Ausgabe zu nehmen.

NACH DER PROVENCE

— Autobahnen
— Nationalstrassen
— Touristische Nebenstrecke

REISE DURCH DIE PROVENCE 227

Ausflüge

Ausflüge in die Umgebung von Orange

Ein halber Tag:
Mornas, Pont-Saint-Esprit, Bagnols-sur-Cèze, Marcoule, Roquemaure, Vaison-la-Romaine, Gigondas, N. D. d'Aubune (eventuell über Suzette und die Dentelles de Montmirail).

Ein ganzer Tag:
Avignon über Châteauneuf-du-Pape.
Rundfahrt um den Ventoux.
Carpentras, Mazan, Vénasque, Pernes, Fontaine-de-Vaucluse.
Canyon de l'Ardèche, über aven Marzal (Doline), route de corniche, Pont d'Arc, aven d'Orgnac (Doline).
Nyons, Valréas, Grignan, Viviers, le Tricastin, Anlagen von Donzère-Mondragon, Rückkehr auf Autobahn.

Zwei Tage:
Canyon de L'Ardèche mit Bootsfahrt.

Ausflüge in die Umgebung von Arles

Ein halber Tag:
St.-Gilles-du-Gard, Pichegru, Villeneuve-les-Avignon.
Montmajour, Fontvieille, Les Baux.
Tarascon, St.-Michel-de-Frigolet, St.-Gabriel.
Albaron, Méjanes.

Ein ganzer Tag:
Avignon, Villeneuve-les-Avignon.
Les Alpilles: Maussane, St.-Rémy, Les Baux.
Tarascon, Pont du Gard, Nîmes.
St.-Gilles, Aigues-Mortes, La Grande-Motte, Les Saintes.
Le Vaccarès: Badon, Digue à la Mer, Les Saintes, Méjanes.
La Crau, Fos, Martigues, St.-Blaise, St.-Chamas, Salon.

Umgebung von Gordes

Ein halber Tag:
Abtei von Sénanque.
Die Ockergruben des »Colorado provençal«.
Roussillon, Apt, Saint-Saturnin.
Apt, Saignon, Buoux, Bonnieux.
Fontaine de Vaucluse.

Ein ganzer Tag:
Oppède-les-Vieux, Lacoste, Bonnieux, Kammstraße auf dem Luberon (Zedernwald), Cavaillon.
Cavaillon, Schluchten des Régalon, Mérindol, Lourmarin, Ansouis, La Tour d'Aigues, der Grand Luberon, Saignon, Apt.
Apt, Oppedette (Cañon), Simiane-la-Rotonde, »Colorado provençal«, St.-Saturnin d'Apt.
Apt, Manosque, Forcalquier, St.-Michel-l'Observatoire, Vachères, Oppedette, St.-Saturnin d'Apt; oder über Revest du Bion, Sault, Lioux.
Abtei von Sénanque, Vénasque, Mazan, Schluchten der Nesque, Sault, Lioux.
Fontaine de Vaucluse, Avignon, Cavaillon.
Carpentras, Rundfahrt Ventoux, Carpentras, Vaison-la-Romaine über Suzette und die Dentelles de Montmirail.
Rund um den Ventoux: Carpentras, Vaison, Brantes, Montbrun-les-Bains, Sault, Lioux.

Umgebung von Forcalquier

Ein halber Tag:
Mane, Manosque. Lure, Ganagobie.

Ein ganzer Tag:
Lure, Ganagobie, Les Mées, Sisteron, (Gebirge), Signal und N.D. de Lure, St. Etienne-les-Orgues.
St.-Michel-l'Observatoire, Vachères, Oppedette, Simiane-la-Rotonde, Revest-du-Bion, Le Contadour, Banon.
Oppedette, Ockergruben des »Colorado provençal«, Apt.
Manosque, La Tour d'Aigues, Ansouis, Lourmarin, Apt; oder Rückkehr über den Grand Luberon, Saignon.
Lure, Ganagobie, Les Mées, Digne, La Bégude-Blanche, Oraison.
Oraison, La Bégude-Blanche, Moustiers-Ste.-Marie, Ste.-Croix-du-Verdon, Riez, Gréoux-les-Bains, Manosque.

Umgebung von Aix-en-Provence

Ein halber Tag:
»Route Cézanne«: Le Tholonet, Fahrt zur Ste.-Victoire, Vauvenargues, Talsperren Bimont und Zola.
Vauvenargues, Mirabeau, La Tour d'Aigues, Ansouis, Pertuis.
Ventabren, Aquädukt von Roquefavour, Stausee von Réaltour.

Ein ganzer Tag:
Marseille (mehrere Tage). Salon.
Rundfahrt um den Brackwassersee von Berre: Vitrolles, Marignane, Carry-le-Rouet, Sausset-les-Pins, Martigues, Lavera, St.-Blaise, Istres, St.-Chamas, Berre-l'Etang, Roquefavour.
Rognes, Abtei von Sylvacane, Lourmarin, Bonnieux, Kamm des Luberon (Zedernwälder), Cavaillon, Salon.
Aubagne, Gémenos, Hochebene von

Aups, la Ste.-Baume, Nans-les-Pins, St.-Maximin-la-Ste.-Baume, Pourrières, Le Tholonet.
Grimaud, Chartreuse de la Verne, Collobrières, Bormes-les-Mimosas, Le Lavandou, Rayol, Cavalaire.
Cogolin, Le Môle, Bormes-les-Mimosas, La Londe-les-Maures, Hyères, La Capte (Porquerolles), Salins-d'Hyères, Le Lavandou, Rayol, Cavalaire.
Die Inseln, von Le Lavandou, Cavalaire oder Port-St.-Pierre aus.

Umgebung von Bandol

Ein halber Tag:
Ile de Bendor (Insel, aber noch besser wäre ein ganzer Tag).
Sanary, Le Brusc, île des Embiez.
Sanary, Le Brusc, N. D. de Mai, Les Sablettes, Six-Fours.
Sanary, Ollioules, Le Gros Cerveau (oder Evenos).
Les Lecques, La Ciotat.

Ein ganzer Tag:
Toulon und der Mont Faron (Berg).
Cassis und die Calanques (auf der Straße, dann auf dem Wasser).
Marseille (mehrere Tage).
Ollioules, Vieux-Beausset, Autorennbahn Paul Ricard, Le Castellet.
Le Castellet, Cuges, Aubagne, Gémenos, Hochebene von Aups, La Ste.-Baume, St.-Maximin-la-Ste.-Baume, Mazaugues, La Roquebrussanne, Méounes-les-Montrieux, Solliès-Ville (oder Rückkehr über Chartreuse de Montrieux und Signes).

Umgebung von Saint-Tropez

Ein halber Tag:
Port-Grimaud.
Plages des Salins, Tahiti, Pampelonne, Cap Camarat, Ramatuelle, Moulins de Paillas, Gassin.
Cogolin, Le Môle, Rayol, Cavalaire, Ramatuelle.
Grimaud, La Garde-Freinet, Plan-de-la-Tour, Ste.-Maxime.

Ein ganzer Tag:
Ste.-Maxime, Corniche des Maures, Fréjus, Mont Vinaigre, Estérel, Agay, St.-Raphaël.
Grimaud, La Garde-Freinet, Vidauban, Draguignan, Lorgues, Villecroze-les-Grottes, Tourtour, Ampus, Gorges de Châteaudouble (Schluchten), Bargemont, Callas, Draguignan, Trans, Le Muy, Ste.-Maxime.
Grimaud, La Garde-Freinet, Vieux-Cannet, Le Thoronet (Abtei), Carcès, Pignan, N. D. des Anges, Grimaud.

Umgebung von Moustiers-Ste.-Marie

Ein halber Tag:
La Palud (über die Corniche), La Maline, La Palud, Kammstraße des Verdon, La Palud, Rückkehr über das Hochplateau.
Ste.-Croix-du-Verdon, Riez.
Pont-d'Aiguines, Aups, Sillans, Salernes, Villecroze-les-Grottes, Tourtour, St.-Pierre-de-Tourtour, Ampus, Vérignon.

Ein ganzer Tag:
Vollständige Rundfahrt durch den Grand Canyon du Verdon: La Palud, La Maline, Kammstraße, Point Sublime, Rougon, Pont de Soleils, Trigance, La Mescla, Route de Corniche Sublime, Aiguines (siehe Spezialkarte). La Palud, Draguignan, Comps-sur-Artuby, Gorges de Châteaudouble (Schluchten), Draguignan, Ampus, Vérignon, Pont-d'Aiguines.
La Bégude-Blanche, Châteauredon, Digne, Col de Corobin, Barrême, Sénez, Draguignan, La Palud (St.-André-les-Alpes, Lac de Castillon).
Riez, Gréoux-les-Bains, Manosque, Forcalquier, Lurs, Ganagobie, Les Mées, Digne, Châteauredon, La Bégude-Blanche.

Umgebung von Castellane

Ein halber Tag:
Barrage de Castillon (Talsperre), St.-Julien-du-Verdon, St.-André-les-Alpes, Barrême, Sénez, Col de Lèque.
Barrage de Castillon, Soleilhas, St.-Auban, Thorenc, Le Logis-du-Pin.
Rougon, Point Sublime, Pont de Soleils, Trigance, La Mescla, Comps-sur-Artuby, Le Logis-du-Pin.

Ein ganzer Tag:
Rundfahrt durch den Grand Canyon du Verdon: siehe weiter oben. Barrage de Castillon, Soleilhas, St.-Auban, Col de Bleine, Gréolières, Gorges du Loup (Schluchten), Grasse, Route Napoléon.
Barrage de Castillon, Soleilhas, St.-Auban, Briançonnet, Collongues, Puget-Théniers, Gorges du Cians, Beuil, Gorges de Daluis, Entrevaux, Col de Toutes-Aures, St.-Julien-du-Verdon.
Barrage de Castillon, St.-André-les-Alpes, Thorame-Basse, Thorame-Haute, Annot, St.-Julien-du-Verdon. (Hochtal des Verdon und Hochtal des Var)
Barrême, Chaudon-Norante, Col de Corobin, Digne, Rückkehr auf Route Napoléon mit eventuellem Abstecher nach Barles, Verdaches, La Javie.

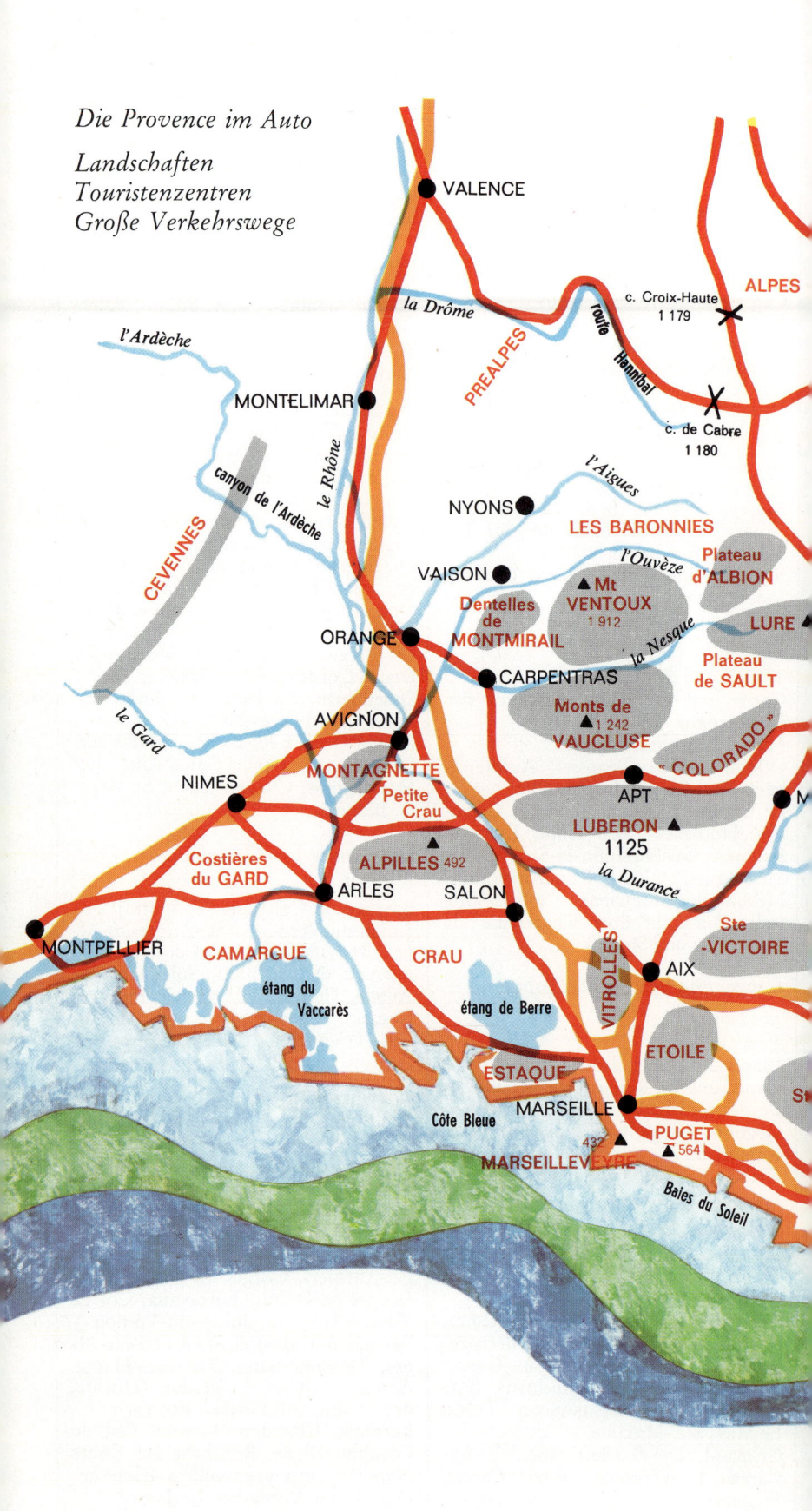

Die Provence im Auto
Landschaften
Touristenzentren
Große Verkehrswege

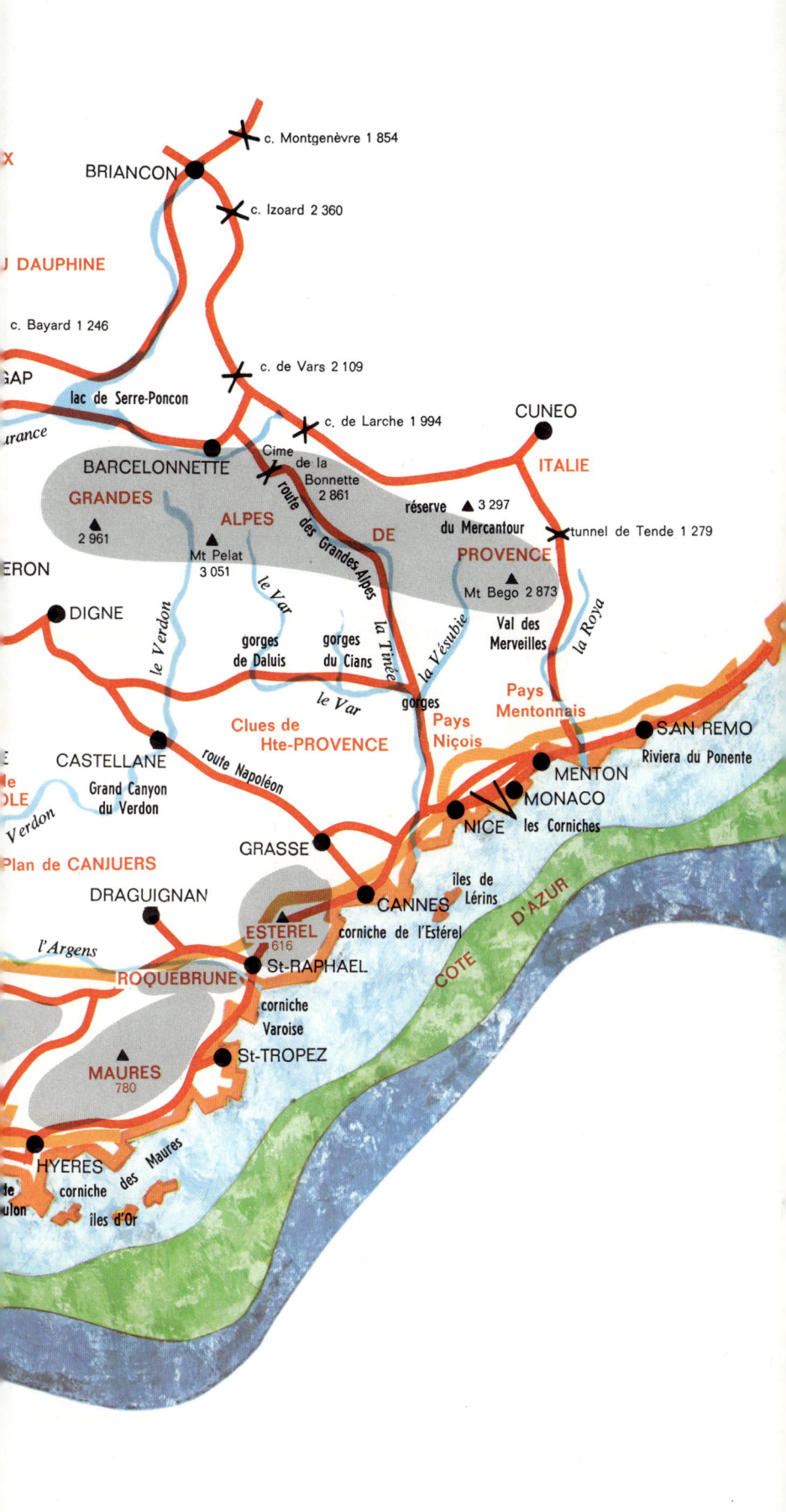

BRIANCON
c. Montgenèvre 1 854
c. Izoard 2 360
DAUPHINE
c. Bayard 1 246
GAP
lac de Serre-Poncon
Durance
c. de Vars 2 109
c. de Larche 1 994
CUNEO
BARCELONNETTE
ITALIE
GRANDES
Cime de la Bonnette 2 861
ALPES
réserve du Mercantour
2 961
DE
3 297
tunnel de Tende 1 279
Mt Pelat 3 051
route des Grandes Alpes
PROVENCE
Mt Bego 2 873
VERON
le Var
DIGNE
le Verdon
la Tinée
la Vésubie
Val des Merveilles
la Roya
gorges de Daluis
gorges du Cians
le Var
gorges
Pays Niçois
Pays Mentonnais
SAN REMO
Clues de Hte-PROVENCE
Riviera du Ponente
CASTELLANE
route Napoléon
MENTON
MONACO
Verdon
Grand Canyon du Verdon
NICE les Corniches
Plan de CANJUERS
GRASSE
îles de Lérins
DRAGUIGNAN
CANNES
CÔTE D'AZUR
l'Argens
ESTEREL
corniche de l'Estérel
616
ROQUEBRUNE
St-RAPHAEL
corniche Varoise
St-TROPEZ
MAURES
780
HYERES
des Maures
corniche
iles d'Or

Umgebung von Grasse

Ein halber Tag:
Gorges du Loup (Schluchten): Le Bar, Pont du Loup, Gourdon.
St.-Vallier-de-Thiey, Hochebene von Caussols, Gourdon.
Mougins, Le Cannet, Vallauris, Super-Cannes.
Villeneuve-Loubet, La Brague, Biot, Valbonne.

Ein ganzer Tag:
Cannes und îles de Lérins (Inseln).
Nizza (mehrere Tage).
Monaco, St.-Jean Cap Ferrat, Villefranche.
»Rundfahrt durch die moderne Kunst« (mehrere Tage): Vence (Matisse), St.-Paul (Stiftung Maeght), Cagnes (Chagall usw.), Biot (F. Léger), Antibes (Picasso).
L'Estérel: Mandelieu, N. 7, das Innere des Massivs, Agay, Anthéor, La Napoule.
Fréjus, St.-Raphaël: Hinfahrt auf A. 8, Rückfahrt an der Küste.
Das Hügelland (collines): Cabris, St.-Cézaire, Gorges de la Siagne (Schluchten), Mons, Tourette, Fayence, Seillans, Bargemont, Callas, Lac de St.-Cassien (See), Tanneron.
Die Klausen (clues): Gourdon, Gréolières, Thorenc, Col de Bleine, Aiglun, Clue du Riolan, St.-Antonin, Bonson, Villeneuve-Loubet.

Umgebung von Nizza

Ein halber Tag:
Die Corniches, die mittlere und die obere, mindestens bis La Turbie.
Moderne Kunst: Cagnes, Biot, Antibes; oder Villefranche, St.-Jean-Cap-Ferrat; oder St.-Jeannet, Vence, St.-Paul, Cagnes. Die hochgelegenen Orte: Falicon, Tourette-Levens, St.-Michel, Mont Chauve.

Ein ganzer Tag:
Monaco, Menton (mehrere Tage), Rückkehr einmal über die Grande Corniche, das andere Mal über Peille, Peillon.
Menton, San Remo; Rückkehr auf der Autobahn der Blumen.
Cannes und les îles de Lérins (Inseln).
Gorges du Loup (Schluchten) und Grasse; Rückkehr über Mougins, Vallauris, Le Cannet, Super-Cannes.
Sospel, l'Aution, Col de Turini, Peïra-Cava, Coaraze.
Sospel, Saorge, La Brigue de Nice, N.-D. des Fontaines, Tende; Limone-Piemonte; Rückkehr durch das Tal der Roya und Autobahn der Blumen (Abstecher zum Vallon des Merveilles).
Levens, Madone d'Utelle, St.-Martin-Vésubie, le Boréon, Madone de Fenestre; Rückkehr über St.-Dalmas-Valdeblore und die Tinée.
St.-Etienne-de-Tinée, Auron, Isola 2000.
La Mescla, Touët-sur-Var, Gorges du Cians (Schluchten), Beuil, St.-Sauveur-de-Tinée (Abstecher zu den Gorges de Daluis und Valberg).
Die Klausen: Le Brosc, Bouyon, clue de la Bouisse, Roquesteron, Sigale, clue du Riolan, Ascros, Bonson.

Mehr als ein ganzer Tag:
Vallon des Merveilles.

Umgebung von Saint-Martin-Vésubie

Ein halber Tag:
Le Boréon, Weiler Mollières.
Madone de Fenestre, Tal der Gordolasque.
La Bollène-Vésubie, Col de Turini (Paß), l'Aution.
Utelle, Levens, La Mescla, St.-Dalmas-Valdeblore.

Ein ganzer Tag:
St.-Dalmas-Valdeblore, La Mescla, Touët-sur-Var, Gorges du Cians (Schluchten), Beuil, St.-Sauveur-de-Tinée (Abstecher zu den Gorges de Daluis).
St.-Etienne-de-Tinée, Cime de la Bonnette (Kamm) und Rückfahrt (Abstecher nach Isola 2000).
Col de Turini (Paß), l'Aution, Sospel, Lucéram, Peïra-Cava.
Vallon des Merveilles (Tal), über die Gordolasque (für geübte Wanderer).

Mehr als ein ganzer Tag:
St.-Etienne-de-Tinée, Cime de la Bonnette, Jaussiers, Col de Larche (italienische Grenze), Vinadio, Santa-Anna, Col de la Lombarde (Grenze), Isola 2000, Isola, St.-Dalmas-Valdeblore.
Diese Rundfahrt entweder über den Col de Larche oder kürzer über den Col de la Lombarde, aber von Vinadio ab bis Cuneo (Coni) fortsetzen, Limone-Piemonte; Zufahrt nach Frankreich durch den Tunnel von Tende, Tende, St.-Dalmas-de-Tende, La Brigue-de-Nice, N.-D. des Fontaines, Vallon des Merveilles von St.-Dalmas aus (ein ganzer Tag), Saorge, Breuil-sur-Roya, Sospel.

Empfang und Aufenthalt

Informationen

In erster Linie informiert man sich bei seinem gewohnten *Reisebüro*, denn dies vermag als Spezialist alle Unterlagen zu beschaffen und unter Übernahme einer vollständigen Garantie für Verkehrsmittel, Aufenthalt und Ferienprogramm zu sorgen. Bei einem so stark besuchten Gebiet wie der Provence können die Dienste eines Reisebüros von unschätzbarem Wert sein.

Die von den amtlichen Stellen des *Tourisme français* gelieferten Unterlagen sind sehr genau und ins einzelne gehend; es gibt sie in den gebräuchlichsten Sprachen. Man kann sie sich kostenlos unmittelbar besorgen oder durch die Post zuschicken lassen:

In Paris: Bureau national de Renseignements de Tourisme, 127, avenue des Champs-Elysées (75008); und in den Paris Welcome Information Offices auf den Bahnhöfen und Flugplätzen. Dieser Auskunftsdienst ist durch Telex mit allen großen Orten in Frankreich und Europa verbunden und kann in dringenden Notfällen Hotelzimmer für ausländische Gäste reservieren. Die Stadt Nizza unterhält ein eigenes Informationsbüro in Paris: »Maison de Nice«, 38, avenue de l'Opéra (75002), Tel. 0 73 63 14.

Im Ausland: Filialen oder Vertretungen des Tourisme français (kostenlose Beratung) in Frankfurt, Düsseldorf, Brüssel, Barcelona, Madrid, London, Amsterdam, Mailand, Stockholm, Kopenhagen, Zürich, Genf und Moskau. Weitere Geschäftsstellen gibt es in Amerika und in Asien. Komplette Liste beim Secrétariat d'Etat au Tourisme, 8, avenue de l'Opera, Paris 75002.

An der Straße in die Provence: Informationsstände an den Autobahnen, insbesondere im Centre d'Information régionale von Lançon, an der N. 7 zwischen Salon und Aix.

In der Provence und an der Côte d'Azur: In den Syndicats d'Initiative oder Offices de Tourisme (eine solche Stelle gibt es so gut wie in allen Städten und in den meisten Orten von touristischem Interesse). Die Dienste der S. I. oder O. T. sind kostenlos, aber schriftliche Anfragen werden nur beantwortet, wenn Rückporto oder internationaler Antwortschein beiliegen. Regional gibt es ein Comité régional de Tourisme in Marseille, 25, avenue du Prado (13006) und in Nizza bei der Handelskammer, Chambre de Commerce, boulevard Carabacel (06000); ferner die Fédération des Syndicats d'Initiative in Marseille (für die Provence), 4, La Canebière (13001), ein weiteres Büro in Nizza (für die Côte d'Azur), 2, rue Deloye (06000).

Das Alltagsleben

Für viele Urlauber ließe sich der Aufenthalt an der Côte d'Azur auf eine einfache Formel bringen, zum Beispiel die drei großen P: »Plage (Strand), Pétanque, Pastis« oder die drei großen S: »Sonne, Siesta, Soirée«! ...
Wir haben gesehen (Kapitel »Überblick«), daß die Provence ebenso wie die Côte d'Azur ein viel reichhaltigeres Programm anbieten, aber selbst der Liebhaber einsamer Wanderungen durch die duftende Heide oder der von moderner Kunst Besessene, der von Museum zu Galerie eilt, kann sich der Verlockung des lauen, kristallklaren Wassers, der Spannung eines guten Treffers beim Pétanque-Spiel, der Atmosphäre einer kleinen Bar, die sich seit den Zeiten eines »Marius« von Pagnol nicht wesentlich verändert hat, nicht entziehen...

Kontakte. Die Märkte – die berühmten »Märkte der Provence«, von Bécaud besungen – sind Kulisse und Schauspiel zugleich, eine Art Komischer Oper, deren zahlreiche lärmende Personen Requisiten benutzen, deren Farben um so lebhafter und greller sind, als der Scheinwerfer für diese Bühne die Sonne selber ist. Der Urlauber, der aus einer der grauen Städte des Nordens kommt, fühlt sich am ersten Tag ein wenig verwirrt und reagiert nicht, wenn die Fischhändlerin ihn laut und familiär anruft. Aber trotzdem wird er immer wieder zwischen den mit saftigen Früchten, roten Pfefferschoten, violetten Auberginen und würzig duftendem Fenchel beladenen Ständen umherschlendern... und in der fröhlichen Menge aufgehen. Die Freundlichkeit des Provenzalen ist sprichwörtlich. Sie bildet einen der Reize einer solchen Reise. Gewiß, auf dem Lande, in den Dörfern und in den Landschaften des Hochlandes ist sie spontaner als in den Städten und an der Küste. Aber selbst in der Welt der »Geschäfte« nimmt man sich hier die Zeit zu einem Lächeln. Die Fahrpläne und die Verspätungen sind hier elastischer als woanders. Die Frage der Kleidung: offenes Hemd, leichter Anzug, Ferienkluft ... auch sie tragen dazu bei, eine Atmosphäre der Entspannung zu schaffen.

Kostenfrage. Ist nun das so sehr ersehnte Leben im Süden teurer als woanders? Sind die Ferien dort kostspieliger? Eine schwierige Frage ... Auf jeden Fall sind sie für das Innere der Provence bestimmt mit einem Nein zu beantworten. An der Küste und in den großen Städten wirkt sich die Steigerung der Nachfrage offensichtlich, wie überall, auf die Preise aus. Aber das Angebot an verschiedenen Möglichkeiten der Unterkunft ist derartig, daß jeder seinem Geldbeutel entsprechend unterkommen kann, vorausgesetzt, daß er nicht unbedingt am Strand wohnen will. Was die Restaurants betrifft, so findet man sehr anständige und malerische mit recht bescheidenen Preisen in mehr als 25 großen und kleinen Orten. Was die berühmten – manchmal weltbekannten – Häuser betrifft, sei es wegen der Qualität ihrer Küche, sei es wegen des Rahmens, so sind sie äußerst zahlreich.

Die Adressen und Beschreibungen befinden sich in einem Sonderkapitel auf Seite 248. Diese Stätten kann man als die offensichtlichsten Beispiele des Reichtums der Provence ansehen.

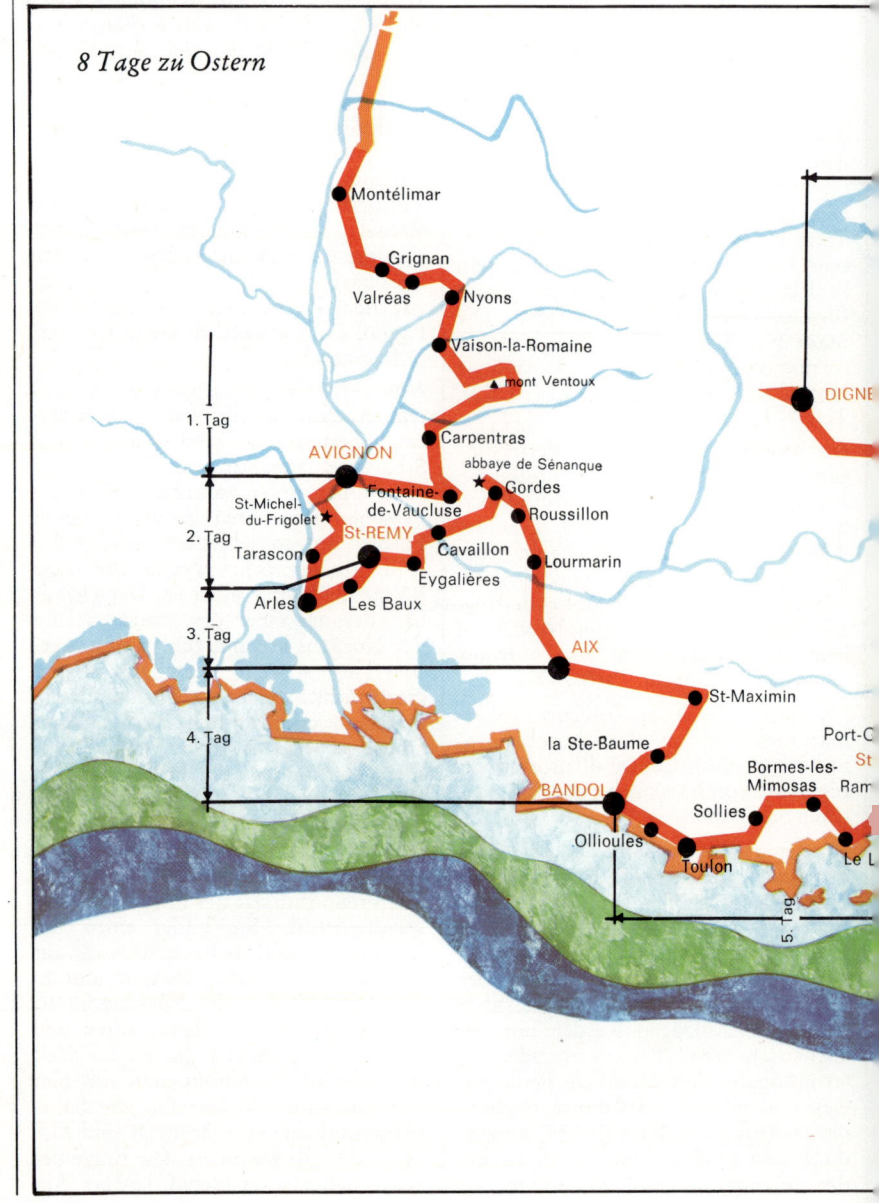

Vorsichtsmaßnahmen. Ferien in der Provence oder an der Côte d'Azur werfen bezüglich der Sicherheit kein größeres Problem auf, seitdem die heilige Martha das Ungeheuer »Tarasque« gebändigt hat ...
Jedoch sollte der Besucher auf zwei oder drei besondere Punkte hingewiesen werden. Früher sprach man davon, daß »Mistral, Durance und Parlament« die drei Geißeln der Provence seien. Heute müßte man sagen: Mistral (noch immer), Verkehr und Feuer!
Der Mistral ist für die Neulinge auf See und für die Badenden gefährlich, die sich auf einer Luftmatratze treiben lassen. Plötzlich erhebt er sich und weht aufs Meer hinaus. In jedem Jahr lassen sich Unvorsichtige davon überraschen.
Die Gefahren der Straße sind – leider – noch alltäglicher. Der Verkehr wirkt sich besonders mörderisch an der Küste und nach allzu fröhlichen Abenden auf den großen Verkehrsstraßen aus. In den Bergen verlangen schmale, kurvenreiche und noch spät im Jahr verschneite Straßen eine vorsichtige Fahrweise. Aber der Feind nicht nur der Urlauber, sondern der Provence selber, ihrer Schönheit und ihres Lebens, ist das Feuer, das in jedem Jahr Anpflanzungen, Heideflächen und Wälder verwüstet. Die Raucher sollten an frischer Luft das Rauchen bleiben lassen.

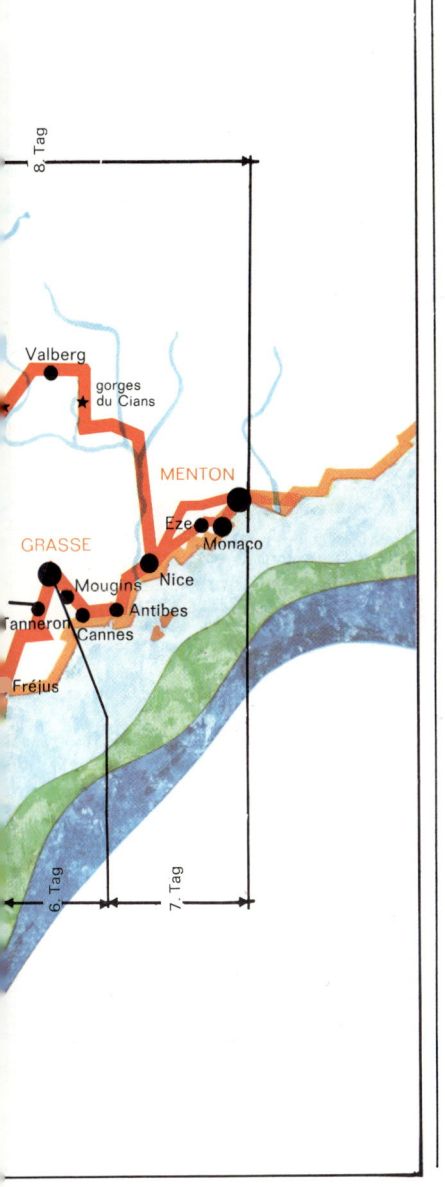

Wo wohnt man?

Die Ausstattung mit Hotels ist in bezug auf die Zahl der Häuser und ihre Qualität das Ergebnis einer sehr langen Tradition und einer ständigen Bereitschaft zur Erneuerung, und ihre Verschiedenartigkeit, bedingt durch den riesigen Besucherstrom aus allen Teilen der Welt, derartig, daß der Gast vor allem vor der Schwierigkeit der Wahl steht.
Beim Durchlesen der von den weiter oben genannten Stellen ausgegebenen Unterlagen (Kapitel »Informationen«) sieht man sich einer vollständigen Skala von Hotels und Pensionen gegenüber. Zu einem großen Teil handelt es sich dabei um Neubauten oder um Häuser, die einer umfassenden Modernisierung unterzogen wurden.
Die gegenwärtige Tendenz läuft auf eine Gruppierung in regionalen »Ketten« hinaus: Kette der »Baies du Soleil« (siehe Angaben unter Bandol), Kette »France Mapotel«, Kette »Riviera« usw. Die »Logis de France« sind vor allem in den Departements Drôme, Vaucluse, Alpes-de-Haute-Provence und Alpes-Maritimes vertreten. Die »Relais de Campagne« und die »Châteaux-Hotels« (Schloßhotels), berühmt wegen ihrer Ausstattung, ihres Komforts und ihrer Atmosphäre, bestehen aus insgesamt 30 Häusern.
Das Interessante für den Gast liegt darin, daß ihm diese Hotelketten überall gleiche Preise und gleichen Service garantieren, die seinem Geschmack oder seinen finanziellen Möglichkeiten entsprechen. Es ist nicht selten, daß einige besondere Vorteile mit bestimmten Unternehmen verbunden sind: Erleichte-

rung bei der Reservierung in einem Haus der gleichen Kette, Pauschalabmachungen, die Besichtigungen oder Veranstaltungen mit einbeziehen, »Restaurant-Gutschriften«, die es ermöglichen, eine Mahlzeit in einem der anderen Restaurants einzunehmen usw.

Eine große Anzahl von Hotels aller Kategorien in den Seealpen und in Monaco bieten Ehepaaren auf der Hochzeitsreise den »kostenlosen siebten Tag«.

So gut wie alle Hotels haben die »Halbpension« eingeführt, und alle, die in den jedes Jahr vom Secrétariat d'Etat au Tourisme veröffentlichten Listen aufgeführt sind, bieten »Pauschalpreise«, das heißt solche, bei denen Bedienung und staatliche Steuern inbegriffen sind; nur die »Aufenthaltssteuer«, die eine Gemeindesteuer ist und von manchen Gemeinden erhoben wird, kann auf die Rechnung gesetzt werden, wobei die ersten achtundzwanzig Tage frei sind.

Camping und Caravan

Der Tourismus unter freiem Himmel hat in diesem sonnenreichen Gebiet einen beträchtlichen Aufschwung genommen. Es gibt zahlreiche Campingplätze auch für Caravans an der Küste und manche flächenmäßig sehr ausgedehnte (zum Beispiel gibt es allein in der Gemeinde Fréjus-Saint-Aygulf neun »Campingplätze« mit einer Fläche von 46 ha; einer darunter umfaßt 18 ha, ein anderer 10 ha!). Trotzdem sind sie häufig im Juli und August über die zulässigen Belegungsziffern hinaus besetzt. Es setzt sich mehr und mehr das Verfahren durch, von einem Jahr zum anderen einen Platz zu reservieren. Es ist nicht vorauszusehen, daß sich dieser Zustand schnell bessern könnte, weil auf einer Seite der Preis für Baugelände ständig steigt, was die Besitzer veranlaßt, dieses »Hotelgewerbe unter freiem Himmel« aufzugeben, um sich auf Parzellensiedlungen zu werfen, auf der anderen Seite die Vorschriften über Besiedlung und Sicherheitsvorkehrungen die Entwicklung erschweren.

NEUE NORMEN

Die Einstufung der Hotels durch Sterne auf einem amtlichen Schild mit Jahreszahl entspricht einer Bestätigung durch das Kommissariat für Tourismus, die alljährlich entsprechend dem Komfort und der Instandhaltung festgelegt und berichtigt wird.
****L: Spitzenklasse, Luxus.
****: Hotel mit sehr großem Komfort.
***: Hotel mit großem Komfort.
**: Hotel mit gutem Komfort.
*: Hotel mit bescheidenem Komfort.

In den letzten Jahren wurden die Richtlinien für die Einstufung sehr streng eingehalten, und die seit dem 1. Januar 1972 angeführten Sterne müssen den »neuen Normen« entsprechen.

Manche Hoteliers legen jedoch Wert darauf, besonders darauf hinzuweisen, daß sie nach den letzten Richtlinien eingestuft wurden, und lassen den ihnen zugeteilten Sternen die Buchstaben »NN« (neue Normen) folgen.

Man darf diese amtliche Klassifizierung nicht mit den Bewertungen verwechseln, die zuweilen gleichfalls mit Hilfe von Sternen bei der privaten Werbung und in manchen Reiseführern auftauchen.

Der Komfort auf den bestehenden Plätzen wird ständig verbessert. Eine große Zahl bietet einen solchen Komfort und solche Annehmlichkeiten, daß man sie zu den besten Europas zählen kann.

Die Plätze für Camping und Caravan sind ebenso wie die Hotels einer amtlichen Bestätigung und Klassifizierung unterworfen, die gleichfalls durch »Sterne« von **** bis zu * gekennzeichnet werden.

Das Verbot »wilden« Campings, das heißt, ein freies Kampieren in der Natur, gehört zu den unerläßlichen Maßnahmen, die darauf hinzielen, die Gefahr von Bränden auf ein Minimum zu reduzieren.

Dennoch gibt es in den Bergen und auf den Hochflächen der Provence zugelassene Plätze, die schon Tradition haben und von den Förstern überwacht werden, häufig in einer wunderbaren Lage.

Die Campingerlaubnis, »licence de camping«, die von den der Fédération française de Camping et de Caravaning (78, rue de Rivoli, 75004 Paris) angeschlossenen Verbänden ausgegeben wird, die gleichfalls einen offiziellen Führer aller Campingplätze veröffentlicht, oder der Nachweis des Abschlusses einer Haftpflicht- und Feuerversicherung – für die Ausländer das »Carnet international de camping« – werden von den meisten Verwaltern von Campingplätzen und von den Aufsehern der Forstbehörde verlangt.

Tourismus für die Gesundheit

Kur- und Erholungsaufenthalte in der Wintersonne waren die Wurzel der Entwicklung des Tourismus in der Provence. Die günstigen Auswirkungen des Klimas sind nicht zu bezweifeln; zahllose ältere oder einfach deprimierte Menschen bezeugen es immer wieder. Menton, Grasse und Hyères werden von ihnen bevorzugt, aber auch andere Orte sind beliebt.

Jedoch besitzt die Provence auch speziellere Kurorte.

Zentren für Meerestherapie gibt es in Marseille (Promenade de la Corniche), Saint-Raphaël (Meeresinstitut »La Ca-

BESICHTIGUNGEN MIT VORTRÄGEN

Das Amt für historische Denkmäler organisiert Besichtigungen mit Vorträgen anerkannter Fachleute in zahlreichen Kunststädten Frankreichs. So in der Provence:
– *Aix*, vom 26. Juni bis 30. September;
– *Arles*, vom 15. Juni bis 15. September;
– *Grasse*, vom 1. Juli bis 15. September;
– *Menton*, vom 1. Juli bis 15. September;
– *Nizza*, vom 1. Juli bis 15. September.

Einzelheiten in den Angaben unter »Städte und Landschaften« und Informationen bei den entsprechenden Syndicats d'Initiative und bei der Caisse des Monuments historiques, Hôtel de Sully, 62, rue Saint-Antoine, 75004 Paris.

lanco«), Toulon (route de Sainte-Maxime) und La Ciotat.
Fünf Orte werden amtlich als *Thermalbad* oder *Trinkkur* eingestuft:
– Aix-en-Provence: Kreislauf, Gynäkologie, Gicht (das ganze Jahr geöffnet);
– Camoins-les-Bains: rheumatische Krankheiten, Atemwege (Saison von Juni bis Oktober);
– Digne-les-Bains: Knochen, Gelenke, Hautkrankheiten (15. Mai – 30. September);
– Gréoux-les-Bains: rheumatische Krankheiten, Hautkrankheiten, Atemwege; ein völlig renovierter Kurort, der zur »Chaîne thermale du Soleil« gehört (15. Mai – 15. Oktober);
– Hyères: Krankheiten, die auf Lithiumsalze ansprechen (das ganze Jahr geöffnet).

Ferien im Schnee

In den Seealpen (Alpes-Maritimes):
Auron (1600–2400 m) verfügt zusammen mit vielen Sonnentagen über ausgezeichnete Schneeverhältnisse von November bis Mai. 12 Skilifte, internationale Rennpiste, Sprungschanze, Eisbahn, Curling, geheiztes Schwimmbad. 9 Hotels, darunter 1 ****, 200 Zimmer. Informationen: Office du Tourisme, Tel. 006 Auron.

Valberg-Beuil, Les Launes (1700–1882 m): schöne Hänge, bemerkenswerte Zahl von Sonnentagen, verhältnismäßig gute Schneeverhältnisse, großes Modernisierungsprogramm. Insgesamt 14 Lifte, 20 beschilderte Pisten, 3 Sprungschanzen, Eisbahn. 18 Hotels, darunter 3 ***, 450 Zimmer. Informationen: S.I., Tel. 077.

Gréolières-les-Neiges (1425–1800 m): schöne Lage mit einem Maximum an Sonnentagen. 6 Lifte, Eisenbahn. Möblierte Zimmer, 300 Betten. Informationen: Tel. 7108.

Isola 2000 (2000–2320 m): Neu entstandener Ort, Weihnachten 1971 eingeweiht, »eine vielversprechende Entdeckung«. 9 Lifte, 18 Pisten, 2 Hotels.
La Colmiane-Valdeblore (1500–1800 m): 7 Lifte, 17 Pisten, 11 Hotels, 140 Zimmer. Informationen: Tel. 48 in Valdeblore.
Andere Skizentren: *St.-Etienne-de-Tinée* (1140–2830 m), *Peira-Cava-Turini* (1420–1650 m), *St.-Martin-Vésubie* (960 m).

In den Alpes-de-Haute-Provence:
Le Sauze (1400–2400 m): Dieser Ort umfaßt das Skigelände von la Rente, 1700 m; von Enchatraye, 1600 m; von Super-Sauze, 1700 m. 10 Lifte, 22 Pisten, 17 Hotels, 450 Zimmer. Informationen: Tel. 061.
Pra Loup (1650–2450 m): Hoch über dem Tal der Ubaye gelegener Ort, weit ausgedehntes Skigelände. 18 Lifte, 37 Pisten, 10 Hotels, 1000 Zimmer. Informationen: 300 in Barcelonnette.
La Foux d'Allos (1800–2550 m): jugendliche, sportliche Atmosphäre. 10

Allgemeine Übersicht in 12 Tagen

Lifte, 19 Pisten, Natureisbahn, Rodelbahn. 10 Hotels, 150 Zimmer, Schutzhütten, Jugendherberge (140 Betten). Informationen: S. I., Tel. 015.
Andere Orte sind gleichfalls als Skizentren zu betrachten: *Larche* (1700–1925 m), *Lure* (1570–1770 m), *Le Seignus d'Allos* (1550–2000 m), *Seyne-le-Grand-Puy* (1380–1780 m), *Ste.-Anne-La-Condamine* (1800–2400 m), *Col de Saint-Jean* (1350–2000 m).

Im Vaucluse:
Mont Ventoux (1400–1800 m): Die besten Schneehänge liegen um den Mont Serein herum, am Nordhang. 5 Lifte, 6 Pisten, 5 Hotels, 50 Zimmer.

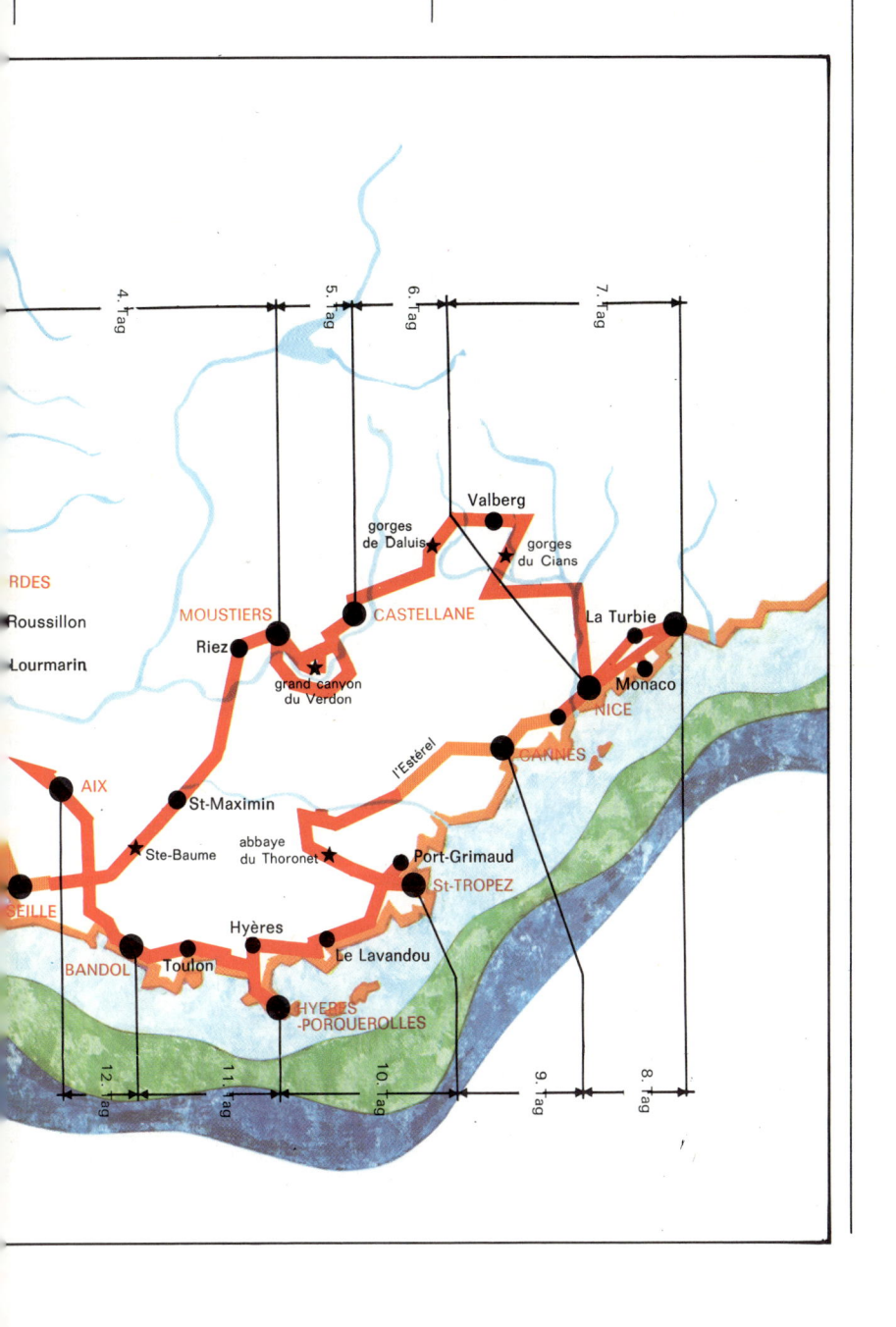

REISE DURCH DIE PROVENCE

Sport und Unterhaltung

Da die Vergnügungen durch ihre Zahl, ihre Vielfalt und ihre Originalität einer der Gründe für eine Reise in die Provence und an die Côte d'Azur sind, wurde im Kapitel »Überblick« ebenso wie in jedem Abschnitt über die Städte und Urlaubsorte ausführlich darüber berichtet.
Es handelt sich hier nur darum, auf einige besondere Punkte genauer einzugehen, wie dies soeben bezüglich der Möglichkeiten des Wintersports geschehen ist.

Unterwassertauchen

Dieser allen zugängliche Sport wurde an diesen Küsten mit ihrem klaren Wasser geboren. Cannes ist der Heimathafen der wissenschaftlichen oder sportlichen Pioniere, die die berühmteste Forschungstechnik der Welt dort verwirklicht haben, vom »Schnorchel« bis zur tauchenden Untertasse.
Es gibt eine große Zahl von Zentren, wo man Tauchmaterial leihen kann, insbesondere in Marseille, Le Niolon, Cassis, La Ciotat, Bendor (eine der bedeutendsten Ausbildungsstätten), Les Embiez, Hyères, Ramatuelle, Saint-Tropez, St.-Raphaël, Cannes, Antibes, Monaco und Menton.
Das Tauchen ist in drei Punkten bestimmten Vorschriften unterworfen:
1. Die Verpflichtung, einen Erlaubnisschein für Unterwasserjagd *bei sich* zu tragen (zum Beispiel an die Badehose angenäht), sobald man sich eines Unterwassergewehrs bedient; dieser wird von der Marineinspektion, durch Vermittlung von Klubs und Sportartikelhändlern ausgestellt;
2. Verbot, ein Unterwassergewehr bei sich zu führen, wenn man sich einer Taucherausrüstung mit Sauerstoffzufuhr bedient;
3. Verbot, Gegenstände und aus dem Meer heraufgeholte Fundstücke zu behalten, zu verschenken oder abzutreten. Dem Amt für historische Altertümer bei der Präfektur (Marseille, Draguignan oder Nizza) ist darüber eine Erklärung abzugeben.
Fehlt es an griechischen oder römischen Amphoren oder auch an Fisch (der sich im Sommer rar macht), bleiben dem Unterwassertouristen die Freuden der Beobachtung, des Fotografierens und Filmens. Entlang dieser gesamten felsigen Küste, die bis zu einer Tiefe von einigen 10 m ein Schelf bildet, gibt es eine wunderschöne Flora, dann fällt eine steile Felswand ab, die sich in der Finsternis der Abgründe verliert.

Fischen im Süßwasser

Zahlreiche Gebirgsflüsse gehören zur »ersten Kategorie«. Dort herrschen die Lachsarten vor; die Forellen erreichen häufig eine beachtliche Größe. Diese Gebirgsflüsse sind die obere Durance, der Verdon, der Ubaye, die Ubayette, die Drôme bis Luc-en-Diois, die Ouvèze und ihre Nebenflüsse, die vom Ventoux herunterkommen, die Tinée, die Vésubie und der Argens.
Barben, Alanten, Schleie usw. gibt es reichlich in den Unterläufen der Flüsse an der Grenze zwischen dem Dauphiné und der Provence.
Die Rhone ist sehr fischreich und für ihre Aale berühmt. In einigen Brackwasserseen der Camargue bilden im übrigen die Aale die Grundlage für eine intensive kommerzielle Ausnutzung.
Die künstlich aufgestauten Seen und die Gebirgsseen sind hochgeschätzte Fischreservate.
Den Angelschein erhält man bei Sportartikelhändlern. Einige dazu befugte Hoteliers geben Tageskarten aus.

Bergsteigen und Höhlenforschung

Die *Calanques von Marseille* (zwischen Marseille und Cassis) stellen eine weltberühmte »Kletterschule« dar. Hunderte von »Einstiegen«, die die gesamte Skala alpiner Schwierigkeiten bieten, wurden in den steilen Felswänden, die durchschnittlich 150–200 m erreichen, beschildert und erforscht.
Die *Dentelles de Montmirail* (siehe Angaben unter Carpentras und Orange) sind weniger schwierig, aber gleichfalls beschildert.
Die Bergsteiger aus Nizza verfügen für ihr Training über die schöne Steilwand von *Baou de Saint-Jeannet*. Die *hohen Gipfel der Alpen der Provence* bieten keine besonderen Schwierigkeiten, obwohl sie häufig höher als 3000 m sind. Bergführer können durch die Informationsbüros in Tende, Saint-Martin-Vésubie usw. vermittelt werden.
Die Höhlenforschung im Kalkstein der Provence hält für die Spezialisten manche Freuden und Erregungen bereit. Zahlreich sind die »Löcher«, insbesondere auf dem Plateau von Canjuers (teilweise Militärgelände). Einige von ihnen haben den Mannschaften, die im Verlauf mehrerer Jahre einander dort gefolgt sind, große Schwierigkeiten bereitet, so die Doline von

Piaggia Bella im Massiv des Marguareis an der französisch-italienischen Grenze, bis zu 700 m Tiefe erforscht, oder der Caladaïre in der Nähe von Banon, bis 487 m erforscht, wobei man der Lösung des Rätsels der Fontaine de Vaucluse nähergekommen ist. Informationen beim *Club Alpin Français*, bei der *Compagnie des Guides de Provence* und beim *Spéléo Club de Marseille*, 1, rue des Feuillants, 13001 Marseille; bei der *Société des Excursionnistes Marseillais*, 33, allée Léon-Gambetta, 13001 Marseille; *Spéléo-Club de Nice*, 15, avenue Jean-Médecin, 06000 Nice.

Fußwanderungen

Die Provence ist in Frankreich das Gebiet, das am besten mit Wanderwegen (Grande Randonnée) ausgestattet ist, die besonders ausgewählte Strecken darstellen und eine gleichartige Beschilderung aufweisen (rote und weiße Markierungen).
G. R. 4: Cannes, Entrevaux, Grand Canyon du Verdon, Manosque, Sault, Vaison.
G. R. 5: Nizza, Auron, St.-Paul-sur-Ubaye und darüber hinaus Evian (eine Abzweigung führt von Menton über die Vésubie und Valdeblore hinauf).
G. R. 6: Barcelonnette, Seyne, Sisteron, Forcalquier, Lure, St.-Saturnin-d'Apt, les Baux, Tarascon und darüber hinaus die Cevennen.
G. R. 9: St.-Pons-les-Murs (in der Nähe von Ste.-Maxime), les Maures, Signes, Trets, der Luberon, der Ventoux, Nyons und die Drôme. Informationen und ausführliche Wanderführer: Comité national des Sentiers G. R., 65, avenue de la Grande-Armée, 75016 Paris.

Ferien zu Pferd

In Eygalières, am Fuß der Alpilles, wurden in den fünfziger Jahren die »Ferien zu Pferd« geboren. Zum erstenmal hat man Touristen, die niemals Reitunterricht hatten, auf Pferde steigen lassen und sie durch die Berge und bis in die Camargue geführt. Dieses Experiment hat sich seitdem durchgesetzt. In der Provence vielleicht mehr als woanders. Überall findet man Leihpferde für einige Stunden oder für Ritte von mehreren Tagen, die vorwiegend in der Camargue, in den Maures, im Estérel, im Vallon des Merveilles, im Mercantour, in den Schluchten des Verdon, in den Alpes de Lumière und am Ventoux organisiert werden.
Informationen: Association régionale de Tourisme équestre de Provence (Arte-Provence), équipage du Lauzet, 30400 Villeneuve-les-Avignon; Association régionale de Provence-Côte d'Azur (Arte-Proca), 86, boulevard Gambetta, 06100 Nice.

Kalender der Festivals

Die hauptsächlichen Feste und Veranstaltungen von Interesse für den Touristen werden in den praktischen Hinweisen am Ende jeder Stadt aufgeführt. Hier werden in chronologischer Ordnung jene noch einmal genannt, die besonderes Interesse verdienen.
Februar: In der Woche vor dem Fastnachtsdienstag, *Nizza:* Karneval.
Mitte des Monats, *Cannes:* Mimosenfest.
Ende des Monats, *Menton:* Zitronenfest.
Mai: Den ganzen Monat und die ersten Tage im Juni, *Nizza-Cimiez:* Traditionelles »Maifest«.
Mitte des Monats, *Cannes:* Internationales Filmfestival.
23.–25. Mai, *Saintes-Maries-de-la-Mer:* Wallfahrt der Zigeuner.
Ende des Monats, *Nizza:* Internationales Festival des Buches.
Juni: Die letzten zwei Wochen und den ganzen Juli, *Aix:* Internationales Musikfestival.
Ende des Monats, *Tarascon:* Fest der »Tarasque« und Rückkehr Tartarins.
Ende des Monats, *Antibes-Juan-les-Pins:* Festival des Chansons.
Ende des Monats, Anfang Juli, *Arles:* Festival im antiken Theater.
Juli-August: In beiden Monaten und bis in den September hinein, *Sénanque:* Konzerte und internationale Begegnungen.
Den ganzen Monat Juli und bis Mitte August, *Le Thoronet:* Konzert.
In den beiden Monaten, *Saint-Maximin:* Konzerte.
In den beiden Monaten, *Toulon:* Theater, Musik, Tanz, Film.
Mitte des Monats, *Nizza:* Internationales Folklore-Festival.
Mitte Juli, Mitte August, *Avignon:* Festival des Theaters, des Tanzes und des Films.
Zweite Hälfte des Monats, *Orange:* »Chorégies« im antiken Theater.

Ende Juli, Anfang August, *Carpentras:* Festival des Theaters und der Musik.
Ende Juli und den August hindurch, *Saint-Tropez:* »Nächte in der Zitadelle«, Musik, Chansons.
Juli–August, *Vaison-la-Romaine:* Folklore, Theater, Musik.
Ende Juli–Anfang August, *Sisteron:* »Nächte in der Zitadelle«, Theater, Musik, Gesang.
Ende Juli und in Abständen bis Mitte August, *Les Baux:* französische und ausländische Musik.
Im August, *Antibes:* Konzerte.

Anfang August, *Aigues-Mortes:* historisches Festival.
Im August, *Menton:* Internationales Festival der Kammermusik.
Ende August, *Cannes:* Internationales Festival der Feuerwerkskunst.
Mitte August, *Saintes-Maries-de-la-Mer:* große »Feria« mit Freilassen der Stiere (abrivado).
September–Dezember: Anfang September, *Digne:* Fest und Messe des Lavendels.
24. Oktober, *Saintes-Maries-de-la-Mer:* Provenzalische Wallfahrt.
Dezember und Anfang Januar, Mar-

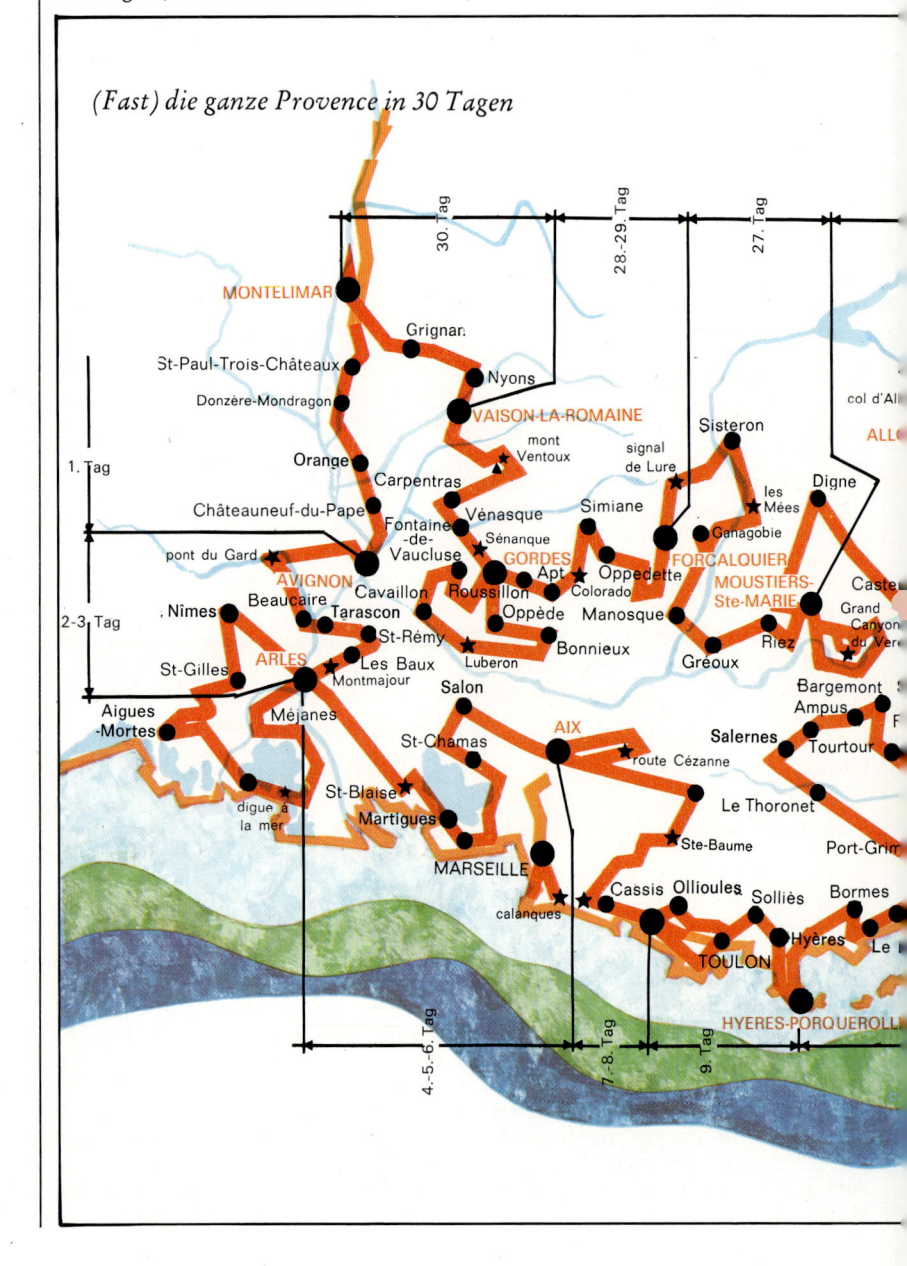

(Fast) die ganze Provence in 30 Tagen

Andenken

seille: Santon-Messe, Arles: Internationale Ausstellung der Santonhersteller.
24. Dezember, Les Baux und zahlreiche andere Orte: Mitternachtsmesse mit Opfergabe des Lamms, provenzalischen Liedern, sakraler Musik.

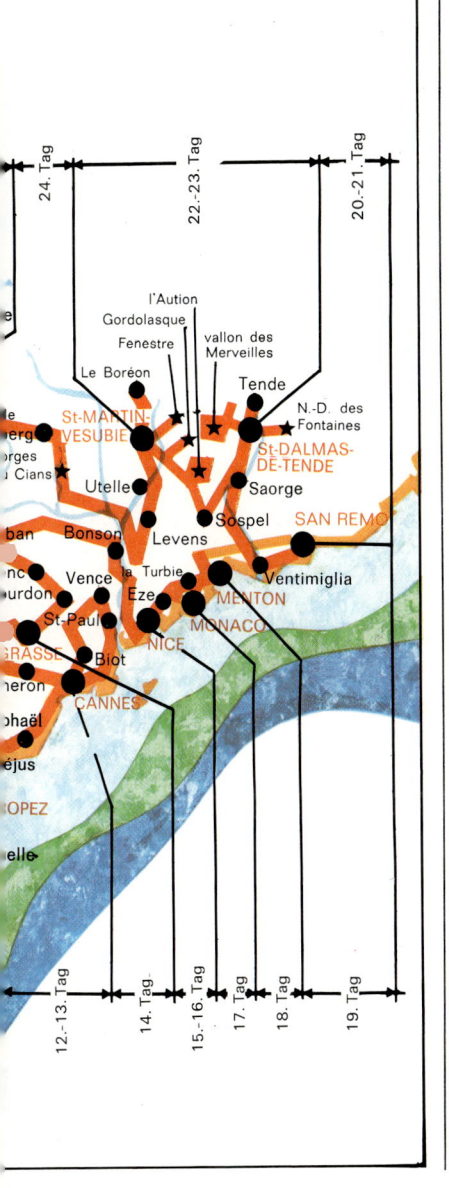

Es gibt solche, die man ißt: *berlingots* aus Carpentras; *nougat* aus Montélimar; *kandierte Früchte* aus Apt, Menton und Nizza (kandierte Melonen aus Avignon); »*tartarinades*« (Schokoladenbonbons) aus Tarascon; »*calissons*« (kleines Gebäck aus einem Teig aus Mandeln, Honig und kandierter Melone) aus Aix; »*caladons*« (trockenes Mandelgebäck) aus Nîmes; *Honig* von verschiedenen Blüten in allen Dörfern des Hügellandes und in den Abteien Sénanque, Lérins usw. Man kann auch noch die *eingemachten Oliven* aus Nyons, die *Trüffeln* aus der Gegend von Grignan und die *Wurst* aus Arles hinzufügen. Am Straßenrand verkaufen während des Sommers die Erzeuger Steigen mit wunderbaren *Früchten*.
Es gibt vergängliche Andenken: die *Schnittblumen* aus Nizza, Grasse, Antibes und Ollioules, die man an Ort und Stelle in Spezialverpackungen in jeden Winkel Europas und der Welt versenden lassen kann. Die *Parfümessenzen* in Grasse. Die Blumen und das *Lavendelwasser* in den Dörfern der Hochplateaus.
Schließlich gibt es noch die dauerhaften Andenken: Originelle Arbeiten in den verschiedenen Handwerken: Töpferei, Keramik, Kunstschmiedearbeiten, Messingschlägerei, Goldschmiedekunst, Handweberei, Teppichknüpferei, Korbmacherei, Holzschnitzerei, Bildhauerei, Glasbläserei, Verarbeitung von getrockneten Algen und Gräsern usw. Vachères (siehe Angaben unter Forcalquier), Vénasque (in der Nähe von Carpentras), Ménerbes und mehrere andere Orte im Luberon, noch andere im Umkreis der Alpilles, die Gruppe Valbonne, Biot, Vallauris, Vence, Saint-Paul, Eze und Roquebrune gehören zu den bemerkenswertesten. Parallel dazu wurden Ausstellungs- und Verkaufsräume in den großen Städten eröffnet, insbesondere in Aix, Avignon, Cannes, Nizza, Monaco und Menton. Unabhängig von diesen heutigen, unkonventionellen Erzeugnissen findet man hier und dort auch Gegenstände, die einer Tradition entspringen, in erster Linie die berühmten *santons* (Krippenfiguren) aus Marseille, Aubagne und Arles, die vom alten Handwerk inspirierten *Fayencen* aus Moustiers-Sainte-Marie, die »*scourtins*« (geflochtene Platten, zwischen denen Oliven gepreßt werden) aus Nyons, die Kürbisgefäße oder »*cougourdons*« und die Trachtenpuppen aus Nizza ...

Die Küche

Einige der »erstklassigsten Restaurants« Frankreichs befinden sich in der Provence: »L'Oustau de Baumanière« von Monsieur Thuilier in Les Baux; »La Réserve« von Monsieur Potfer in Beaulieu-sur-Mer; »L'Oasis« von Monsieur Outhier in La Napoule.

Zahlreiche andere Restaurants folgen diesen Küchenchefs dicht auf den Fersen. »Große Meister der Küche« dieser Kategorie findet man in Montélimar, Avignon, Noves, Les Angles, Marseille, Grimaud, Saint-Tropez, La Galère, Mougins, Saint-Paul usw. Die Reiseführer »Michelin« und »Kléber« bringen jedes Jahr eine Aufstellung über die Veränderungen innerhalb der gastronomischen Hierarchie Frankreichs. Diese berühmten Aushängeschilder sollen aber nicht vergessen lassen, daß es zahlreiche kleine Lokale mit einer Küche gibt, die um so schmackhafter ist, als sie häufig auf bodenständigen Rezepten beruht. Die Preise sind oft erstaunlich niedrig. Der Reisende braucht ein wenig Instinkt, um diese Restaurants zu entdecken, die man im allgemeinen an ihrer Schlichtheit erkennt, im Gegensatz zu den allzu zahlreichen Häusern, die auffällig und geschmacklos die »Lokalfarbe« kultivieren.

Die echte provenzalische Küche offenbart sich in allen Gängen einer Mahlzeit. Es folgen einige Beispiele.

Suppen
Die *soupe au pistou* ist eine Suppe aus so vielen verschiedenartigen Gemüsen wie nur möglich; die vorherrschenden Bestandteile sind Tomaten, rote Bohnen und sehr viele Gewürzkräuter, vor allem Basilikum.

Die *soupe de poissons*. Ihre Zubereitung ist der der Bouillabaisse ähnlich. Ihre Grundlage sind »Felsenfische« und Safran, und sie wird mit in der Fischbrühe gekochten Spaghettis, mit Parmesan bestreut, serviert.

Hors-d'œuvre
Olives de Provence, klein und fleischig, eingemacht oder in Salzlake eingelegt: grüne, mit Rosmarin gewürzte Oliven; schwarze Oliven aus Nyons oder Nizza; *tapenade*: eingemachte Oliven, entkernt, gemahlen und in ihrem eigenen Öl zerstampft und stark gewürzt.
Poutargue de Martigues: Rogen der Seebarbe in Öl, eine Art »Kaviar« Südfrankreichs. *Pizza. Salade niçoise*, aus Piment, Oliven, Anchovis, Thunfisch, Rettich, getrockneten Bohnen, Tomaten.
Pan-bagnat (in Fett gebackenes Brot): rundes Brot, ausgehöhlt, mit Öl vollgesogen und mit Tomaten, Oliven und Anchovis gefüllt.
Capoun: Kohlblätter mit einer Farce.
Gnocchi und *ravioli* à la Nizza.
Saucisson aus Arles.

Fische
Bouillabaisse. Die ganzen Schwierigkeiten beim Kochen einer Bouillabaisse hängen von der Zusammensetzung der Fische ab, der Fische mit festem und zartem Fleisch, der edlen und der kleinen Fische. Man fügt Schalentiere hinzu, die Languste zur reichen Bouillabaisse. Die Fischbrühe, gewürzt mit Safran, Tomate, Knoblauch, Zwiebel und Fenchel, mit Olivenöl angereichert, einkochen und dann über geröstete Brotscheiben gießen. Um sie pikanter zu machen, kann man noch etwas in Öl zerquetschte rote Piments hinzufügen.

L'aïoli oder »Teufelssenf«! Der Knoblauch wurde wegen seiner zahlreichen Eigenschaften als das »Universalheilmittel der Bauern« angesehen. Der Handel damit war so umfangreich, daß der »Zehnte vom Knoblauch« für die Bistümer im Süden von großer Bedeutung war ... Obwohl es sich dabei nur um eine Sauce handelt, kann man doch den *aïoli* als ein Gericht betrachten. Man zerdrückt den Knoblauch in einem kühl gehaltenen Marmormörser und vermischt ihn dann mit Mayonnaise. Aïoli gibt man zu Gemüsen, kurz gekochtem Fisch, Kabeljau oder Weinbergschnecken.

Die *bourride* ist ein Zwischending zwischen der Bouillabaisse und dem Aïoli. Weißes Fischfleisch herrscht vor, und der Aïoli, von der Fischbrühe gemildert, verliert seine Aggressivität und durchtränkt die üblichen Brotscheiben.

Die *brandade* ist ein Gericht aus Kabeljau, der vor einem heißen Backofen in einem Gefäß verrührt wurde. Beim Verrühren fügt man Olivenöl hinzu.

Die *Barbe (loup)* und die *Rotzunge (rouget de roche)* schmecken köstlich mit Fenchel oder über Rebenholz gegrillt.

Der *Rhoneaal (catigou)* wird in der unteren Provence als Frikassee serviert.

Gemüse
Tomate à la provençal. Mit Öl begossen, mit Knoblauch und Petersilie gewürzt, wird die Tomate im Ofen geschmort. Man wendet die gleiche Zubereitung bei Auberginen und Courgetten an.

Riz de Camargue (Reis), im allgemeinen auf amerikanische Art zubereitet, wird zu Muscheln oder *favouilles, poulpes* (Tintenfische) oder *supions* (Schalentiere und Mollusken des Mittelmeers) gegeben.
Ratatouille, aus Auberginen, Pfefferschoten, Tomaten und Courgetten, die in Öl zusammen gekocht werden.
Fleisch
Die *pieds-paquets* sind Schafskaldaunen mit einer Füllung von Knoblauch, Zwiebeln, Petersilie und Pökelfleisch, die lange mit Tomaten und in Weißwein gekocht werden.
Mouton de haute Provence (Hammel). Diese Tiere, die auf den Heideflächen und den Lavendelfeldern weiden, sind von erstklassiger Qualität.
Käse
Es gibt Ziegen- und Schafskäse: Banon, Bossons, Bleu, Poivre d'âne, Brousses de Camargue, Brousses du Rove usw.
Obst
Pfirsiche aus Cabannes, Aprikosen aus Roquevaire, Erdbeeren aus Baudinard, Melonen aus Cavaillon, La Crau und Trets, Pfirsiche aus Fréjus, Kirschen aus Solliès-Pont, Maronen aus Collobrières, La Garde-Freinet und Gonfaron, Pfirsiche, Äpfel und Birnen aus dem Tal der Durance, Trauben aus Arles, frische Feigen aus Gapeau, grüne Feigen oder kleine, saftige und sehr süße Marseille-Feigen.
Kuchen und Süßigkeiten
Fougasse, eine Art kranzförmigen Brotes, vor allem zu Weihnachten gegessen; *tourta de Bléa* mit Rosinen und Samen des Kiefernzapfens; *tourte de courge* »à la grassoise«, *beignets de fleurs d'acacia* (Krapfen mit Akazienblüten); *calissons* aus Aix, eine Mischung aus Mandelteig (40 %), eingemachter Melone und Honig (60 %). Es werden jährlich 250 Tonnen davon hergestellt!
Berlingots aus Carpentras, *Nougat* und *kandierte Früchte* aus der ganzen Provence.

Die Weine

Ganz im Norden die schäumende »*Clairette de Die*«, ein Wein, für den zu einem Drittel Muskatellertrauben verwendet werden.
Im Rhonetal die *Côtes du Rhône*, aus den köstlichsten Sorten: Châteauneuf-du-Pape, Tavel, Gigondas, Rasteau

DIE »TANCHE«: OLIVE VON NYONS

Die Tanche ist eine besondere Sorte des Ölbaums, der für das Gebiet der Drôme charakteristisch ist und die besten Tafeloliven erzeugt, die, wie es heißt, die reichste an Fettgehalt aller Öle der Welt ist. Diese Sorte soll von den Römern in diesem Gebiet eingeführt worden sein, und man sollte diesen einen Umstand hervorheben, daß, wenn sie auch die einzige ist, die in der Drôme angebaut wird, sie sich weigert, außerhalb ihres jetzigen Lebensraums zu gedeihen, und alle Versuche, die man wegen des Rufes ihrer Qualität unternommen hat, sie in anderen Gegenden oder Ländern zu akklimatisieren, waren ein Fehlschlag. Man muß darin zweifellos eine tausendjährige Anpassung an den Boden erblicken. Im übrigen übt der Frost nirgends die Wirkungen auf die Olive aus, den er bei der aus Nyons hat, indem er dazu beiträgt, die angestammten Eigenschaften noch zu steigern. Aber was für die Frucht eine Wohltat ist, kann sich zuweilen für den Baum als Katastrophe auswirken; so haben die starken Fröste von 1958 die 800 000 Olivenbäume, die den Stolz und den Reichtum des Landes ausmachten, um die Hälfte reduziert.

JACQUES BILLIET

usw... Große Jahrgänge: 1929, 1937, 1945, 1949, 1952, 1961, 1962, 1966, 1967, 1969, 1970, 1971, 1973.

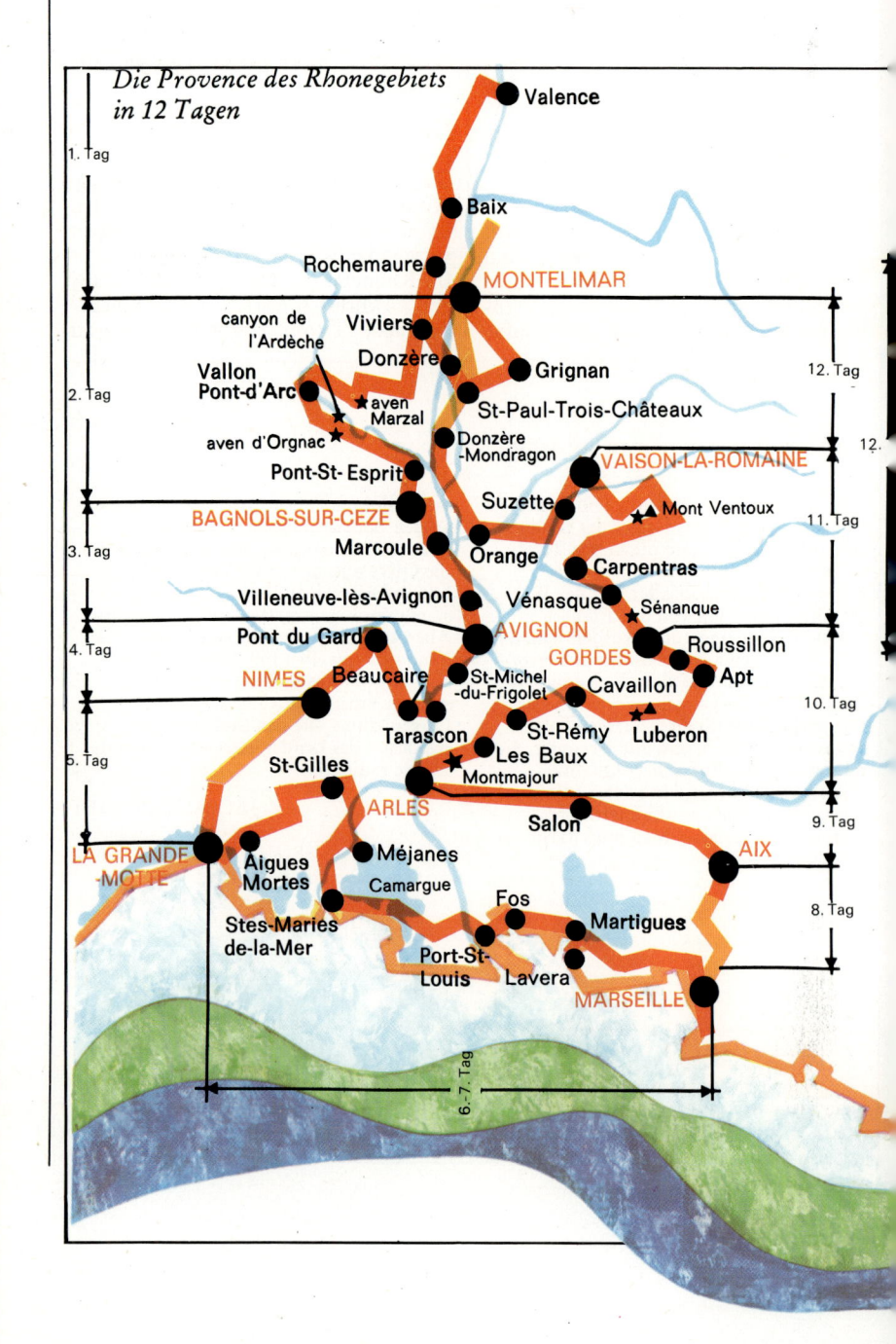

Die Weine der *Côtes de Provence* (VDQS) kommen in der Hauptsache aus zwei Weinanbaugebieten. Im Norden liefern die Gebiete von Cotignac, Draguignan, Flayosc und Figanières stark blumige Weine. An der Küste und insbesondere an der Bucht von Saint-Tropez werden die Weine häufig mit solchen der Gruppe aus dem Norden verschnitten. Die *Rosés* sind sehr fruchtig. Recht kühl getrunken, passen sie sehr gut zu allen provenzalischen Gerichten, weißem Fleisch, zur Bouillabaisse und zum Aïoli. Sie werden vor allem in der Gegend von Saint-Tropez, Ramatuelle, Gassin, Bormes, La Londe, Le Beausset, Pierrefeu, Les Arcs, Taradeau, La Motte und Puyloubier angebaut. Die trockenen, fruchtigen, zarten und süffigen *Weißweine* passen zu Muschelgerichten, Fischen und Schalentieren. Die meisten von ihnen findet man in den kleinen Weinanbaugebieten und vor allem um Correns. Die berühmtesten sind die von Cassis, Bandol, Ollioules. Die allzu wenig bekannten *Rotweine* haben Fülle, sind voll und mild und schmecken köstlich, sie offenbaren alle ihre guten Eigenschaften nach einer Lagerung von drei oder vier Jahren. Sie passen in idealer Weise zu nicht ganz durchgebratenem Fleisch, Wildpastete, Wild, ebenso wie zu den Schafskäsesorten aus dem oberen Var. Man findet sie zumeist in den Weinanbaugebieten mit der Bezeichnung »Côtes de Provence«. Die großen Jahrgänge der Rotweine sind 1964, 1967, 1968, 1970. Diese Lagen haben klingende Namen: Tibouren, Mourvèdre, Oeillade, Grenache, Picardan, Picpoul, Bandol usw.

Die *Region von Nizza* liefert beliebte Weine, verwandt mit den Weinen des Var: es sind die aus Bellet, vom Château de Crémat, aus La Gaude, Villars, Mantaleine, Saint-Jeannet und Menton. Dort wird auch ein Traubenbranntwein hergestellt: die »branda«. *Liköre*, von den Mönchen aus Sénanque hergestellt (die »Sénancole«) und aus Lerins (die »Lérinade«).

Alle Weiß-, Rot- und Roséweine: Côtes du Rhône, Costières du Gard, Côtes de Provence, Coteaux de Nice, »Clairette« de Die, Muscat de Beaumes-de-Venise. Direkte Lieferung durch die Händler oder die Erzeuger ist möglich.

Die Seealpen in 12 Tagen

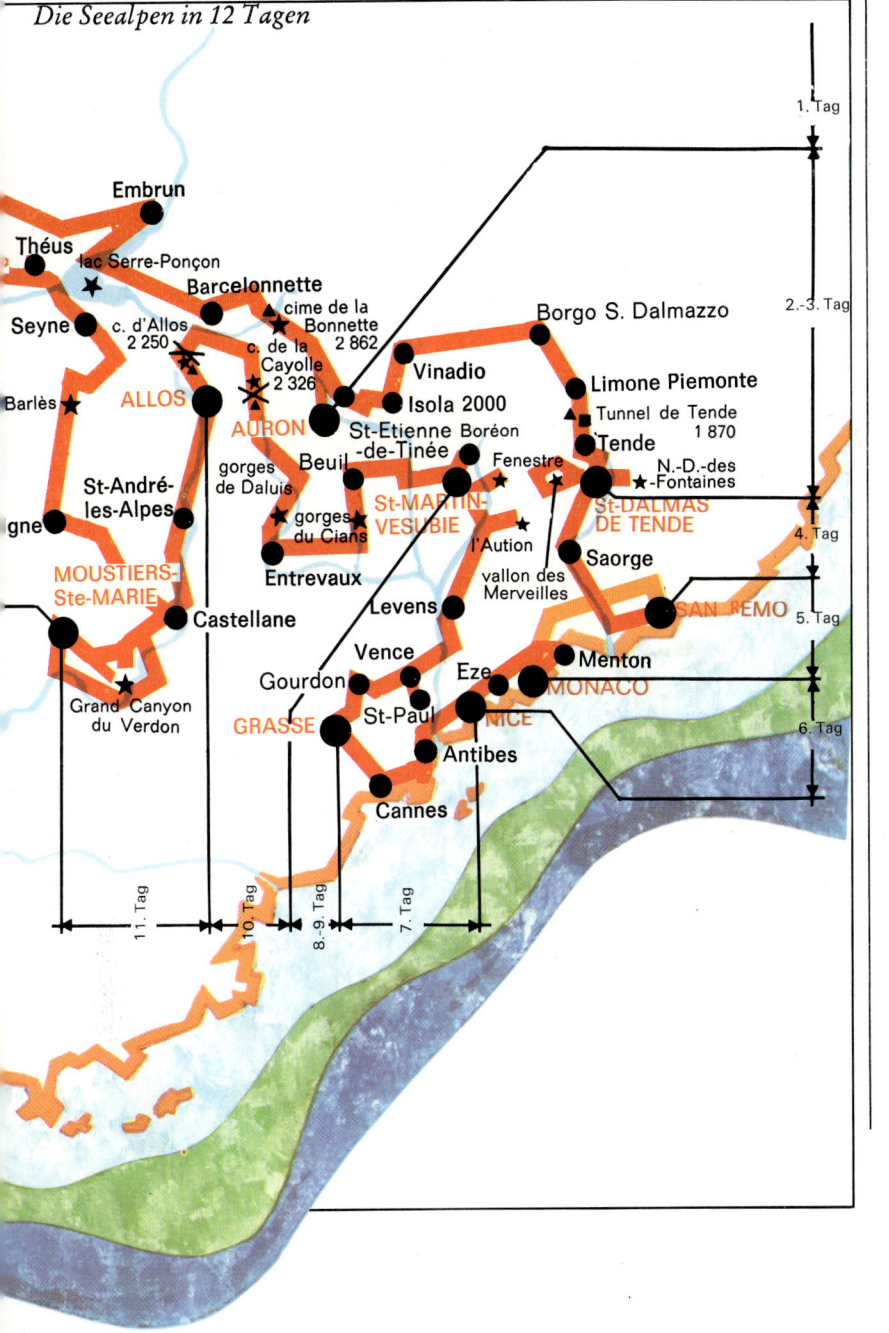

REISE DURCH DIE PROVENCE

Einige gute Restaurants

Die etwa 80 im folgenden aufgeführten Restaurants sind als »Anschauungsmaterial« für die Güte, die Vielfalt und die Verbreitung einer großen Anzahl beachtlicher Unternehmungen in der Provence und an der Côte d'Azur anzusehen. Jedes einzelne Lokal ist als ein Beispiel unter hunderten ebenso hochzuschätzenden Etablissements aufgeführt, die in Spezialverzeichnissen zu finden sind. Die nachfolgende Auswahl berücksichtigt Ideenvielfalt im äußeren Rahmen nicht minder als die kulinarische Leistung.

Aix-en-Provence
Chervet, Rue de Lacépède. Tel. 27-72-81. Montags und im April geschlossen. Elegante Governorate, Raffinierte Küche, stets ausgezeichnetes Niveau.
Château de Meyrarques, in Meyrarques. Tel. 24-50-32. Eine ruhige Luxushostellerie, mittelalterlich eingerichtet, in einem alten, von Fichten umstandenen Schloß. Küche ordentlich, aber nicht aus dem Rahmen fallend.

Antibes
Pavillon Eden Roc. Boulevard Kennedy. Cap d'Antibes. Tel. 61-39-01. Von Ende Oktober bis Ostern geschlossen. Am Meer gelegen, prächtige Einrichtung, wunderbar schönes Schwimmbad. Klassische Küche, Riesenauswahl an Hors-d'Œuvres. An der N 7 (Straße von Nizza nach La Brague) gelegen.
La Bonne Auberge. Tel. 34-06-65. November und Dezember geschlossen. Eines der besten Lokale an der Côte d'Azur. Provenzalisch eingerichteter Speiseraum und schöne Terrasse.

Arles
Lou Marquès (Hôtel Jules César). Tel. 96-49-76. In einem ehemaligen Karmeliterinnenkloster. Gute Restauration in einem großen Gastraum.
L'Affenage. Rue Molière 4. Telefon 96-07-67. Dienstags geschlossen. Im Stall eines ehemaligen Post-Relais. Grillgerichte und provenzalische Spezialitäten. Vernünftige Preise.

Avignon
Hiely-Lucullus. Rue de la République 5. Tel. 81-15-05. Montags abends und dienstags geschlossen. Großer, sehr »provinzieller«, lärmerfüllter, aber sympathischer Gastraum. Klassische, geschmackvolle Küche, provenzalische Spezialitäten.
Auberge de Cassagne: In Le Pontet. Tel. 31-04-18. Gutes Gasthaus, im Grünen gelegen. Angenehmer Aufenthalt, verläßliche Küche.

Baux-de-Provence
Oustaù de Beaumanière. Tel. 97-33-07. In einem schönen alten provenzalischen Haus, luxuriöses, kostspieliges »Relais de Campagne«. Erfindungsreiche, raffinierte Bewirtung.
Le Cabro d'Or. Tel. 97-33-21. Garten. Modernes, luxuriöses Nebengebäude des Oustaù. Sehr angenehm, nicht ganz so teuer.

Biot
Les Terraillers. Chemin Neuf. Tel. 34-91-59. Dienstags sowie im Oktober und November geschlossen. Schöne Gewölbedecken und Holzbalken. Schlichte, aber schmackhafte provenzalische Küche.

Brignoles
Abbaye de la Celle (In La Celle). Tel. 69-08-44. Von Mitte Oktober bis Ende Februar geschlossen. In prachtvollem Park ruhig gelegene und recht luxuriöse Hostellerie.

Cannes
Le Chapon. Rue Jean-Jaurès 26. Tel. 38-42-46. Von Mitte November bis Mitte Dezember geschlossen. Sehr gutes kleines Restaurant mit raffinierten Spezialitäten.
Mère Besson. Rue des Frères-Pradignac 13. Tel. 38-59-24. Sonntags und im Juni geschlossen. Zu empfehlen für jemanden, der echte, schmackhafte, lecker duftende und sorgfältig zubereitete provenzalische Küche liebt.
Reine Pédauque. Rue du Maréchal-Joffre 4. Tel. 39-40-91. Montags und im Juli drei Wochen lang geschlossen. Echt provinzieller, rustikaler Rahmen. Ausgezeichnete, gepflegte Küche.

Château-Arnoux
La Bonne Etape. Chemin du Lac. Tel. 64-00-09. Im Januar geschlossen. Raffiniertes Landgasthaus in einem ehemaligen Postrelais. Ausgezeichnete, gleichbleibend gute Küche.

Èze Village
Château de la Chèvre d'Or. Telefon 01-51-16. Ein altes Haus, das sich hoch über dem leeren Raum an den Fels klammert. Herrlicher Rundblick. Bewirtung ohne jeden Tadel.

Èze Bord de Mer
Cap Estel. Tel. 01-50-44. Vom 1. Nov. bis zum 1. Februar geschlossen. Eine am Meer gelegene kleine Welt für sich, fern vom Getriebe an der Côte d'Azur.

Fontvieille
Le Régelido. Tel. 97-70-17. Im Dezember geschlossen. Ehemalige Ölmühle in einem Garten mit reichem Blumenschmuck. Die gute Küche verarbeitet alle Landeserzeugnisse.

Fréjus
Les Résidences du Colombier. Straße nach Bagnols. Tel. 95-45-92. Ende Oktober bis Mitte März geschlossen. Ein modern eingerichtetes »Mas«. Grill und Restaurant. Kleiner Kiefernwald.

Gordes
La Mayanelle. Tel. 72-00-28. Vom 5. Januar bis zum 10. Februar geschlossen. Von dem kleinen »Relais-Château« aus hat man einen herrlichen Rundblick auf das Tal und den Lubéron. Gute Bewirtung zu sehr vernünftigen Preisen.
Les Bories (2 km auf der D. 117). Tel. 72-00-51. Mittwochs und zum Jahresende geschlossen. Das Restaurant steht in einer Heidelandschaft (Garrigues), sehr origineller Rahmen. Angenehmer, rustikal eingerichteter Speisesaal, schöne Terrasse. Raffinierte Küche voller Wohlgerüche.

Grasse
Amiral-de-Grasse (Hôtel Beau-Soleil), Boulevard Crouet 12. Tel. 36-01-70. Speisesaal mit großen, weite Aussicht gewährenden Fenstern, gepflegte Küche.
Mas des Géraniums. In Opio. Tel. 67-63-23. Ende Oktober bis Mitte Dezember geschlossen. Mitten auf dem Land gelegen, Bedienung in reizendem Garten. Ordentliche, etwas teure Küche.

Grimaud
Les Santons. Tel. 43-21-02. Mittwochs und von Ende Oktober bis zu den Weihnachtsferien geschlossen. Hübsche, provenzalisch eingerichtete Räume. Intelligente und raffinierte Küche.

Hyères
Vieille Auberge St.-Nicolas (In Les Salins d'Hyères). An der R. N. 98 gelegen. Tel. 66-40-01. Ein »Relais de Poste (Umspannstation)« aus dem 17. Jh. Balken, alte Mauern, echtes provenzalisches Mobiliar. Restaurant einigermaßen elegant. Krebse eigener Zucht.
Mas du Langoustier (Ile de Porquerolles). Tel. 66-30-09. Von Mitte September bis Mitte März geschlossen. Inmitten von Kiefern gelegenes altes »Mas« mit gut erhaltenem echtem Mobiliar. Äußerer Speisesaal mit Blick auf das Meer. Provenzalische Küche.

Lavandou
Roches Fleuries (in Aiguebelle). Tel. 71-05-07. Anfang Oktober bis Mitte Mai geschlossen. Am Strand, Terrasse, Blumen, schöne Aussicht. Ordentliche Küche.

Mandelieu-La Napoule
L'Oasis (La Napoule) Tel. 38-95-52. Dienstags und vom 1. November bis zu den Weihnachtsferien geschlossen. Ausgezeichnete, kunstvolle Küche. Man sitzt in einem luxuriös eingerichteten Saal oder in einem angenehm schattigen Patio.

Manosque
La Fuste (in La Fuste). Tel. 72-05-95. Gefällige Hostellerie in einem Garten voller Blumen, umgeben von lauter Obstplantagen. Küche auf ausgezeichnetem Niveau.

Marseille
La Bastide (Hôtel Concorde Prado). Avenue de Mazargues 11. Tel. 53-52-90. Korrekte Küche mit einigen provenzalischen Spezialitäten, die in dem amüsanten, separaten Restaurant serviert werden.
Petit Nice. (Anse de Maldormé) Tel. 52-14-39. Herrlicher Meeresblick. Sehr schöner Speisesaal. Gute Küche.
Chez Brun. Quai Rive-Neuve 18. Tel. 33-35-38. Originelles Restaurant, in dem bemerkenswert gute, schmackhafte und stets gleichbleibende provenzalische Gerichte geboten werden.
Barone, Rue Vacon 43. Hier kaufen die Marseiller Hausfrauen ihre Muscheln; man kann sie auch an Ort und Stelle verzehren.

Menton
Napoléon. Quai Laurenti 29. Telefon 35-89-50. Schönes Restaurant mit Aussicht. Sehr korrekte Küche.
Francine. Quai Bonaparte 1. Telefon 35-80-67. Kleines, äußerlich unscheinbares Restaurant, in dem man aber ausgezeichnet speisen kann, hauptsächlich Meeresfrüchte.
Pierrot-Pierrette (in Monti). An der R. N. 566. Tel. 35-79-76. Gute regional beeinflußte Küche, schmackhafte und reichhaltige Gerichte.

Monaco

L'Argentin (Loews Monte-Carlo) Tel. 30-65-00. »Rotes« Fleisch und Spezialitäten aus Lateinamerika.
Holiday Inn. Avenue Princesse Grace. Tel. 30-98-80. Schönes Restaurant mit Aussicht und unerwartet origineller Einrichtung.
Restaurant Salle Empire (Hôtel de Paris). Place du Casino. Tel. 30-80-80. Riesiger, aus einer früheren Epoche stammender Speisesaal. Reichhaltige Speisekarte, im üblichen Rahmen, zusätzlich aber einige regionale Spezialitäten.
Grill Panoramique (Hôtel de Paris) – Auf dem Dach des Palasthotels, ein vollständig verglaster Grillraum (herrliche Sicht), luxuriös und komfortabel.
Belli. Rue du Portier. Tel. 30-73-61. Montags und im Oktober geschlossen. Schlichtes Lokal, aber köstliche Scampi und Kalmargerichte vom Grill, ferner Osso-Bucco sowie frische Fische.
Maona (Nachtbetrieb des »Sporting d'Eté«). Tel. 30-71-71. An einer Art Nehrung (lagon) gelegen, Blick auf das nächtliche Meer. Raffinierter Luxus. Brasilianische und polynesische Küche.

Mougins

Moulin de Mougins. Notre-Dame-de-Vie. Tel. 90-03-68. Großräumige, trotzdem intim wirkende, raffiniert eingerichtete ehemalige Mühle. Originelle, einfallsreiche, kunstvolle Küche. Wohlschmeckend und gartenfrisch.
Relais Napoléon (in Mouans-Sartoux). An der R. N. 567. Tel. 90-05-08. Historisch interessantes Haus. Hier rastete Napoleon auf der Fahrt nach Paris zu den »Hundert Tagen«. Gutes kleines Restaurant mit sorgfältig und bedachtsam zubereiteten Gerichten.

Nice (Nizza)

Adrienne. Rue Payrolière 22. Telefon 85-93-71. In Alt-Nizza gelegen. Eine kleine Kneipe, in der man Spezialitäten der Gegend bekommen kann.
L'Esquinade. Quai des Deux-Emmanuel 5. Tel. 89-59-36. Mit Terrasse. Elegante, originelle und rustikale Einrichtung. Ein nettes Lokal mit guter Küche und freundlicher Bedienung.
Chez Pierre. Quai St-Jean-Baptiste 8. Tel. 85-41-51. Ein am Meer gelegenes, typisches Restaurant mit ungewöhnlicher Ausstattung. Schönes Angebot an Meeresfrüchten, Krustazeen und frischen Fischen.
La Trappa. Rue Jules-Gilly 2. Telefon 85-64-90. Eines der typischsten Nizzaer Lokale, stets brechend voll, gemütlich. Für Liebhaber der örtlichen Küche.

Rôtisserie de Saint-Pancrace (in St. Pancrace). Tel. 84-43-69. Auf den Hügeln von Nizza, in schattigem Garten. Schmackhafte und reichhaltige Küche.

Noves

Auberge de Noves (13 km von Avignon entfernt). Tel. 94-12-21. Mitten in der herrlichen Natur gelegen. Ein »Relais de Campagne« in modernem, rustikalem Rahmen. Herkömmliche, aber sorgfältig zubereitete Küche.

Orange

Château de Rochegude (in Rochegude). Tel. 04-81-88. Weiträumiges Schloß hoch über den Rebgärten. Alterungskeller und Probierräume.

Peillon

Auberge de la Madone. Am Ortseingang. Tel. 91-91-17. Terrasse mit wunderbarer Fernsicht. Zwei große, weiß gekälkte Säle. Nur feste Menus, Fleischgerichte zur Auswahl. Aber alles ist schmackhaft und qualitativ hervorragend.

Port-Grimaud

Giraglia. Tel. 43-83-33. Von Anfang Oktober bis Ende März geschlossen. Moderne, geschmackvolle Einrichtung. Am äußersten ruhigen Ende von Port-Grimaud.

Roquebrune-Cap-Martin

Vistaero (an der Großen Corniche) Tel. 35-05-39. Relais-Château, das auf einem steil abfallenden Felsen in 350 m Höhe steht. Phantastischer Fernblick, ordentliches Restaurant.

Roussillon

David. (In Jouces, etwa 5 km entfernt). Tel. 13. Empfehlenswert wegen der Aussicht und der sehr guten Küche.

Saint-Paul-de-Vence

Colombe d'Or. Tel. 32-80-02. Eine luxuriöse und berühmte typisch provenzalische Unterkunft. Hübsch eingerichtet, mit sehr angenehmer Terrasse. Küche annehmbar.
Mas d'Artigny. Hauts-de-St-Paul, Straße nach Les Salettes. Tel. 32-84-54. Origineller Komplex am Hang eines Hügels mit schönem Park. Barbecue und Restaurants.
Mas des Serres. Straße nach Serres, etwa 2 km weit. Tel. 32-81-10. Liebevoll her-

gerichtetes kleines »Mas« in prachtvollem Garten. Ausgezeichnetes Restaurant in einem sehr angenehmen Speisesaal.

Saint-Tropez
Les Caves du Roi (Hôtel Byblos). Avenue Paul-Signac. Tel. 97-00-04. Äußerlich im Stil an ein provenzalisches Dorf erinnernd, im Inneren gleichzeitig rustikal, modern und sogar orientalisch. Angenehmes Restaurant. Bedienung auch am Schwimmbassin.
Leï Mouscardins. Am Hafen. Telefon 97-01-53. Elegante, helle Räume, Blick auf den Hafen. Ausgezeichnete Küche (hauptsächlich Fische usw.).
Auberge des Maures. Rue des Lices 4. Tel. 97-01-50. In einer ruhigen Nebenstraße, rustikales Lokal. Hübscher Garten. Sehr gute Fische.
Chez Fifine. Rue de Suffren 5. Telefon 97-03-90. Sehr empfehlenswertes kleines Restaurant mit ausgezeichneten Fischgerichten.
Café des Arts. Place des Lices. Telefon 97-02-25. Eingang durch die Bar sowie anschließend durch die Küche. Ordentliche Küche zu verhältnismäßig vernünftigen Preisen.

Sainte-Maxime
Le Gruppi. Auf der Promenade. Telefon 96-03-61. Kleines Etagenrestaurant. Keine hohen Ansprüche, aber ordentlich. Wegen der gebotenen Spezialitäten erwähnenswert.

Salon-de-Provence
Le vieux Four. (In Le Barban). Telefon 56-38-63. Dienstags geschlossen. Im Schloß Le Barban. Anspruchsloses, aber angenehmes Restaurant. Gewölbe aus dem 15. Jh.

Seguret
Table du Comtat. Tel. 36-91-49. Ruhig und hübsch gelegen. Küche mehr als annehmbar, gute provenzalische Spezialitäten. Eines der besten Lokale des Gebietes.

Théoule-sur-Mer
Guergy. Tel. 38-96-71. Hübsche Gartenanlagen und Ruhe. Ausgezeichnete Speisen und Getränke. Bedienung auf der Terrasse.

Valberg
L'Escapade (In Beuil). Tel. 02-31-27. Sonnige Terrasse. Küche reichlich und unverfälscht. Nicht teuer.

Vence
Auberge des Seigneurs. Place du Frène. Tel. 58-04-24. Rustikal und ohne störenden Lärm. Gutes Restaurant in einem großen Raum mit schönem Kamin. Für die Gegend recht vernünftige Preise.

Verdon
Château de Trigance (In Trigance) Tel. 18. In einer Festung aus dem 19. Jh. eingerichtet, abgelegen, ruhig. Restaurant im ehemaligen Aufenthaltsraum der Wache. Vernünftige Preise.

Villefranche
Château de Madrid. An der Moyenne Corniche. Tel. 01-00-85. Sehr luxuriöses Restaurant mit raffinierter Küche.
Ferme St-Michel. An der Grande Corniche. Tel. 80-77-40. Rustikale, gute Küche. Hübsche Aussicht.

Villeneuve-lès-Avignon
Le Prieuré. Tel. 82-56-31. Ruhig, netter Garten. Sehr gutes Restaurant. Bedienung im Freien.
Ermitage Meissonnier. (In Les Angles) Tel. 81-44-08. Montags und im Januar geschlossen. Freundlicher Speiseraum. Auch kann man im Garten speisen. Sehr gute Küche.

Hinweise

In dem folgenden alphabetischen Verzeichnis sind alle Städte, Ortschaften, Sehenswürdigkeiten und zusammenhängenden Gebiete erwähnt, die im Text des Führers vorkommen. Die Namen der Örtlichkeiten usw., über die in einem besonderen Kapitel berichtet wird, sind fett gedruckt und mit Seitenzahlen versehen. Ältere Namen und mögliche orthographische Varianten sind im Verzeichnis ebenfalls berücksichtigt.

Agay, s. Fréjus
Aiglun (Klause), s. Castellane
Aigues-Mortes, S. 36
Aiguines, s. Verdon
Aix-en-Provence, S. 38
Albaron, s. Camargue
Allos, s. Foux-d'Allos
Almanarre (l'), s. Hyères
Alpilles (Bergkette), s. St-Rémy
Ampus, s. Draguignan
Annot, s. Castellane
Ansouis, s. Lourmarin
Anthéor, s. Fréjus
Antibes, S. 47
Apt, S. 52
Arcs (les), s. Draguignan
Ardèche (Tal), s. Montélimar
Arles, S. 53
Aubune (N.-D.) s. Carpentras, Orange
Aups, s. Draguignan
Auriol, s. Sainte-Baume
Auron, s. St-Etienne de Tinée
Aution, s. St-Martin-Vésubie
Avignon, S. 58

Bandol, S. 61
Banon, s. Forcalquier
Barbegal, s. Arles
Barbem (la), s. Salon
Barbentane, s. Tarascon
Barbossi (Domäne von), s. Cannes
Barcelonnette, S. 64
Bargemon, s. Draguignan
Barjols, s. St-Maximin
Barles (Klause), s. Digne
Barrème, s. Digne
Barry, s. St-Paul-Trois-Châteaux, Donzère
Bar-sur-le-Loup, s. Grasse
Bastide-Blanche (la), s. St-Tropez
Baux (les), S. 64
Beaucaire, s. Tarascon
Beaulieu, s. Villefranche
Beaumes-de-Venise, s. Carpentras
Beauvallon, s. Fréjus
Bédouin, s. Carpentras, Ventoux
Bégo (Berg), s. Tende
Belvédère, s. St-Martin-Vésubie
Bénat (Kap), s. Bormes
Bendor, s. Bandol

Berre-l'Etang, s. Martigues
Berriau-Plage, s. Hyères
Bertagne (Pic), s. Sainte-Baume
Bès (Tal), s. Digne
Beuil, s. Valberg
Bimont (See), s. Aix
Biot, s. Antibes
Bonnette (Gipfel), s. St-Etienne-de-Tinée
Bonnieux, s. Oppède-le-Vieux
Bordighera, s. Menton
Boréon, s. St-Martin-Vésubie
Bormes-le Lavandou, S. 66
Borrigaille, s. Grasse
Boulbon, s. Tarascon
Brantes, s. Buis-les-Baronnies
Brégançon, s. Bormes
Briançonnet, s. Castellane
Brignoles, s. St-Maximin
Brigue (la), s. Tende
Brusc (le), s. Bandol
Buis-les-Baronnies, S. 68
Buoux, s. Oppède

Cabasse, s. St.-Maximin
Cabris, s. Grasse
Cagnes-sur-Mer, S. 69
Calès (Grotten), s. Salon
Callas, s. Draguignan
Camaret, s. Orange
Camargue, S. 70
Canaille (Kap), s. Cassis
Cannes, S. 76
Cannet (le), s. Cannes
Cap-Martin, s. Menton
Capte (la), s. Hyères
Carcès (See), s. St-Maximin
Carpentras, S. 81
Carro, s. Martigues
Carry-le-Rouët, s. Martigues
Cassis, S. 85
Castellane, S. 88
Castellar, s. Menton
Castellet (le), s. Bandol
Castillon (See), s. Castellane
Cavaillon, S. 89
Cavalaire, s. Bormes
Cavalières, s. Bormes
Celle (la), s. St-Maximin
Cézanne (Straße), s. Aix
Charnier (Brackwassersee), s. St-Gilles
Châteaudouble (Schluchten), s. Draguignan
Châteauneuf-les-Moustiers, s. Moustiers-Ste-Marie
Chaudanne (See), s. Castellane
Chaudon-Norante, s. Digne
Cians (Schluchten), s. Valberg
Cimiez, s. Nice
Ciotat (la), S. 90
Collobrières, s. Bormes
Colmars, s. Foux-d'Allos
Colmiane, s. St-Martin-Vésubie

Colorado (Landschaft), s. Roussillon
Comps-sur-Artuby, s. Verdon
Comtat (Land), s. Carpentras
Constantine, s. Martigues
Correns, s. St-Maximin
Courbons, s. Digne
Crau (la) (Landschaft), s. Salon
Crest, s. Montélimar
Cros-de-Cagnes, s. Cagnes
Cuneo (Coni), s. Tende
Cyprès (N.-D.), s. Draguignan

Daluis (Schluchten), s. Valberg
Die, s. Montélimar
Digne-les-Bains, S. 91
Donzère-Mondragon, S. 92
Draguignan, S. 93
Drôme (Tal), s. Montélimar
Duranus, s. Levens

Eguilles, s. Salon
Embiez (les) (Inselgruppe), s. Bandol
Embrun, S. 96
Entremont, s. Aix-en-Provence
Entrevaux, S. 97
En-Vau (Bucht), s. Cassis, Marseille
Esparron, s. Gréoux-les-Bains
Espiguette (Leuchtturm von), s. Aigues-Mortes
Estaque (Massiv), s. Martigues
Estérel (Massiv), s. Fréjus
Estéron (Klause), s. Castellane
Evenos, s. Toulon
Eygalières, s. St-Rémy
Eze, s. Villefranche

Faron (Berg), s. Toulon
Fayence, s. Draguignan, Grasse
Fenouillet (le), s. Hyères
Figuerolles (Bucht), s. Ciotat
Fontaines (N.-D.), s. Tende
Fontaine-de-Vaucluse, S. 98
Fontvieille, s. Arles
Forcalquier, S. 101
Fos, S. 104
Foux-d'Allos, S. 104
Fréjus-Saint-Raphaël, S. 105

Gaillarde (la), s. Fréjus
Galère (la), s. Fréjus
Ganagobie, s. Forcalquier
Gacholle (Leuchtturm), s. Camargue
Garde-Adhémar (la), s. St-Paul-Trois-Châteaux
Garde-Freinet (la), s. Bormes
Gassin, s. St-Tropez
Giens, s. Hyères
Gigaro, s. St-Tropez
Gignac, s. Roussillon
Glanum, s. St-Rémy
Gorbio, s. Menton
Gordes, S. 109
Gordolasque (la), s. St-Martin-Vésubie

Gourdon, s. Grasse
Grande-Motte (la), s. Aigues-Mortes
Grasse, S. 112
Grau-du-Roi (le), s. Aigues-Mortes
Gréoux-les-Bains, S. 118
Gróux-les-Bains, S. 118
Grignan, S. 119
Grimaud, s. Bormes
Gros-Cerveau (Berg), s. Bandol, Toulon
Guillaumes, s. Valberg

Hambury (Villa), s. Menton
Héliopolis, s. Hyères
Hyères, S. 119
Hyères (Inselgruppe), S. 120

Isle-sur-la-Sorgue (l'), s. Fontaine-de-Vaucluse
Isola, s. St-Etienne-de-Tinée
Issambres (les), s. Fréjus
Istres, s. Martigues

Jabron (Tal), s. Forcalquier

Lacoste, s. Oppède-le-Vieux
Laghet (N.-D. du), s. Turbie (la)
Lamanon, s. Salon
Lavandou (le), s. Bormes
Lavera, s. Martigues
Lecques, s. Ciotat (la), Bandol
Lerins (Inseln), s. Cannes
Levant (Insel), s. Hyères (Inselgruppe)
Levens, S. 124
Limans, s. Forcalquier
Limone-Piemonte, s. Tende
Lorgues, s. Draguignan
Loup (Schluchten), s. Grasse
Lourmarin, S. 125
Luberon (Massiv), s. Oppède
Lure (Gebirge), s. Forcalquier
Lurs, s. Forcalquier

Madone de Fenestre, s. St-Martin-Vésubie
Magagnosc, s. Grasse
Malaucène, s. Ventoux
Maline (la), s. Verdon
Mandelieu, s. Cannes
Mane, s. Forcalquier
Manosque, S. 127
Marignane, s. Martigues
Marseille, S. 127
Martigues, S. 134
Marzal (Doline), s. Montélimar
Maures (Massiv), s. Bormes
Maure-Vieil, s. Cannes
Mazan, s. Carpentras
Mées (Massiv), s. Forcalquier
Méjanes, s. Camargue
Mélas, s. Viviers
Ménerbes, s. Oppède-le-Vieux
Menton, S. 136

REISE DURCH DIE PROVENCE 253

Mercantour (Nationapark), s.
St-Martin-Vésubie
Merveilles (Tal), s. Tende
Miramar, s. Fréjus
Monaco, S. 138
Mons, s. Grasse
Montagnette (Massiv), s. Tarascon
Montélimar, S. 144
Montmajour, s. Arles
Montmirail, s. Carpentras, Orange
Morgiou (Bucht), s. Marseille
Mornas, s. Orange
Mougins, s. Cannes, Grasse
Moustiers-Sainte-Marie, S. 145
Mugel (Bucht), s. Ciotat (la)

Nans-les-Pins, s. Ste-Baume
Napoléon (Route), s. Digne
Napoule (la), s. Cannes
Nartelle (la), s. Fréjus
Nesque (Schluchten), s. Carpentras
Nice, (Nizza), S. 146
Nîmes, S. 154
Nizza, S. 146
Nyons, S. 156

Ollioules, s. Toulon
Opio, s. Grasse
Oppède-le-Vieux, S. 157
Oppedette (Canyon d'), s. Forcalquier
Orange, S. 160
Orgnac (Doline), s. Montélimar
Orpière, s. Buis-les-Baronnies
Ormeau (N.-D.), s. Draguignan
Orres (les), s. Embrun

Palud-sur-Verdon, s. Verdon
Pampelonne, s. St-Tropez
Peille, s. Menton
Péone, s. Valberg
Pernes-les-Fontaines, s. Carpentras
Perty, s. Buis-les-Baronnies
Pichegru, s. Nîmes, St-Gilles
Pierrelatte, s. Donzère
Plaine-de-Rochers, s. Grasse
Plan-d'Aups, s. Ste-Baume
Plascassier, s. Grasse
Pont d'Arc, s. Montélimar
Pont du Gard, s. Nîmes
Porquerolles (Insel), s. Hyères
Port-Camargue, s. Aigues-Mortes
Port-Cros (Insel), s. Hyères
Port-de-Bouc, s. Martigues
Port-Grimaud, S. 161
Port-Miou (Bucht), s. Cassis
Port-Pin (Bucht), s. Cassis
Port-Pothuau, s. Hyères
Pourrières, s. Aix
Pra Loup, s. Barcelonnette
Puget (Massiv), s. Marseille
Puyloubier, s. Aix-en-Provence
Puyméras, s. Buis-les-Baronnies

Ramatuelle, s. Saint-Tropez
Rayol (le), s. Bormes
Restefond (Paß), s. St-Etienne
Revest-les-Eaux, s. Toulon
Riolan (Klause), s. Castellane
Roquebrune, s. Menton
Roquebrussanne (la), s. Sainte-Baume (la)
Roquefavour, s. Salon
Rougon, s. Verdon
Roussillon, S. 162
Rustrel, s. Roussillon

Saignon, s. Apt, Oppède
Saint-André-les-Alpes, s. Castellane
Saint-Auban (Klause), s. Castellane
Saint-Aygulf, s. Fréjus
Saint-Blaise, s. Martigues
Saint-Cassien (See), s. Grasse
Saint-Chamas, s. Martigues
Saint-Dalmas, s. Tende
Saint-Dalmas-le-Selvage, s. St-Etienne-de-Tinée
Sainte-Agnès, s. Menton
Sainte-Baume, S. 164
Sainte-Croix-du-Verdon, s. Verdon
Sainte-Marguerite (Insel), s. Cannes
Sainte-Maxime, s. Fréjus
Saintes-Maries-de-la-Mer, S. 166
Saint-Etienne-de-Tinée, S. 169
Saint-Etienne-les-Orgues, s. Forcalquier
Sainte-Victoire (Massiv), s. Aix
Saint-Gabriel (Kapelle), s. Arles
Saint-Gilles-du-Gard, S. 171
Saint-Honorat (Insel), s. Cannes
Saint-Jean-Cap-Ferrat, s. Villefranche
Saint-Jean-la-Rivière, s. Utelle
Saint-Julien-du-Verdon, s. Castellane
Saint-Martin-Vésubie, S. 172
Saint-Maximin, S. 176
Saint-Michel-de-Frigolet, s. Tarascon
Saint-Michel-l'Observatoire, s. Forcalquier
Saint-Montan, s. Viviers
Saint-Paul, S. 178
Saint-Paul-Trois-Châteaux, S. 179
Saint-Pierre-de-Tourtour, s. Draguignan
Saint-Raphaël, s. Fréjus
Saint-Rémy, S. 180
Saint-Sauveur, s. St-Etienne-de-Tinée
Saint-Tropez, S. 181
Saint-Vallier-de-Thiey, s. Grasse
Salernes, s. Draguignan
Salon, S. 186
Sanary-sur-Mer, s. Bandol
San Peire, s. Fréjus
San Remo, s. Menton
Saorge, s. Tende
Saou (Wald), s. Montélimar
Sault, s. Carpentras, Ventoux

Saumanes, s. Fontaine-de-Vaucluse
Sausset-les-Pins, s. Martigues
Sauvan (Schloß), s. Forcalquier
Sauze (le), s. Barcelonnette
Savines-le-Lac, s. Embrun
Séderon, s. Sisteron
Seillans, s. Draguignan
Seillons, s. St-Maximin
Sénanque, S. 187
Senez, s. Castellane
Sérignan, s. Orange
Serre-Ponçon, s. Embrun
Seyne-les-Alpes, s. Digne
Siagne (Schluchten), s. Grasse
Sicié (Kap), s. Toulon
Sigale, s. Castellane
Silvacane, s. Lourmarin
Simiane, s. Forcalquier
Sisteron, S. 189
Six-Fours, s. Toulon
Solliès-Ville, s. Toulon
Sophia-Antipolis, s. Antibes
Sormiou (Bucht), s. Marseille
Sospel, S. 190
Spéracèdes, s. Grasse
Sugiton (Bucht), s. Marseille
Super-Sauze, s. Barcelonnette
Suze, s. St-Paul-Trois-Châteaux
Suzette, s. Orange

Tanneron, (Massiv) s. Grasse
Tarascon, S. 190
Tende, S. 192
Théoule, s. Cannes
Théus, S. 197
Tholonet (le), s. Aix
Thor (le), s. Fontaine-de-Vaucluse
Thorenc, s. Castellane
Thoronet (le), **S. 199**
Toulon, S. 200
Tour-d'Aigues, s. Lourmarin
Tourrette-sur-Loup, s. Vence
Tourtour, s. Draguignan
Tourves, s. St-Maximin
Thouzon (Grotten), s. Fontaine-de-Vaucluse
Trans-en-Provence, s. Draguignan
Trayas (le), s. Fréjus
Trigance, s. Verdon
Turbie (la), **S. 203**
Turini (Wald), s. Sospel, St-Martin-Vésubie

Utelle, S. 204

Vaccarès (Naturschutzgebiet), s. Carmargue
Vachères, s. Forcalquier
Vaison-la-Romaine, S. 204
Valberg, S. 206
Valcluse (N.-D. de), s. Grasse
Valdeblore, s. St-Martin-Vésubie
Val-des-Nymphes, s. St-Paul-Trois-Châteaux

Val d'Esquières, s. Fréjus
Valescure, s. Fréjus
Vallauris, s. Antibes
Vallon-Sourn, s. St-Maximin
Valréas, S. 208
Vauvenargues, s. Aix
Vénasque, S. 208
Vence, S. 209
Ventoux (Berg), **S. 210**
Verdaches (Klause), s. Digne
Verdon (Grand Canyon), **S. 211**
Verne (Kartause), s. Bormes
Vieux-Bausset, s. Toulon
Villecrozes-les-Grottes, s. Draguignan
Villefranche-sur-Mer, S. 216
Villeneuve-de-Berg, s. Montélimar
Villeneuve-lès-Avignon, S. 220
Villeneuve-Loubet, s. Cagnes
Vitrolles, s. Martigues
Viviers, S. 221

Provence und Côte d'Azur in Farbe (3. Auflage)

REIHE »REISEN HEUTE« BAND 23

FOTOS: JEAN HUREAU
UND DIE JEWEILS ANGEGEBENEN BILDQUELLEN

ORIGINAL-TITEL : LA PROVENCE ET LA CÔTE-D'AZUR AUJOURD'HUI

© 1973 JEUNE AFRIQUE - 1180/3

VERTRIEB: GEO CENTER, STUTTGART, MÜNCHEN, BERLIN

ISBN 2-85258-087-X

IN DIESER REIHE BEREITS ERSCHIENEN :

ÄGYPTEN IN FARBE
AUVERGNE IN FARBE
BRETAGNE IN FARBE
FRANZÖSISCHE ATLANTIKKÜSTE
UND PERIGORD IN FARBE
GABUN IN FARBE
HOLLAND IN FARBE
JUGOSLAWIEN IN FARBE
KAMERUN IN FARBE
DIE KARIBIK IN FARBE
KORSIKA IN FARBE
MAROKKO IN FARBE
SYRIEN IN FARBE
TOGO IN FARBE
TUNESIEN IN FARBE

IN VORBEREITUNG :

GROSSBRITANNIEN IN FARBE
JAPAN IN FARBE
SKANDINAVIEN IN FARBE
SPANIEN IN FARBE